PARIS VÉCU

IL A ÉTÉ TIRÉ :

Cinquante exemplaires numérotés sur papier de Hollande.

Prix : 7 fr.

Et *Dix exemplaires numérotés* sur papier de Chine.

Prix : 12 fr.

THÉODORE DE BANVILLE

— PETITES ÉTUDES —

PARIS VÉCU

FEUILLES VOLANTES

Avec un dessin de GEORGES ROCHEGROSSE

DEUXIÈME MILLE

PARIS

G. CHARPENTIER ET Cⁱᵉ, ÉDITEURS

13, RUE DE GRENELLE, 13

1883

Tous droits réservés

PARIS VÉCU

— 1882 —

I

PRÉFACE

Vous me demandez l'impossible, mon cher Louis ; eh bien ! j'essayerai de le faire. Car, grâce aux Dieux ! nous autres artistes et poètes, nous avons de tout temps répudié la devise égoïste et lâche, et nous avons adopté celle-ci qui est moins commode, mais plus vaillante : *A l'impossible tout le monde est tenu !*

Vous êtes un sage, mon ami, et même, à ce que je crois, vous êtes l'unique sage du temps présent. Vous avez commencé par remplir tous vos devoirs, et maintenant vous exercez votre droit, en vous barricadant contre la sottise et contre les importuns, dans une enceinte fortifiée ou peu s'en faut. Né riche et noble, ce qui n'est ni un vice ni une qualité; vous avez d'abord servi votre pays et vous avez le visage coupé en deux par une belle balafre. Ensuite, vous avez pendant vingt ans exercé l'art de la médecine, travaillant, luttant, passant les nuits, guérissant vos malades par la science et par la force du désir, courant là où était le danger et vous dévouant dans les épidémies. Vous avez gagné le croup en soignant un enfant, et c'est par miracle que vous n'avez pas succombé à la maladie affreuse dont vous l'avez sauvé. Marié à une femme belle, adorable, charmante, spirituelle, et divinement bonne, vous l'avez aimée du plus profond et du plus fidèle amour, et même après que ses beaux yeux se sont fermés à cette vie terrestre, vous n'avez eu ni une pensée ni un regard pour une autre femme qu'elle.

De la chère absente, vous aviez eu un fils que vous avez élevé avec la tendresse d'un père et d'une mère, et qui promet de se distinguer après vous dans la carrière où vous l'avez précédé. A la Charité, où il fait son internat, Eugène a tout conquis, les malades aussi bien que ses maîtres, par sa fermeté et par sa grâce; c'est un enfant joli comme une fille, fort comme un lion, et très savant. A propos de lui, ce n'est pas assez de dire, comme Suzanne à propos de Chérubin: « Si celui-là manque de femmes !... » car il ne manquera de rien, et il aura tout ce qu'on peut se procurer avec l'audace, l'obstination, l'esprit et la bravoure.

Cependant, mon cher Louis, vous n'avez pas voulu rester à Paris auprès de ce fils que vous chérissez tendrement, et résolument vous l'avez laissé seul, estimant que pour s'exercer à devenir un homme, un jeune homme doit être seul, maître de lui, responsable, et n'avoir à rendre de comptes qu'à lui-même.

Donc, vous vous êtes réfugié dans votre château antique aux créneaux menaçants et aux tours géantes, dont l'étage qui du côté du village forme le rez-de-chaussée est situé de l'autre côté à cent pieds au-dessus de la vallée ouverte comme un gouffre. Une rivière souvent grossie par les torrents environne presque cette farouche demeure, et au lieu de brins d'herbe, ce sont des arbres chevelus qui ont poussé entre les pierres disjointes. Ce château, où la roche se confond avec le granit, a été jadis assez fort pour soutenir les assauts des Anglais, et vous espérez qu'il le sera encore assez pour vous protéger contre les imbéciles. Vous y vivez, tranchons le mot, en égoïste, lisant Dante, Rabelais, Shakespeare, Balzac, Henri Heine, Edgard Poe, Victor Hugo, La Fontaine, et songeant aux choses éternelles. Vous ne refusez pas vos soins aux pauvres, s'ils les demandent, mais c'est pour eux seuls que vous êtes resté médecin. D'ailleurs vous donnez de l'argent pour les écoles, pour les chemins vicinaux, pour les télégraphes ; vous souscrivez à tout ce qu'on veut ; on peut vous emprunter une charrue, une faucheuse, un sac de blé, un cheval, un bœuf et même ne pas vous les rendre ; mais là s'arrête votre complaisance.

Quant à vouloir vous faire une visite ou vous forcer à entendre des conversations banales et même quelconques, ce serait une folle entreprise, et ceux qui s'étaient bercés d'un tel rêve peuvent laisser toute espérance à votre porte, comme si les trois mots du Dante y avaient été inscrits par un bon peintre, en lettres majuscules. Vous avez près de vous un jeune secrétaire instruit et honnête homme, à qui les gros appointements que vous lui donnez et la jouissance de votre riche bibliothèque permettent de se livrer sans inquiétude à un grand travail historique, dont la complication demande un calme absolu, et qui doit un jour faire sa réputation. Vous ne lui imposez d'autre devoir que celui de lire des journaux et aussi, sans exception (car vous n'avez pas de secrets), toutes les lettres qui vous sont adressées, et d'y répondre s'il y a lieu, sans troubler la paix profonde où vous vivez, en face de la nature, ayant dans les yeux une grande nappe de ciel, et dans l'intimité des génies.

Vous n'allez, mon cher Louis, ni à la chasse ni à la pêche, parce que vous ne voulez assassiner personnellement aucune créature. Les bêtes, par instinct, devinent très bien vos dispositions pacifiques ; aussi les oiseaux, entrant par la fenêtre ouverte, viennent-ils se poser sur le feuillet de votre livre ; et quand vous vous promenez à travers les bois, la biche aux yeux bleus vient avec joie manger le pain que vous émiettez pour elle dans le creux de votre main. Libéré de toute fausse étiquette, vous fumez votre cigarette toujours roulée, déroulée et caressée, où et quand cela vous plaît, entre la soupe et le bœuf, si le cœur vous en dit. Pour me résumer en un mot, devant être un exilé toujours pendant les courts instants qui vous restent à passer loin de votre femme éternellement aimée, et ne pouvant être heureux, vous avez voulu être tranquille, et vous l'êtes. Cependant, à ce que vous m'apprenez, mon cher Louis, Paris vous manque un peu, comme il manque à tous les Parisiens qui en sont privés, et vous me demandez de vous le rendre. Sang et tonnerre ! vous n'y allez pas de main morte.

Oh ! je comprends très bien ce que vous voulez ! Vous avez confiance en moi, comme j'ai confiance en vous ; nos deux âmes sont montées à l'unisson, nous avons les mêmes haines et les mêmes adorations, les Bavius et les Mœvius que nous n'aimons pas sont les mêmes, et vous me demandez de vous adresser librement, de cœur à cœur, des lettres écrites sans prétention, qui vous donneront là-bas non pas le tumulte, le bruit, les riens affairés, mais la vraie pensée, le vrai frisson, la vraie extase de Paris.

J'entends bien ! vous n'êtes pas curieux d'événements, car il ne s'en passe jamais, ni de nouvelles à la main, qui toutes sont copiées dans les livres du dix-huitième siècle, ou construites suivant une formule invariable, qui consiste à trouver un trait, une queue flamboyante et à bâtir au dessus une historiette chimérique. Non, ce que vous souhaitez de moi, c'est des impressions absolument sincères, exprimées dans un style autant que possible exempt d'ornements inutiles. Cher ami, je vous le répète, j'essayerai de vous obéir ; mais n'auriez-vous pas eu plus court de me demander l'eau qui danse, ou la pomme qui chante, ou un sonnet sans défaut, où le trou d'aiguille à travers lequel on fait passer la corde à puits ?

Être sincère ! voilà qui est bientôt dit. C'est résolument que beaucoup de gens ne le sont pas ; mais quant à ceux qui veulent bien l'être, que de difficultés ne doivent-ils pas surmonter d'un cœur intrépide ! Être sincère, c'est s'affranchir tout à fait de la convention et du lieu commun ; or, nous les avalons, nous les respirons, ils sont mêlés à chaque goutte de notre sang, à chaque parcelle de notre chair ; nous les emportons collés à notre peau, comme la tunique du centaure. Tout petits, on prend soin de nous les inculquer à grand renfort de mauvais points et de pensums ; plus tard, cette éducation se continue dans les grandes écoles ; le lieu commun est mêlé, amalgamé à nous, et pour s'en débarrasser, il faudrait avoir le courage de vouloir se scalper soi-même et de s'écorcher vif. A quel point les idées apprises sont en possession de notre cerveau ? c'est ce qu'on ne saura jamais, et tenez ! nous avons pu en juger pendant l'affreuse guerre de 1870 !

Des romanciers, des écrivains ont fait partie des bataillons de marche ; ils ont affronté la mort qui vient de loin, invisible ; ils ont vu tomber autour d'eux les rangs entiers fauchés par les boulets des canons rayés, par les obus, par les balles des mitrailleuses ; les cadavres de leurs compagnons qui n'avaient pu combattre en personne, frappés de loin par le fléau, par la force aveugle, et qui maintenant gisaient, les fronts brisés, pâles, perdant leurs entrailles par leurs ventres ouverts, ils les ont vus de leurs yeux, ivres de douleur et d'une religieuse épouvante. Cependant, au retour, avec la meilleure envie d'être exacts et sincères, que nous ont-ils raconté ? Non pas du tout ce qu'ils avaient vu en effet, et qui était essentiellement neuf, mais la guerre d'après les poètes latins et grecs, la guerre de l'*Iliade*, tant la leçon apprise nous tient, nous domine et nous marque à son gré, comme un lion qui poserait sur notre épaule nue sa griffe impérieuse !

Et tout est de même. Un jeune homme aime une

femme sincèrement, profondément, avec toutes les âmes de la tendresse et avec toutes les furies du désir. Lorsqu'il la voit, mille idées à la fois naissent dans son esprit, plus nombreuses et pressées que les feuilles fouaillées par le vent dans la forêt. Cependant il arrive enfin qu'il peut lui parler : que va-t-il lui dire? Vous croyez que c'est toutes ces choses qu'il a senties et pensées ; détrompez-vous bien vite ! Ce qu'il lui dira, c'est ce qu'il a appris tout petit et qui lui est resté dans la mémoire, les réminiscences des romans, la scène de *Roméo et Juliette !*

Aux pieds de celle pour qui il meurt et pâlit d'amour, il écoulera sa provision, son bagage littéraire, car les fils de Japet, les figures d'argile modelées par Prométhée et animées avec le feu du ciel, toute la race humaine enfin n'est qu'une nation de perroquets répétant à satiété : *As-tu déjeuné, Jacquot ?* sans connaître du tout Jacquot et sans désirer aucunement savoir s'il a réellement déjeuné.

Donc, dire à quelqu'un : « Sois sincère ! » l'engager à vous servir ce que le poète Horace appelle si bien : *Carmina non prius Audita*, n'est-ce pas lui demander la chose impossible, bien plus impossible qu'il ne l'était de redresser le cheveu circulaire et courbe du conte de La Fontaine ! Et à supposer qu'il y réussît, qu'il vous dît des choses véritablement vues et non des leçons, des lieux communs, des banalités apprises, ne l'arrêterait-on pas au premier mot, en lui disant avec ingénuité : « Vous en avez menti ! »

Il n'en sera pas ainsi avec vous, mon cher Louis, qui savez tout, devinez tout, comprenez tout, et pouvez sans effort suppléer les plus formidables ellipses. Mais vous me demandez une autre perfection encore plus introuvable et rare ; vous voulez que je vous écrive avec simplicité et dans un style non encombré d'ornements parasites ! Mais, mon ami, autant vaudrait me conseiller d'avoir la science infuse ! Car, si je savais par cœur tous les mots techniques, tous les termes spéciaux des arts et des sciences, et, en un mot, tous les dictionnaires, il me serait sans doute très facile d'éviter les mots pompeux et vides, et d'appeler les objets par leur nom. Ayant à décrire, par exemple, une selle arabe, Théophile Gautier, qui sait la sellerie comme un sellier, indiquera sa forme précise, dira de quel cuir elle est faite et dans quel ordre sont disposés les clous qui la garnissent ; au contraire, un ignorant se tirera d'affaire en disant que c'est une selle éblouissante et magnifique, et brodera des fleurs sur son tissu lamentable, pour en dissimuler les trous et les taches.

Mais tout cela n'est pas de raisons ! je vous obéirai, je tâcherai de faire table rase dans mon esprit, de voir Paris avec une innocence de bête et avec des yeux d'enfant, et de vous traduire mes impressions assez naïvement pour qu'elles ne vous semblent pas vulgaires au milieu de votre âpre et tranquille solitude. Et quelle époque fut jamais plus belle, plus curieuse, plus inouïe, plus étonnante que la nôtre, et plus digne d'être chantée et décrite, si on en avait la force !

L'homme moderne a vu tomber à ses pieds les débris croulants de ses Dieux ; il a perdu tour à tour l'idéal religieux, l'idéal guerrier, l'idéal sacré de l'Amour ; il semblerait que, privé des cieux interdits, il dût se résigner à la joie inerte, à la stupide jouissance, à l'avilissant baiser de la matière ; mais non ! il ne cède pas, il n'y consent pas ; à l'engourdissement qui le menace, il oppose la persistance de son désir vivace, il attend l'idéal nouveau, le libérateur qui doit venir, et il sent la divinité encore inviolée et protégée dans l'inexpugnable forteresse de sa conscience. Anxieux, prêtant l'oreille, il interroge la Science qui bégaye encore, mais qui déjà devine, soupçonne, entrevoit des lois, des formules, des mondes inconnus, et qui au bout de ses lentes expériences, trouvera la Vérité, comme le voyageur, au bout d'un passage souterrain plein de nuit, voit tout à coup éclater le jour, et resplendir le rassurant éblouissement de la pure lumière.

L'Homme ne sait pas où il va, mais il y va; il comprend bien que le moment où nous sommes n'est qu'un tableau pour attendre, que le décor va changer et que nous arriverons enfin à une scène qui aura le sens commun. Parler politique dans une langue à faire danser les ours, promettre la lune à des gens qui n'ont pas de chemise, s'inquiéter de mille balivernes et pas du tout du prix que coûte la viande, se gorger d'une littérature qui a inventé le paysage après Bernardin de Saint-Pierre, le détail patient après Balzac, et l'âme humaine après Shakespeare, entendre des vaudevilles longs comme un jour sans pain, et des opéras ivres-morts qui se chatouillent pour se faire rire, et effleurer des cigares humides et spongieux avec des allumettes incombustibles, si en effet telle était et devait rester la vie, ce serait à donner sa langue aux chiens; mais l'Homme ne croit pas que c'est arrivé; il ne croit pas que cela soit sérieux, et avec son impeccable instinct, la Femme le croit moins encore. La Femme! elle se fait belle comme elle ne le fut jamais; elle invente des coiffures seyantes, des chapeaux chiffonnés avec génie, des robes longues, étroites, serrées, drapées, triomphales, auxquelles se mêlent amoureusement les ors, les rubans et les dentelles, et enfin elle se costume, en grande artiste qu'elle est, pour être prête à entrer en scène quand viendra la vraie comédie, la bonne, car pour celle qui se joue à présent, elle se rend très bien compte que c'est une chimérique bouffonnerie et une farce lugubre.

Petite fille, elle est malmenée par un père ivrogne, et s'élève en mangeant des écailles de hareng et des pelures de pommes, heureuse si elle n'est pas violée ou coupée en morceaux par un pâle jeune homme qui a lu des romans-feuilletons! Jeune fille, elle est séduite par un aimable commis, qui lui promet le mariage, puis épouse une vieille dame, et naïvement s'étonne quand la fille abandonnée avec son enfant lui jette au visage du vitriol, qui serait mieux employé à nettoyer des cuivres ! Comédienne, on lui impose l'obligation d'acheter des robes de Worth avec les trois mille francs de ses appointements ; femme honnête, elle se voit abandonnée par un mari qui mange sa dot avec des filles plâtrées dont le visage est une croûte ; grande dame, elle reste seule à tricoter des bas pour les petits indigents, si elle ne veut pas suivre ses convives dans le fumoir et apprendre à parler l'argot des romans au picrate, qui brûlera ses lèvres comme un fer rouge.

Oui, tout cela va se transformer, inévitablement, et voilà pourquoi le Paris de notre époque est amusant comme une larve en train de devenir papillon, ou comme un serpent qui change de peau. Je vous écrirai tout ce que j'aurai vu, mon cher Louis, et je tâcherai de vous peindre les événements dans leur esprit, dans leur signification absolue et non dans leur réalité accidentelle. Car est-ce la peine de noircir du papier pour dire qu'un caissier s'est enfui vers la Belgique en emportant deux millions, ou qu'une actrice des Bouffes-Parisiens a épousé un duc ? C'est comme si un pêcheur à la ligne s'enorgueillissait d'avoir captivé un goujon dans la rivière.

II

LES FEMMES

Les Femmes s'ennuient, mon cher Louis, parce qu'il n'y a plus personne pour les amuser. Et comment les hommes songeraient-ils à remplir cette tâche délicate, lorsqu'ils ne savent plus s'amuser eux-mêmes ? Ils sont la proie d'un certain NIHILISME, qui consiste à ne rien faire du tout, à rester indifférents et corrects au milieu de l'orgie comme dans les bureaux de la Chambre, et à manger les écrevisses à la bordelaise du même air que s'ils subissaient avec stoïcisme une opération chirurgicale. Cependant les Femmes restent pour compte, n'ayant d'autre passe-temps que de vérifier et collationner leurs robes réciproques, trop belles et parfaites pour prêter à la critique ; car du moins sur ce point notre époque est irréprochable, et pour posséder une indiscutable certitude, elle a dû s'accrocher à cette dernière religion. Où qu'on aille, depuis les salons historiques du faubourg Saint-Germain jusqu'à ceux de la confortable et modeste bourgeoisie, on ne trouve plus qu'un seul homme, toujours le même, qui consente à causer avec les Femmes et à s'occuper d'elles ; c'est Louis Leroy, l'ami de Gavarni, qui a été d'abord peintre et aqua-fortiste et qui plus tard est devenu auteur dramatique et journaliste infiniment spirituel. Non pas qu'il soit vieux ! il ne le sera jamais et ne consentirait pas à l'être, mais il date d'un temps où on baisait encore les mains ; et où on pouvait sans ridicule employer son esprit à divertir une dame.

L'excentricité est la ressource des gens qui manquent du nécessaire, et les cuisiniers nous font manger force Cayenne, faute de savoir faire les sauces. En vertu de ce principe, quelques ennuyées ont bien tenté de se plonger dans le gouffre de l'absurde ; mais où trouver l'absurde, à un moment où tout est devenu effroyablement raisonnable? Au siècle dernier, quand la femme d'un duc et pair, énervé et pâli par les veilles dans les petites maisons, imaginait de prendre son laquais pour amant, elle trouvait entre ces deux hommes une antithèse nette et définie ; aujourd'hui il peut lui arriver d'avoir quitté bonnet blanc pour blanc bonnet, et c'est une désillusion de ce genre qu'a éprouvée la comtesse de Frèze, lorsqu'en vraie dame romaine du temps des empereurs elle a entamé avec son cocher Eusèbe une églogue à deux personnages. C'étaient les mêmes façons que celles de son mari, la même élégance anglaise, les mêmes faux-cols ondoyants et cassés, la même odeur d'écurie, les mêmes plaisanteries relevées d'argot édulcoré à l'usage des salons, et à la manière dont Eusèbe faisait sa cour, aux mots familiers qui revenaient le plus souvent dans sa conversation, la pauvre comtesse vit bien que monsieur de Frèze et le cocher devaient avoir eu les mêmes femmes.

Franchement, c'était à avaler sa langue ; car est-ce la peine d'outrager la nature et les Dieux, pour ne trouver absolument rien d'imprévu et de bizarre? La pauvre dame avait hâte d'échapper à une situation ridicule et qui n'était pas justifiée. Elle s'empressa de congédier le malencontreux Arlequin devenu Dorante, et, ne voulant pas s'être ennuyée pour rien, elle s'arrangea de façon à lui faire tenir une somme d'argent assez ronde et avenante, dont il ignora toujours la provenance. Eusèbe Menneron, qui est un homme pratique, ne perdit pas son temps à des bagatelles ; il devint monsieur Menneron, entra dans la finance, et, unissant l'audace à l'esprit d'ordre, réalisa promptement de gros bénéfices. Il est devenu un personnage ; il est membre des conseils d'administration, prononce des discours autour des tapis verts, et la comtesse de Frèze le rencontre dans son monde. Dernièrement, il protégeait Marguerite Los des Bouffes-Parisiens, avec une prodigalité de bon goût tempérée par la plus sage économie ; son ancien maître, monsieur de Frèze, lui a enlevé cette folle maîtresse, de sorte que les voilà maintenant sur un pied d'égalité parfaite. Vous voyez si la comtesse avait bien perdu ses peines en prétendant échapper à la platitude entêtée de la vie réelle.

Plus à plaindre encore la belle marquise Emma de Saludes ! Celle-là a eu vraiment trop peu de chance, et son mari abuse du droit que nous possédons tous de n'avoir pas le sens commun. Par un caprice dont elle n'a pas à rendre compte, la nature s'est plu à modeler les traits du marquis de Saludes de telle façon qu'il ressemble presque exactement au chanteur Capoul. Il aurait pu négliger cette circonstance, n'y pas faire attention et vivre comme si de rien n'était. Mais, au contraire, ce méchant homme se coiffe, peigne sa moustache et s'habille exactement comme le célèbre ténor. Il a pris son tailleur, il tâche de se faire présenter aux femmes qui l'ont connu, et enfin il ne néglige rien pour être fidèlement son insupportable Sosie. Il porte le même petit bouquet à sa boutonnière, et bien qu'il n'ait aucune voix et que son éducation musicale ait été extrêmement bornée, par une idée satanique il s'est appris à singer le chant de Capoul, avec une minutieuse inexactitude, qui sans produire aucune illusion suffit à exciter le plus vif agacement. Ainsi la marquise se trouve mariée à un faux Capoul, à un chanteur honoraire, à un ténor qui ne l'est pas, à un comédien travesti, qui n'a pas même le mérite de pouvoir se donner pour un grand ni pour un petit artiste. N'y avait-il pas de quoi se jeter à l'eau, avec une pierre au cou, la tête la première ? Madame de Saludes a voulu faire pis et prendre un parti encore plus décisif et abominable.

Sachez que, par suite d'une aventure qui se reproduit trop fréquemment pour mériter d'être racontée une fois de plus, cette marquise mal mariée connaît la fameuse courtisane Aurélia de Broy. Une parure que monsieur de Saludes destinait à sa femme avait été, par une erreur du marchand, portée chez sa maîtresse. Un quiproquo s'ensuivit ; après s'être vues et expliquées, les deux femmes ne redevinrent pas des étrangères l'une pour l'autre, et à l'insu du monde qui devait l'ignorer toujours, à de très longs intervalles elles se rencontraient furtivement pour quelques minutes, et échangeaient des confidences et des conseils qui leur étaient d'une grande utilité : car à elles deux, elles savaient tout ! Donc, il y a quelques mois de cela, voyant que son mari s'obstinait à être plus Capoul que jamais et mourrait impénitent dans sa peau de faux Capoul, la marquise de Saludes, après s'être assurée qu'elle n'y rencontrerait personne, se rendit chez Aurélia et l'avertit de la résolution qu'elle avait prise de se faire COCOTTE ! La courtisane combattit ce projet stupide avec l'énergie d'une conviction fondée, ah ! sur quelle expérience ! et pour édifier la marquise Emma sur la profession qu'elle voulait embrasser, lui en fit une description exacte et naturaliste qui, s'il l'avait entendue, aurait blanchi les cheveux d'Émile Zola en cinq minutes.

Et comme elle le dit en terminant, Aurélia, elle, trouvait cette vie de rouges, de fards, d'écrevisses pimentées et de chemises transparentes si effroyablement hideuse, qu'elle se décidait à se marier. Elle avait accepté les offres de Ragnier, l'épicier millionnaire, qui connaissait par le menu son passé et son présent, et la prenait telle quelle, avec une crânerie d'autant plus méritoire qu'il avait toutes les chances possibles d'arriver à la députation.

Cependant, comme madame de Saludes ne voulait entendre à rien, Aurélia épouvantée la supplia de ne pas perdre sa vie et son âme sans avoir fait auparavant une expérience concluante, ce à quoi la dame consentit, comme vous allez le voir. Comme toutes ses pareilles, la savante de Broy a pendant quelques années joué la comédie, et comme à ce moment-là elle était déjà fort riche, elle a gardé de son passage au théâtre une collection d'admirables perruques, faites non avec du crin, de l'étoupe, de la soie, et autres chiffons dissimulés par des pommades et des poudres, mais avec de longs, fins, soyeux, précieux cheveux de femme, et qui représentent une somme énorme. Déguisée, grimée, coiffée de cheveux blonds, si bien muée, changée et travestie que sa mère ne l'aurait pas reconnue au soleil de midi, madame de Saludes a passé toute une journée chez Aurélia, et là, sans être courtisane, elle a vu au naturel ce qu'est la vie des courtisanes, de même que, sans être mort, le Poète a pu voir jadis les chemins, les murailles, les forteresses et les lacs glacés des sombres Enfers !

— « Je ne serai jamais cocotte ! » s'écria la marquise, lorsque la toile se fut baissée sur la comédie aux cent actes divers, et lorsqu'on eut congédié le dernier gommeux qui, après avoir été trop poli en entrant, avait fini par mettre ses bottes sur les divans de soie blanche.

Mais guérie par la courtisane, madame de Saludes n'a pas voulu être en reste avec elle, et elle lui a rendu la monnaie de sa pièce. A son tour parfaitement grimée, son front d'or caché sous une délicieuse perruque noire, idéalement bien déguisée en présidente, Aurélia de Broy, devenue pour la circonstance une parente de province, a passé une soirée chez la marquise, rue de Lille. Elle a joué son rôle à ravir, ne parlant que successions et héritages, et enfilant les cancans de petite ville, comme un tas de perles ! Elle a retrouvé chez la grande dame les mêmes hommes qu'elle reçoit chez elle ; mais après avoir vu tant de fois comme ils sont lorsqu'ils ne se gênent pas, elle a pu voir comme ils sont lorsqu'ils se gênent; elle les a trouvés encore plus hideux et niais dans ce nouvel avatar, et c'est avec un dégoût profondément sincère qu'elle s'est écriée à son tour : « Foin du mariage! »

Madame de Saludes s'est résignée, comme on se suicide, et elle ne sourcille plus désormais, lorsqu'elle entend son mari, coiffé en lyre, chanter au piano : *Par quel charme, dis-moi, m'as-tu donc enchanté!* La seule ressource qui lui reste, c'est d'aller voir sa sœur Isabelle, mariée au député Antony Hévro. Chez cet intransigeant mâtiné d'opportunisme, on cause commissions, interpellations, groupes, sous-groupes, et il n'y a pas là de quoi chanter : « Voilà le plaisir, mesdames! » Dans ce milieu lugubre, madame Hévro, qui sait causer, a essayé d'introduire un peu de joie en invitant des hommes d'esprit, mais ceux-là regardent toujours la porte en gens qui ont envie de fumer, et même parfois tourmentent visiblement dans leur poche la bourse à tabac en cuir de Russie. En principe, monsieur Hévro est beaucoup trop démocrate pour permettre qu'on fume chez lui. Cependant sa femme a eu une idée ingénieuse, qu'elle a su lui faire adopter.

Sur un guéridon est placée une bourse que le maire de l'arrondissement emporte à la fin de chaque soirée, et voici comment elle s'emplit. Celui des convives qui a trop envie de fumer y met un louis et fume une cigarette; mais le prix de cette petite débauche augmente ensuite par une progression mathématique; pour le même invité, la seconde cigarette coûte deux louis, la troisième quatre, la quatrième seize, et ainsi de suite. Cette combinaison était bonne; ce qui a découragé la jeune femme, c'est que le maire a trouvé dans la bourse, en guise de louis, quelques-uns de ces jetons de jeu qu'on vend chez les papetiers, et qui imitent grossièrement les pièces d'or.

Elle a dû renoncer à la fumerie, et par conséquent,

aux hommes d'esprit, et à présent son salon ressemble à un couloir de la Chambre, comme une goutte d'eau à une autre goutte d'eau.

Que devenir? De rage, madame de Saludes et madame Hévro ont entrepris une série de tapisseries représentant les exploits d'Amadis et ses amours avec la belle Oriane, dont Mazerolle a exécuté les dessins exprès pour elles, et qui doivent leur prendre quinze ans, à dix heures par jour. Mais, hélas! elles se sont aperçues qu'on leur a vendu rue Saint-Martin, aux magasins de *la Chèvre Amalthée,* des laines inférieures et mal teintes, suprême déconvenue! Cela prouve, mon ami, qu'il faut toujours plaindre les Femmes, et que tout n'est pas rose dans la vie de ces êtres couleur de rose.

III

L'HONNEUR

Hier, mon cher Louis, comme je revenais à pied d'une soirée, éprouvant un vif besoin de respirer un peu d'air, relativement délicieux et pur, je vis une fillette coiffée en chien fou, les cheveux dans les yeux, qui causait sous un bec de gaz avec un beau jeune homme. Ce Parisien n'était pas coiffé d'une casquette à pont, uniquement parce que la mode en est abolie, sans quoi il aurait eu d'incontestables droits à cet ornement symbolique. Très crâne sous son petit chapeau melon, il était vêtu en parfait cavalier, si ce n'est que son col était trop cassé, que son veston ouvrait un peu par derrière, que son gilet manquait de boutons et que ses souliers éculés paraissaient anxieux et las d'user le bitume. D'ailleurs, quoique parlant sans gestes et d'une voix calme, ce Lauzun du trottoir était en proie à une exaspération évidente, et la fille, dont je voyais briller les dents blanches, tâchait de le calmer par de bonnes raisons.

— « Voyons, monsieur Alexandre, lui disait-elle, ne vous faites pas de mal pour si peu de chose, vous savez bien que tout le monde vous respecte!

— Il n'y a pas de tout ça, murmurait monsieur Alexandre, en tâchant de ranimer son cigare exténué, je dis, moi, que si Euphrasie ne me *donne* pas les quarante francs, *je suis déshonoré.* »

Bien entendu, il s'était servi d'un vocable plus énergique et précis que le mot DONNE ; mais j'évite à dessein les mots éhontés qui font des trous dans la solide étoffe du style. En entendant la singulière exclamation de monsieur Alexandre, je m'étais mis à rire tout seul dans la sombre nuit, et j'avais d'abord pensé que ce gentleman plaçait drôlement son honneur. Mais un peu de réflexion me fit voir que j'avais eu tort de rire et que le créancier d'Euphrasie agissait précisément comme vous et moi, et comme tous les mortels. Il vit sans doute dans un monde spécial, où il serait en effet déshonoré si Euphrasie ne lui donnait pas les quarante francs, et l'opinion de son monde est la seule qui lui importe. Un axiome de droit disait jadis que *nul ne peut être jugé que par ses pairs;* cet axiome juridique est devenu aujourd'hui une maxime sociale, et chacun en fait l'unique règle de sa conduite, excepté dans les sociétés qui vivent pour un idéal supérieur et extra-humain. Or, ce cas n'est pas le nôtre, et le temps est bien passé où des ouvriers fidèles sculptaient délicatement pour l'amour de Dieu et pour l'amour de la perfection, des dessous d'escalier, destinés à n'être jamais vus de personne !

Chaque groupe, chaque petite province parisienne, chaque profession a son honneur particulier, qui ne ressemble en rien à l'idée générale et absolue que représente le mot : HONNEUR, pris dans son acception réelle. Pour les députés, l'honneur consiste à s'écrier d'une voix tonitruante : « *Dans cette enceinte* », chaque fois qu'ils parlent de la salle où ils tiennent leurs séances, et nous, au contraire, nous nous regarderions comme parfaitement déshonorés, s'il nous arrivait d'employer de tels mots impropres. Un cabaretier s'honore aux yeux des autres cabaretiers, lorsqu'il sert à ses convives un chat déguisé en gibelotte de lapin, et les jeunes comédiennes instruites au Conservatoire mettent leur honneur à prononcer : *mon amont et mon onfont,* au lieu de : *mon amant et mon enfant.* Pour tout le monde, cette prononciation est absurde et grotesque ; néanmoins, les jeunes comédiennes la conservent avec soin, parce que si elles la changeaient, elles seraient méprisées de leurs compagnes, et, pour parler comme le grand-prêtre Joad, elles n'ont pas d'autre crainte !

Le vieux Brusa, qui était un épicier de l'ancien jeu, a marié sa fille avec un million de dot, au jeune Paul Hidrio. Bien que follement riche, Paul, selon la mode anglaise, continue le commerce ; c'est un épicier qui fait courir, qui se promène à cheval au Bois avec sa femme, et qui passe ses soirées au cercle, ou sur la scène de l'Opéra, ou dans les coulisses des Bouffes. Il prête de l'argent à ses amis, comme Timon d'Athènes, se fait faire des couvre-lits avec les plus belles robes japonaises, et lorsqu'il achète les comédies de Molière dans les éditions originales, veut des marges de huit centimètres ! Madame Hidrio a ses *lundis*, où elle reçoit des femmes à la mode, et même des grandes dames, dont une duchesse pauvre. Cependant le vieux Brusa surveille le commerce de son gendre, et de temps en temps, pour se retremper dans l'air de la boutique, vient feuilleter les livres, examiner les comptes, vérifier la caisse. Un matin, en voyant figurer sur le livre d'achat l'article *Poivre*, il poussa une exclamation indignée, et fronça rageusement ses sourcils gris, emmêlés comme des broussailles.

— « Qu'est cela? demanda-t-il à son gendre, en feignant ironiquement d'avoir mal lu.

— Cela, dit Paul Hidrio, c'est *Poivre*.

— Est-ce qu'on achète du poivre! s'écria le vieux millionnaire. De mon temps, on achetait du poivre une fois pour toutes, en fondant un commerce ; ensuite et toujours, on le continuait avec ceci et cela, avec n'importe quoi, avec ce qui se trouve, avec les balayures, avec les raclures des tiroirs !

— Ah, beau-père, fit doucement le jeune homme,

regardez le prix de revient et le prix de vente ! Vous pouvez voir que pour tous les objets la même proportion existe, et que je gagne cinq cent pour cent sur le poivre. Pourquoi m'amuserais-je à le remplacer par des épluchures ?

— Pourquoi ? dit le vieillard en redressant sa large tête, puissante et chevelue. Pourquoi ? Mais, monsieur, POUR L'HONNEUR ! »

C'est ainsi que, selon qu'on appartient à tel ou tel petit monde, l'Honneur s'affuble de travestissements variés, et, comme le dieu Protée, se transforme et se mue en cent figures diverses. Les filles de joie et de douleur qui, fardées et pensives, et souriant à rien du tout, arpentent silencieusement le boulevard, ne sont nullement humiliées de montrer des lèvres plus banales que le seuil d'un palais, et de remplacer sur leurs joues par un cosmétique grossier l'héroïque pourpre du sang, et de vendre ce qui ne doit pas être vendu ; mais, oh ! comme elles se trouveraient déshonorées, si une de leurs pareilles (car elles se moquent bien du public !) les rencontrait avec une robe fanée, achetée chez la revendeuse, ou avec un chapeau mal chiffonné, orné de plumes indigentes ! Comme l'expérience le prouve, quand les peintres s'amusent à jouer la comédie dans leurs ateliers, des loques, des oripeaux, des paillons, des verroteries disposés avec art, composent des costumes dont l'effet est infiniment plus beau que s'ils étaient réels. Pourquoi donc les actrices font-elles un métier plus dur que celui des casseurs de cailloux, pour pouvoir acheter de vraies étoffes, de vrais diamants qui, vus de la salle, brillent d'un éclat médiocre ? Uniquement parce que ces richesses, admirées et enviées de tout près, disent à la femme rivale : « Je suis plus riche que toi, donc plus aimée, donc plus belle ! » Si mademoiselle Mars mit sur ses cheveux une teinture à base de plomb, qui la fit mourir empoisonnée, c'était pour cacher aux autres comédiennes que le Temps jetait déjà un peu de neige sur son front charmant. Elle s'est tuée PAR HONNEUR.

.. Un de mes amis avait ramené de Bretagne une petite servante dévouée, laborieuse, propre, fidèle, d'une probité absolue, et qui savait faire la cuisine ! Ses maîtres jouissaient d'un bonheur généralement inconnu des Parisiens ; mais, ne voulant pas voler, cette pauvre fille, malmenée par les cordons-bleus de la vieille garde, fut à la fin dénoncée, accusée d'infanticide, bien qu'elle fût, comme dit Musset, *Vierge du cœur à l'âme, et de la tête aux pieds,* et, bien entendu, renvoyée par le juge d'instruction qui trouva en elle une Agnès, elle s'en retourna dans sa Bretagne, les cils usés et brûlés par les pleurs. Mais auparavant, comme elle fut tourmentée, houspillée, assassinée à coups de langue par les commères indignées !

— « Oui, disait un jour en parlant d'elle, chez la fruitière, la célèbre madame Marguerite, cuisinière du docteur Tyrone, qui fait la pluie et le beau temps et mène tout le marché Saint-Germain à la baguette, cette Bretonne est une pas grand'chose et une rien du tout ! Il faut croire qu'elle sait où est le cadavre, car, au lieu de faire voir le tour à ses maîtres, elle marchande pour ménager leur bourse, et ne demande même pas le sou pour livre !

— Et, ajouta madame Adèle, en plissant avec mépris sa lèvre où serpente une noire moustache, avec ça pas un amoureux ! La bonne pièce garde *ça* pour le serin qui l'épousera. C'est une fille qui n'a pas pour deux sous d'HONNEUR. »

Car parmi certaines peuplades conquérantes de cuisinières, l'honneur, c'est de faire danser l'anse du panier comme si elle avait la danse de Saint-Guy, et de rôtir les balais infiniment mieux que les gigots ! Mais croyez-vous qu'on en ait une meilleure notion dans des sphères infiniment supérieures à celle-là ? Le géomètre Campa et le chimiste Gorius, deux amis intimes, sont des savants sérieux, travailleurs, modestes, exempts de toute affectation. Chez le ministre et aux bals officiels, l'un et l'autre n'a jamais montré à sa boutonnière autre chose que la rosette de la Légion d'honneur, et il est difficile de savoir qu'ils sont bardés de cordons, de plaques, d'étoiles, chamarrés de presque tous les ordres de l'univers. Cependant, en dehors des profondes voluptés que leur donne la Science, ils n'ont pas d'autre préoccupation que d'allonger leur brochette, Campa pour désoler Gorius, et Gorius pour faire enrager Campa. Cette brochette, ils ne s'en parent en tout et pour tout que pour aller dîner l'un chez l'autre ; mais quelle joie pour chacun de ces vieux compagnons, qui sont alors brouillés pendant huit jours, lorsqu'il arbore une croix nouvelle, à laquelle l'autre ne s'attendait pas ! Ils luttent et ripostent avec les Tours, les Éléphants, les Soleils, les Roses, les Épées, tout cela à huis clos, au quatrième étage, dans le haut de la rue Monge, espérant toujours triompher dans ce duel qui ne finit jamais, et c'est là qu'ils mettent leur HONNEUR.

En même temps, madame Rose Campa et madame Stéphanie Gorius, étroitement liées et encore plus inséparables que leurs maris, se sont adjoint une amie commune, madame Léonie Malo, afin d'avoir quelqu'un à qui elles puissent dire du mal l'une de l'autre, et, de plus, elles ont contracté l'habitude invétérée de se voler leurs amoureux. En général, comme elles les choisissent bien, la pénitence est douce. Mais dernièrement, sans doute pour embarrasser son amie Rose, Stéphanie a jeté son dévolu sur un avocat sans cause et sans effets, un certain Lorieul, qui possède et réunit dans sa personne tout ce qu'il faut pour ne pas réussir à plaire. Madame Campa ne s'est pas laissé étonner par une telle embûche ; elle a raflé ce robin comme les autres, et son amie Léonie Malo n'a pu s'empêcher de lui en faire des reproches.

— « Ah ! lui a-t-elle dit, comment avez-vous pu

prendre à Stéphanie ce petit avocat vieux, chauve, marqué de la petite vérole, entièrement dénué d'esprit, et qui par-dessus le marché se ronge les ongles ! A votre place, je l'aurais joliment laissé pour compte à madame Gorius ! »

A ces mots, la jolie Rose, avec une moue enfantine, regarda sa confidente entre les deux yeux, comme si elle eût émis quelque proposition absurde.

— « Eh bien ! ET L'HONNEUR ! » dit-elle, en montrant ses petites dents de loup qui, bien supérieures à celles de notre mère Ève, mordraient, s'il le fallait, dans des pommes en pierre dure, comme en vendent les marbriers italiens.

IV

L'ACADÉMIE

Si vous le voulez, mon cher Louis, nous parlerons un peu de l'Académie. Pardonnez-moi un tel excès d'orgueil et de bravoure : j'aime à traiter les sujets à ce point hérissés de niaiseries, de lieux communs et de phrases toutes faites qu'il y faut entrer la hache à la main, comme dans une forêt déserte! En dépit de la tradition, qui continue à leur donner une certaine raison d'être, les plaisanteries contre l'Académie sont tombées dans le dernier avilissement, aussi bas, si c'est possible, que les plaisanteries contre la Tragédie et contre les belles-mères, et si elles font encore sourire quelque vague percepteur ou quelque dame en chapeau jonquille, c'est dans les bourgades lointaines où n'ont pas encore pénétré les chemins de fer. Jetons donc au rebut ces détestables friperies et tâchons d'être plus hardi et plus neuf!

Il n'y a plus de bêtises à écrire contre l'Académie, parce que toutes ont été écrites. Entre autres billevesées, on conteste à l'illustre compagnie le droit de se gouverner comme elle veut et de faire ce qui lui plaît. On dit, par exemple : « L'Académie n'a pas le droit de repousser tel ou tel homme de talent. » Rien de plus absurde. Une compagnie, comme une personne, peut et doit agir à sa guise et elle jouit d'une liberté que rien ne limite. Mais, comme une personne encore, elle conserve ou perd plus ou moins de sa responsabilité, selon qu'elle use de sa liberté d'une manière plus ou moins conforme au bon sens ou à la justice. Nul ne peut empêcher un citoyen majeur d'obéir à son seul caprice et de se livrer aux actions les plus illogiques.

Il peut, si cela lui plaît, abandonner les amis les plus honorables pour vivre avec les paillasses de la foire, ou vendre ses éditions des bons poètes et mettre à leur place des romans pour les cuisinières, ou faire démolir à grands frais sa belle maison pour en construire une qui soit laide et incommode, ou même réaliser en or toute sa fortune et la jeter pièce à pièce dans la rivière en s'amusant à regarder l'eau couler. La seule chose qu'il risque à ce jeu, c'est d'être traité comme une femme, comme un enfant, comme un être irresponsable. Car, assemblée ou individu, nul ne peut être pris au sérieux que dans la mesure où il a désiré l'être.

Si nous nous plaçons à ce point de vue, il est certain que l'Académie SEMBLE avoir agi depuis assez longtemps comme une personne qui veut être irresponsable, et avec la toute-puissante fantaisie d'une femme qui saccage un verger et déchire les fruits verts, ou d'un enfant qui mange tous ses bonbons en une fois et casse son Polichinelle, uniquement parce que tel est son bon plaisir. Mais ce n'est là qu'une apparence et j'expliquerai tout à l'heure le mot SEMBLE. Si l'on considère, non la liste des immortels que l'Académie a cru devoir sacrer, mais seulement la liste des mortels qu'elle a jugés indignes d'être immortels, la docte assemblée paraît en effet avoir agi avec peu de discernement, surtout si l'on examine de sens rassis les motifs qu'elle donne pour justifier ses exclusions. Le dix-neuvième siècle voit un Molière nouveau, non inférieur au premier, le grand Balzac, dont *La Comédie Humaine* restera un monument impérissable. L'Académie le repousse sous prétexte qu'il a des dettes, et ne veut pas voir que, par une lutte héroïque, cet honnête homme paye ses dettes de marchand avec son labeur d'écrivain, donnant ainsi un exemple de probité aussi beau que rare. Ce dramaturge puissant, en qui revit l'âme d'un Schiller, ce conteur égal à ceux des *Mille et une Nuits*, ce consolateur qui a enchanté et charmé trois générations, Alexandre Dumas n'est pas nommé, parce qu'il a des collaborateurs ; ainsi les quarante s'effrayent d'une paille, et ne voient pas dans leurs prunelles l'énorme poutre qui se nomme : monsieur Scribe !

Le grand, l'impeccable poète Théophile Gautier, écrivain parfait dans tous les genres, perfectionne, embellit, assouplit la langue, et, comme jadis Rabelais, l'enrichit de tournures, d'expressions, de mille mots nouveaux ; il est vrai que l'Académie ne le nomme pas ; mais du moins contre celui-là l'Académie pouvait invoquer un grief sérieux. Il est certain que le poète d'*Albertus* et de *La Comédie de la Mort* avait été doué d'une noire, épaisse, abondante, soyeuse et ruisselante chevelure, dont le voisinage eût été inconvenant auprès des crânes chauves et des mèches indigentes ; mais cette infirmité méritait peut-être quelque indulgence ? Après tout, ce n'était pas la faute de Théophile Gautier s'il avait des cheveux qui tenaient solidement, et il ne pouvait pas faire venir à ses frais des Ioways ou des Peaux-Rouges qui l'auraient scalpé, pour le rendre digne de s'asseoir dans le Palais Mazarin.

Baudelaire, ce poète sensitif, délicat, intense, affranchit la poésie moderne du lieu commun et de la rhétorique ; il ose être sincère, il puise son inspiration au plus profond de l'âme humaine, il fait tressaillir nos fibres les plus secrètes, et nous donne ses *Fleurs du Mal*, qui, après l'œuvre de Hugo, resteront au premier rang parmi les chefs-d'œuvre lyriques. Un autre poète, Leconte de Lisle, a dans ses fortes mains ressaisi la lyre épique ; il est grand parmi les plus grands, l'Europe entière acclame sa gloire et nous l'envie, et ses poèmes sont comme de purs diamants solides et éclatants de lumière, dont pas une tache ne déshonore la divine pureté. Cependant l'Académie repousse l'auteur des *Poèmes barbares* parce que sa candidature a été trop chaudement patronnée par Victor Hugo ; et pourtant, soyez justes, elle ne pouvait pas l'être par un vaudevilliste ! Quant à Baudelaire, lorsqu'il se présenta, les Académiciens furent pris d'un rire inextinguible, comme les Dieux dans la salle du festin pavée d'or. Ce rire, l'auteur de *Madame Bovary* et de *Salammbô* put l'entendre d'assez loin pour rester chez lui et se tenir tranquille ; d'ailleurs l'Académie adressait à lui et à Baudelaire le même reproche, celui de n'avoir pas écrit des ouvrages moraux à la manière de *La Morale en action,* et ayant une utilité morale immédiate.

Certes, mon cher Louis, si, comme le dit monsieur de Pourceaugnac, les Limosins ne sont pas des sots, monsieur Oronte a raison de lui répondre que les Parisiens ne sont pas des bêtes. L'Académie sait très bien que la morale est une science particulière qui n'a nul besoin des fictions de la poésie, et que l'art n'a d'autre objet que l'expression du beau. Elle ne croit pas du tout que ce soit un crime d'avoir des dettes et de les payer, ou de faire de longs et attachants récits comme *Les Mousquetaires,* ou d'avoir le front ombragé d'une belle chevelure. Si elle n'avait pas eu d'autres raisons de repousser Balzac, Alexandre Dumas, Théophile Gautier, Baudelaire, Flaubert, Leconte de Lisle, elle les aurait accueillis certainement. Mais (c'est ici que j'explique le mot SEMBLE) si elle semble, en dédaignant ces hommes illustres, n'avoir suivi d'autre règle que son caprice, en réalité elle a agi avec une logique irréprochable, elle a obéi au plus puissant de tous les mobiles qui est l'instinct de la conservation ; elle a résisté, uniquement pour ne pas mourir, et qui oserait lui en faire un reproche ?

Oui, ici comme partout s'applique la loi invincible

de Darwin; l'Académie, comme tous les êtres, suit cette loi primordiale qui se nomme : *la lutte pour la vie*. Procédons méthodiquement; si nous voulons savoir pour quelle cause réelle elle a exclu les hommes dont nous parlons, tâchons de trouver le caractère qui leur est commun : ce caractère est évidemment LE GÉNIE. Or, en éliminant le Génie, tout être collectif, tout corps constitué travaille à sa préservation, car le Génie, qu'il le veuille ou non, partout où il est, devient le maître et exerce une puissance dominatrice ; il est donc tout naturel qu'on ne l'admette pas dans les assemblées qui doivent avoir l'égalité pour principe et pour règle. Quand les Animaux se réunissent pour causer de leurs petites affaires, ils ont grandement raison de ne pas inviter l'hôte incommode qui se nomme le Lion. C'est pourquoi Balzac aurait pu, comme Mercadet, devenir créancier, Dumas infécond, Théophile Gautier chauve, Leconte de Lisle brouillé avec son maître, Flaubert et Baudelaire chanteurs d'églogues, ils auraient toujours eu contre eux (*pelés et galeux dont venait tout le mal*) cette indignité dont le signe était visiblement écrit sur leurs fronts : LE GÉNIE !

On m'objectera que Victor Hugo est académicien ; mais, soyons de bonne foi, ce n'est pas la faute de l'Académie. Elle lui avait suffisamment et assez clairement exprimé par trois refus successifs, qu'elle désirait ne le posséder jamais ; elle a fini par lui ouvrir la porte, sans joie ! parce qu'il ne voulait pas s'en aller, après lui avoir éperdument préféré des candidats illusoires. Elle avait rechigné aussi ouvertement que possible, et n'eut pas de reproches à se faire. Mais comme la proportion doit toujours être gardée, si le dieu même de la poésie moderne a été trois fois accueilli à la porte du petit local comme un chien dans un jeu de quilles tremblantes, quel bon poète ne tiendrait à honneur d'être refusé au moins trente fois par l'Académie, jalouse d'entasser dans *son sein* les plus exquis, les plus parfumés et les plus vanillés d'entre les professeurs? Mais c'est beaucoup d'allées et de venues, et peut-être le jeu n'en vaudrait-il pas la terrifiante chandelle!

Enfin, il ne faut pas oublier que les femmes sont toutes-puissantes en matière d'élections, et que le vrai poète, uniquement occupé de son œuvre, ne connaît pas de femmes. Sans transition, mon cher Louis, voici une touchante historiette, que je trouve dans le recueil d'une correspondance manuscrite du siècle dernier. Il y avait alors un certain chevalier de Bigni, qui plus tard porta un autre nom, resté parfaitement inconnu. Ce seigneur avait le visage heureux, les dents belles, la jambe bien faite, et faisait de grands ravages parmi les marquises de Versailles. Il avait allumé une vive passion dans le cœur d'une très aimable et spirituelle femme, nommée madame de Chandinier; mais cette veuve était laide malgré ses beaux yeux noirs, âgée de trente ans déjà, marquée de la petite vérole; elle n'osait se déclarer, et souffrait mille supplices en voyant que le chevalier songeait à faire toutes les conquêtes, excepté la sienne.

Cependant Bigni, qui, au milieu de ses folies amoureuses, trouvait encore des loisirs, avait composé deux ou trois quatrains presque réussis et ébauché un acrostiche; aussi désirait-il avec raison faire partie des quarante. On l'avertit officieusement que madame de Chandinier avait l'oreille de toutes les académiciennes et pouvait tout pour un candidat qu'elle protégerait. L'intérêt fit ce que la pitié n'avait pu faire; le chevalier se départit de ses rigueurs et fut tout étonné de trouver en Clarisse la plus experte, la plus attentive et la plus désirable des amies. Toutefois il ne perdait pas de vue le fauteuil, et de temps en temps rappelait à la dame sa candidature; mais alors, avec une tendresse et une épouvante qui eussent désarmé des pierres, madame de Chandinier lui disait : « Oh! pas encore! » tant elle savait bien que le chevalier la laisserait là comme

3.

un livre déjà lu, le jour même où pour la première fois il se serait paré des palmes vertes. Par une nuit d'hiver où Clarisse attendait ce Bigni trop adoré qui ne venait pas, elle resta debout pendant des heures à une fenêtre ouverte, et gagna un refroidissement dont elle mourut. Pour le coup, le chevalier croyait déjà ses espérances ruinées et se reprochait déjà ses complaisances inutiles ; mais un billet anonyme lui ordonna de se présenter à l'Académie, où effectivement il fut nommé. Avant d'exhaler son dernier soupir, madame de Chandinier avait eu le temps de signifier sa volonté à ses amies les académiciennes, qui avaient tenu à honneur de lui obéir.

Cela prouve que pour réussir il faut être du monde. Et le vrai chanteur obstiné, qui lutte avec la Rime comme Jacob avec l'Ange, et qui, par une ambition effrénée et titanique, voudrait, avant de mourir, composer dix bons vers de suite ! doit rester chez lui à relire Homère, Dante, Shakespeare, Hugo, et craindre les élections académiques et autres, comme un chat échaudé craint l'eau froide.

V

BUREAUCRATIE

Quarante-cinq années déjà se sont écoulées, depuis le temps où le grand Balzac écrivait *Les Employés*, et par l'organe de Rabourdin, le chef de bureau à qui il prêtait son génie, proposait de couper quelques millions de bras à l'obsédante pieuvre qui se nomme : la Bureaucratie !

Car sur ce point comme sur tous les autres, l'inventeur de *La Comédie Humaine* s'était montré prophète ; mais, excepté lui, personne au monde n'eût deviné en 1836 jusqu'où s'étendrait le fléau enfermé alors dans les ministères, et à quel point la langue administrative et politique arriverait à dévorer et à supprimer la langue française ! Aujourd'hui le mal est arrivé à son dernier période ; tous les Français sont des employés portant, idéalement du moins, des manches vertes, et tout est des ministères !

Vous avez besoin d'un livre ; pour l'acheter, vous entrez chez un libraire ; vous vous figurez naïvement qu'il suffira de débourser votre argent, et que tout de suite en échange on vous donnera le livre ; quelle n'est pas votre erreur ! On vous adresse d'abord à un premier comptoir, où, après avoir pris acte de votre demande, un monsieur sévère vous remet un papier imprimé que de comptoirs en comptoirs vous échangez contre d'autres papiers imprimés. Après quoi vous êtes admis dans une salle d'attente où on vous remet un numéro 354, et à de longs intervalles vous entendez appeler le numéro 6 ou le numéro 7, avec une solennité qui évoque dans votre souvenir l'appel des victimes sous la Terreur. Vous avez cru entrer dans une librairie, c'est un ministère.

Ces jours derniers, un jeune homme, arrivé de sa province avec l'idée essentiellement pratique de *faire du théâtre,* envoya cinq actes manuscrits à Léon Pladys qui en ce moment fait toutes les pièces à tous les théâtres, et, à son grand étonnement, reçut une lettre de convocation. Il fut reçu, non bien entendu par le vaudevilliste lui-même, mais par son chef de cabinet Dory, qui très obligeamment lui dit sans préliminaires : « Monsieur, votre comédie nous convient, et en vertu du traité passé entre nous et monsieur Raymond Deslandes, nous devons la livrer dans trois jours ; mais, comme nous avons cette semaine deux autres comédies finissant par des mariages, la vôtre se terminera par un suicide ! » Puis appelant un chef de bureau : « Monsieur Marès, dit-il, faites-moi chercher le dénoûment n° 17, dans le carton X, troisième série des *Suicides.* » Au bout d'un moment, Marès revenait tout confus : « Monsieur, murmura-t-il avec embarras, le dénoûment n° 17 ne se retrouve pas ; il aura sans doute été égaré dans les bureaux ! » C'est ainsi, mon cher Louis, que le jeune homme dont je vous parle a fait le premier apprentissage du théâtre, et de prime abord il a pu se convaincre que le métier d'auteur dramatique, si fructueux, constitue aujourd'hui une profession sérieuse.

La chanteuse Flora Satsko, dont la beauté farouche et le chant étrange attirent tout Paris à un lointain café-concert, est très légitimement mariée à un vieillard de l'aspect le plus digne, dont les cheveux blancs rappellent ceux du baron de Wormspire. Il est fort probable que son grade de colonel et ses décorations variées ne résisteraient pas à un examen sérieux ; mais enfin, il est d'une bonne force en escrime et présente son roman d'une manière suffisamment acceptable.

Or, fût-il aussi petit qu'une feuille de papier à cigarette, aucun papier n'arrive à Flora : toute la correspondance est lue, classée, étiquetée, répondue par le colonel. Les visiteurs qu'en tout bien tout honneur il juge à propos d'admettre près de sa femme, n'entrent qu'à leur tour, au moyen de numéros qu'il leur délivre lui-même, et l'huissier est incorruptible, ou du moins ne se laisse corrompre que s'il y a été dûment autorisé. Enfin, ce qui montre dans son vrai jour le génie du vénérable Satsko, c'est qu'il a fondé un magasin de bijouterie, uniquement alimenté par les joyaux offerts à la diva, et qui lui arrivent seulement après avoir été soumis à la sagace appréciation du colonel.

Tout est des ministères! Le jeune écrivain Joseph Ulmo, qui modestement habite un troisième étage au-dessus de trois entresols, et d'ordinaire défend sa porte pour pouvoir travailler, attendait à heure fixe la visite d'un éditeur. Il avait eu grand soin de lever la consigne habituelle, cependant la journée se passa tout entière sans qu'il reçût le mécène attendu, et soupçonnant quelque fatale erreur, voulant mettre un terme à l'énervante incertitude, il prit le parti d'aller faire une visite à son portier.

Introduit dans le petit salon japonais de la loge, encombré d'amusants bibelots, il trouva ce fonctionnaire élégamment vêtu d'un veston de peluche vieil or, paresseusement couché dans un fauteuil de damas blanc, et tout en fumant un cigare d'un blond fauve, occupé à lire un roman de Montépin, sur lequel il fixait ses impressions diverses, en écrivant avec un crayon d'or et en couvrant l'exemplaire de notes marginales. Joseph Ulmo lui expliqua son embarras, et, je dois l'avouer, fut écouté avec bienveillance.

— « Je n'y comprends rien, dit le portier surpris lui-même, » et après avoir approché de ses lèvres un joli sifflet de chasse :

— « Zarine, dit-il à son valet nègre aussitôt accouru, faites venir mon secrétaire.

— Mais, fit Zarine, en brossant sa toque écossaise avec sa manche écarlate, monsieur doit savoir que monsieur le secrétaire est à la commission! »

Il est permis de supposer que ce nègre parle un français approximatif. Voulait-il dire que le secrétaire du portier était allé faire une commission, ou bien qu'il faisait partie d'une commission, et assistait à une de ces séances où l'on discute des questions autour d'un tapis vert? J'incline, quant à moi, pour cette dernière leçon, comme plus conforme à l'idée qu'on doit se faire d'un employé supérieur ayant l'honneur d'appartenir à un portier de premier ordre.

Cependant, mon ami, si les mœurs officielles et la phraséologie politique se sont emparées de la société tout entière, comment nous étonnerions-nous de voir qu'elles possèdent complètement les politiciens pour qui elles sont devenues une seconde et même une première nature? Édouard Valrive, qui fut si souvent ministre sous l'empire, est un homme tout à fait charmant, beau cavalier, gai, indulgent, serviable, et on pourrait même le trouver spirituel, s'il avait pu se défaire de l'*argot* spécial à son ancienne profession; mais de même que les galériens traînent la jambe qui a porté le boulet, il serre sur son flanc le bras qui, si longtemps, a tenu le portefeuille, et il a gardé les habitudes ministérielles collées à sa peau, comme la robe envenimée du centaure.

S'il veut parler d'un endroit quelconque, du premier endroit venu qui ne soit pas la grande route ou le désert du Sahara, il ne saurait dire autrement que : *Dans cette enceinte*; et *le faisceau des revendications, les aspirations d'un groupe insignifiant, l'extension de la base électorale* sont des tropes auxquels il ne pourrait renoncer qu'en renonçant à la vie. Enfin, dans le temps du gouvernement *auquel il avait l'honneur d'appartenir,* il ne décidait rien sans s'être fait remettre une NOTE brève et concise, résumant l'objet du litige en quelques mots décisifs. Eh bien! en quittant le pouvoir, il a gardé le besoin de la NOTE, comme une biche emporte avec elle la flèche qui l'a blessée, et il n'aurait pas acheté une couple de bœufs ou un cent de jeunes peupliers sans s'être fait remettre une NOTE par le bouvier ou par le pépiniériste!

Comme tous les jeunes ministres, Valrive, à son entrée dans la maroquinerie, avait un peu découvert les Femmes; en étudiant la question des expositions annuelles et celle des subventions théâtrales, il n'avait pu s'empêcher de connaître quelques peintresses à moitié garçons et quelques danseuses d'opéra aux mollets énormes et aux bras minces, qui l'avaient aidé à donner dans son contrat des coups de canif assez nombreux pour le broder comme un bas à jour. Mais sitôt qu'il fut *déministré*, madame Emma Valrive, qui adore ce mari infidèle, l'emporta dans le beau château qu'ils possèdent en Touraine, et se mit à le reconquérir de la bonne façon, c'est-à-dire à force d'amour.

Un soir que ces époux remis à neuf, retrempés dans une nouvelle Jouvence, étaient debout près d'une fenêtre ouverte et regardaient un beau soleil couchant embraser le flot de l'Indre, les sombres feuillages et les verdoyantes îles, madame Emma donna à son mari de bons baisers de femme éprise, et lui mit amoureusement ses bras nus autour du cou.

Valrive se sentit inondé d'une intime et profonde volupté, mais, voulant exprimer sa joie, il mêla, comme à son ordinaire, le langage humain avec le langage politique, et inconsidérément s'écria :

— « Ah! ma chère âme, que je suis heureux... *dans cette enceinte!* »

Madame Valrive ne se laissa pas décourager par ce mot malencontreux; elle tenait sa belle et voulait en profiter. Éloquemment, elle rappela à son compagnon les premiers temps de leur mariage, ces heures adorables où ils vivaient charmés, s'en allant devant eux dans la campagne, mêlant les baisers au babil des sources, et où, rentrés à la maison, ils lisaient ensemble quelque poète, les mains unies, les regards tressés ensemble, et où ils faisaient eux-mêmes devant la cheminée quelque cuisine de thé ou de chocolat, pour ne pas sonner une fille de chambre. Valrive, embrassant la taille de sa femme, semblait tout à fait convaincu par ses vives raisons et buvait ses paroles; enfin il se mit à lui dire :

— « Oui, ma chère, il faut que ce temps-là revienne, je suis tout à fait de votre avis, et je veux faire selon votre désir... ENVOYEZ-MOI UNE NOTE ! »

Une autre fois, Valrive avait invité à déjeuner les plus considérables d'entre ses voisins. Malheureusement, il endossa son habit noir une heure avant le moment fixé, et pour rien, par habitude, par dépravation, ayant du temps devant lui, il se mit à piocher une de ses questions préférées, celle du rachat des chemins de fer. Il avait fait sur sa table une orgie, un massacre, une tuerie de feuillets, de fiches, de notes, de livres ouverts, lorsqu'on lui annonça le comte et la comtesse Parisod.

— « Mettez-les dans le salon bleu. » dit Valrive, qui, ne se souvenant pas du tout qu'il n'était plus ministre, crut parler à son huissier.

Vinrent le général, le curé, le receveur des contributions, enfin tous les invités. — « Mettez-les dans le salon vert, dans le salon jaune, faites-les entrer près de mon secrétaire ! » disait Valrive, qui se remit à travailler comme un casseur de cailloux. Enfermés dans les chambres diverses par le valet qui avait pris un air de mystère, tous ces prisonniers n'osaient bouger, croyant à quelque événement inattendu dont ils auraient l'explication.

Vers sept heures du soir, Valrive, mourant de faim, sonna et demanda un bouillon à son valet de chambre, qui alors osa présenter une requête en faveur des invités. Prodigieusement étonnée de n'avoir vu ni eux ni son mari, madame Valrive avait usé son piano à force de jouer, pour tuer le temps, des gammes incohérentes ; quant au déjeuner, il était brûlé et carbonisé, comme un lot de juifs sous Philippe II ! Cependant, on put manger tout de même, parce qu'il y a toujours au château de bons vins, des jambons fumés et de grands pâtés de venaison qui attendent les circonstances.

Ceci prouve, mon cher Louis, que s'il est parfois malaisé de devenir ministre, il n'est pas toujours facile de cesser de l'être, et de décoller complétement le portefeuille qu'on vous avait mis sous le bras.

VI

LE VIN

Je ne me mêle jamais de politique, mon cher Louis ; je m'en mêlerai pourtant, le jour où la Politique voudra bien songer à des choses sérieuses ! Il y a des nécessités qui hurlent, crient et se lamentent, et dont les arbitres de nos destins ne consentent pas à entendre les voix désespérées. A un innocent jeune homme, qui vient de déclarer sa majorité éclose, une grande courtisane de Gavarni dit avec juste raison : — «Eh bien alors, qu'est-ce que tu fais là, au lieu d'être chez toi à me signer des lettres de change ! » Moi, je dis à nos députés, avec plus de raison encore : — « Pourquoi vous amusez-vous à tourner vos pouces et à causer de choses et autres, au lieu de vous mettre tout de suite à abroger la loi impie et abominable qui tue, décime et assassine Paris, cette féroce loi des octrois en vertu de laquelle les droits d'entrée sont les mêmes pour une pièce de piquette et pour une pièce de Château-Larose? » Il faudrait avoir bien peu l'instinct économique pour ne pas deviner que le débitant — qu'il le veuille ou non — sera forcé de vendre très cher le vin inférieur qui lui a coûté si cher : de là les fraudes, les cuisines d'enfer, les mélanges, les mixtures, les exécrables compositions qui dévorent le peuple parisien, et qui feraient frémir l'ombre terrifiée de Locuste !

Naguère, au banquet des marchands de vin, un homme illustre parlait de ces fraudes légèrement, avec bonne humeur, et sur le ton d'un aimable badinage; sur ce point, je ne partage pas son optimisme! Quelquefois, de très grand matin, je m'arrête à regarder, devant le comptoir du marchand de vin, les ouvriers qui se rendent à leur tâche, et qui, avant de la commencer, viennent boire un *canon*, ou un *cinquième* de litre, pour se réchauffer et se donner du cœur au ventre. Hélas! au lieu de se réchauffer réellement, ils se glacent, et ce qu'ils avalent, c'est la lâcheté, l'ennui, la mélancolie, la fureur, le désespoir! L'infâme liquide s'attache à leur gorge, coagule leur sang et leur donne une soif amère, douloureuse, inextinguible.

Rentré chez lui, avec le repas servi par sa ménagère, l'ouvrier boira encore et de nouveau le poison acheté au litre, et d'où sortiront la haine, la fatigue, le sommeil troublé et les rêves horribles. Ah! du vin sacré, du jus sanglant de la grappe, pénétré de chaleur et de lumière, les anciens avaient fait un jeune dieu, inspirateur, joyeux, beau comme une femme, entouré de femmes charmées et dansantes nées de sa pensée, et nous en avons fait, nous, une ordure, une sinistre gadoue composée de trois-six, d'eau corrompue et de lie violette!

O crime! de ce qui devait être la consolation, le réconfort, le remède souverain du peuple mal nourri et attelé à de rudes besognes, faire ce qui le mine, l'affaiblit et le rend mauvais, lui si généreux et si bon! Ah! voilà une question qui se dresse, plus importante que celle des groupes et des sous-groupes, et que les autres calembredaines! Grâce à la loi inique, l'ouvrier et sa femme et ses petits ne peuvent pas boire un verre de vin qui soit du vin; voilà la vérité dans toute son horreur. Et vous autres riches, nous autres riches, si vous voulez, nous ne saurons jamais ce que le vin est ou devrait être pour les pauvres gens!

Dernièrement, étant allé porter moi-même chez le copiste le manuscrit d'une pièce de théâtre, j'ai vu les ouvriers copistes déjeuner tout en écrivant, et j'en ai encore froid dans le ventre. Chacun de ces misérables mangeait à belles dents une tranche de pain salie de tâches violâtres ; ma curiosité étant excitée vivement, je ne pus m'empêcher de leur demander une explication, qu'ils me donnèrent sans se faire prier. Lorsque arrive l'heure de leur repas, ayant réuni et mis en commun les sous qu'ils possèdent, ils vont acheter un pain qu'ils font diviser en morceaux ; puis ils se rendent chez le marchand de vin, et ayant acheté pour eux tous un seul *canon* de vin de deux sous, ils le répandent par gouttes sur leur pain, afin que ce pain soit moins sec ! Et ils remontent au bureau, et mangent cela, en copiant la prose quelquefois bizarre de nos vaudevillistes ! Encore, si ce vin dont leur pain a déjà bu à moitié les gouttes avares était en effet du vin ! Mais, hélas ! il s'en faut de tout, et je ne sais pas si je me trompe, mais il me semble qu'il y a là de quoi faire pleurer les pierres.

O législateurs, qui laissez subsister la cause de la persistante falsification du vin, c'est à vous que remonte la responsabilité des colères, des rixes, des batailles, des drames du couteau, des crimes inspirés par le vin empoisonné ! Et croyez-le, ces travailleurs qui nous donnent leur vie et qui sont les premières et les plus intéressantes victimes de cette cuisine de sorcières, ne sont pas les seules victimes ; car, après avoir falsifié le vin du pauvre, le chimiste mis en goût ne s'arrête pas là et fabrique, d'après les mêmes principes, le vin du petit bourgeois, le vin du riche et le vin des princes de la terre. Si le pauvre n'a aucun moyen de boire autre chose que les mixtures fantaisistes, le riche aussi, par une suite de ruses de Scapin, est amené à les boire sous des noms pompeux. Personne n'est privé de l'infernal et odieux breuvage ; il y en a pour tout le monde, et c'est le cas de dire avec Lucrèce Borgia : « Je viens vous annoncer une nouvelle, c'est que vous êtes tous empoisonnés, messeigneurs ! »

On s'est demandé souvent à quelle épidémie succombaient ces peintres, ces poètes, ces romanciers, ces statuaires qui, vers la fin de l'empire, mouraient comme des mouches, dont toute une génération fut soudainement balayée, comme le vent d'automne soulève et chasse devant lui un tas de feuilles mortes. Ils sont tous morts des choses qu'on buvait chez un marchand de vin trop célèbre, qui pour trente-deux sous donnait un dîner possible, où le rôti n'était pas trop méchant, mais qui se rattrapait éperdument sur les *vins de luxe !*

Les artistes, à qui il faisait crédit, restaient là, charmés par la compagnie, par la causerie, par la prodigieuse dépense d'esprit qu'ils faisaient les uns pour les autres, jouant comme les petits enfants au pays d'Eldorado, avec des diamants, des rubis et des saphirs. Au bout de quelque temps, les plus solides d'entre eux devenaient fous ; les autres étaient terrassés et assommés, comme par la massue d'Hercule. Le cuisinier de ces festins redoutables avait trouvé un moyen extraordinairement habile de rendre ses compositions vraisemblables ; il les avalait lui-même, et à son comptoir buvait *un madère* sans sourciller, avec quiconque voulait bien boire *un madère ;* mais le dénoûment fut tragique ! Pris d'épouvantables fureurs bestiales, il se jetait dans son escalier à plat ventre et s'y roulait en hurlant ; un jour, comme il touchait à une de ses moustaches, elle lui resta dans la main ! Ses vins avaient eu raison de lui ; cet homme se croyait blindé à l'intérieur, et il l'était sans doute ; mais les breuvages inventés par la Chimie moderne arrivent à bosseler et à trouer les plus durs métaux.

J'assistais à un de ces soupers qu'on donne pour célébrer la centième représentation d'une comédie en vogue. Un vieil auteur dramatique, très malin, qui n'a pas inventé le vaudeville, mais qui a trouvé le moyen de s'en faire cent mille francs de rente, avait à ses côtés deux jeunes comédiennes dont il s'occupait, et sur lesquelles il veillait avec sollicitude. Comme on venait de verser le *madère*, et comme une d'elles portait déjà le verre à ses lèvres, d'un geste rapide le vieillard le lui ôta des mains, en lui disant impérieusement : « Ne buvez pas cela ! » Certes, il était dans le vrai, car, deux minutes plus tard, le liquide resté dans les verres s'était décomposé, était devenu de couleur verte, et tandis que le vaudevilliste et ses compagnes gardaient leur bonne humeur, les autres convives, en proie à une sombre démence, regardaient quelque chose d'invisible avec leurs yeux sortis de leurs têtes, et tordaient frénétiquement leurs lèvres décolorées.

On va dîner en ville, parce qu'il n'y a pas moyen de faire autrement, et parce que la Vie ne peut pas être un monologue pareil à ceux de Coquelin cadet; mais c'est un moment terrible ! Le Parisien, qui n'a pas d'armoires pour ranger son linge ni de caves pour ranger son vin, et qui d'ailleurs ne saurait soigner et gouverner ni l'un ni l'autre, laisse blanchir (et déchirer) son linge, acheté à quelque *Tour de Babel*, par des blanchisseuses-chimistes qui seraient dignes d'être à l'Académie des sciences, et achète son vin dans des boutiques, où on lui fait payer surtout... le prix du loyer.

Voilà pourquoi l'homme le plus brave, qui n'a pas eu peur devant les canons et les mitrailleuses et qui a lutté avec les flots les plus furieux pour leur arracher une vie humaine, tremble et tressaille d'épouvante en voyant rangée devant son couvert la gamme de verres mousseline, ou taillés à facettes, ou côtelés à la mode vénitienne. — « Que va-t-on me verser là dedans ! » se demande-t-il avec un effroi trop justifié. *Omnes vulnerant, ultima necat. Toutes blessent, la dernière tue*, dit, en parlant des Heures, la devise écrite sur le front de l'église d'Urrugne ; et on peut dire la même chose à propos de ces coupes menaçantes, contre lesquelles tout effort est vain et toute bravoure inutile. Aussi ne saurais-je trop admirer le parti audacieux qu'a pris le vieux marquis de Tancré, à qui ses campagnes, ses blessures, son sang généreusement versé pour le pays, son active et infatigable charité, sa vaste érudition d'artiste et aussi son immense fortune donnent peut-être le droit de n'être pas tout à fait comme tout le monde.

On aime ses dîners, confectionnés par une savante cuisinière berrichonne, habile à composer des jus savoureux et irréprochables, dîners où la farine n'entre en aucune façon dans les sauces, et où la cuisine est sérieusement faite avec du beurre à quatre francs la livre ! Chaque année, au premier de ses festins, le marquis harangue ses convives et leur tient à peu près ce langage : « Chers amis, dit-il, vous savez que mon intendant, monsieur Hava, est un homme sérieux, d'une probité rare, ancien officier décoré de la Légion d'honneur, et aussi habile que peut l'être un honnête homme. Comme ma fortune, consistant tout entière en propriétés bien affermées, ne lui donne que très peu d'occupations, je l'emploie exclusivement à trouver et à acheter pour vous des vins authentiques. Il ne recule devant aucun voyage, devant aucune dépense, devant aucune négociation, si épineuse et délicate qu'elle puisse être. Il a en Bourgogne et dans le Bordelais d'excellents et vieux amis, qui lui gardent la meilleure part de leurs récoltes et le font passer avant les souverains ; il est lié avec les plus opulents viticulteurs champenois ; quand il se vend une vraie bouteille de Johannisberg, c'est lui qui l'obtient ; il va acheter le Marsala en Sicile, le Tokay en Hongrie, le vin de Constance au Cap, et se rend même à Madère, où il a pu faire faire pour lui une cuvée de vin, en montant la garde devant la chambre du pressoir, dont il s'était fait donner la clef. Nous avons mis tous nos soins, tout notre effort, toute l'ardeur de notre désir à ce que les vins rassemblés pour vous soient réels ; je crois qu'ils le sont, j'ai tout lieu de le croire, et je vous les offre avec l'amitié la plus cordiale. Cependant vous trouverez bon que je n'en boive pas !

Je boirai uniquement, en tout et pour tout, le vin de mon clos, que de mes yeux j'ai vu faire avec du raisin, et ceux d'entre vous qui voudront se mettre au même régime que moi me feront honneur et plaisir. »

Il me semble, mon cher Louis, que le vieux marquis de Tancré n'est pas une bête ; il a bien voulu braver les épées et les balles et les obus et la mer irritée et sauvage ; mais il se met en garde contre le vin, même présumé bon ! c'est le moyen de vivre très vieux, avec tous ses cheveux et toutes ses dents, et avec une conscience pure.

VII

UTOPIE

Mon cher Louis, après le sinistre, après la catastrophe, après l'épouvantable incendie du Ring-Theater de Vienne, deux devoirs s'imposaient à nous, immédiatement. Le premier, c'est de soulager les veuves, les orphelins, les parents des victimes ; celui-là, nous n'y faillirons pas, grâce à l'inépuisable charité des artistes qui donnant, peintres, les tableaux qu'ils pourraient vendre très cher, comédiens et chanteurs leur talent, poètes leurs droits d'auteur, ont l'habitude généreuse de payer pour tout le monde et de montrer à quel point le génie est moins avare que l'argent.

L'autre devoir, devant ce second et formidable avertissement, qui après celui de Nice jette à nos oreilles ses grands coups de tonnerre, ce serait de prendre les mesures nécessaires pour que les Parisiens ne soient pas grillés et carbonisés comme l'ont été les Niçois et les Viennois. Mais sous ce rapport on n'a rien fait et ON NE FERA RIEN, parce que nous sommes un peuple d'écureuils occupés à tourner la cage de la politique, à invalider monsieur Amagat et à admirer que monsieur de Broglie ne sache pas au juste si monsieur Antonin Proust est ou n'est pas ministre des Beaux-Arts. Cependant il y a des résolutions absolues, radicales, d'une nécessité impérieuse, qui s'imposent à notre raison et qu'on aurait pu prendre tout de suite.

Certes, il serait à désirer que nos salles de spectacle

malsaines, incommodes, meurtrières, mal ventilées, qui manquent de dégagements et d'air respirable, fussent toutes démolies et détruites et remplacées par des édifices moins barbares; mais cette solution étant impraticable, je la laisse pour compte, et je parlerai seulement des réformes qui pourraient être réalisées du jour au lendemain et sans nulle difficulté.

Il est trop évident que lorsque l'incendie s'allume dans une salle de spectacle, il est impossible d'empêcher cette salle de brûler. Au Ring-Theater, la violence des flammes n'a même pas permis d'ouvrir les bouches d'eau ni de baisser le rideau de fer. Tous nos efforts doivent donc se borner à ceci : en cas d'incendie, faciliter aux spectateurs le moyen de sortir sans être broyés, écrasés sous les décombres, étouffés les uns par les autres. Or, quel est le plus dangereux obstacle et en même temps le plus facile à supprimer? C'est la disposition des places et des sièges, que l'avarice des directeurs de théâtre a faite aussi incommode que dangereuse.

Tâchons d'être très simples, très pratiques, de demander seulement des choses qui ont existé déjà et que l'expérience a démontrées bonnes. Nous avons tous vu à l'ancien Théâtre Italien de la salle Ventadour comment le rez-de-chaussée d'un théâtre doit être aménagé pour qu'on circule facilement et pour qu'il puisse être évacué sans nul embarras en quelques minutes. Il suffit que les rangs de fauteuils soient convenablement écartés les uns des autres, qu'entre les fauteuils de droite et ceux de gauche, un passage d'une certaine largeur reste toujours libre, et qu'au fond, en face de la scène, une large porte donnant accès à ce passage permette aux spectateurs de ne pas se presser uniquement aux portes latérales. En ce qui concerne le balcon, il n'y a rien à chercher. Pendant de longues années, nous avons pu voir qu'une porte s'ouvrait aux balcons près des loges d'avant-scène, de telle sorte que le balcon, ouvert aujourd'hui d'un seul côté, pouvait alors être évacué des deux côtés à la fois. Quant aux loges, la cruelle, la sanguinaire Avarice les encombre de chaises inutiles, d'où il est impossible de rien voir, et qui ne servent à rien, si ce n'est à mettre dans la poche du directeur un argent mal acquis, et à créer, en cas d'alarme, des barricades sur lesquelles il faut mourir! Donc on devrait diminuer le nombre de ces chaises et conserver seulement celles qui peuvent servir à quelque chose d'honnête, par exemple, à voir la comédie.

Enfin et surtout, et avant tout, il faudrait supprimer, enlever, jeter à la rue les strapontins et les tabourets qui obstruent partout les entrées de l'orchestre et celles de la galerie. Lorsque le public devrait sortir vite, c'est eux qui endiguent la foule, s'opposent à son libre passage et créent tous les désastres. Mais cette exécution si simple n'aura pas lieu, parce que le Strapontin, plus fort que les destins et les Dieux, est le maître du monde. Certes l'invincible Ajax et Achille aux pieds légers ont brisé les genoux à bien des chefs devant Ilios, nourrice de chevaux; mais le Strapontin a brisé encore plus de genoux qu'eux, et je ne vois pas que personne ait jamais pu venir à bout de lui. Le peuple français a renversé, brisé, balayé le règne des Bourbons, la monarchie citoyenne, la république de 48 et le second empire; mais il n'a rien su faire contre le Strapontin qui le tyrannise impunément et contre lequel un Victor Hugo écrirait en vain de nouveaux *Châtiments*. Quand Garnier eut construit l'Opéra, il se fit à lui-même ce raisonnement qui semblait spécieux : « Comme je suis le créateur, l'ouvrier et l'unique organisateur de cette salle; comme depuis les hautes colonnes et les triomphales Déesses d'airain et d'or envolées jusqu'aux plus infimes accessoires, tels que les plaques de métal désignant les numéros des loges, nul objet ne peut s'y produire si je n'en ai pas fixé la dimension et donné le dessin, et si je ne l'ai pas commandé moi-même à un artisan, le

Strapontin ne meurtrira pas nos genoux dans la salle du nouvel Opéra, car je ne le commanderai à aucun artisan et je n'en donnerai certainement pas le dessin. »

Ainsi parlait l'architecte Garnier en son âme confiante, et il se réjouissait en son cher cœur d'avoir sauvé les genoux des Parisiens, fumeurs de cigarettes. Mais renaissant de lui-même, enfanté à nouveau par la force sacrée de la Tradition qui gouverne la France et se soucie autant des lois qu'un poisson d'une pomme, l'héroïque Strapontin reparut spontanément à sa place habituelle, escorté du Tabouret fidèle, et dit à l'architecte Garnier ces paroles ailées : « La maison m'appartient, et si vous n'êtes pas content, c'est à vous d'en sortir ! » Il faudrait chasser le Strapontin et le Tabouret pour qu'au prochain incendie les Parisiens ne fussent par brûlés comme les Juifs espagnols sur l'échafaud ; mais si le vieux Voltaire a pu trouver la force de terrasser l'Inquisition expirante et de lui mettre sur la poitrine son dur genou de squelette, je ne crois pas qu'il se présente jamais un Voltaire assez puissant et endiablé pour terrasser le Strapontin. Ni le fougueux Marat, ni le correct Robespierre, ni Danton qui lançait la foudre ne nous délivreraient de ce monstre ; et revienne l'Amphitryôniade ! il a bien pu saisir le sanglier dans son antre et l'étouffer au grand soleil, mais sa force divine serait impuissante contre le Strapontin. C'est pourquoi la destinée des Parisiens est toute pareille à celle d'une côtelette ou d'un bifteck crus, qui sont destinés à être grillés, et ils pourraient s'adresser aux carrés de veau, aux gigots entourés d'un papier découpé en broderie, et aux moutons entiers pendus à la porte des bouchers, sur lesquels un couteau ingénieux a dessiné de sanglants lauriers, et les interpeller en disant : « Mon cher confrère ! » car les uns comme les autres sont également destinés à être rôtis.

O Dieux ! cet incendie du Ring-Theater dont les récits effrayants nous glacent d'horreur, ces centaines de morts, ces cadavres carbonisés sous les débris fumants, cette foule éperdue autour des cercueils, cette fosse commune qui a cinquante mètres de long, les cris désespérés des enfants et des femmes, la consternation de tout un peuple, tout cela ne suffira pas à nous faire réfléchir? Non, car nous sommes des faiseurs de politique et non des faiseurs d'affaires, et nous nous divisons en deux catégories : l'une composée de ceux qui soufflent, sans s'arrêter jamais, dans leur agaçant turlututu, et l'autre de ceux qui les écoutent avec ravissement, comme des oies!

Que tous les Parisiens et tous les Français et tous les hommes crèvent comme des mouches, pourvu qu'on parle *Char de l'État, sous-groupes, équilibre des gauches*, et que monsieur Amagat soit plus invalidé que l'invalide à la tête de bois! Si l'on voulait faire dans nos théâtres les réformes utiles et pressantes, (mais on ne le veut pas,) il faudrait encore multiplier, agrandir les portes de sortie et organiser un système tel qu'il suffit de presser un seul bouton pour que soudainement toutes ces portes fussent ouvertes à la fois. Ce n'est pas là un bien gros problème de mécanique, et Edison en a résolu bien d'autres, rien que pour agencer commodément sa maison particulière; mais je crois que si les spectateurs des théâtres parisiens sont condamnés à une mort certaine, ce n'est pas seulement par l'incurie des hommes politiques et par l'indifférence de nos édiles.

J'imagine qu'ils sont surtout en butte à la haine, à la férocité et à la vengeance des directeurs de théâtre. Sans doute ces négociants en sublimité, ces marchands de choses divines ne sauraient pardonner aux citoyens qui poussent la bêtise jusqu'à donner cent sous, ou douze francs, ou un louis pour voir les spectacles qu'on montre dans les comédies, et ils les punissent avec une juste rigueur. O mon cher Louis, du temps que vous n'habitiez pas encore votre château solitaire et que vous étiez mêlé comme nous à la vie haletante et rugissante, avez-vous remarqué, hélas, qu'une fois entré dans un théâtre, le citoyen devient par ce seul fait un accusé envers qui ouvreuses, contrôleurs et les derniers des employés ont le droit d'insolence ? Trouver occupée la place qu'il a louée et payée, voir son pardessus roulé, chiffonné en tapon, coupé par des cordes cruelles, jeté dans un trou noir où grouillent les souris, ce ne sont encore là que les roses ! Le spectateur est présumé coupable, puisqu'il a payé, et dirigées contre lui, toutes les cruautés semblent excusables. A présent, on lui demande sa vie, puisque sachant que les théâtres brûlent, on le parque dans des bancs trop serrés, dans des loges bondées, comme le hareng dans sa caque. Eh bien ! après ? Pourquoi le spectateur ne serait-il pas brûlé, étouffé et même égorgé, ayant eu la sottise de mettre la main à sa poche, et comme Triboulet le dit si bien à monsieur de Cossé : « Où donc est la nécessité de ne pas vous couper la tête ? »

Hélas ! le progrès est un beau mot ; cependant je vois que l'ouvrier ne peut arriver à se nourrir, tandis que les marchands de victuailles achètent des maisons, et en dix ans font fortune. Je vois qu'un Tassaert a pu mourir de misère et de désespoir, quand nous avions, comme disait monsieur de Broglie, un sous-secrétaire (je crois) des Beaux-Arts, et que la soupe de nos soldats n'est pas meilleure qu'elle ne l'était le jour de la bataille de Fontenoy. Mais on me dira que je suis bien difficile à vivre, et on me demandera ce que je veux. Mon cher Louis, il y a d'élégantes dames parisiennes qui courent les bals, les spectacles, les assemblées, montrent au Bois leurs belles robes et font la joie et le désespoir des amants ; cependant elles gardent un jour par semaine pour vérifier leurs nippes, mettre leur linge en ordre et s'occuper de leur maison. Eh bien ! je serais heureux, si de même les hommes qui nous gouvernent continuaient à s'enivrer de la musique particulière dont ils ont le secret et qui les amuse, mais s'ils consacraient un jour sur sept à s'occuper de choses utiles. Toutefois, je sais bien qu'un tel vœu constitue une coupable et dangereuse utopie: autant vaudrait demander la lune ! Encore la Lune est-elle descendue une fois sur le mont Latmos, en Carie, pour baiser les yeux d'Endymion ; mais la Chambre est plus obstinée dans ses habitudes, et ne renoncerait pas à son indifférence pour les beaux yeux de n'importe qui.

VIII

JAMAIS SHAKESPEARE !

Un jeune homme plein d'ardeur, de fureur, d'éloquence, d'enthousiasme, d'inspiration lyrique, Jean Aicard, l'auteur des *Jeunes Croyances*, des *Rébellions et les Apaisements*, de *La Chanson de l'Enfant*, des *Poèmes de Provence*, de *Miette et Noré*, couronné par l'Académie Française comme s'il en pleuvait, avait non pas traduit, — il n'aime pas ce mot-là ! — mais créé, inventé, imaginé à nouveau, écrit en vers très nerveux, très souples et très brillants, un *Othello* rêvé et conçu d'après l'*Othello* de Shakespeare. Une tragédie de Shakespeare peut-elle être transposée en vers français ? Pour mon compte, je ne le crois pas, mais là n'est pas la question. L'essentiel, c'est que Jean Aicard avait forgé son œuvre avec beaucoup de volonté, d'ingéniosité et de passion ; il avait séduit la fille de Brabantio en lui racontant ses batailles, il l'avait adorée ; puis trompé par les machinations de l'honnête Iago, il l'avait soupçonnée et tuée, frappée de son couteau, étouffée sous l'oreiller fatal ; puis avant de la venger en s'ouvrant la gorge, il l'avait tendrement pleurée et pardonnée, de telle façon que moralement le drame, comme c'est le devoir de tout poème, s'achevait dans la sérénité et dans l'apaisement suprême.

Ayant écrit sa tragédie pour la Comédie-Française, Jean Aicard croyait ingénument qu'elle serait jouée à la Comédie-Française : songez, mon cher Louis, qu'il est jeune, et qu'il avait beaucoup de motifs en apparence excellents pour penser ainsi. Les interprètes? il les avait sous la main! Sarah Bernhardt semblait avoir été faite et fabriquée exprès, saule elle-même, pour murmurer la chanson de la servante Barbarie : *La pauvre âme était assise auprès d'un sycomore. Chantez tous le saule vert.* Mounet-Sully qui adore tous les Turcs, même ceux de Voltaire, ne pouvait être que ravi de jouer un Turc, surtout noir, car il ne faut pas oublier qu'au théâtre, tous les habitants de l'Orient sont, sans exception, des Turcs. Monsieur Émile Perrin, qui est très artiste, aimait la pièce et s'y intéressait; Fébvre, qui a assez d'esprit pour ne pas tenir à représenter les personnages sympathiques, aurait fait un excellent Iago; les autres sociétaires voulaient bien qu'on donnât *Othello*, on en avait même donné de beaux et importants fragments sur la scène même de la Comédie, dans une représentation à bénéfice. Un très jeune homme ou un observateur superficiel pouvait donc croire en effet que le nouvel *Othello* serait joué sur cette même scène; cependant un tel événement était impossible à tous les titres et *par la nature des choses!*

Jean Aicard avait emprunté à Alfred de Musset et écrit sur la première page de son drame cette belle et fière devise : SHAKESPEARE ET LA NATURE. Or, voilà bien longtemps que la Nature est entrée à la Comédie-Française avec le divin Molière et avec d'autres poètes; mais quant à Shakespeare, il n'y entrera jamais, et il peut s'en brosser le bec. Et cela ne dépend de personne, et cela n'est la faute de personne, et personne n'y peut rien. Certes, si l'on voulait jouer Shakespeare sur une scène française, rien ne serait plus aisé et plus simple. Il suffirait de prendre une bonne traduction en prose, par exemple celle de François-Victor Hugo ou celle d'Émile Montégut, d'emprunter aux Anglais leur excellente costumation shakespearienne qui tient à la fois de l'antique et du moyen âge, et de copier sans rien y changer leur mise en scène, en exécutant, comme eux, les changements, à vue — tous les changements à vue ! — au moyen d'une machinerie primitive et initiale, de sorte qu'une grande tragédie de Shakespeare pourrait être, comme en Angleterre et comme en Allemagne, jouée en deux heures et demie au plus, c'est-à-dire sans lasser la force des comédiens et l'attention des spectateurs.

Mais cela, on ne peut pas le vouloir, et pour des raisons absolues. Tout le monde sait que par un arrêt du Destin, plus fort que la volonté du roi Zeus, Porte-Sceptre, Étincelant, Tonnant, Foudroyant, la durée de la Comédie-Française est subordonnée à celle du théâtre de feu monsieur Scribe. Or, si un seul rayon du fulgurant soleil shakespearien entrait dans cette maison de la Comédie, que deviendraient les petits moyens, les petites ruses, les innocents imbroglios, les naïfs stratagèmes, les quiproquos ingénus de feu monsieur Scribe, et ses hussards et ses colonels, et ses demoiselles en tablier à bretelles roses qui courent après des papillons, et ses fantômes de pantins et ses ombres de marionnettes ? Le meilleur accident qui pourrait leur arriver, ce serait de se dissiper en l'air comme une vaine nuée, façonnée par quelque dieu ironique en forme de rien du tout.

Mais, chose encore plus grave ! supposez qu'au moyen des changements à vue shakespeariens, l'action évoluât librement là où la pure logique l'entraîne, et que la saine et vigoureuse Poésie peignît au vif les caractères, les âmes, les passions, que deviendrait l'habileté spéciale des GENS DE THÉATRE, habileté qui consiste, pour les auteurs, à faire venir leurs personnages là où ils ne peuvent pas être ; pour les comédiens, à se faire valoir en ayant l'air de donner la vie à des fantoches ; pour les metteurs en scène, à diriger les acteurs au milieu de mobiliers plus hérissés et nombreux que les barricades en temps de révolution; pour les peintres en décors et les dessinateurs de costumes, à habiller et à vêtir le néant, de façon à lui donner l'air d'être quelqu'un ou quelque chose !

Le Poète est terrible, effroyablement tyrannique ; il veut seulement qu'on lui obéisse, et d'ailleurs n'a besoin de personne. Il ne lui faut ni les décors d'opéra à plantations compliquées, ni les costumes prétendus exacts, ni les allées et venues stériles, qui occupent la scène comme un écureuil occupe sa cage. Tout ce qu'il demande aux acteurs, c'est de bien prononcer et de dire avec un accent juste et avec des gestes sobres sa prose ou ses vers. Et il se charge du reste ! Au contraire, que de ruses, que de finesses, que d'inventions heureuses et fertiles sans cesse renouvelées demandent, pour être bien interprétés, les innombrables points de suspension de monsieur Scribe, qui signifient tout ce qu'on veut. mille choses et notamment n'importe quoi ! Et même en dehors de ce pape du vaudeville à la triple tiare ornée de grelots vides, en dehors de ce pacha à cent mille queues, de ce prestigieux ouvrier qui dévide les écheveaux de fil à la façon des chats, que de collaborations empressées demande la comédie moderne faite comme l'entendent les directeurs, c'est-à-dire laissant à l'interprétation toute latitude !

Là, à la bonne heure ! on est utile, on sert à quelque chose, on s'enivre perpétuellement du *Sera-t-il dieu, table ou cuvette?* Qu'allons-nous faire de cette scène-là ? et de cette sortie ? et de ce personnage ? Dans le très remarquable *Sphinx* d'Octave Feuillet, il s'agissait, au premier acte, de cacher mademoiselle Sarah Bernhardt. Certes, sans tomber dans la platitude des épigrammes ressassées, la moindre chose y eût suffi. Au contraire, on imagina de planter sur la scène des vases gigantesques, hauts comme de grands chênes, afin de dissimuler derrière l'un d'eux la svelte comédienne. Voilà des fantaisies qui amusent ceux qui les trouvent et cela fait passer toujours une heure ou deux... d'entr'acte! Croyez-vous qu'avec Shakespeare on aurait les mêmes aubaines, et qu'il se soucierait de ces grands diables de vases? Au second acte du même *Sphinx*, Octave Feuillet s'était contenté d'esquisser la scène d'amour; on la *corse* au moyen d'un clair de lune. Au troisième acte, il s'agit d'empoisonner mademoiselle Croizette; eh bien! c'est une occasion de montrer un thé flambant neuf et de dévaliser toute la boutique du marchand de métal blanc, solidement argenté par le procédé Ruolz; or ces intentions-là ne se trouvent pas toutes seules!

Il est vrai que lors des représentations françaises à Londres, le clair de lune manquant, la pièce en a souffert. Le barbare Shakespeare, s'il avait eu besoin d'un clair de lune, se serait contenté de le mettre dans ses vers, et de la sorte il aurait été facile de le faire briller partout, même en voyage. Mais alors, à quoi auraient servi le directeur et le décorateur, et les conseilleurs, et le semainier de service, chargé de monter la pièce?

Au fond, tous ces mobiliers, poufs, canapés, chaises longues encombrant la scène, ne sont que des barricades, uniquement destinées à empêcher, s'il se peut, Shakespeare d'entrer. Et on a si grande peur de voir entrer Shakespeare que l'accumulation des mobiliers arrive à la monomanie féroce. Dans *L'Impromptu de Versailles* (scène III), Molière au moment de faire répéter sa comédie improvisée, dit à mesdemoiselles du Parc et Molière : « Mesdames, voilà des coffres qui vous serviront de fauteuils. » Pour expliquer ce passage, il n'y a pas besoin d'être grand clerc. Dans ce Versailles affairé, toujours débordé par les hôtes de tout état, et les réceptions de tout genre, on n'avait pas eu le temps d'apporter des sièges dans la salle de la comédie où se passe la scène, et c'est faute de mieux que Molière faisait asseoir les dames sur des coffres. Cependant, à la récente reprise de *L'Impromptu*, la scène était inondée de canapés, de chaises, de fauteuils magnifiques aux bras dorés, sur lesquels s'asseyaient sottement Brécourt, La Grange et du Croisy, tandis que les pauvres demoiselles se pelotonnaient sur des malles, comme des croûtes de pain montées en grade. Certes, si, ayant à sa disposition tant de sièges magnifiquement vêtus, Molière avait mis sa femme en pénitence sur un coffre, il aurait agi comme un grossier personnage, et les consuls de la Comédie-Française le savaient bien ! Mais quoi ! la scène étant vide, l'accès en aurait été facile, et qui sait? si ce misérable Shakespeare en avait profité pour s'introduire subrepticement sur cette scène illustre, où doivent être admis les seuls académiciens !

Qui n'est frappé de l'étonnant retour qui s'est fait dans l'opinion à propos de l'œuvre de Berlioz ! Vivant, on ne voulait pas de ce génie, on l'insultait, on l'aurait volontiers jeté aux chiens, et lorsqu'ils exécutaient une symphonie de lui à l'Opéra, les musiciens croyaient faire une très bonne farce en introduisant dans leur partie *Marie, trempe ton pain dans la sauce*, ou *J'ai du bon tabac!* Mais aujourd'hui, au contraire, le nom de Berlioz, sur une affiche, suffit pour assurer la recette ; on acclame le géant disparu, on l'applaudit, on le fête, on l'adore, et on lui jette par brassées le laurier dont on lui refusait jadis une pauvre feuille humiliée. Savez-vous à quoi tient, mon cher Louis, ce revirement en apparence contradictoire ?

Du temps que Berlioz était vivant, fixant avec mépris sur les Philistins son œil de vautour, on le soupçonnait, non sans raison peut-être, d'être de connivence avec Shakespeare. Des agents de l'école agréable l'avaient *filé*, et positivement l'avaient surpris causant dans la forêt des Ardennes avec Shakespeare, à deux pas de Jacques le mélancolique et de Rosalinde habillée en garçon. Voilà pourquoi on s'écriait : « Sus à Berlioz ! » et pourquoi il n'y avait pas pour lui assez de pommes cuites !

Car on se disait : « Si on laisse faire ce moderne

Orphée, si on ne le déchire pas en morceaux pendant qu'il en est encore temps, il amènera Shakespeare à l'Opéra, et pourquoi pas ensuite à la Comédie-Française! et alors, ô scandale! sur la scène illustrée par Empis et Mazères, par Wuafflard et Fulgence, on verrait Roméo disant son amour à Juliette enfant, et Desdemone, et Imogène, et Hamlet dont le vent tord la plume noire, et le roi Lear avec sa barbe blanche échevelée dans l'ouragan! Et au milieu de tout cela, que deviendrait monsieur Scribe! » C'est ainsi que les prudents vieillards poursuivaient Berlioz de leurs imprécations; mais à présent ils veulent bien que ce Titan foudroyé ait eu du génie; ils applaudissent *Roméo,* et *Faust,* et *Harold,* et *L'Enfance du Christ,* qu'importe! Berlioz est mort, cloué sous la lame, couché dans la terre noire, on est bien certain qu'il n'amènera pas Shakespeare avec lui; et telle est la terreur que Titania et le duc d'Athènes excitent encore à l'un et l'autre bout de l'avenue de l'Opéra. Voilà pourquoi Jean Aicard s'est fourré dans l'œil le doigt d'Eschyle. A la Comédie-Française entreront le génie, le talent, la facilité, les adroits et les savants, les heureux et les habiles, mais *quoi qu'il advienne ou qu'il arrive,* comme dit monsieur Scribe, JAMAIS SHAKESPEARE!

IX

SIMPLIFICATION

Certains spectateurs, qui n'ont pas deviné le mécanisme de la Comédie Parisienne, se demandent pourquoi tous les romans sont de Xavier de Montépin et pourquoi toutes les pièces de théâtre sont de William Busnach. Je vous révélerai, mon cher Louis, ce secret et tous les autres secrets. Car j'ai la main pleine de vérités et je l'ouvre, pour vous du moins. O prodigieux, effrayant, insondable mystère ! par une de ces rares fortunes que produit la conjonction de beaucoup de causes diverses, notre siècle a pu créer un type comique égal à ceux de Molière et de Rabelais, assez grand et universel pour exciter la curiosité et l'envie de tous les hommes de génie : le fameux Robert Macaire. Copié, imité, reproduit dans les romans et dans les drames, toujours ce personnage épique tourmenta et hanta Balzac ébloui, qui, n'ayant pu l'inventer, imagina du moins à sa ressemblance l'immortel Vautrin, taillé en plein marbre comme un héros d'Homère. Eh bien, voilà qui va vous faire rêver, après tant d'années révolues, ce type dont tout chacun aurait voulu accoucher, quitte à se faire fendre le front à coups de hache, ce drame qui reste en fin de compte (avec *Les Saltimbanques* et Prudhomme) la seule comédie moderne, et qui fut jadis mis au jour par Benjamin Antier, par Frédérick Lemaître et par le mythologique Polyanthe, se trouve aujourd'hui avoir pour auteur William Busnach! Car la nature des choses doit être respectée, et voici ce qu'elle dit expressément. AXIOME : *Toutes les pièces de théâtre doivent être de William Busnach.*

Je ne suis pas certain, malgré l'affirmation exacte de quelques amants du merveilleux, que William Busnach touche des droits chez l'agent pour les représentations de *Phèdre* et du *Misanthrope;* cependant il y a gros à parier qu'il est pour quelque chose dans ces deux ouvrages, comme dans tous les autres ouvrages, car il est difficile de se figurer une pièce dont il ne serait pas l'auteur, de même qu'on troublerait beaucoup la tranquillité de plusieurs millions de Français, si on voulait leur persuader que Xavier de Montépin n'a rien à prétendre sur *Les Natchez,* sur *Manon Lescaut,* et sur *Paul et Virginie.* Toutes les pièces sont de Busnach, et tous les romans sont de Montépin ; ainsi le veut la conscience publique, dont les conceptions ont force de loi.

Mais pourquoi cette simplification audacieuse, et ramenée à l'indigente et nette clarté d'un dessin linéaire? C'est, mon cher Louis, ce que je vais tenter de vous expliquer, si je le puis, avec une précision mathématique. Le peuple français est le moins révolutionnaire de tous les peuples. C'est une bête d'habitude ; au fond il participe de la nature des chats, et son plus grand désir est d'être tranquille. Il a cependant fait quelques révolutions, et notamment celle de 89 ; mais c'était dans l'espoir de pouvoir être tranquille après. Il veut avant tout qu'on lui DONNE la paix ; et pour arriver à ce résultat il ne recule devant aucune résignation, devant aucun sacrifice. Qu'une chose ait duré longtemps, c'est une raison pour qu'il la tolère encore, afin de ne pas changer. C'est ce qui explique l'interminable durée du duc de Richelieu, et plus tard celle de Louis XIV et de monsieur Thiers. Ce mot de l'argot théâtral : *Convenons-en!* est notre argument suprême. Nous voulons bien n'importe quoi, pourvu que ce soit convenu, qu'on n'en parle plus et qu'il n'y ait plus à y revenir. C'est ce que Robert Macaire exprimait par cet élan d'amour, exhalé avec une complète froideur : *Embrassons-nous et que ça finisse!* Nous désirons même que ça finisse sans nous donner la peine de nous embrasser ; car à quoi bon des formalités inutiles?

S'acquitter, moyennant le moins de frais possible, avec le génie, avec la science inventive, avec l'esprit de liberté, avec la beauté immortelle, voilà le plan. Paris et la France, qui sont, je le répète, essentiellement simplificateurs, ne veulent admettre qu'une seule personne dans chaque spécialité ; ils ne sont pas difficiles du tout sur le choix du premier titulaire ; mais ensuite c'est le diable pour obtenir une nomination nouvelle. En vertu de cette convention tacite, un homme vient et à brûle-pourpoint dit : « Je veux tenir l'emploi des grands poètes tragiques ; je veux être Pierre Corneille! » Pourvu qu'il sache un peu d'orthographe, qu'il ait quelque teinture de la règle des participes, on lui répond : « Nous voulons bien, ne te gêne pas ; sois Pierre Corneille! » Par exemple, il ne faut pas qu'un autre vienne après lui et prétendre être aussi Pierre Corneille ; celui-là on le reçoit sous une pluie de trognons de chou et avec des coups de balai dans le dos, parce qu'on n'aime pas à être ENNUYÉ deux fois pour le même motif.

Arrive une petite femme noire, maigre, au nez retroussé, les cheveux achetés chez le marchand de cheveux, le sourire effronté et la bouche coloriée en rose vif. Elle dit : « Je veux être Cléopâtre », et on lui répond : « Sois Cléopâtre! » D'autres personnages accourent et veulent être, celui-là Alexandre le Grand, cet autre Pindare, cet autre Michel-Ange, ou Talma, ou Olivarès ; à la bonne heure, on ne les chicane pas pour si peu, et on les accepte pour ce qu'ils veulent être, à condition qu'il ne viendra après eux aucune sous-Cléopâtre, aucun sous-Michel-Ange, aucun sous-Pindare, et qu'une fois les rôles distribués et les places prises, il y en aura pour longtemps.

Nestor Roqueplan, qui voyait vite et bien, avait tout de suite deviné cette tendance de l'esprit français, et se gouvernait en conséquence. Un compositeur venait-il lui parler d'un opéra? Au lieu de lui imposer le supplice de l'antichambre, il le faisait entrer tout de suite, et l'accueillait avec les démonstrations de la plus vive joie. Il écoutait avec ravissement l'analyse du poème, la description des décors, la distribution éventuelle des rôles, et même tout ce que le compositeur voulait lui jouer au piano et lui chanter avec une voix de chat qu'on écorche. Il louait tout, approuvait tout, manifestait l'enthousiasme le plus ardent, et en guise de conclusion, finissait par dire qu'il mettrait la pièce à l'étude lundi prochain! Le visiteur se confondait en remerciements; mais l'ironique Roqueplan l'assurait que ces remerciements étaient de trop, et qu'en acceptant un chef-d'œuvre avec reconnaissance, il ne faisait que son devoir. Puis, comme cet infortuné, prêt à sortir et marchant dans son rêve étoilé, allait franchir le seuil de la porte, le directeur dandy le rappelait d'un ton léger, comme ayant oublié un détail de peu d'importance.

— « Pardon, disait-il, encore un mot. Vous êtes bien monsieur Meyerbeer?

— Mais non, répondait le compositeur abasourdi. Je suis Dupieu!

— Ah! vous n'êtes pas monsieur Meyerbeer? Eh bien! j'en suis désolé, mais il n'y a rien de fait, parce que, voyez-vous, le musicien à présent c'est Meyerbeer! »

Parole profonde! En effet, il y a à la fois un musicien, un poète, un général, un ministre, un peintre, un homme d'État, un tailleur, un chaussetier, mais jamais deux, et le public paresseux que nous sommes ne veut pas apprendre deux noms pour le même emploi. Ce système semble offrir des difficultés d'application; mais il n'en est rien, parce que dès qu'un des titulaires disparaît, on le remplace immédiatement, sans embarras ; le tout est de restreindre et de classer la série des idoles. Il y a eu les temps où on ne pouvait pas se passer de Frédéric Soulié, d'Eugène Sue, de Rachel, de mademoiselle George, de Scribe, de Déjazet, de Léon Gozlan ; mais on ne les avait pas plutôt perdus que, sans nul interrègne, on mettait à leur place d'autres talents et d'autres génies. Voilà pourquoi la féroce mystification de Roqueplan était bonne. Un de ses amis, étonné d'un tel injuste parti-pris, lui disait un jour :

— « Mais enfin Meyerbeer, physiquement du moins, n'est pas immortel ! Et le jour où il viendrait à mourir, qui mettrez-vous à sa place ?

— Mais, dit Roqueplan, n'importe qui, la portière, madame Crosnier ! Le choix de la personne n'est rien. L'important, c'est que, si un intrus veut entrer dans le temple de la Gloire, il trouve le verrou mis en dedans, et que de l'intérieur, une voix quelconque lui réponde : Il y a quelqu'un ! »

Savez-vous, mon cher Louis, combien il y a de femmes à la fois dans Paris ? Il y en a UNE, une seule, et comme dit Médée, c'est assez ! C'est pour elle que l'architecte Grindot construit les hôtels et que Léon de Lora les décore ; c'est pour elle, à la fois duchesse, gothon et courtisane, que Lyon tisse ses lourdes étoffes et que le Japon nous envoie ses plus merveilleux caprices, peints avec des soies d'une harmonie musicale et avec des ors mystérieux. C'est pour elle que les jeunes hommes pleurent d'amour et que les vieillards tordent leurs bras éperdus ; c'est elle que les romanciers copient, que les poètes chantent ; elle est la mère des désespoirs et des sourires, et c'est elle qui donne et reçoit tous les baisers qui se reçoivent et se donnent. Et elle suffit à cette tâche ? Parfaitement, tout comme y suffirent en leur temps le héros Héraklès et le moine Amador, qui avalaient des femmes comme un collégien en vacances les cerises à l'eau-de-vie. Mais si par hasard elle disparaît et s'effondre, elle est à l'instant même remplacée dans l'adoration des hommes, et son nom devient plus oublié que les chansons avec lesquelles une vieille nourrice endormait, petit enfant dans son berceau, le roi Nabuchodonosor.

Il n'y a pas longtemps que le rôle de l'unique Parisienne était encore joué par Aglaure Henni, alors fameuse. A force d'avoir été jeune comme l'Aurore, puis jeune comme le printemps, puis tout bonnement jeune, puis jeune comme une reine qui veut l'être, puis longtemps et éternellement jeune, elle avait fini par devenir jeune d'une façon qui n'est pas la vraie. Un jour qu'elle se déshabillait et s'habillait devant son amie à qui elle n'a rien à cacher, pas même son âme! Lucette lui fit voir comme sa peau devenait réfractaire au blanc et ses rides profondes, et lui demanda si elle ne craignait pas d'être abandonnée bientôt par son amant Paris, pour le moment toujours fou d'amour.

— « Oh! dit Aglaure, il n'y a pas de danger. La question est d'être dans le joint. Comme l'a si bien dit le maréchal, j'y reste parce que j'y suis. Si on me changeait, il faudrait changer trop de choses! »

Ce qui est généralement ignoré, mon cher Louis, c'est qu'une société secrète de Simplification, organisée pour éviter tout ennui et tout sursaut aux âmes parisiennes, fonctionne régulièrement et tient des séances hebdomadaires. Dans une de ses dernières réunions, elle avait adopté le projet de diminuer le nombre des écrivains et de le restreindre au seul Claretie, dont la spirituelle et féconde imagination suffirait certainement à notre consommation littéraire. De temps en temps, elle tâche de s'arranger avec un poète, en faisant une cote mal taillée. C'est ainsi qu'elle avait fait demander à Sully-Prudhomme et à François Coppée s'ils consentiraient à un compromis, au moyen duquel Paris serait tenu quitte envers eux de toute admiration, à la condition de connaître seulement *Le Passant* et *Le Vase brisé*; mais comme ils avaient d'autres œuvres dans le ventre, ni l'un ni l'autre des deux poètes n'accepta cette solution élémentaire. C'est la même société de Simplification qui jadis priait Balzac de n'avoir pas fait *La Comédie Humaine,* et de consentir à être seulement *l'auteur d'Eugénie Grandet.* S'il avait adopté cette version essentiellement simple, il aurait été accablé d'honneurs. Mais, comme on le sait, il ne fut pas même académicien! et à la grande confusion de messieurs les grands-officiers, il mourut simple chevalier de la Légion d'Honneur, absolument comme Musset et Lamartine.

X

LA HAINE

En voyant que tant de gens se querellent sans violence, s'insultent avec douceur, et s'égratignent sans se faire de mal, j'ai envie, pour me soulager, de m'en aller dans quelque forêt déserte et d'y pousser ce grand cri exaspéré : « Vive la Haine ! »

Mais il est trop tard ; la vigoureuse, l'inspiratrice, la féconde Haine est morte en même temps que l'Amour ; car ils ne peuvent exister l'un sans l'autre, et comme nous l'enseigne le grand Aristophane, l'Amour est né d'un œuf sans germe enfanté par la Nuit aux ailes noires. Pour savoir aimer, il faut savoir haïr, et cette délicieuse fleur enchantée, l'amour de Roméo et Juliette, est née de la haine séculaire entre les Capulets et les Montaigus. C'est la haine des Dieux immortels qui, dans l'*Iliade*, acharnée comme une louve furieuse sur les héros troyens et argiens, leur donne la force de lutter contre les monstres, contre les éléments, contre les destinées, et leur met au cœur la vaillance intrépide.

Hélas ! il n'y a plus de haine. Qu'est-ce que ça me FAIT ? est le dernier mot de tout, et l'on aime mieux tolérer les sots, les intrigants, les scélérats, les polichinelles, que prendre la peine de se mettre en colère. Vous vous rappelez, mon cher Louis, quels furent la floraison, l'éclosion furieuse, le jaillissement prodigieux des génies de 1830. Ils se multipliaient, se diversifiaient, se renouvelaient comme des Protées. C'était à coups d'œuvres et de chefs-d'œuvre qu'ils répondaient aux négations, justes ou injustes. On ne cessait pas d'écrire contre eux, mais ils ne cessaient pas de vaincre. Et où trouvaient-ils le ressort qui les animait, et l'inépuisable inspiration créatrice? Dans la haine dont les philistins les poursuivaient sans trêve, et qui leur fouettait le sang, mieux que Xerxès ne fouetta la mer. En ce temps-là, un homme était insulté, bafoué, vilipendé, nommé par des noms odieux, plus maltraité que s'il eût volé des couverts d'argent ou coupé sa bonne en morceaux : quel était son crime? C'était d'avoir écrit les *Méditations*, ou *Hernani*, ou les *Contes d'Espagne et d'Italie*, et d'avoir senti sur ses lèvres, comme un charbon ardent, le rouge baiser de la Muse.

Le drame se jouait, haï, discuté, sifflé, hué, triomphant, et ne faisait pas de recettes ; le poème se publiait chez Eugène Renduel, attaqué, déchiré, dépecé dans mille articles de journaux, et ne se vendait pas ; cependant le lendemain, le poète était célèbre, illustre, décoré d'une gloire immortelle. Aujourd'hui nous avons changé cela, et retourné la question sens dessus dessous. On veut bien que les pièces se jouent trois cents fois sans tumulte, et que les livres se vendent à cent mille exemplaires, et même, pour les aider à obtenir ce résultat, on porte volontiers son argent au théâtre ou chez le libraire, mais à la condition expresse qu'il ne sera pas question de la pièce ou du livre, et qu'après en avoir très peu parlé on dira du récent chef-d'œuvre, comme de l'accident arrivé au crocodile : « N'en parlons plus ! »

La Haine est une torche qui brûle, mais elle éclaire aussi, et c'est à sa lueur seulement que nous pouvons constater l'évidence du génie ! Car un homme peut savourer toutes les ivresses du succès, remuer les foules, boire un vin qui ressemble au vin de la Gloire, faire de faux chefs-d'œuvre qui pour le moment ressemblent aux vrais, et cependant n'avoir pas de génie ; il n'en a pas, s'il n'a pas excité contre lui la fureur, le mépris et la haine obstinés des sots, seul signe absolu auquel se reconnaissent les invincibles fils d'Orphée.

La Haine marche à coup sûr, elle ne divague pas, elle ne s'égare pas, elle ne se trompe jamais. Elle n'a pas pardonné à Shakespeare qu'elle traite encore de sauvage ivre, ni à La Fontaine qu'elle continue à mettre au-dessous de Florian ! Dernièrement, chez un académicien où se trouvaient réunis, entre autres personnes, un poète et un critique, fut par hasard prononcé le nom de Pindare. En l'entendant, le poète eut dans les yeux des pleurs d'amour, tandis que le critique s'écriait d'un ton de mauvaise humeur : « Assommant, Pindare ! Un animal qui a écrit pour les cochers ! » Évidemment, ni le poète ni le critique ne connaissaient le chanteur des *Néméennes*, puisque personne ne sait le grec ; mais l'un et l'autre étaient sûrement guidés par leur amour et par leur haine.

Vous savez, mon cher Louis, quelles fortunes diverses eut le drame d'Alfred de Vigny, *Chatterton*. A la création, du temps de madame Dorval, toutes les femmes dans la salle acclamaient et adoraient le sublime enfant ; plus tard, quand madame Plessy reprit le rôle, la vogue était à la richesse, au bonheur facile, et les dames trouvèrent bien impertinent ce petit jeune homme qui se permet d'être à la fois pauvre et amoureux. Gautier qui, à trente ans de distance, avait vu l'une et l'autre de ces premières représentations, raconta dans un feuilleton merveilleux cet absolu revirement. Mais à la récente reprise par madame Broisat, ce fut bien autre chose ; les demoiselles modernes, telles que les dessine Forain, parlant argot et ne voulant pas qu'on *la leur fasse au génie*, regardèrent comme une licorne bleue ou comme un mouton à cinq pattes le pâle rimeur qui ose se montrer fier vis-à-vis des lords en habit rouge. Elles étaient très bien conseillées et éclairées par leur haine légitime contre quiconque n'a pas de quoi payer à sa femme des robes de Worth.

A ce moment-là, Chatterton indigna positivement les gens du monde. Le lendemain de la représentation, je me trouvais dans un salon où un financier de Carabas, qui dédaigne d'être marquis ou baron, et qui avec raison estime que ses chiens seraient trop pauvrement attachés avec des saucisses, raillait de la plus agréable façon le vieux drame romantique. — « Monsieur Alfred de Vigny, disait-il, veut que j'empêche de se suicider les jeunes gens de dix-huit ans qui n'osent pas déclarer leur amour aux pâtissières, et dont on ne veut pas acheter les poèmes. Le poète gentilhomme est bon là ; seulement, ajouta le financier en se tournant vers moi et en me prenant à partie directement, à quoi diable veut-il que je reconnaisse le futur homme de génie ?

— Mais, dis-je, vous pouvez le reconnaître, sans crainte d'erreur, à la haine que vous avez pour lui. »

Certes, mon cher Louis, on ne niera pas que la Rose et la Femme soient et restent, en dépit des lieux communs madrigalesques, les deux plus magnifiques inventions de l'homme. De la pâle églantine des bois il a fait la noble fleur au cœur sanglant dont la voluptueuse couleur et le parfum délicieux excitent en nous une formidable joie, et de l'être qui d'abord fut seulement une femelle, il a fait la créature surnaturelle et divine, Hélène, Omphale, Cléopâtre, au delà de laquelle nos sens ne supposent rien, car rien ne peut dépasser l'impression qu'éveillent en nous ces trois mots réunis : une Femme belle ! Mais comment pouvons-nous savoir qu'elle l'est, et comment la Femme elle-même peut-elle savoir qu'elle est belle ?

Cela a l'air très facile, et en fin de compte, cela ne l'est pas du tout. Les adorations, les amours, les richesses, les diamants, les trésors prodigués aux pieds d'une idole prouvent bien quelque chose, et c'est pourquoi les filles d'Ève sont très friandes et désireuses des étoffes de couleurs diverses brodées d'or, d'argent, de perles, et aussi des cailloux colorés et transparents ; mais enfin, on a vu des Gothons maigres comme un clou, ayant de très petits yeux sans expression et des nez en trompette, obtenir sans difficulté et posséder à profusion ces preuves de noblesse, car nous avons des caprices bizarres et il y a des quarts d'heure où Roxelane monte la tête à un peuple entier mieux que Sémiramis. Mais ce à quoi une femme reconnaît qu'elle est incontestablement belle, c'est à la haine des autres femmes !

L'an dernier on s'occupait beaucoup de la très courtisée Rosine Elva. Née dans la boue du ruisseau, elle s'était appris l'élégance, la grâce, l'esprit même ; au bout de très peu d'années, elle possédait les joyaux, les bibelots, l'hôtel et le million réglementaires, et ses écuries étaient tenues comme celles d'un pair d'Angleterre. Tout cela n'était pas de la première venue, et la petite Rosine avait eu des amours assez enviables pour en arriver à faire figure ; cependant elle n'était pas contente d'elle-même, parce que chaque fois que leurs voitures se croisaient, Éveline Hasto, la toute-puissante reine du monde où l'on se distrait, la regardait avec un petit sourire ironique et tranquille.

Rosine s'appliqua encore plus ; ce qui en elle était bien devint mieux. Jadis on voyait sa robe ; à présent on ne voit plus que ses lèvres fleuries et ses prunelles qui s'emplissent d'astres ; on admirait sa belle tournure, on ne la remarque plus, seulement on est subjugué, envahi par le charme. Enfin, on ne dit plus : « Comme elle est spirituelle ! » mais on l'écoute avec ravissement. L'autre soir ces deux chasseresses se sont rencontrées au bal de mademoiselle Elluini, et comme Rosine attirait à elle les yeux, les désirs, les âmes, si bien qu'il n'y en avait que pour elle et qu'on buvait ses discours enfantins et charmants, de colère Éveline Hasto devint plus rouge que les habits rouges des jeunes seigneurs invités à cette fête.

« — Ah ! dit-elle à Rosine, taisez-vous, car à la fin je vous hais !

— Et moi, je t'adore ! » s'écria Rosine en se jetant au cou de son ennemie, qui cette fois lui décernait l'indéniable diplôme de beauté.

Vive la Haine ! Si l'Indignation fait bien les vers, elle les fait encore mieux, et quand notre art languissait énervé par l'indifférence d'un public revenu de tout sans y être allé, elle a dicté ces fulgurants *Châtiments* dont les strophes éclatèrent comme des tonnerres. Que la farouche Déesse grandisse encore un Hugo, en somme, cela n'a rien de surprenant ; mais il y a des hommes chez qui elle arrive à suppléer tout le reste ! Je vois encore dans le café du Théâtre Français Gustave Planche non pas débraillé, ce serait trop peu dire, mais avec une chemise sans boutons et verte ! (comment une chemise peut-elle devenir verte ?) écrivant sur une de ces planchettes couvertes d'étoffe qui servent à jouer aux cartes. Certes, il fut mauvais prophète, les gens qu'il a tués se portent effroyablement bien, son esthétique était médiocre et sa logique infidèle ; cependant sa haine contre les romantiques lui a suggéré des pages presque belles. Le tout est de bien savoir ce qu'on hait et ce que l'on aime ; Planche, lui, aimait les classiques, morts depuis assez longtemps pour n'être plus tentés de braver la *Revue des Deux-Mondes*.

A force de méchanceté, un autre critique, beaucoup moins savant que Sainte-Beuve, mais pas plus joli que ce grand écrivain et encore plus chauve, avait fini par conquérir une influence redoutée.

« Ah çà, lui dit un jour le doux et olympien Théophile Gautier, comment avez-vous fait pour devenir si féroce ?

— Mon cher maître, répondit le critique, il faut que je vous mette mon cœur à nu ! J'ai du succès, je suis riche, on m'a nommé officier de la Légion d'honneur, les femmes qui me dédaignaient me veulent à présent ;

mais j'exècre l'humanité tout entière, car ce n'est pas tout cela que je voulais : j'aurais voulu être un beau capitaine de hussards !

— Eh bien, fit le sage Gautier, il fallait vous engager dans les hussards ; avec de la conduite vous seriez devenu capitaine. Vous vous seriez un peu serré dans votre uniforme, vous vous seriez fait friser la moustache, et si vous aviez pris soin de vous dire beau, on aurait cru que vous l'étiez ! »

En parlant ainsi, le poète d'*Albertus* ne songeait pas à l'inéluctable Destin, qui avait condamné son ami le critique à être une marionnette toujours exaspérée et pantelante entre les doigts agiles de la Haine.

XI

FRANC-MAÇONNERIE

Pour qui ne voit des choses que l'apparence extérieure et enregistre uniquement les faits sans deviner la loi qui les régit, l'existence qui nous entoure doit sembler singulièrement naïve et puérile, car les Parisiens consacrent et dévouent leur vie entière à regarder... les Parisiens! Chaque heure, chaque minute écoulée nous apporte une preuve de ce phénomène sans cesse renaissant, fait pour étonner les esprits superficiels. Qu'une première représentation importante ait lieu dans un théâtre, les viveurs, les savants, les grands artistes, les hommes politiques, les vieux lutteurs désabusés de tout et surtout de la littérature à succès, les femmes qui inventent et réalisent l'élégance payent les loges des prix fous, et font passer avant toute chose le devoir de se trouver là. Et pourquoi?

C'est si peu, à coup sûr, pour la comédie que le lendemain, pour la voir, ils ne donneraient pas un fétu et ne prendraient même pas la peine de monter l'escalier du théâtre. En réalité, ils n'ont pas d'autre but que de se retrouver et de se voir les uns les autres. C'est pour la même raison qu'étant le peuple le moins équestre du monde, ils vont aux Courses, ne se souciant en aucune façon du cheval noir, ou alezan brûlé, ou violet comme ceux de Delacroix, ni du jockey orangé, bleu de ciel, violet ou nacarat, mais pour voir ceux qui viennent voir les Courses.

Dans le même esprit, ils assistent aux séances de la Chambre ou du Sénat, bien que tout à fait réfractaires aux lieux communs de l'éloquence politique. Ils sont organisateurs, commissaires, dames patronnesses de Concerts et des Bals de Bienfaisance, et se vendent entre eux des billets qu'ils se payent fort cher, non certes pour le plaisir d'entendre des chanteurs dont les exercices leur sont familiers, ni pour celui de danser et baller comme des personnages d'intermède, mais encore une fois dans le but d'être tous ensemble.

L'été vient; c'est le moment d'aller voir les noires forêts, les arbres chenus, de regarder naître et mourir la vague affreuse, de respirer l'air salubre, l'âpre brise marine et de savourer enfin les sauvages délices de la solitude. Chacun en tombe d'accord; mais à peine le premier Parisien a-t-il choisi une solitude bien silencieuse et déserte, que d'un consentement unanime tous les Parisiens l'adoptent aussi; car ceux qui représentent vraiment l'âme, la pensée et l'esprit de Paris ne veulent ni ne peuvent être séparés les uns des autres.

Mais enfin pourquoi? Ceci, mon cher Louis, est le secret des secrets, que Balzac cependant a divulgué, publié, dit à qui voulait l'entendre; mais le grand historien une fois mort, ses successeurs ont oublié la notion qui explique tout, parce que la contemplation obstinée des choses les a empêchés de voir les idées. Pour pénétrer ce mystère, il faut comprendre que Paris est un individu ayant sa vie propre, obéissant à des lois particulières, qu'il ne partage avec personne. Patriote en tant que Paris mille fois plus qu'il ne saurait l'être en tant que France, il a sa religion, son idéal auquel il sacrifie tout, et cet idéal, c'est l'amour désintéressé de la perfection. C'est pourquoi il ne dédaigne aucun des éléments qui le constituent, acceptant tout, s'annexant toutes les forces vives et ne méprisant rien, si ce n'est le manque de génie. Aussi a-t-il dû abroger tacitement tous les codes, et créer pour lui seul une législation qui n'est écrite nulle part! D'après cette règle, d'autant plus invincible qu'elle ne revêt aucune figure matérielle, les individus sont considérés selon leur valeur propre, en dehors de toute distinction sociale, et selon la mesure dans laquelle ils peuvent être utiles à la gloire, à la grandeur et à l'apothéose de Paris. C'est à la fois une franc-maçonnerie et une école mutuelle, où tous les spécialistes s'étudient et se pénètrent les uns des autres, où, s'il le faut, Cicéron ne dédaigne pas de demander une leçon d'esprit à Gavroche, où des gens que le monde sépare et qui n'échangeront jamais une parole, s'entendent, se consultent réciproquement et se conseillent, sans même qu'il y ait besoin pour cela d'un froncement de sourcil ou d'un clin d'œil.

Ce Paris idéal (le seul vrai) a son aristocratie et ses récompenses, ses ducs, ses capitaines, ses chevaliers, ses grands-officiers dont la nomination, qui n'est pas subordonnée au choix d'un ministre, est toujours justifiée par un mérite réel, car ce grand justicier n'examine que les œuvres toutes nues, traînées au grand soleil d'une lumière fulgurante. Un homme médiocre peut obtenir tous les honneurs qui s'expriment par des rubans, des plaques ou des broderies; mais il n'a aucun moyen de pénétrer parmi les élus qui, admirés par l'incorruptible Paris, sont marqués d'un signe visible pour lui seul. Tel conducteur d'hommes a sur une question passionné la Chambre par son entraînante éloquence; tel écrivain a lancé un livre que loue toute la presse et qui s'enlève par des milliers et des milliers d'exemplaires; cependant tous les deux reconnaissent qu'ils se sont trompés et qu'ils ont fait fausse route, en apercevant le regard sévère et triste d'un homme obscur qui n'est rien, qu'ils ne sont pas censés connaître, mais dont ils vénèrent, sans vouloir se soustraire à son ascendant, la lumineuse et profonde pensée. Et d'un cœur retrempé et raffermi, abjurant l'erreur victorieuse, tous les deux se remettent à l'ouvrage, pour mériter l'approbation de cet obscur passant, qu'ils regardent avec raison comme leur maître.

Combien ne faut-il pas admirer l'humilité, le renoncement, le merveilleux esprit de justice avec lesquels, à Paris, les femmes qui sont du monde et celles qui ne sont pas du monde s'entendent sans paroles articulées ou muettes, et, dans un but purement héroïque et impersonnel, mettent en commun leurs efforts! Celles-ci ne perdent pas leur temps à envier celles-là, ni celles-là à mépriser celles-ci, car avant d'être ce qu'elles sont, ce que les ont faites le hasard, la naissance, la fortune, l'éducation ou la dure misère, elles sont essentiellement des Parisiennes, destinées à imaginer pour l'univers entier l'élégance, la grâce, les ajustements somptueux et charmants, les modes variées de l'amour que chaque siècle change, et les innombrables types de la Femme, puisque la Femme n'existe qu'à la condition de se créer elle-même. Pour cela, les grandes dames étudient les petites et les petites étudient les grandes ; les unes enseignent la variété, le caprice agile, le don infini de transformation ; les autres l'air honnête, qui est la politesse et le suprême attrait de la beauté ; si bien que si vous les transplantez à l'étranger, les petites Parisiennes ont l'air de vraies dames, et les grandes sont divinement et réellement femmes, en même temps que princesses. Et toutes, grandes et petites, sont des modèles pour le Balzac lorsqu'il en vient un, mais des modèles qui se sont pétris eux-mêmes et qui ont mis la subtile flamme céleste dans la vile matière.

Bien entendu, les gens du vrai monde social, hommes et femmes, vivent séparés des irréguliers et ne leur parlent jamais; cependant, si l'inéluctable Nécessité met une fois en présence deux individus appartenant à ces races différentes, comme ils ont vite fait de se reconnaître pour ce qu'ils sont, et de se traiter l'un l'autre selon leur vrai grade parisien! Anna Georger est une courtisane belle, distinguée, aimable, bonne et même chaste; je sais, mon cher Louis, que je ne vous étonnerai pas par l'assemblage de ces épithètes en apparence contradictoires. Née dans la boue, il lui a fallu, pour devenir ce qu'elle est, plus de volonté et de sagesse que vingt femmes honnêtes n'en dépensent pour rester honnêtes; enfin, elle a horreur du mensonge, elle est fidèle à sa parole, universellement admirée, et mille fois plus estimée de tous que sa situation ne le comporte. Elle en a eu une bien grande preuve lorsque, sans se cacher aucunement, la duchesse de Bastian est venue chez elle en plein jour, et bravement s'est fait annoncer sous son vrai nom.

A l'âge où on ne s'avise pas de tout, la duchesse avait eu le malheur d'aimer un mauvais drôle, René de Burlas, jeune comme Chérubin, scélérat et beau comme don Juan et, avec sa chevelure blonde et son visage de fille, capable de toutes les infamies. Devenu l'amant d'Anna Georger, dupe de sa féroce hypocrisie, Burlas, qui possédait trois lettres de la duchesse, la menaçait, et voulait exercer contre elle le plus horrible des chantages. S'il n'eût exigé que de l'argent, madame de Bastian eût payé sans mot dire; mais il demandait l'argent et le reste, prétendant ressusciter un passé dont la grande dame avait justement horreur. La duchesse vint donc chez Anna Georger, et lui dit tout; elle s'adressait bien, car Anna eut l'infinie délicatesse de ne pas même l'engager à s'asseoir, de ne pas la reconduire, et de l'écouter silencieusement, sans nulle affectation appuyée de respect, comme un serviteur correct qui reçoit un ordre.

Le lendemain, admirablement costumée et grimée en femme de chambre, avec un déguisement qui n'eut rien de théâtral, Anna pénétrait chez madame de Bastian et lui remettait les trois lettres. A ce moment, la duchesse vit dans les yeux de la courtisane une telle supplication muette, qu'elle la remercia sans lui offrir rien, pas même un souvenir sans valeur vénale; n'était-ce pas la payer royalement, en consentant à être son obligée? Quant à Burlas, il accepta le congé que lui signifia Anna Georger, d'autant plus volontiers qu'il l'avait ruinée jusqu'au dernier sou; aussi le petit hôtel de la courtisane fut-il saisi, ainsi que son mobilier. Mais la veille du jour fixé pour la vente publique, une main inconnue paya toutes les dettes d'Anna, qui en même temps retrouva *par hasard* dans un bonheur-du-jour quelques rouleaux d'or qu'elle ne se souvenait pas d'y avoir mis. René de Burlas fut tué en duel par un capitaine péruvien qui, se retournant tout à coup, vit l'aventurier baiser effrontément la main de sa maîtresse. Il obéit ainsi à la logique de sa destinée, puisqu'il ne servait plus à rien dans la Comédie Parisienne, dont le scénario est fait par un poète dramatique plein de génie, qui n'aime pas à laisser traîner les personnages inutiles.

Une autre entrevue aussi touchante que celle-là, entre gens qui ne devaient jamais se voir, fut celle du vieux et illustre Jacques Nolté, l'ancien ministre disgracié de Napoléon III, avec l'usurier Edgar Pignol. Pignol est usurier, comme Anna Georger est courtisane; au besoin, généreux et pitoyable en dépit du métier qu'il exerce, il aurait mérité ici-bas un meilleur lot; mais les circonstances nous enlacent comme les bras d'une pieuvre, et l'honnêteté est un luxe de premier ordre, qui n'est pas à la portée de tout le monde.

Nolté aime jusqu'à la déraison André Faconnet, le jeune fils de sa sœur morte, un joueur en délire qui, à la place du cœur, doit avoir un paquet de cartes. Sans pitié pour son oncle, qui, pauvre, avait repris à soixante-quatorze ans ses travaux littéraires, André se donna de plus en plus au démon du baccarat, si bien qu'il perdit encore cent mille francs sur parole, quand le vieillard, affrontant les suprêmes humiliations, avait déjà épuisé la générosité de ses amis, lui qui auparavant serait mort avant de commettre même en pensée une action douteuse! En arrivant chez l'usurier, qui par profession est au courant de toutes choses, et, comme ses pareils, sait tout, Jacques Nolté n'eut besoin de rien dire, et, lui épargnant les explications inutiles, Pignol prit dans sa caisse et lui tendit une liasse de cent mille francs, sans vouloir accepter ni un billet, ni même un simple reçu.

— « Mais, dit le vieillard, je ne puis m'acquitter envers vous autrement que par mon travail, et j'ai soixante-dix-huit ans.

— Monsieur, répondit sèchement Pignol, qui par le plus subtil raffinement voulut renoncer à tout le mérite de sa belle action, si l'affaire me semblait mauvaise, je ne la ferais pas. »

Très peu de temps après s'éteignait sans enfants la marquise d'Usson, qui, mourant avec le regret de laisser son vieil ami Nolté en proie à la misère de l'homme de lettres, lui légua toute sa petite fortune. L'ancien ministre revint donc une seconde fois chez Pignol, et lui demanda quelle rémunération il voulait bien accepter.

— « Monsieur, répondit l'usurier avec le ton bref et cassant d'un homme d'affaires, j'ai fait une spéculation; je vous ai vendu de l'argent, et je ne saurais vous empêcher de le payer aussi cher que mes habitudes vous y autorisent. »

Le paquet de billets que Pignol prit sans compter contenait cent trente mille francs. A quelques jours de là, un écho de petit journal apprit aux désœuvrés que ce marchand d'or venait de donner trente mille francs aux pauvres, et laissa le public stupéfait, car c'était comme si un vieux renard avait subventionné des poules.

C'est ainsi que voués à la gloire ou à l'infamie, les adeptes de la franc-maçonnerie parisienne savent se retrouver et se reconnaître au besoin. Mais y a-t-il beaucoup de Pignol et d'Anna Georger? Il y en a autant que de Jacques Nolté et de duchesses des Bastian, et c'est tout ce qu'il faut, l'ordonnance d'un poème parfait n'admettant rien de superflu, et supprimant sans pitié les ornements parasites.

XII

LES SYMBOLES

Mon cher Louis, je viens de visiter, dans une avenue, un petit hôtel du genre bibelot, avec hall et atelier de peintre, construit pour un homme politique des plus austères, qui, au milieu de faïences du bon faiseur et de belles filles coloriées au premier goût du jour, compte s'y reposer de ses chers travaux, d'autant plus fatigants qu'ils n'existent pas. Je parcourais les salles de ce frivole palais, en compagnie de l'artiste qui en a exécuté les décorations, et remarquant avec stupeur qu'ayant à caractériser des Dieux, des Muses, des Arts, les Saisons de l'Année, le Jour et la Nuit, l'Aurore et le Soir, il avait donné à ses figures des attributs vagues et quelconques, n'ayant nul rapport, même lointain, avec l'idée exprimée, je ne pus m'empêcher de lui en manifester quelque étonnement.

— « Ma foi, me dit le peintre avec ingénuité, je ne connais rien à tout cela, et je croyais que cela ne faisait rien. »

Cet artiste a du moins le mérite de la sincérité ; combien de ses confrères, s'ils osaient mettre à nu leur âme, parleraient exactement comme lui ! Oui, du plus grand au plus petit, presque tous ont perdu le sens de l'Allégorie et du Symbole, car où s'est enfui le temps où les peintres savaient trouver de nobles et pompeuses compositions sur des données comme celle-ci, par exemple : *Louis XIV encourage le commerce!* Faites le tour de la société, et voyez ce que les plus habiles imagiers tireront aujourd'hui d'un tel programme! Pourtant le Symbole, presque aussi puissant que le Verbe, gouverne et domine le monde, et une fois qu'il est né, qu'il a jailli de la conscience des hommes, il ne dépend plus de personne de le détruire, ni même de le changer, et fatalement les choses s'accomplissent de façon à rester conformes au Signe visible qui les représente!

Ah! prenons garde quand nous forçons la Couleur et le Marbre à représenter une idée, car cette idée alors s'empare d'eux victorieusement, devient leur âme, et les oblige à créer des faits qui se succèdent dans des enchaînements nécessaires, et deviennent avec une logique effrayante l'histoire, en apparence fortuite, de l'Humanité.

A des âges divers, à des époques de ma vie très différentes et éloignées les unes des autres, je me suis arrêté pour contempler les Lions étonnants qui sont couchés devant les portes de l'Institut. Je ne veux humilier personne, et il n'y a pas là de déshonneur; modelés à une époque où l'art des animaliers n'était pas encore inventé, et coulés en fonte de façon à n'avoir rien perdu de leur mollesse primitive, ces braves Lions, honteux, étonnés, incertains, crevant de sommeil, bons et hargneux comme des caniches, possesseurs de têtes qui ne peuvent être attribuées à aucuns mammifères connus et de corps sans prétention, sont dans leur droit en ressemblant à l'enseigne qui se balance devant l'auberge du Lion d'or, et même ils ne mériteraient aucun reproche s'ils traînaient une boule sous leur griffe innocente, puisqu'ils sont nés dans un temps où, en art, il n'y avait pas encore de Lions. Rien n'est tombé aussi bas, rien avec le temps n'est devenu plus vulgaire, et par conséquent plus méprisable, que les plaisanteries contre l'Académie, et je rougirais de chanter une fois de plus cette vieille gamme; cependant, on ne peut dissimuler que s'il y eut de tout temps dans l'illustre

Compagnie une certaine tendance à se défier du génie et à encourager les productions médiocres, elle le doit certainement à la présence de ces Lions cotonneux qui président à ses destinées. Quand le vrai Seigneur du désert exhale son cri formidable, aussi loin que sa voix peut s'entendre, les hommes et les animaux frémissent de terreur et sentent la froide mort jusque dans la moelle de leurs os ; tandis que si les Lions de l'Institut criaient, ce qui pourrait bien leur arriver, car ils sont capables de tout, c'est à grand'peine s'ils parviendraient à faire peur au matou rhumatisant de la portière.

L'Académie a depuis longtemps compris la faiblesse de ses Lions, et elle en souffre. Elle n'a pas eu le courage de se séparer de ces vieux Symboles qui caractérisent son irascible quiétude ; mais, dans l'espoir de leur donner un peu de noblesse, elle les a successivement fait peindre de toutes les couleurs qui, dans les établissements scolaires, sont censés imiter la couleur du bronze ; tour à tour, ils ont été vert bouteille, vert olive, vert chou et même, que les Dieux me pardonnent ! vert Véronèse, et toujours ils vomissaient par leurs gueules naïves un mince filet d'eau, qui semblait être une épigramme par trop précise contre l'éloquence académique. On supprima le filet d'eau, car il vaut mieux ne pas parler du tout que de dire des choses médiocrement sublimes, et même renonçant à parodier l'indestructible airain, on peignit les Lions en *couleur de pierre,* pour les engager à faire corps avec le monument. Vains efforts ! devenus simples objets d'art après avoir été fontaines, les Lions de l'Institut ne consentirent ni à devenir pierre, ni à ressembler à des Lions, et invinciblement ils restèrent les bêtes cotonneuses et éblouies qui, contrairement à la Vache du poète, ne regardent nulle part, et ne s'aperçurent même pas qu'ils avaient cessé de vomir leur filet d'eau et d'exhaler leur faible murmure.

Supposez, mon cher Louis, qu'à la place de ces Lions modérés on pose sur les piédestaux de l'Institut des Lions de Barye ou de Frémiet, hérissés, terribles, tendant leurs griffes, secouant leur grande chevelure, et dans leur gueule ouverte montrant leur langue et leurs crocs féroces, et voyez ce qui arrivera tout de suite; leurs âmes de fauves prendront possession du noir monument, et, comme s'ils entendaient le tonnerre des rugissements, les académiciens réveillés de leur demi-sommeil se rappelleront qu'il y a eu des Pindares et des Eschyles; ils cesseront de confondre la poésie avec les vertus domestiques, et sentant passer sur leurs fronts le souffle orageux de la Lyre, en proie à l'horreur religieuse, ils adoreront la Force héroïque et l'immortelle Beauté. Mais c'est ce qui ne peut arriver, à cause de la nature des choses, et les Lions de fonte peints en couleur de pierre continueront à symboliser un ordre de théories dont ils sont l'expression parfaite.

Lorsque j'étais un tout jeune enfant, et que je passais devant l'abominable façade (grecque!) du théâtre des Variétés, je me perdais en songeries, interrogeant et regardant sans cesse la ridicule et burlesque Lyre, enfermée dans une couronne, qui occupe le fronton de ce monument. Et me creusant la tête, je disais : « O ciel! quel rapport peut exister entre la Lyre, mère des chants sacrés, et Brunet, le Jocrisse octogénaire, cassant ses piles d'assiettes, et Vernet se peignant des bouches postiches qui coupent sa joue en deux, et Odry fouettant le vent de son nez échevelé, et la souriante Flore, épanouie comme une vieille rose? » Je savais déjà, car je l'ai su de naissance, que nul Symbole n'existe en vain. Plus les années se sont écoulées, et plus je piétinais sur ce boulevard Montmartre où j'ai passé ma vie, dédaigneux de revoir des pays que j'ai si souvent explorés pendant mes existences précédentes, plus j'étais intrigué par la sotte Lyre dérisoire. Et je me disais toujours : « Évidemment, il arrivera dans ce

palais de carton un malheur d'un caractère exclusivement et spécialement LYRIQUE. »
Mais lequel, et comment cela pouvait-il se faire? Dans mon infirme pensée d'homme voulant raisonner et comprendre, (comme s'il nous était donné de comprendre quelque chose!) je m'exterminais à vouloir deviner la catastrophe attendue. Je ne la devinai pas à l'avance, mais je la connus comme tout le monde, quand les Dieux de la robuste joie furent bafoués par la haine juive, et quand l'image même de l'Antiquité retrouvée, la divine Hélène aux beaux cheveux fut travestie et follement baisée par la Faunesse en délire. Et alors la Lyre de plâtre modelée sur le fronton des Variétés sembla me regarder et me dire :

— «Tu te demandais ce qui naîtrait de moi; eh bien! le voilà, et tu vois que je n'avais pas été placée en vain sur la maison des bouffons illustres, au milieu de ce fronton triangulaire. »

O Lyre, notre énergie, notre foi, notre orgueil, image de ce qu'il y a de divin et d'immortel dans l'Homme, pétri avec l'argile mais animé du feu céleste, il faut avouer que, depuis quelque temps, on t'a soumise à de rudes épreuves. Charles Garnier, qui a toujours du talent et quelquefois du génie, savait mieux que personne et à aucun titre ne pouvait ignorer que, dans la salle de l'Opéra reconstruit, la Lyre ne devait rayonner qu'à une place unique, au front même de cette chambre d'or, comme la suprême et visible expression de l'art orphique, et ne pouvait, comme une idée banale, être éparpillée en mille représentations diverses. Cependant partout où il a fallu griller un œil-de-bœuf, une verrière sans importance, une lucarne destinée à éclairer un débarras, un vestiaire, ou tout autre espace vague, il a placé en guise de barreaux, de grillage, — ô fatale distraction! oubli prodigieux et ineffable! — ce Symbole entre tous sublime et effrayant, la figure même de la Lyre! Voilà pourquoi si le souffle de la vie lyrique a pu, dans le nouvel Opéra, se répandre quelque part, c'est seulement dans les corridors. Car ce n'est jamais impunément qu'on évoque les Symboles à qui la création est soumise, et comme il vous a plu de mettre les Dieux en pénitence dans les couloirs, ils y restent !

Lorsque je pus voir le groupe géant et magnifique dont les personnages dominent la façade de l'Opéra, je ne pus m'empêcher de dire au grand statuaire Aimé Millet combien j'étais surpris qu'il eût représenté la Poésie par une femme tenant à la main un crayon, et traçant quelque chose sur un papier ; car, lui disais-je encore, la Poésie a eu surtout sa raison d'être au temps où l'écriture n'était pas inventée. Le célèbre artiste m'objecta qu'ayant déjà donné à son Apollon le suprême attribut poétique, la Lyre, il avait bien été forcé de caractériser autrement la Poésie ; mais je ne fus pas convaincu par cette raison. Car enfin, il n'y a pas à dire, une personne qui trace quelque chose avec un crayon ne peut que dessiner un croquis ou faire de la littérature. Et ce pronostic n'était pas trompeur, puisque nous avons pu voir, à l'Opéra, un simple homme de lettres, monsieur d'Ennery, jouer le rôle d'Orphée, s'emparer du Rhythme et du Nombre, et jouer sans épouvante avec ces armes redoutables. Aimé Millet est évidemment responsable de cette perversion des faits, car il fallait bien que ce qu'il avait représenté se réalisât ; mais c'est pourquoi il ne faut pas contraindre l'indestructible airain à rendre des oracles ironiques et à dire ce qu'il ne voulait pas dire.

Car, je le répète encore, les Symboles, une fois créés, dominent les faits transitoires, et, que nous y consentions ou non, savent se faire obéir. On me montrait, on voulait me faire admirer, et sauf la restriction que je vais indiquer, j'admirais très volontiers le buste d'une femme gracieusement couronnée d'épis et portant à son front une claire étoile. Je n'y trouvais rien à redire, à condition qu'elle représentât l'Astronomie et l'Agriculture mêlées. Mais quant à la République, lorsque nos pères la virent apparaître jeune, ardente, superbe, née de leur sang, comme Aphrodite du sang versé d'Ouranos, elle était coiffée du bonnet phrygien. Et jamais une déesse coiffée d'autre chose que du bonnet phrygien ne sera la République, et cette victorieuse ne saurait être bercée par une autre chanson que *La Marseillaise,* dont les strophes s'envolent comme des guerrières armées, déchirant les cieux éperdus et secouant dans l'ouragan leurs noires chevelures.

XIII

AU TABLEAU!

Mon cher Louis, pendant que tout le monde révise ou veut réviser, en totalité ou en partie, je me sens mordre moi-même par la tarentule de la révision. Si j'avais un moyen quelconque de faire entendre ma voix, je ferais une motion si effrénée et violente qu'elle épouvanterait par son audace Henri Rochefort et les autres intransigeants, et mademoiselle Louise Michel elle-même. Je proposerais l'adoption, le rétablissement et LA RÉSURRECTION DE LA LANGUE FRANÇAISE!

Car avez-vous pu remarquer suffisamment qu'elle est morte? Et, entre nous, telle est la raison qui sépare par une indifférence profonde les hommes politiques et les hommes du peuple. Ils ne parlent pas et ne sauraient plus parler la même langue. Imaginez une conversation entre un Turc ignorant complètement le norvégien et un Norvégien qui ne saurait pas le turc; il est évident qu'un tel dialogue n'aurait aucune chance de se perpétuer longtemps. Ne comprenant pas du tout les substantifs abstraits, les mots indûment détournés de leur sens et les tropes chimériques employés par ceux qui le mènent, le Peuple a pris le parti de les juger uniquement sur leurs actes, ce qui est tout de suite fini, car il n'est pas difficile de deviner que tout ce tas de phrases, d'incidences, de mots qui tiendraient d'ici jusqu'à Pontoise, signifie sans plus, selon l'occasion : « J'y suis, j'y reste! » ou : « Ote-toi de là que je m'y mette! »

Quant à ce qui le concerne personnellement, l'homme du peuple s'aperçoit sans difficulté qu'en dépit des changements d'hommes, de ministres, de présidents, de magistrats, de commissions et de commissionnaires, il continue, lui, à être mal logé, à respirer un air insuffisant, à boire du vin frelaté; qu'en travaillant du matin au soir, il n'arrive pas à joindre les deux bouts; qu'avec de méchants morceaux de cœur, de foie et de rate, sa femme continue à faire un très mauvais pot-au-feu, et qu'enfin plus ça change, plus c'est la même chose. Il ne comprend pas bien à quel titre il donne de l'argent pour subventionner l'Opéra, lui qui n'entend jamais de musique, si ce n'est une fois par an, le jour de la fête nationale, celle des orgues de Barbarie. N'ayant aucune clef de la langue parlementaire, l'homme du peuple, à tort ou à raison, à tort sans doute, se figure que les politiques se soucient de sa vie et de son bien-être, comme un poisson d'un tas de pommes; et d'autre part, ayant remarqué sans peine que le Peuple ne s'intéresse nullement à leur phraséologie enchevêtrée et filante, les politiques lui battent froid, comme le font à leur public des comédiens qui ne sont ni applaudis ni sifflés.

Certes, ce malentendu cesserait tout de suite, si le Peuple et les politiques parlaient la même langue, car alors ils pourraient s'expliquer. Mais pour cela quelle langue choisir? Moi, je le répète, je propose catégoriquement la langue française. Elle a existé nette, précise, célèbre par sa clarté, une pour tout le monde. Je sais bien qu'elle est perdue, obscurcie, cachée sous un tas de voiles; mais si on le veut sincèrement, avec du bon sens et de la bonne foi, il n'est pas trop difficile de la retrouver. Cherchez-la chez les grands écrivains, qui n'ont eu aucun intérêt à altérer les signes représentatifs des idées; mais surtout cherchez-la où l'ont trouvée et retrouvée Villon, Rabelais, La Fontaine, Molière, Paul-Louis Courier, c'est-à-dire chez l'ouvrier et surtout chez le paysan, dans les patois toujours riches, sans cesse renouvelés, et même dans les argots; car la vie de l'ouvrier et celle du paysan leur suggèrent sans cesse des images vraies, caractéristiques, éloquentes, compréhensibles pour tout le monde. L'artiste parle bien, le voleur lui-même parle bien, parce qu'ils savent ce qu'ils veulent et l'avouent naïvement, et que chez eux l'image est la figure exacte, pittoresque et saisissante de l'idée.

Par qui donc la langue française est-elle trahie, faussée, déguisée, obscurcie, privée de sa sublime clarté native? Évidemment par les menteurs, qui, ne voulant ni dire ce qu'ils font, ni faire ce qu'ils disent, sont bien forcés d'enguirlander leurs paroles vides avec un tas de faux ornements et de vagues franfreluches. Les négociants malhonnêtes (il y en a) ne peuvent avouer tout bonnement qu'ils ont l'intention expresse de vendre du coton pour du velours, du coton pour de la toile, et je ne sais quoi pour du coton; confesser ingénument qu'on fabrique du faux beurre, de fausses crêtes de coq faites avec du veau, et des infusions données en guise de Madère, serait un peu primitif. Et de même, sauf de nombreuses et honorables exceptions, les politiques n'ayant en général que ces deux idées simples: — « Moi, je veux prendre le pouvoir. — Moi, je veux le garder! » doivent nécessairement les embellir de quelques fioritures, sans quoi on ne pourrait s'empêcher de leur répondre: « Qu'est-ce que ça me fait? » et de les laisser s'entre-dévorer, jusqu'à ce qu'il ne restât plus rien d'eux qu'un bouton de guêtre!

Une autre cause encore nous a amenés, au grand détriment de la langue française, à ne plus appeler les choses par leurs noms. C'est la délicate, subtile et frissonnante pudeur qui a pris la place de la simple et rustique vertu. Les messieurs libertins veulent bien penser comme Louis XIV et Napoléon, que la morale n'est pas faite pour eux; mais ils seraient fort humiliés que leurs fantaisies portassent des noms de crimes, et ils les baptisent des plus agréables pseudonymes. De même, les dames sentimentales se résignent sans peine à engager leurs maris dans le régiment où George Dandin et Sganarelle excercent des commandements importants; mais pour rien au monde elles ne consentent au vilain mot, clair et énergique, dont les deux syllabes sonnent à toute volée, comme un carillon de démence et de joie, et que monsieur Émile Perrin a dû effacer de l'affiche du théâtre de Molière, pour ne pas effaroucher les sensitives du mardi. Tout devient permis et possible, à condition que tout s'appelle d'un nom affaibli et noyé à la centième dilution, et c'est ainsi qu'au lieu de *Baiser la main*, on est arrivé à dire couramment *Embrasser la main,* ce qui signifie, sans aucun doute possible : serrer une main entre ses bras ! Ainsi la malheureuse langue française, qui naguère servait de truchement non seulement aux Français, mais à tous les peuples du monde, est masquée, barbouillée et travestie par tous les gens qui ont intérêt à changer l'or en feuilles sèches, à payer en monnaie de singe et à faire prendre les vessies pour des lanternes ; c'est-à-dire par un très grand nombre de gens, car, ô mon âme ! il est devenu effroyablement facile de compter ceux pour qui la pensée et l'action ne sont qu'une seule et même chose.

De temps en temps, un homme de génie, écœuré de tous ces mensonges, pousse un grand cri de délivrance, met les pieds dans le plat et déchire sans pitié la toile au centre de laquelle se blottit l'araignée impure. C'est Baudelaire s'écriant : *Hypocrite Lecteur, mon semblable, mon frère !* C'est Gavarni créant son Thomas Vireloque en haillons, à face de bête, à la tignasse peignée par l'ouragan, qui sait tout, appelle de leurs vrais noms la fausse charité, la fausse bravoure, le faux amour, et résume toute la politique par ces trois mots décisifs: « *Mangeux et mangés !* » C'est Daumier incarnant sauvagement dans Robert Macaire, la comédie financière et industrielle et le brigandage de la Bourse, auprès duquel les Abruzzes deviennent une Arcadie peuplée de Némorins et de Silvandres. C'est Gavarni encore, en une courte légende d'une ligne et demie placée au bas d'un dessin admirable, répliquant une fois pour toutes à tous les articles de tous les journaux, à tous les rapports, à tous les discours, à tous les exposés, à toutes les professions de foi, par la bouche de ce cabaretier qui répond à son interlocuteur emporté dans les considérations transcendantes : « *Il ne s'agit pas de la Pologne, vous me devez sept livres dix sous !* »

Bilboquet aussi avait dit avec son geste épique : « *Il s'agissait de cinquante centimes !* » Mais foin du génie ! Les marchands de mots s'obstinent ; ils ne veulent pas entendre la trompette, ni lire sur le mur le *Mané, Thécel, Pharès*, ni voir les empêcheurs de danser en rond ; ils prétendent enfiler des syllabes, des mots, des vocables qui hurlent et rugissent d'être enfilés ensemble, et ils ne veulent pas du tout rendre les sept livres dix sous, ni même les cinquante centimes.

Cependant, mon ami, il faut sauver la claire et honnête langue française. Je ne m'occupe ni des épiciers, ni des Grands Magasins, ni des dames amoureuses, que le diable se charge de gouverner à sa façon. Mais en ce qui concerne les assemblées parlementaires, voici ce que je propose. Ne serait-il pas facile d'installer dans ce que les députés nomment improprement leur ENCEINTE, un grand tableau noir, posé sur un chevalet, un morceau de craie et une éponge, enfin l'outillage dont on se sert dans les cours de physique, de chimie et de mathématiques, le tout placé sous la tribune même ? Or quand nos mandataires se lanceraient dans leur rhétorique fuligineuse, pleine de chausse-trappes et d'abîmes ; lorsqu'ils parleraient du *Tremplin électoral*, des *Origines révolutionnaires ébranlées*, du *Prix d'une Crise*, de *Soustraire le Parlement à la violence des cou-*

rants électoraux, des *Catégories de membres*, de *Renfermer le congrès dans des bornes*, de *Gouvernements qui refusent à une nation des organes*, de la *Navette des lois de finances*, de la *Détente qui s'accentue*, et d'autres jolies choses pareilles à celles-là, un modeste Grammairien-Huissier, engagé à cet effet, interromprait l'orateur, et lui crierait d'une voix forte et claire :

— « Au tableau ! »

Immédiatement, le député serait tenu de se rendre au tableau, et d'y représenter par une image nette le Trope dont il s'est servi, car Voltaire a dit avec raison que, pour peu qu'elle ait le sens commun, toute image employée par le poète ou par l'orateur doit pouvoir être traduite avec un crayon. L'honorable membre pourrait objecter qu'il ne sait pas dessiner ; mais j'ai prévu ce cas. Un dessinateur, aussi habile et honnête homme qu'on pourra le trouver, serait, avec des appointements considérables, attaché au service de la Chambre, et au besoin prêterait son secours au député inhabile, en lui demandant les indications nécessaires. Mais si, d'après le Trope visé, ni l'un ni l'autre ne parvenait à tracer un dessin raisonnable, alors, en vertu du règlement (que je propose,) le député serait prié de retourner s'asseoir à sa place. L'incident écarté, on s'occuperait d'affaires sérieuses, et comme les débats parlementaires se trouveraient simplifiés par l'adoption d'nne mesure si sage et si pratique !

Un brave mathématicien, nommé Avelet, qui connaissait mon système, a même essayé de l'appliquer dans la vie privée, et de s'en servir pour ne pas être promu au grade de — *sganarelle*. Le hasard lui avait fait trouver tout ouverte une lettre d'amour écrite à sa charmante femme Agathe par un pianiste idéal et romanesque, et il en avait admiré le style diffus, inconsistant et délicieusement absurde.

Mais désirant faire partager cette admiration à madame Avelet, il porta la lettre chez le célèbre caricaturiste Pitteti, qui à sa prière voulut bien dessiner sur les marges des compositions traduisant avec exactitude les figures écloses dans le cerveau du pianiste. Il y avait là des *Sanglots qui deviennent des Anges*, des *Affinités brisées par le contact de la vie amère*, des *Morsures agenouillées*, des *Convulsions effarées et furtives*, et c'était à faire crever de rire un huissier ou une marchande à la toilette, c'est-à-dire les seuls êtres qui, sachant tout, ont perdu la faculté de rire. Puis, avec soin, Avelet replaça la lettre dans le chiffonnier d'Agathe. La petite dame sans doute a trouvé cette illustration fort comique; mais, après s'en être amusée tout son saoul, elle a mis un chapeau et elle s'en est allée chez Pitteti. Cela prouve qu'on pourra peut-être dompter les Assemblées, mais qu'il ne faut pas avoir raison contre la Femme; car elle a toujours en main, comme dit Molière, une vengeance prête. Une, deux, trois, mille vengeances ! Cependant Avelet avait tenté, inutilement il est vrai, de protéger son front, et il avait fait ce qu'il avait pu en faveur de la LANGUE FRANÇAISE !

XIV

LA SOLUTION

Mon cher Louis, il est beaucoup moins difficile qu'on ne le croit de donner à la France le goût de l'égalité et les vraies mœurs démocratiques. Pour cela, il suffit de lui ôter la manie des pompons, des rubans, des plumets, des plaques, des décorations, des uniformes, des habits brodés. Or, le moyen est très simple; je l'ai trouvé, et je le donne pour rien.

Étudions d'abord la maladie telle qu'elle se comporte, dans ses causes et dans ses symptômes. Vous savez à quel point elle a sévi, et comme elle est devenue chronique et endémique. Du temps de la Commune, les hommes qui voulaient réformer tout, qui donnaient leur sang, qui ne savaient pas et ne voulaient pas savoir s'ils vivraient dans une heure, se montraient plus ornés de plumes et de brandebourgs, plus décorés et, pour employer la belle expression de Victor Hugo, plus *harnachés d'ordres et de chamarrés* que les vieux figurants du drame qui s'écroulait. Aujourd'hui encore, nous voyons les plus honnêtes gens du monde, raisonnables d'ailleurs et pleins de bon sens, ornés de croix, de bibelots et de symboles obtenus à Honolulu, au Spitzberg, dans l'Afrique centrale, et chez des ducs régnants qui demeurent dans une assiette. Les Parisiens qui s'attifent de la sorte sont-ils des fous d'orgueil, et ont-ils la prétention de faire croire qu'ils ont rendu des services éminents aux souverains dont la libéralité leur permet d'être, comme des postillons, embellis d'un flot de rubans? Pas du tout, et il faut chercher ailleurs l'origine de cette folie anti-égalitaire.

La vérité, c'est que le Français a horreur du deuil, du vêtement sinistre, de la couleur noire, et que condamné au deuil par la féroce tyrannie des tailleurs, il tâche de s'en affranchir le plus possible, à tout prix et coûte que coûte. Il aime les rubans, non comme représentant des actions d'éclat ou des services diplomatiques, mais pour eux-mêmes, en tant que rubans, dont les couleurs d'oiseaux et de pierreries rompent l'abominable monotonie du noir. Quoique le pouvoir du tailleur soit invincible, comme celui de Gengis-Khan ou de Cambyse, cependant ses esclaves se révoltent, ne se résignent pas à porter le deuil de la jeunesse, de l'aurore, de l'inspiration, de l'amour, de la joie, de la bravoure, parce qu'ils veulent encore goûter à toutes ces ivresses! Et c'est pourquoi ils saisissent le premier prétexte venu pour attacher sur leur vêtement noir quelque chose de gai, d'éclatant, de splendide, et qui ne soit pas tout noir!

Comme un jeune poète de ses amis venait d'être nommé chevalier de l'ordre de Charles III, Théophile Gautier lui disait avec sa tranquille douceur : « Je vous félicite, parce que c'est le droit de porter un peu de bleu? » Oui, un peu de bleu, un peu de rouge, un peu de jaune, un peu de violet, un peu d'orangé, un peu d'amarante, voilà ce que désire le mortel, à qui des prunelles ont été données pour qu'il les emplisse de la chantante et superbe symphonie des couleurs ; mais pourquoi ne lui donnerait-on pas beaucoup de tout cela, sans en faire des insignes de commandement et des titres d'honneur? En un mot, voici ce que je propose, c'est qu'on renverse la domination des tailleurs, (il peut bien faire cela, le peuple qui a détruit la dîme, la corvée, la gabelle, l'inquisition et la torture) et que, délivrés de la parade funèbre dont ils ont été si longtemps les dociles acteurs, les Français s'habillent de la tête aux pieds en rouge, en jaune, en rose, en pourpre, en vert pomme, et brillent ainsi comme des tas de pierres précieuses embrasées par le fauve soleil.

A cela mille avantages et pas un inconvénient. Au lieu de ressembler à des fourmis colossales ou à des croque-morts qui se hâtent pour aller eux-mêmes se porter en terre, le peuple français affecterait l'apparence d'un vaste champ de fleurs dont les corolles rougissantes chantent l'hymne extasié de la couleur, et alors, ô mes concitoyens! vous auriez l'air non plus de bonshommes en taffetas d'Angleterre, mais de roses, de lys, d'œillets, de tulipes, de jasmins, de larges dahlias veloutés. Mais d'abord, la chose se peut-elle? Parfaitement, ainsi que l'a prouvé la récente mode anglaise, à propos des bals masqués donnés dans le monde. On sait que, pour ne pas terrifier par le contact de l'affreux habit noir l'éblouissante gaieté des travestissements et des costumes, les gentlemen qui, pour une raison quelconque, ne peuvent ou ne veulent pas se déguiser, ont inauguré la coutume de se montrer à ces bals avec des habits de couleur écarlate. Nous les avons vus, l'effet en est superbe et charmant, et le cavalier qui porte ce beau vêtement cinabre n'en est plus réduit à être jaloux de l'écrevisse cuite ou du rouge coquelicot ondoyant parmi les blés.

Soyez juste, mon cher Louis, n'ai-je pas trouvé le vrai remède contre la manie des grandeurs? Croyez-vous qu'un citoyen intriguerait pour se faire donner et pour pouvoir attacher à sa boutonnière un tout petit bout de ruban jaune ou bleu, grand comme rien du tout, s'il avait le droit et le pouvoir de s'habiller entièrement en bleu ou en jaune, mais surtout en rouge?

Ah! c'est que toutes les couleurs c'est bien, mais le rouge c'est mieux. De tout temps les cardinaux ont été fameux par leurs bonnes fortunes, et il les devaient non pas seulement à ce qu'ils étaient instruits, spirituels, aumôniers, prodigues, et à ce qu'ils appartenaient aux premières familles de l'Italie, mais aussi et surtout à

ce qu'ils sont entièrement vêtus de la pourpre écarlate.
Certes un horse-guard ne saurait être comparé à un
cardinal; mais les horse-guards ne se trouvent pas mal
non plus de porter un habit rouge, et nous nous sommes
laissé conter que les femmes de la plus haute volée font
venir, moyennant un prix convenu et toujours le même,
ces beaux soldats qui doivent alors leur parler d'amour,
comme les grenadiers russes en parlaient à la grande
Catherine.

Une telle légende comporte sans doute quelque exagération; mais enfin, il doit bien y avoir un petit feu
sous cet insolent panache de fumée. Eh bien, qui empêcherait aujourd'hui le premier venu d'être aussi magnifique à contempler qu'un horse-guard ou un cardinal? Les artistes, qui ont toujours raison avant tout
le monde, ont bien commencé par se faire faire des
vareuses rouges qu'ils endossent au coin de leur feu;
mais les mettre ainsi dans l'ombre, sans témoins,
comme en secret, est-ce contentement? Le vrai bonheur, ce serait de porter un habit rouge en plein air,
sous le ciel, sous l'immense et pur baiser de l'atmosphère.

Vous vous rappelez cet aimable et gracieux tableau
de Boilly, que nous avons vu exposé dans ces galeries
de peinture dont l'emplacement est aujourd'hui occupé
par le théâtre des Nouveautés, et qui représente le
Triomphe de Marat. Rien n'est joli comme le petit Marat,
propre, avenant, bien rasé, couronné par-dessus son
bonnet de linge d'une civique branche de chêne aux
feuilles vertes. Certes il est délicieux à voir; mais
combien plus encore les beaux jeunes gens qui l'accla-
ment avec mille démonstrations de joie! S'ils semblent
si heureux, si inondés de ravissement, c'est beaucoup
sans doute parce qu'ils adorent Marat, devenu pour eux
le père du peuple, mais beaucoup plus encore parce
qu'ils sont heureux d'être vêtus d'habits roses, lilas
clair et couleur de chair! Avec de tels costumes de soie
claire ensoleillée et frémissante, qu'il est facile de vivre

et facile de mourir! Et remontez le cours de l'histoire: si à Fontenoy nous avons pu nous écrier avec une si galante crânerie : « A vous, messieurs les Anglais! » c'est qu'alors nous portions des uniformes bleus et jonquille et blanc comme la neige que baise la lumière, et qui valent la peine d'être tachés par la belle pourpre du sang; mais quel ennui de mourir en uniforme de quakers militaires, frappés de loin par un tonnerre anonyme, broyés dans une tunique sur laquelle le sang ne se voit même pas, et en tombant de ne faire qu'une tache sombre sur la terre noire!

Il faut noter une chose, c'est que plus l'Homme, égaré dans les corridors obscurs et dans le labyrinthe enchevêtré d'une politique hésitante qui ne mène à rien, perd son assurance, chancelle et se cogne partout le front comme un misérable aveugle, plus la femme va droit devant elle, éclairant tout de son regard plein d'assurance et de certitude, et poursuit sa marche triomphale, sûre d'elle-même, justement fière d'avoir cueilli la pomme au pommier, d'avoir marqué avec ses petites dents la place où nous devions y mordre, et de nous avoir ainsi donné la science du bien et du mal et les divines souffrances de l'amour. Cela tient à ce qu'elle a gardé pour elle la pourpre, les étoffes d'or, d'argent, de mille couleurs, les enivrantes caresses des satins, la gloire du jaune et la gloire du rose, tandis que stupidement nous nous laissions condamner à être noirs comme une bouteille d'encre ou une paire de bottes. C'est que la femme possède, elle aussi, la qualité qui a fait le règne, la domination et la force de l'Église; une fois qu'elle a adopté une bonne mode, elle s'y tient, la garde obstinément, laisse les autres l'abandonner s'ils veulent, mais ne s'en dessaisit à aucun prix. La calotte noire qui va si bien à la chevelure déjà un peu éclaircie du grand Corneille, le rabat, le chapeau à très larges bords appartenaient jadis à tout le monde; mais quand les laïques n'en voulurent plus, l'Église sagement les garda pour elle, parce qu'elle vit que cela était bon. C'est ainsi que la Femme a persévéré dans l'usage de se vêtir comme les roses, les pivoines et les roses trémières, alors que nous nous sommes uniformément travestis en notaires, ce dont nous avons été bien punis, puisque nous en sommes réduits à admirer des Eschyles prudents et de tranquilles Pindares, qui tous prennent des notes!

Ah! tirez! tirez! tirez! qu'on emporte ces hideux habits noirs! Tâchons d'être aussi sages que ce prétendu fou qu'on appelait Carnaval, et dont Champfleury a très bien raconté l'histoire. Je l'ai vu dans ma jeunesse; c'était un bon et honnête vieillard, instruit, appliqué, studieux, qui passait sa vie à travailler dans les bibliothèques, où il faisait assidûment son ouvrage et ne gênait personne. Il voulait bien, quoique vieux, peiner encore et porter ce fardeau accablant, la lourde plume; mais il ne voulait pas du tout se résigner au noir vêtement de deuil du traître, de l'huissier, et du démon exilé de la lumière des astres. Aussi portait-il chaque jour un costume qui de l'habit aux souliers était de la même couleur éclatante, jaune ou bleu ou rouge, avec un chapeau pareil, galamment couronné d'une guirlande de roses. Or, mon cher Louis, je vous le demande, où serait pour nos contemporains la difficulté d'adopter ce système, et d'avoir autant de bon sens qu'en montrait le doux Carnaval?

Car, voyez, le dilemme est effroyable! Tant que nous serons voués au noir comme des pies bavardes ou des corbeaux mélancoliques, l'instinct de la couleur se révoltera en nous, et il y aura toujours un peuple d'ambitieux qui tous, en dépit de l'égalité, voudront arborer des plaques, des rubans, des broderies, des plumets, et, sans tenir compte du juste ou de l'injuste, s'efforceront de devenir préfets, académiciens, gardes champêtres, empereurs d'Occident, n'importe quoi enfin qui ne soit pas complètement vêtu de noir!

Mais, au contraire, que le peuple spirituel entre tous, habillé de rouge, de rose, de vert prasin, d'orangé, de bleu turquoise, soit pareil à une vivante mosaïque ou à une vaste forêt de fleurs, tout de suite l'amour de l'égalité règne comme par miracle, et nul ne se soucie plus d'exercer des fonctions, du moment qu'il peut, sans accepter ce lourd fardeau, se voir aussi superbement bariolé et splendide qu'un papillon et un oiseau-mouche. C'est ainsi, mon cher Louis, et non autrement, que la société sera sauvée ; car le citoyen, aussi bien paré que le roi Salomon, n'aura plus aucun motif pour jalouser les Klephtes, les hospodars, les marchands d'eau de Cologne, et ces deux héros, toujours fêtés à cause de leurs habits aux réjouissantes couleurs, Arlequin et Polichinelle !

XV

PROPOS DE FOU

Hier, mon cher Louis, je suis allé voir, à la maison de santé où on le tient captif, le pauvre peintre Henri Chaumeil, qui, il y a un mois à peine, a été si subitement frappé de folie. Je l'avoue, je ne me rendais pas là sans appréhension et sans les affres d'une vague terreur. Mon pauvre ami, que j'ai connu avec sa douce chevelure blonde si semblable à Hamlet, je m'attendais à le voir maintenant pâle, sinistre, pareil au roi Lear, échevelé dans la bise, les bras tragiquement levés vers le ciel, et effrayant les airs de quelque malédiction sauvage. Mais ces craintes furent heureusement trompées. Je trouvai Chaumeil gai, de bonne humeur, correctement vêtu, assis dans un bon fauteuil et, tout en lisant *La Faustin*, savourant avec délices un excellent cigare. En me voyant, il manifesta les signes de la joie la plus cordiale et, avec la meilleure grâce du monde, me fit asseoir près de lui.

— « Ah ! me dit-il, c'est vous, mon cher Théodore ! Je suis bien enchanté de pouvoir vous serrer la main, car rien n'est meilleur que de retrouver un ami de tous les temps. » Puis Chaumeil me regarda longuement avec une sorte de pitié attendrie.

— « Eh bien, mon vieux camarade, reprit-il enfin, ÊTES-VOUS TOUJOURS FOU ? »

Puis, comme cette question inattendue me laissait interdit, il manifesta un peu d'impatience.

— « Oui, fit-il, ne vous étonnez pas. Je vous demande

si, par exemple, vous avez conservé l'habitude risible de composer des vers sans les assujettir au chant, et sans les accoupler à une musique vivante, qui en précise le rhythme et l'accentuation. Enfin, des vers écrits sans plus, et tout bonnement avec de l'écriture?

— Il est vrai, dis-je, que j'ai conservé cette habitude.

— Oh! rare, inouïe, extraordinaire démence! s'écria le peintre. Voyez-vous un aigle qui ne se servirait pas de ses ailes, et qui marcherait à petits pas sur le trottoir, comme un receveur des contributions? Et un vautour qui, au lieu de s'élancer en plein ciel, s'amuserait à picorer dans le jardin, comme une poule? Et si Orphée avait tout bonnement récité ses poèmes, comme les charmeurs du Palais-Bourbon récitent leurs discours, pensez-vous qu'il aurait arrêté les torrents et adouci les tigres? Mais n'importe! continua Chaumeil en me serrant sur son cœur et en m'embrassant avec effusion, je ne saurais garder rancune à un homme sur qui pèse une menace fatale.

— Comment cela? demandai-je avec une inquiétude que je ne cherchais pas à dissimuler.

— Eh bien! dit mon ami, n'êtes-vous pas Français? Or je ne sais quel dieu ils ont offensé ni quelle est la loi qui les frappe; car, sans doute par prudence, on n'a pas jugé à propos de promulguer cette loi, qui a dû rester secrète; mais il est certain que tous les Français sans exception sont condamnés. A la vérité, on en gracie quelques-uns, principalement ceux qui ont coupé des vieillards en morceaux ou assassiné des enfants en bas âge; mais quant aux autres, il faut qu'ils subissent leur peine. Seulement, comme on ne veut pas exaspérer l'opinion, on se contente de livrer les victimes à des tourmenteurs et à des bourreaux déguisés, exerçant manifestement des professions en apparence innocentes, mais par les mains de qui la mystérieuse Justice n'en est pas moins satisfaite.

Au premier rang de ces exécuteurs de hautes et basses

œuvres, il faut compter les conducteurs des tramways et des omnibus à trois chevaux ! C'est par leurs soins qu'un grand nombre de Français naïfs se cassent les reins, ou tombent à plat ventre sur le macadam, proie offerte aux fiacres effarés qui s'avancent pour broyer leurs têtes coupables. L'avez-vous remarqué, mon ami ? ces conducteurs sont toujours sur l'impériale, occupés à contempler les nuées et le vaste azur ; mais si par hasard ils redescendent sur la plate-forme, ils s'appliquent à tourner fidèlement leur visage vers l'intérieur de la voiture, de telle sorte que ce qui se passe dans la rue, sur la chaussée, est pour eux non avenu. O infortuné voyageur ! tu peux crier, gesticuler, tordre tes bras douloureux, te livrer à des appels désespérés, c'est comme si tu essayais d'arrêter le vol effréné des étoiles, ou de retenir un fulgurant oiseau, qui fend l'air avec la rapidité d'une flèche irritée et sifflante.

Si tu es jeune, agile, fort comme Hercule, si, tout petit enfant, tu as reçu une éducation de clown ; si tu sais désarticuler tes os et faire ployer tes nerfs comme des lames d'acier, élance-toi alors, franchis l'espace, et par un bond vertigineux il n'est pas impossible que tu tombes dans le tramway, aussi bien qu'ailleurs ! Néanmoins, c'est en voulant exécuter ce tour de force que Féna, le célèbre clown irlandais, s'est rompu les deux jambes, et quelques vieillards obèses peuvent aussi le manquer. Pour les femmes et les jeunes filles, vous pensez s'il leur est possible d'escalader, sans donner vingt fois leur vie, l'horrible machine roulante ! Cependant le conducteur impassible regarde pensivement à l'intérieur de la voiture, songeant probablement à ses amours et à la première femme qui a murmuré à son oreille les deux mots : « Je t'aime », au bord de la source froide, alors que la brise de mai soupirait mystérieusement dans les feuilles.

— Quoi, dis-je, vous pensez que tous les conducteurs de tramways...

— Il y a aussi, reprit Chaumeil, les directeurs des établissements de bains, dont il est malaisé de tromper la rage, et qui, pareils à des thugs, travaillent patiemment à l'extermination universelle, ordonnée par le terrible dieu Siva. Une fois que le Français confiant est emprisonné dans la baignoire, où on a eu soin de lui verser un bain mille fois trop chaud et assez bouillant pour cuire des homards, il lui est difficile, parlons franc, impossible d'échapper à la colère de son hôte, car le garçon a eu soin de fermer solidement la porte, et c'est en vain que rougissant, étouffant, en proie aux battements désordonnés de son cœur, le patient tourne le robinet d'eau froide d'où l'eau froide ne coule pas, et se pend à la sonnette qui n'appellera personne, et qui chante pour rien, pour le plaisir, pour chanter, comme un poète lyrique ! Toutefois, lorsqu'il y a mille probabilités pour qu'il ait succombé à l'étouffement ou à la rupture d'un anévrysme, comme il convient alors de l'achever dans le cas où il respirerait encore, à ce moment-là le garçon se présente enfin, ouvre la porte, la garde toute grande ouverte, et offre des sels, des savons, des guimauves, des pâtes d'amande à sa malheureuse victime qui, si elle n'a pas encore exhalé son dernier souffle, ne saurait cette fois se soustraire à la fluxion de poitrine. Sans approuver complètement de pareilles rigueurs, on comprend qu'elles soient déployées contre un être subversif qui au tort d'être Français a joint celui de se laver et de vouloir être propre. »

Ici, je voulus interrompre Chaumeil, et défendre les directeurs des établissements de bains. Mais il ne m'en laissa pas le temps et il reprit :

— « Cependant, il faut songer à tout ! Il existe des gens riches qui, ayant des voitures à eux, ne montent jamais en tramway et qui, habitant des hôtels bien outillés, prennent leurs bains dans leur baignoire personnelle. Au premier abord, il semble que ceux-là doivent déjouer les précautions prises pour anéantir entièrement le peuple français ; mais c'est là une erreur, et la loi qu'on applique avec soin, bien qu'elle n'ait jamais été promulguée, atteint les Rothschild comme les autres citoyens. Car il est presque impossible que, par un jour de beau temps, par un de ces premiers soleils qui vous emplissent l'âme d'espoir et de joie, ils n'aient pas l'idée de sortir à pied ; et alors, s'ils se laissent aller au caprice de vouloir visiter les collections et les musées du Louvre, ils seront infailliblement écrasés dans la rue de Rivoli, devant les grands magasins dont les façades, assiégées par une foule en délire, se prolongent indéfiniment, comme les représentations de *La Mascotte !* Car c'est là le rendez-vous, la cohue, le tumultueux combat des fiacres qui escaladent les fiacres, des omnibus qui entrent dans les autres omnibus, des chevaux étouffés par les chevaux, qui se tordent comme des Laocoons, des tohus-bohus, où se mêlent les bouches, les naseaux, les jambes et les crinières, et si un homme s'aventure au milieu de cette assourdissante et furieuse bagarre, lors même qu'il aurait commis cent mille crimes, il n'aura plus à craindre d'être reconnu par les sergents de ville, car les roues, les sabots, les gueules sanglantes auront eu soin de le rendre méconnaissable, comme le héros Hippolyte, pour l'œil même de son père.

Et cet état de choses se perpétuera ! On a bien parlé de nous construire des chemins aériens, comme il en existe à New-York ; mais, ainsi que vous avez pu le lire dans les journaux, ce projet est à l'étude, dans les commissions et dans les bureaux des ministères ; n'est-ce pas dire en bon français qu'il ne sera jamais réalisé ? Et dans la rue de Rivoli les chevaux continueront à poser les pieds sur les poitrines des promeneurs, comme les dames posent les leurs sur les coussins de soie, et à en faire ce que Racine appelle : un horrible mélange.

— Pourtant, dis-je à Chaumeil, les gens qui passent

dans la rue de Rivoli ne sont pas tous mis en compote, et il en est même qui après cet évènement persistent à vivre.

— Alors, répondit vivement le peintre, contre ceux-là on est forcé d'employer le grand moyen, et de leur tendre la suprême embûche contre laquelle il n'y a pas de recours ! Par une série de démarches diplomatiques, dont la progression est connue, on les décide à accepter une invitation à dîner *dans le monde,* c'est-à-dire chez des amphitryons sans le sou, qui, à tort, passent pour être riches, et dont les maisons servent au même usage que le palais de la princesse Negroni, à Ferrare. « Je viens vous annoncer une nouvelle, c'est que vous êtes tous empoisonnés, messeigneurs, et qu'il n'y en a pas un de vous qui ait encore une heure à vivre. Ne bougez pas. » Comme il faut de la probité en tout, on leur sert fidèlement le surtout de boutons de rose, les cristaux havane et bleuâtres, les couteaux japonais, et le service de Bracquemond, où il y a sur les assiettes des raies, de grands lépidoptères et de sombres oiseaux ; mais quant à la nourriture, elle est empruntée aux meilleures traditions de l'empoisonneuse Locuste, augmentées de tout ce qu'ont pu fournir de nouveau les effrayantes ressources de la Chimie moderne. C'est les poissons conservés comme de vieilles soubrettes, les volailles engraissées par des moyens inavouables, les filets de bœuf embaumés comme des Pharaons d'Égypte, les légumes fossiles tirés de boîtes plus redoutables que celle de Pandore ; les glaces où ont été émiettés d'anciens macarons fidèles ; les petits-fours obtenus par la ruse, les fruits aux chairs de légumes, et les vins ! des muscat, des sillery, des château-margaux, des nuits, des hermitage bons à administrer à *des morts qu'il faut qu'on tue,* et dont la seule vue fait danser les chèvres ! Et si, par hasard, le convive a l'âme si bien vissée et chevillée au corps qu'il résiste à cet ensemble de drogues....

— Eh bien ? fis-je curieusement.

— Eh bien, dit Chaumeil, tout n'est pas fini là, et on le repince encore ! Au moment où, fier d'avoir bravé tant de trépas divers, mais croyant devoir assurer son salut par une fuite rapide, le condamné saisit son chapeau de satin noir et met ses gants, un essaim de jeunes femmes, instruites à ces jeux folâtres, viennent se placer entre la porte et lui, et en lui débitant les plus adorables balivernes, en jetant dans ses prunelles les rouges roses de leurs lèvres et les lys de leurs épaules nues, le retiennent captif jusqu'à l'heure du thé. Livré alors à la maîtresse de la maison, c'en est bien décidément fait de lui, car s'il n'est pas étouffé, hypothèse inadmissible ! par la brioche, le baba et le plumcake, la bière faite avec des infusions de buis et d'autres choses, le thé composé d'herbes cueillies au clair de la lune par quelque Médée aux mains sanglantes, et le chocolat fabriqué avec de l'ocre rouge chez le marchand de couleurs, ont enfin raison de lui.

C'en est fait, ce misérable Français a dit son dernier mot ; il n'assistera plus aux duels de Slosson et de Vignaux, ni aux reprises des diverses pièces de Ponsard, ni aux Courses, ni aux expositions, ni aux séances de la Chambre, ni à tout ce qui faisait sa joie ; il est désormais comme s'il n'avait jamais été, phénomène évanoui, vision disparue, et il a subi le sort inéluctable réservé par une Justice voilée et impitoyable à tout le peuple français.

— Mais enfin, dis-je, me laissant entraîner malgré moi à écouter sérieusement Chaumeil et à lui répondre comme à une personne naturelle, quel est donc le crime que selon vous expie si durement la France ? De quoi est-elle coupable, et pourquoi est-elle si cruellement punie ?

— C'est, me dit le fou en relevant son front échevelé, parce qu'elle se laisse trop docilement gouverner par le Lieu commun, et parce qu'elle a trop aimé la peinture au cold-cream, les vers badins, la musique pour chiens fous, la sandaraque, la bureaucratie, les manches vertes, les conspirateurs, la photographie et les gendarmes. »

XVI

LE MINISTÈRE KRSVLTZ

Lorsque, dans un pays libre, un citoyen par son génie, par son éloquence, par son dévouement au progrès, par son esprit d'initiative, est arrivé à s'emparer des âmes et des consciences ; lorsque c'est en lui que s'incarnent les aspirations de tout un peuple ; lorsque chez les puissances étrangères il est, à tort ou à raison, accepté comme représentant d'une manière exacte la nation dont il régit les destinées, il devient alors indispensable de lui conférer nominativement le pouvoir qu'il exerce d'une façon effective. Possédant la domination réelle, il doit accepter en même temps la responsabilité et le fardeau des affaires. C'est pourquoi, lorsque le ministère Freycinet, que Dieu garde ! aura fait son temps, il serait juste, à ce que je crois, de confier le soin de former un nouveau cabinet au célèbre couturier Krsvltz, rival de Worth.

Il ne faut pas se le dissimuler, la seule et unique force sociale dont il faille en ce moment tenir compte, c'est LE ROBISME, mot que je me vois obligé et contraint de forger, pour exprimer, sous une forme synthétique, l'orgueil, la rébellion, la victoire, la démence, l'épanouissement et le triomphe de la Robe. C'est un fait évident que toutes les Femmes, en ce moment, sont extrêmement bien vêtues, depuis les duchesses jusqu'aux balayeuses ; que cette audacieuse floraison du costume a changé la face du monde ; qu'elle est presque uniquement due au couturier Krsvltz, et que par conséquent il s'est substitué dans les fonctions que remplissaient autrefois les Dieux. Quand s'écroula le second empire, on s'imagina que l'ouragan allait balayer les satins, les velours, les soies brochées, les rubans d'or, et que les Femmes, ivres de linon, d'indienne, de toile peinte, d'alpaga et de mérinos, allaient toutes se vouer à cette prétendue Sainte Mousseline, dont un auteur dramatique a pris la canonisation sous un bonnet dont il se passerait facilement, étant donnée son épaisse chevelure. Mais il n'en fut rien. Plus que jamais les poufs, les pompons, les draperies, les nœuds, les dentelles, les traînes superbes déployèrent leurs magnificences audacieuses et farouches. Les Femmes nous laissèrent devenir austères, économes, foncés et spartiates, autant que cela pût nous faire plaisir ; mais en ce qui les concerne, elles continuèrent à resplendir et à flamboyer comme des crépons japonais ou des tas de pierres précieuses. Pareilles à des reines sur leur chariot ou à des amazones de Colchide, elles dirent résolument, comme Ruy Blas : *Je ne m'occupe pas de ces hommes du tout!* et de plus en plus nous ressemblons à des bandes de Vers de terre qui seraient mariés à de grands troupeaux d'Étoiles.

Toutes les Femmes sont divinement bien vêtues. Pas plus tard qu'hier, mon cher Louis, rencontrant dans une soirée la femme d'un employé qui gagne trois mille francs, je lui faisais compliment à propos de sa robe de satin d'un bleu désolé et pensif, à laquelle s'accordaient bien des chaussures pareilles ; mais la dame, avec raison, ne voulut pas accepter mon éloge, et même, s'il faut tout dire, se montra un peu humiliée.

— « Non, me dit-elle, cela c'est une robe pour rire, une robe du matin, une robe de rien du tout, une robe pour aller en pantoufles acheter deux sous de lait à ma laitière! Mais si vous aviez vu la robe couleur flamme électrique avec broderie de platine filée que je portais au dernier petit jeudi, à la bonne heure, elle n'est vraiment pas mal, et je l'ai eue pour rien, pour un morceau de pain, car elle ne m'a coûté que six mille, chez Krsvltz, qui me fait des grâces ! » D'après ce discours, mon cher Louis, vous aurez quelque peine sans doute à établir le budget du petit employé dont la femme chatoyante me parlait ainsi; mais ce budget ne saurait être établi; Cuvier lui-même, qui sur un fragement d'os reconstruisait tout le squelette d'un animal disparu, donnerait en ce cas sa langue aux chiens; le problème en effet n'existe pas : il n'y a plus de budgets! La Femme accomplit sa fonction en s'assimilant les étoffes, les rubans, les gemmes, les métaux filés et tramés, et le mari paye comme il veut, comme il peut, cela ne nous regarde pas, en se livrant aux spéculations, aux jeux de Bourse, au vol à main armée, en arrêtant des diligences, en écrivant des bandes de journaux à trente sous le mille, et même, s'il n'a pas d'autre ressource, en se livrant à la littérature. L'important, c'est que les Femmes ressemblent à ces lustres ornés de cabochons qu'on ciselait pour les rois goths; c'est surtout que Krsvltz soit riche, et il l'est, puisqu'il vient d'acheter en Transylvanie des forêts si vastes, qu'on ne saurait les parcourir en trois jours.

J'ai vu pleurer et sangloter une petite demoiselle bien élevée, à qui on racontait l'histoire de Peau d'Ane, parce qu'elle plaignait la princesse, devenue assez malheureuse pour en être réduite à porter des robes de soleil et de lune! Enfin, mon cher Louis, du haut en bas de l'échelle, le mouvement est le même. Je vois souvent dans ma cour une pauvresse qui chante d'assez amusantes chansons, en les accompagnant d'un cliquetis de castagnettes. Un matin elle faisait une bonne récolte, car on est très mélomane dans la rue de l'Éperon; les sous et les petites pièces blanches pleuvaient autour d'elle, lorsque tout à coup un homme parut, lui fit une scène violente, et se mit à la secouer et à la chiffonner, en lui reprochant de faire recette à ses dépens et sans tenir les engagements pris. C'était LE COUTURIER POUR HAILLONS ! et ses lambeaux, ses guenilles, ses loques hardies, qui me semblaient avoir été drapées et tordues par le vent, par la pluie, par la misère, par la bise féroce, étaient en réalité l'œuvre d'un artiste spécial, tant il est vrai que ces couturiers ont conquis le monde, comme firent autrefois le dieu Bacchos et Alexandre roi de Macédoine ! Deux d'entre eux, qu'on ne pouvait comparer à Krsvltz, mais qui avaient bien leur petit mérite, monsieur Blkmnz et monsieur Sckmltch sont morts à la même heure, victimes de la même fatalité. Mettant l'un et l'autre un dandysme raffiné à ne pas consommer leur propre marchandise, ils avaient pris un parti véritablement élégant : Sckmltch faisait habiller sa femme chez Blkmnz, et Blkmnz faisait habiller la sienne chez Sckmltch.

Mais il arriva un moment où ils se durent réciproquement tant d'argent qu'ils désespérèrent de pouvoir se le payer, chacun d'eux voyant s'ouvrir sous ses pas l'abîme de la Dette, et se dresser devant lui, sous la figure d'une note, une feuille d'écriture plus haute que l'obélisque ! Certes il y aurait bien eu un moyen d'arranger tout ; ç'aurait été de balancer, et par conséquent d'anéantir les deux notes, de les rayer, de les barrer, de les regarder comme non avenues. Mais pour cela, il aurait fallu que Blkmnz avouât à Sckmltch, et que Sckmltch avouât à Blkmnz qu'ils n'avaient pas encore gagné avec leur couturerie autant de millions que Krsvltz, et c'est à quoi ni l'un ni l'autre ne consentit. Ils préférèrent mourir. Le même jour et au même instant, tous les deux se brûlèrent leurs deux cervelles, avec deux revolvers exactement pareils, qui, par un singulier hasard, avaient été achetés chez le même armurier. Cet événement, bizarre en apparence, n'est au contraire qu'un résultat nécessaire et inévitable, dû à la logique des choses ; car il faut que tout concoure à la domination, à l'omnipotence et au triomphe universel du grand couturier Krsvltz.

Il y a en ce moment à Paris un banquier nommé Beéri, si puissant que sa fortune peut être comparée à celle des Rothschild ; il n'a qu'à jeter ses valeurs dans la Bourse pour faire hausser et baisser tout ce qu'il veut ; il balaye devant lui les entreprises financières, comme la brise de juillet balaye les fétus de paille ; il a ruiné une grande Compagnie dont le capital s'élevait à des centaines de millions, uniquement parce qu'en le saluant, un des administrateurs de cette Compagnie avait semblé avoir eu l'intention de sourire, et s'être retenu à temps ! Ce banquier est fort à son aise ; il a fait peindre son cabinet de toilette par Paul Baudry, et les murs extérieurs de sa cour par Meissonnier, et il achète les éditions originales de Molière par douzaines, avec la treizième en sus, comme nous achetons les œufs chez la fruitière !

En même temps, il existe au centre de l'Asie un très puissant roi nommé Hamzeh, qui a conquis des royaumes sans nombre. Assis sur son trône revêtu de perles, devant lequel s'élèvent des pyramides faites avec des têtes coupées, il tient dans sa main plusieurs globes pareils à celui que tenait Charlemagne, et il jongle avec ; des filles de rois éventent sa barbe tressée avec des diamants, et à ses pieds les lions familiers mangent leurs viandes sanglantes dans des bassins d'or étoilés de rubis. Il est probable qu'il prendra l'Inde aux Anglais, et peut-être n'attend-il qu'une occasion pour déchaîner sur le vieux monde une invasion de Chinois et de Japonais, qui s'empareront de la vieille Europe stupéfaite, et en feront une grande fabrique d'ivoires sculptés, de parasols et d'éventails éclaboussés de jaune, de bleu lapis et de rouge pourpre ! Eh bien ! tous les deux, le banquier Beéri et le roi Hamzeh, lorsqu'ils songent silencieusement et que leurs serviteurs épouvantés s'abstiennent de respirer pour ne pas troubler l'air immobile, ils pensent la même chose, ils ne méditent pas, celui-ci de nouvelles conquêtes, et celui-là d'autres coups de Bourse ; l'un et l'autre se dit tout bas, avec l'angoisse que perpétue dans notre esprit l'étude acharnée et stérile d'un problème insoluble :

— « Comment payerai-je au couturier Krsvltz les robes de ma femme ! »

— « Comment payerai-je les robes de ma femme ! » voilà ce que se demandent les généraux à la tête de leurs armées, les magistrats écarlates sur leurs sièges, les amiraux sur leurs navires, les ministres sur les fauteuils de bureau, les commissionnaires dans leurs commissions, les aéronautes fendant les cieux zébrés de zigzags d'or, les députés écoutant des discours pareils à de longs serpents qui se mordent la queue. Ah ! s'il n'y avait pas en réalité d'autres affaires pendantes que celles dont on nous entretient, certes les mener à bonne fin serait un jeu d'enfant, et ce serait tout de suite fini ; le Concordat, le Divorce, la réduction du service militaire, le mode de scrutin, le Rachat des chemins de fer il n'y en aurait pas pour cinq minutes ; mais le grand obstacle, c'est qu'en parlant de ces diverses questions si faciles à résoudre, nos représentants songent tout bas à la seule question ardue et difficile, et ils ne cessent de se demander à eux-mêmes, sans aucun espoir d'obtenir une réponse plausible : « Comment payerai-je les robes de ma femme ! »

Dans ces conditions, comme il est patent que tout ce qui cuit et frit dans la poêle y a été mis, dosé et assaisonné par le grand couturier Krsvltz, je trouverais légitime qu'il tînt la queue de cette même poêle, ou qu'il devînt dictateur, si l'on veut, ou chef d'un ministère choisi spécialement au point de vue du ROBISME, ou, du moins, président de la commission du budget, car il serait de toute justice qu'il présidât à nos destinées, puisqu'il les a faites ! Il tenterait des expédients, il chercherait des combinaisons, il pourrait voir à opérer des virements, à payer, par exemple, sur le budget d'un trimestre, toutes les robes du département de l'Ardèche, quitte à s'occuper ensuite des robes du département de la Sarthe! Enfin il pourrait proposer le rachat des magasins du Printemps et des Grands magasins du Louvre, afin que l'État, s'adjugeant le monopole des satins, des damas, des velours unis ou frappés, comme il a déjà celui des tabacs, pût bénéficier sur le prix des matières premières. A ce point de vue essentiellement pratique, la création d'un ministère Krsvltz me paraît être le vrai moyen de nous donner quelque répit, d'autant plus que les intransigeants et les réactionnaires donneraient peut-être au grand couturier assez de tablature pour qu'il n'eût pas le loisir d'envoyer ses notes, et ce serait toujours cela de gagné.

En tout cas, mon cher Louis, il faut qu'on avise promptement. Tout récemment, dans les Pyrénées-Orientales, la Cour d'assises a jugé un monstre à face bestiale, une espèce de sauvage qui, après avoir assassiné à lui seul tous les habitants d'une ferme, avait fracturé les meubles et volé l'argent et les valeurs qu'ils contenaient. Ce bandit, coiffé d'une tignasse, peigné avec un clou, tanné par la bise, souillé de sang et de boue, n'avait pas forme humaine; au contraire, sa femme, appelée à titre de témoin, était charmante à voir, et elle s'est présentée devant les jurés en jolie toilette de sortie, avec une robe de velours bleu garnie de martre, d'une coupe infiniment hardie et gracieuse. Interrogé sur le mobile de son crime, le brigand a répondu avec une évidente sincérité :

— « C'était pour payer la robe de ma femme. »

La franchise de cet aveu a intéressé les jurés, qui ont accordé à l'accusé le bénéfice des circonstances atténuantes, et il serait difficile de les en blâmer. En effet, ce mari ne pouvait, comme notre père Adam, vêtir sa femme avec une feuille de figuier, ni comme les peintres classiques, avec un bout de draperie qui flotte ou avec une fumée qui s'envole. Et du moment où il lui mettait une robe, il fallait bien qu'il la prît, comme tout le monde, chez Krsvltz ; car il ne pouvait ni la faire avec rien, comme une tragédie classique, ni comme l'explosion d'un bon sentiment, la tirer de son âme !

XVII

LES ESCLAVES

On affirme que l'esclavage a été aboli. A Nevada City et dans l'île de San Salvador, c'est possible; mais à Paris, je puis vous assurer, mon cher Louis, qu'il n'en est rien. Je pourrais à ce sujet vous révéler la cuisine des Groupes, des Unions, et vous dire sur quelle enclume se forgent les attaches politiques, et par quels fils sont mis en mouvement les hommes qui croient gouverner le monde. Mais, pour parler comme l'immortel fablier, mon exemple sera tiré d'animaux plus petits.

Il y a à peine deux jours de cela, à un bal donné chez une petite comédienne qui sait tout, excepté jouer la comédie, s'amusant comme on s'ennuie dans le monde où l'on s'amuse, le peintre Emmanuel Jaix et mademoiselle Rosa Clérice, sans profession, ne tardèrent pas à s'apercevoir qu'ils sont extrêmement beaux et infiniment trop spirituels pour la foule chatoyante et bariolée qui les entourait. De là à avoir quitté l'atelier japonais de l'actrice, et à s'être fait voiturer sans explication jusqu'au petit hôtel de Rosa, il n'y avait que l'espace d'une inévitable transition; si bien que devant le feu flambant et rose, c'est en jouant avec la sombre chevelure de mademoiselle Clérice assise à ses pieds sur le blanc tapis que le jeune et célèbre artiste continuait une conversation commencée, en savourant l'ineffable plaisir de fumer lentement sa cigarette dans un beau décor.

— « Oui, disait-il, oui, Rosa, vous avez cruellement raison, toute vie est affreuse, et je devine facilement les horreurs, les dégoûts et les angoisses de la vôtre ! Du moins avez-vous cette compensation, qui n'en est pas une, la richesse ! et pouvez-vous échapper aux prosaïques laideurs que crée invinciblement la misère, car, ajouta-t-il en regardant la chambre où se voyaient des bronzes japonais d'une haute antiquité, des Clodions originaux, le plus beau des tableaux de Delacroix, et même des livres réels reliés par Capé errants sur les consoles dorées, vous êtes logée comme un Rothschild ! Vos heures sont les stations d'un triste enfer ; mais enfin vous pouvez, si le cœur vous en dit, fondre des perles dans le Tokay dont vous remplissez votre verre, et si longs que soient vos cheveux, les tresser avec des diamants. Certes, le repos n'est nulle part, excepté, comme disent les moralistes, dans le sentier du devoir accompli ; mais malheur pour malheur, le vôtre vaut encore mieux peut-être que celui d'une chiffonnière aux souliers troués, qui ne serait pas vertueuse !

— Non, détrompez-vous, dit Rosa, il n'y a pas de chiffonnière si misérable que moi, ni de casseur de cailloux, ni de manœuvre occupé à graisser les roues des voitures ! Vous me supposez riche, et à un certain point de vue je le suis en effet, car ce bonheur-du-jour en bois rose cache une vraie caisse de banquier, bondée et remplie de titres, d'actions, d'obligations, de billets en liasses, de lingots et d'or monnayé, qui m'appartiennent bien réellement ; et toutefois je n'ai pas la permission de dépenser deux sous, ni d'utiliser un timbre-poste sans en justifier l'emploi ! Car apprenez que je ne suis qu'un outil de fortune entre les mains de la vieille marchande à la toilette Bocco, du fameux tapissier Pastolle et du couturier Alric. Ils ont formé entre eux une société industrielle, avec des actionnaires ! pour l'exploitation d'une fille qu'ils ont prise dans la rue belle comme le jour et nue comme un ver, pauvre et vagabonde alors, mais sachant rire gaiement au soleil, et c'est moi qui suis cette marionnette absurde et désespérée. Ma vie de chaque heure est réglée par eux, ce que je dois penser, dire et faire, la comédie, le bal, la promenade au Bois, les liaisons, les amours, les conquêtes, les défaites et jusqu'à mes caprices, et pour ces usuriers irréprochables, pour ces Shylocks aux exactes balances, rien ne doit être abandonné au hasard! J'ai comme eux ma part des bénéfices, mais à la condition de la faire servir scrupuleusement à la prospérité de l'entreprise. Tout est réglé, mon originalité qui ne doit pas se démentir, la légende poétique formée avec soin autour de mon nom, et surtout la publicité des journaux! Ainsi j'ai parfaitement le droit de donner deux louis à une pauvresse, si par bonheur passe à ce moment-là un reporter du *Stylet* ou du *Juvénal*; mais il ne m'est pas permis de lui donner deux liards, si le public l'ignore, et croyez que mes livres de dépenses sont vérifiés, compulsés, épluchés par des caissiers plus savants que Barême et Machiavel. Et comme, dans le cas où la société ferait de mauvaises affaires, tout l'actif doit être immédiatement réalisable, nul objet ne peut entrer chez moi s'il n'a été estimé par les experts, et s'il ne constitue une valeur effective, qu'on puisse tout de suite reconstituer à l'hôtel Drouot, dans une vente. Vous voyez, mon ami, que je n'ai plus rien d'une femme, que je suis une misérable chose cotée et désolée, un triste et détestable objet de luxe, faisant partie de la bimbeloterie parisienne!

— Hélas! soupira douloureusement Emmanuel.

— Mais, reprit la belle Rosa, en se penchant sur lui et en couvrant ses mains de baisers, oublions ces hideurs et parlons de vous, de votre renommée universelle, de votre jeune gloire! Libre comme l'oiseau, fier comme un roi, idole du monde qui vous enrichit et qui vous courtise, vous faites ce que vous voulez, quand et comme vous le voulez. Vous n'obéissez qu'à votre inspiration et à votre génie; on se dispute vos toiles, achetées leur poids de banknotes; la haute société vous recherche, les plus grands seigneurs s'honorent d'être comptés parmi vos amis, les femmes ne vous laissent pas le temps de les désirer! Enfin l'Institut vous fait déjà les doux yeux, et vous portez à votre boutonnière la rosette de la Légion d'honneur, à l'âge où les autres enfants jouent encore aux billes...

— Non, Rosa, dit alors Emmanuel Jaix en décroisant tristement les mains de la jeune femme, je ne veux pas que tu aimes une fiction et un vain fantôme. Sache-le donc à ton tour, le grand artiste que j'ai l'air d'être n'existe pas, et je suis comme toi un pantin, un personnage inventé, une vague marionnette! J'appartiens au marchand de tableaux Eudore Talpin, et grâce à son avidité n'ayant plus le droit d'être un homme, j'ai dû me résigner à me faire grand homme. Oui, sur son ordre, à son heure, à son commandement, moi qui serais peut-être capable de faire œuvre de peintre, j'exécute un tas de chefs-d'œuvre, parfaits, délicieux, effrayants de verve, d'originalité, de finesse et d'exactitude, et faits, comme vous le disiez, pour ravir les gens du monde. Ah! s'ils étaient quelquefois mauvais, il y aurait encore de l'espoir, mais un peintre à la mode n'a pas le droit de faire mauvais, et mes tableaux sont au contraire réussis jusqu'à la plus décourageante perfection; on en mangerait! Que dis-je! Eudore Talpin et ses bailleurs de fonds en mangent, en vivent, en marient leurs filles, en fondent des usines, en entretiennent des maîtresses, en achètent des propriétés avec des chasses de trois cents hectares! Moi-même, j'en vis comme un nabab, je triomphe, je fais courir, je donne des fêtes, je suis hélas! adoré comme vous le disiez, enfin je suis tout, excepté un artiste, car il ne m'est pas permis de créer autre chose que des merveilles!

— Mais, dit curieusement Rosa Clérice, par quels artifices Talpin s'est-il emparé de vous?

— Ah! chère âme, répondit Emmanuel, il n'y a que le premier pas qui coûte, mais il coûte tout, la vie, l'imagination, la pensée, le rêve, et tout le sang jusqu'à la dernière goutte. A peine mes premières toiles, encadrées dans des bordures incandescentes qui ressemblaient à des jardins d'or, eurent-elles fait émeute chez Talpin où elles flambaient à l'état d'apothéose, et rassemblé devant les vastes glaces de sa vitrine les Valaques et les Brésiliens en voyage dont se compose le « Tout Paris », que sans savoir pourquoi ni comment, j'avais donné ma signature, et je me trouvais pris dans un traité aux cent mille fils, plus compliqués et enchevêtrés que ceux où les Lilliputiens emprisonnèrent Gulliver. Au premier abord cela paraissait simple comme bonjour; mais il n'y a rien de simple, ni bonjour, ni le reste! Mes premiers tableaux se vendirent tout de suite de deux à trois mille francs; Talpin ne semblait-il pas raisonnable en me disant dans son traité : « Je supprime les déchets, l'attente, les éventualités, j'achète à quinze cents francs l'un dans l'autre tous les tableaux qu'il vous plaira de peindre, quand même vous n'y mettriez qu'un bout d'étoffe, une coquille de noix ou rien du tout; enfin vous en ferez autant que vous voudrez. » Talpin aurait ajouté s'il avait été sincère : « Et surtout autant que je voudrai! » Au bout du traité, il y avait un codicille, un post-scriptum, une petite clause de rien du tout, en vertu de laquelle, contribuant de son mieux à ma réputation et me prêtant sa publicité immense, Talpin, sur les tableaux que je vendrais directement dans mon atelier et sans son intermédiaire, toucherait le tiers du prix.

— Eh bien! fit ingénument Rosa, cette clause n'était-elle pas juste?

— Certes! dit Emmanuel Jaix, juste comme le coup de hache qui tombe sur la tête du condamné et comme le trajet de la balle qui nous frappe au cœur! Bientôt, en effet, toutes mes toiles, demandées et sollicitées à l'avance, furent directement vendues à des amateurs. Comme la comtesse de Pimbèche, je n'en aurais vécu que trop honnêtement. C'était à moi de restreindre ma production de façon à rester un véritable artiste ; mais, en revanche, c'était à Eudore Talpin de me forcer à faire des petits chefs-d'œuvre plus nombreux que les grains de sable sur la grève, croyez qu'il n'y a pas manqué! et en employant un moyen des plus simples. Un article du fameux traité, que je ne vous récite pas, parce que c'est un volume in-octavo, donnait à mon Barnum le droit de me loger et de me meubler, contre remboursements échelonnés, d'une manière conforme à ma gloire; en vertu de quoi il m'a fait construire dans l'avenue de Villiers cet hôtel de bibelots, où je demeure, moi qui aime les belles lignes d'architecture et les meubles réels, dans un magasin de tableaux japonais sur satin, de kandjiars, de tabourets en nacre et de parasols; et en moins de temps qu'il n'en faut pour composer une tragédie en cinq actes, m'a endetté de quatre cent mille francs. Cependant je l'ai remboursé, tant la peinture se vend bien aujourd'hui! Je pouvais me débarrasser de lui, en lui abandonnant sa part de proie; mais je n'en ai rien fait, parce que, lorsque j'en ai besoin, je trouve chez lui vingt mille francs dans les cinq minutes.

— Mais, demanda Rosa Clérice, pourquoi avez-vous besoin de vingt mille francs?

— C'est, dit Emmanuel, parce que Talpin a su me persuader qu'un artiste célèbre ne peut se passer d'une maîtresse *chic*, et il m'a affublé de cette Annette Jary que j'exècre et dont la tête sentimentale est bête comme une romance, mais qui, grâce à son invraisemblable maigreur, est un excellent mannequin à robes; or, l'un des principaux actionnaires de Talpin est le couturier Frantz Ott, son beau-frère. De là cette production fiévreuse, ces milliers de tableaux pleins d'artifices et de feux d'artifice, que j'invente avec frénésie, dont mes collaborateurs peignent les fonds et ébauchent les figures, où je n'interviens plus que pour leur donner la touche suprême du génie, et d'après lesquels on exécute en même temps et tout de suite des copies, des reproductions, des aquarelles, des photographies, des gravures, des photogravures, vu que Talpin veut tirer cent mille moutures du même sac, et ensuite, comme Scapin, utiliser le sac pour faire ses farces.

— Enfin, dit Rosa, vous avez cette consolation que vos tableaux sont vendus.

— Jamais de la vie, fit Emmanuel; les marchands de tableaux et les amateurs se les repassent, les font monter, descendre, s'en servent pour organiser des coups à la Bourse de la peinture; mais parmi ces tableaux, il n'y en a pas un seul qui soit réellement vendu et fasse partie d'une vraie galerie.

— N'importe! reprit la belle Clérice, je suis encore plus opprimée et condamnée que vous, mon cher enfant, car sachez tout! ce soir j'obéissais à mes associés en vous rencontrant au bal de la petite comédienne, et c'est d'abord PAR ORDRE que j'ai dû vous aimer; mais j'ai été sérieusement prise au rôle que je voulais jouer, et, ajouta-t-elle en renversant sa jolie tête enfantine sur les genoux d'Emmanuel, la pénitence est douce!

— Nous sommes, dit le peintre, logés à la même enseigne. Moi aussi, c'est PAR ORDRE que j'essayais de vous plaire, quand la chère flèche m'a frappé en plein cœur. Depuis quelque temps, les Américains acheteurs trouvaient qu'il n'était plus assez question de moi dans les journaux : Eudore Talpin a pensé qu'il ne fallait pas permettre à Anna Jary de s'endormir sur les roses, et que je devais la tromper d'une manière éclatante, pour fournir un prétexte à quelques Échos et Nouvelles à la main! »

Le jour se levait. Jaix et la belle Clérice, devenus vertueux puisqu'ils avaient trouvé et volé une minute d'amour, s'étaient approchés d'une fenêtre et s'amusaient à regarder l'aurore.

— « Ah ! murmura Clérice, nous sommes bien décidément de misérables esclaves !

— Et tenez, dit Emmanuel Jaix en lui montrant dans la rue un homme qu'ils connaissaient tous les deux, le vieux savant Dieï qui sortait à cette heure matinale et qui portait sur sa redingote élimée et pâlie une rosette déteinte et devenue d'un pâle rose, voilà un homme que j'envie de toute mon âme, car ce voyant au cœur pur n'a pas à s'inquiéter de tout ce qui se fricote dans la Cuisine parisienne ! Il s'inquiète des deux soldats troyens qui en fuyant ont été tués par une pierre, et dont les cadavres ont été trouvés par le docteur Schliemann derrière le palais de Priam ; des restes de l'homme tertiaire que l'abbé Bourgeois a découvert dans ses fouilles, et de la traduction du *Pentaour*, poème égyptien de vingt-cinq mille vers sur les campagnes des Ahmenotep contre les Khetas. Celui-là est pauvre comme Job, mais n'est pas un esclave !

— Eh ! mon ami, dit Rosa en se pendant au cou d'Emmanuel, Dieï et sa brave femme ont beau se nourrir de queues de harengs saurs et d'écorces de melon, ils n'arrivent jamais à joindre les deux bouts. Voilà longtemps que leur cuisinière Francine fournit la dépense, on lui doit huit ans de gages, et, conformément au projet qu'elle a toujours caressé, ces braves gens seront forcés de donner leur charmante fille au fils de cette servante. Il est vrai que le jeune homme, dont le seul tort est d'être un peu mulâtre quoique né de parents de race blanche, a reçu une excellente éducation, et qu'il a pu, dès l'an dernier, se faire admettre à l'École Polytechnique. »

XVIII

DEUX INFIRMES

Mon cher Louis, le monde est plein de mystères qui restent impénétrables, à moins qu'on ne les pénètre, car il faut toujours en revenir à cette façon de raisonner, dont abusa peut-être le chansonnier du grand La Palice. Si retiré que vous viviez dans le riant et sombre désert de verdure où ne parviennent pas les inutiles Faits Paris, il est impossible que le bruit soulevé par la gloire du célèbre romancier Georges Cordouen ne soit pas arrivé jusqu'à vous. Cet habile artiste a le succès et tous les succès ; il excelle à inventer une intrigue, à peindre des personnages et à les placer dans leur milieu ; il sait décrire les paysages, les intérieurs, les bibelots, les phénomènes météorologiques ; il a démonté la phrase de Chateaubriand, la phrase de Bossuet, la phrase de Rousseau, et il la remonte en la modernisant ; il est spirituel, amusant, ironique, tendre, éloquent, et même au besoin il semble lyrique. Ses livres se vendent presque comme ceux de Daudet et de Goncourt, presque même comme ceux de Zola ; à peine a-t-on tiré le second et le troisième *mille* de ses éditions cursives, que le vingt-huitième *mille* se trouve enlevé aussi par la même occasion. L'apparition d'un de ses ouvrages est un évènement capital ; il n'est pas un journal qui, pour pouvoir parler à loisir d'un fait si essentiel, ne déclare effrontément que *l'abondance des matières* le force à remettre au lendemain les séances des Chambres.

A peine le livre, publié par tranches, en est-il à son premier feuilleton, que son annonce est affichée sur tous les monuments publics, sur le fronton du Panthéon comme au sommet de la tour Saint-Jacques, et déjà la critique s'en empare, le loue, le commente, le porte aux nues. Les traducteurs de tous les pays affluent chez l'auteur, signent avec lui des traités inouïs; comme entrée de jeu, il a tout de suite gagné soixante, quatre-vingt, cent mille francs; en fait d'argent, il n'a qu'un embarras, celui de chercher comment il placera ses fonds. S'il lit dans un salon trois pages de son roman nouveau, les seigneurs russes, autrichiens, hongrois, espagnols, qui, la veille, étaient dans leur pays, se trouvent là juste à point pour se pâmer d'aise; quant aux femmes de Paris, elles se divisent sans plus en deux classes : celles qui veulent marier Cordouen et celles qui veulent l'épouser elles-mêmes. D'ailleurs follement, abominablement, délicieusement jeune, beau d'une beauté énergique et virile, bien coiffé de sa soyeuse toison blonde et chevelu comme un marchand de pommade pour faire repousser les cheveux, pouvant sans effort avec ses minces doigts de femme casser en deux une pièce de cent sous, il semble que Georges Cordouen doive être heureux, satisfait, content et ivre de joie. Il est désespéré.

Pourquoi? Parce que son succès *n'est pas vrai*. Au moment où un de ses livres paraît, l'univers est plein du bruit, du murmure, du frémissement, du tumulte qu'il soulève; au bout de quelques mois, il n'en est plus question; tout cela est apaisé, évanoui, dissipé en vaine fumée. Le flot tout à l'heure troublé et frissonnant est redevenu calme; les gouttes d'eau tombées sur le marbre se sont vaporisées, et il n'en reste rien. Le grand écrivain s'aperçoit avec épouvante que dans l'esprit même de ses dévots et de ses plus grands admirateurs l'œuvre récente n'a laissé nulle trace; sa griffe de lion n'a rien griffé; sous peine de mort, sous peine d'oubli, hélas! il faut tout de suite recommencer tout, comme Sisyphe. D'où vient cela? Pendant bien longtemps, le romancier n'en a rien su, et il donnait sa langue aux chiens, aux tigres, et aux chimères; mais à force de réfléchir, il l'a deviné, il le sait maintenant, et c'est pourquoi dans ses nuits d'insomnie il arrache ses beaux cheveux et se fourre les ongles dans sa poitrine, parce que la chose est irrémédiable. Il a l'invention, l'ironie, la passion, l'imagination, la bouffonnerie, la puissance tragique; donc, il ne lui manque aucune qualité? Si fait, il lui en manque une, absolue, décisive, triomphante, indispensable, la seule qui soit réelle, la seule dont on ne puisse se passer, la seule qui serve à quelque chose : il lui manque L'AMOUR!

Ah!, cher ami, ceux-là sont des charlatans et des hypocrites qui parlent du bon sens, de l'esprit, de la raison souveraine du public; qui veulent que tout le monde ait plus d'esprit que Voltaire, et qui font du troupeau humain un critique armé comme Diderot ou Sainte-Beuve; non, le public n'a rien de ce que lui prête ici la flatterie empirique ; mais il a autre chose, qui vaut beaucoup plus et beaucoup mieux.

La Foule est comme une femme, et elle est une femme ; en dépit des habiletés, des ruses, des circonstances qu'elle supprime par une simplification audacieuse, en dépit du talent, du génie, de la gloire, et par une intuition que rien ne déroute, elle sent, elle devine et sait, elle sait avec certitude qui ne l'aime pas et qui l'aime. Et vous auriez beau être enchanteur, magicien, ouvrier sublime, artisan irréprochable, ses milliers et ses milliers d'âmes vous ne les prendrez avec rien, si ce n'est avec l'amour. A travers l'obscurité, la confusion, l'invention rebelle, l'incorrection, le mauvais style, l'amour ailé, l'amour embrasé et flamboyant va droit aux âmes et les allume, les brûle, les dévore de sa flamme inextinguible. Mais pour s'emparer d'elles tout est impuissant, hors l'amour. Poète, si tu prétends exister, il faut que tu aimes d'une tendresse maternelle, ardente, inépuisable tous les êtres, toutes les créatures, tout ce qui vit et respire, même tout ce qui semble ne pas vivre, les êtres qui, délivrés, ont déjà vu l'aurore éternelle, et ceux qui ne sont pas nés encore ; il faut que tu les aimes divinement, absolument, il faut que tu chérisses le fou, le méchant, l'infirme, le tortu, l'hébété ; il faut que tu sois prêt à baiser avec une délirante joie toutes les plaies et toutes les blessures ! Sans quoi, tu n'es rien qu'un spectre, qu'un reflet dansant, qu'une vaine apparence ; car tu peux tromper les caprices, les imaginations, et les esprits de la foule, mais non ses âmes qui sont divines, qui perçoivent directement la lumière et qui, lors même qu'elles le voudraient, ne pourraient jamais être abusées sur ce qui est leur propre vie, et prendre un reflet pour une flamme.

Georges Cordouen sait tout cela ; il a pénétré le secret de sa non-existence ; cependant il ne se résigne pas, il ne veut pas céder, il s'acharne, il s'obstine à tâcher d'avoir ce qu'il n'a pas. Souvent comme l'*Homme des Foules* raconté par Edgard Poe, il se glisse dans la foule, il marche avec elle, il la suit où elle va, tâchant de s'accorder à ses gestes, à son haleine, au mouvement qui l'emporte ; il espère se mêler à elle, mais en vain ; le mélange ne s'opère pas plus que celui d'un flot d'eau avec un flot d'huile. Cordouen regarde l'ouvrier qui, las et content de lui après sa journée de travail, marche allègrement à côté de sa chère femme ; il regarde les dames, les enfants, les vieillards, le tout petit aux yeux célestes dans les bras de la jeune mère ; il tâche de les deviner, de s'intéresser à eux, de les aimer, enfin ; mais il sent bien que son effort est stérile, qu'il ne les aime pas, qu'il ne les aimera jamais, qu'il n'aime rien excepté sa propre gloire et son propre génie, et que, par conséquent, la pensée de son œuvre ne s'enfoncera jamais, comme une flèche de feu, dans les âmes. Lui, dont l'unique et poignant désir est de vivre toujours, il sent que son désir ne se réalisera pas et qu'il est irrévocablement condamné, parce qu'il n'a pas L'AMOUR. Éperdument lancé et emporté dans le flot humain, au milieu des femmes et des hommes, il a beau s'écrier : « Scélérats ! Tas de canailles ! je ne pourrai donc pas vous aimer ! » Il ne les aime pas davantage parce qu'il les a appelés : « Tas de canailles ! » et avec un désespoir sans bornes, il savoure l'amère et chatouillante volupté de s'adorer lui-même.

Certes, voilà un malheureux ; cependant je connais un autre homme encore plus malheureux que lui : c'est cet Eugène Lips pour lequel madame Blanche de Thiel a fait de si éclatantes folies, brûlée par une passion dont elle a été guérie tout à coup, et décidément, comme si un habile chirurgien l'en avait opérée. Lips n'est pas, lui, un romancier ni un artiste ; c'est un simple homme du monde, jeune, beau garçon, riche à millions, qui tire l'épée avec une supériorité remarquée au cercle d'Escrime, et dont toute la tenue correcte est celle d'un parfait gentleman.

Son infirmité, bien plus radicale encore que celle de Cordouen, c'est qu'IL N'A PAS D'AME. Non, il ne possède aucune espèce d'âme d'aucun genre, ni rien qui rappelle cette importante partie de nous-mêmes. Il n'est pas, mon cher Louis, que vous ne connaissiez cette jolie pâtisserie appelée *rissoles*, et qui consiste en de petits tas de volaille et de lard hachés, qu'on enveloppe et fait cuire dans des morceaux de pâte auxquels on a donné la figure de petits chapeaux à cornes triangulaires. Lorsqu'elle confectionne cet excellent plat de ménage, il arrive souvent que la cuisinière s'est trompée dans ses calculs ; il lui reste encore de la pâte lorsque tout son hachis a été employé déjà, et alors, pour ne rien perdre, elle se décide à faire des rissoles vides, purement honoraires, dont les enveloppes ne contiennent rien. Or Eugène Lips est précisément né d'un phénomène pareil à celui-là.

Ayant à sa droite et à sa gauche, dans des vases de diamant, la matière dont sont formés les corps et celle qui sert à fabriquer les âmes, le grand Statuaire, lui aussi, avait mal pris ses mesures ; après avoir pétri et modelé beaucoup de petits enfants prêts à naître, qui possédaient régulièrement, comme il convient, leurs corps et leurs âmes, il vit qu'un des deux vases de diamant était déjà vide lorsque l'autre se trouvait à moitié plein encore ; et par économie, afin d'employer ce qui restait, il se décida à modeler un certain nombre d'enfants qui n'auraient que des corps, et chez lesquels naturellement l'âme serait complètement absente. Eugène Lips faisait partie de cette fournée, dont les produits ont récemment tenu une si grande place dans les arts et surtout dans la politique ; mais il eut assez d'esprit pratique et de bon sens pour n'être rien qu'un beau jeune homme, admirablement habillé par un tailleur de cochers anglais, et obéissant strictement au code à la fois initial et compliqué des gens du monde.

Assurément son manque d'âme ne le gênait en aucune façon, car il n'éprouvait guère le besoin de connaître des aspirations, des sentiments et des désirs qui lui étaient étrangers ; mais ayant de la lecture et se rappelant l'histoire de l'homme qui a perdu son ombre et celle de l'homme qui a perdu son reflet, il craignit d'être remarqué par les oisifs, et il se résolut à faire semblant d'avoir une âme.

Seulement, cette apparence d'âme, il ne pouvait que l'emprunter aux gens de sa connaissance ou aux imaginations des romanciers, de telle façon qu'on lui voyait une âme tantôt bourgeoise, ou vulgaire, ou romantique, ou, si j'ose, hélas ! m'exprimer ainsi... *naturaliste !* et que tout cela manquait de suite et de cohésion. Tel le Palais-Royal possédait jadis un comédien, rival du fameux Levassor, qui jouait avec une rare perfection les enfants et les vieillards, les étudiants et les académiciens, les conscrits et les invalides. Pour parler la langue du théâtre, il se faisait toutes les têtes qu'il voulait, mais il fallait qu'il s'en fît une, sans quoi il n'en avait pas et se trouvait exposé à sortir sans tête, parce que ses traits sans lignes ni plans n'étaient qu'une ébauche vague et confuse.

De même Eugène Lips, faute de mieux, pour avoir l'air d'exister moralement, copiait la littérature, lorsqu'une circonstance imprévue le tira d'embarras et lui permit de faire paraître une individualité plus définie. A ce moment-là, son ami Jean de Valetti, qui habitait dans la même maison que lui et au même étage, fut violemment épris de madame de Satias, et, fou d'amour, se livra à toutes les insanités que nous inspire une passion vraie. Ces insanités, Eugène Lips les copia jour à jour avec un soin méticuleux, ayant même payé le valet de chambre de son ami de façon à pouvoir copier aussi ses lettres d'amour, et c'est ainsi que madame Blanche de Thiel eut en lui une apparence d'amant étonnamment réussie. Mais on ne s'avise jamais de tout ; Valetti mourut d'une fluxion de poitrine, et Lips eut beau se mettre entre deux airs, entre quatre airs, entre une innombrable quantité d'airs, il n'attrapa jamais, comme son modèle, la fluxion de poitrine, et ne mourut nullement. Ne sachant pas la suite du rôle, il se trouva tout à coup dans l'impossibilité de le jouer, et parut à madame de Thiel désabusée ce qu'il était réellement, c'est-à-dire si nul et si vide qu'elle s'étonna d'avoir pu l'aimer. Voilà, mon cher Louis, comment s'explique l'histoire de cette liaison enviée de tous et de cette rupture nette et subite qui a si fort étonné et dérouté Paris. Il y a comme cela des choses qui semblent tout d'abord impossibles à comprendre et qui, une fois qu'on en a l'explication, deviennent claires et limpides comme de l'eau de roche.

XIX

LE CRIME DE VILLE-D'AVRAY

Mon cher Louis, à la ville comme au théâtre, les sujets de comédie sont extrêmement rares ; aussi est-ce toujours les mêmes qu'on reprend, avec des variantes plus ou moins ingénieuses. Nous venons d'avoir une nouvelle édition des *Brigands sans le savoir;* c'est vous dire tout de suite que dans tout ce tumulte il n'y a pas de quoi fouetter un chat. Mais ç'a été une très grosse affaire dont les journaux s'entretiennent déjà, en termes inintelligibles pour quiconque n'est pas initié, et dont le dénoûment, encore attendu, sera un procès très important où, selon toute probabilité, les principaux accusés seront défendus par Lachaud et Léon Cléry.

Tous les promeneurs parisiens connaissent à Ville-d'Avray une sorte de petit chemin âpre, sauvage, encombré de ronces, à l'entrée duquel deux ormes séculaires montrent leurs troncs ouverts et décrépits, et qui aboutit à une sorte de masure cachée sous les lierres, construite jadis pour loger le concierge d'une grande propriété entourée de murailles et depuis longtemps abandonnée et vide. Il y a quelques mois, pendant le grand ministère, cette masse de verdure sembla tout à coup éveillée et mystérieusement peuplée; on y sentit ces tressaillements qui à coup sûr indiquent la vie; peu à peu des bruits distincts, de plus en plus précis et enfin tout à fait perceptibles, y furent entendus ; il devint facile de deviner dans l'immense parc les allées et venues d'un grand nombre de gens, et de comprendre qu'on s'y livrait à de nombreux et divers travaux. Donc l'antique propriété appartenait à de nouveaux habitants qui en avaient pris possession ; mais quand et à quelle heure? Évidemment la nuit, puisque les voisins n'avaient rien vu ; mais il leur en coûtait de se contenter d'une si vague et imparfaite certitude.

Il y avait une créature qui devait en savoir davantage. C'était un mendiant loqueteux nommé Galoche, qui vivait et la plupart du temps couchait dans le chemin des Ormes. Malgré leur chère avarice, les paysans le firent boire, le régalèrent, lui versèrent leur meilleur vin, lui donnèrent des sous et même quelques pièces blanches ; mais ils en eurent bien pour leur argent, et plus qu'ils n'espéraient, car le vieillard avait vu en effet des choses étonnantes et tragiques. D'abord, par une sombre nuit sans lune, de grandes voitures, dont les roues avaient été enveloppées de façon à ne pas faire de bruit, s'étaient arrêtées à la porte de la masure, où leur chargement, débarrassé en un tour de main par des hommes robustes et agiles, avait été reçu et vérifié par un géant d'un aspect formidable. Puis était venue une autre voiture d'où on avait fait descendre une vieille femme, qui avait les yeux bandés, et qui avec des gestes désespérés se débattait et voulait s'enfuir. Mais le géant l'avait prise dans ses bras comme une enfant, et l'avait emportée, malgré sa vaine résistance, dans l'intérieur de la maison.

Une fois mis au courant, les voisins veillèrent tous, cachés, couchés à plat ventre, embusqués dans les coins. Toutes les nuits des messagers, des courriers se succédaient à la porte de la masure ; on y voyait s'arrêter des voitures, d'où tout aussitôt étaient descendus des tonneaux à l'aspect sinistre, des caisses, des paquets parfois sanglants. Puis dans le parc, où étaient introduits des animaux conduits par des bergers vêtus de peaux velues, on entendait de longs cris de bêtes égorgées. C'était à penser que les adeptes de la magie noire se réunissaient là pour célébrer quelque messe diabolique. Mais la police, qui n'est pas superstitieuse, imagina, avec plus de vraisemblance, qu'elle avait découvert un nid de conspirateurs, et qu'il s'agissait de supprimer, ou du moins, comme il est dit dans *Ruy Blas*, d'enlever quelqu'un de très grand dans Madrid. Bientôt cette hypothèse prit corps, et tout naturellement; car chaque jour, vers sept heures et demie, arrivèrent à cheval ou dans d'élégantes voitures, à la porte de la masure, des hommes parmi lesquels les policiers avaient bientôt reconnu des ducs, des comtes, des financiers de haut parage, et, chose plus étrange, des députés et des sénateurs appartenant aux opinions les plus extrêmes. Il fallait que la conspiration fût bien puissamment ourdie pour rassembler ainsi des adversaires, réconciliés sans doute par quelque implacable haine. Il n'y avait pas de temps à perdre; car quel était le personnage assez en vue pour justifier un tel déploiement de forces et de ruses, et n'avait-on pas à redouter les plus criminels attentats?

Mis en campagne, les deux plus habiles agents de la préfecture, Porta et Jary, qui sont à la fois deux Protées et deux Mascarilles, ne purent jamais arriver plus loin que la maisonnette, où le géant concierge à tignasse rouge, qui déclara se nommer Iotas, les reconnut avec un flair invincible en dépit de leurs déguisements divers, et les roula avec un esprit de vieux journaliste. Après eux se présenta le commissaire en écharpe, qu'il fallut bien accueillir sérieusement et conduire au maître du château. C'était le marquis de Lauzur, en présence de qui, songeant à sa haute situation et à sa renommée sans tache, le magistrat se trouva un peu interdit et éprouva quelque peine à motiver sa visite. D'ailleurs le marquis donna avec une aisance parfaite les meilleures et les plus simples explications. Il avait acheté cette propriété pour en jouir et y recevoir ses amis ; de préférence, il faisait même ses approvisionnements la nuit, afin de ne pas être incommodé le jour par ces détails domestiques, et il croyait n'être en contravention vis-à-vis d'aucune loi ou ordonnance. Force fut bien d'attendre une occasion meilleure ; mais elle ne tarda pas à se présenter. Un matin, au petit jour, parut au sommet de la muraille une femme aux cheveux gris, qui attacha à un crampon des draps noués ensemble, le long desquels elle allait se laisser glisser sur la route, lorsque deux hommes, grimpés sur l'échelle qu'elle avait elle-même gravie, la prirent dans leurs bras et, malgré ses cris et ses révoltes, l'emportèrent, échevelée, furieuse et l'écume à la bouche.

Cette fois enfin le flagrant délit était net et crevait les yeux des passants comme la lumière du jour. Les agents, qui n'avaient pas quitté leur embuscade, envahirent la propriété ; on procéda à l'arrestation des deux hommes qui avaient paru sur l'échelle, et leur victime, leur prisonnière, la femme aux cheveux gris fut immédiatement interrogée.

Alors, mon cher Louis, on apprit tout : quelle désillusion ! Jamais le proverbe illustré par Shakespeare : *Beaucoup de bruit pour rien*, ne trouva une application plus catégorique, et jamais la montagne en travail n'accoucha d'une si petite souris, grosse comme une puce. Quel *four!* se seraient écriés les comédiens, qui, par une audacieuse antiphrase, parlent de l'édifice qui sert à cuire le pain, au moment précis où la ruine de leurs espérances fait qu'ils n'ont plus de pain à cuire. Mais vous me rendrez cette justice que, dès la première ligne de cette lettre, je vous ai mis en garde contre une inutile dépense d'émotion et de curiosité. Moins que peu de chose, rien du tout, voilà ce qu'on trouvait dans ce pot aux roses flairé avec tant d'ardeur et de patiente sollicitude. C'est égal, les magistrats ne pouvaient se résigner à ce chou-blanc, et frottaient les verres de leurs lunettes de façon à les rendre plus brillants que les blanches floraisons des étoiles, mais tout cela en pure perte, et dans le seul intérêt de ce récent empereur qui fut jadis le roi de Prusse. Ce qu'on avait appris... apprêtez-vous à regarder une aquarelle lavée par un Meissonnier de Lilliput! Mais voici le fait.

Le marquis de Lauzur et ses amis, députés et sénateurs de la droite et de la gauche, étaient simplement de vrais Parisiens, qui se souciaient de la politique et de ses pompes comme une envolée de rossignols se soucie d'un piano à queue, mais qui, exaspérés et terrifiés par les exécrables festins qu'ils avaient dévorés avec horreur dans les cabarets et dans les maisons princières et bourgeoises depuis l'ouverture de la *saison*, avaient résolu de perpétrer un violent coup d'État, et DE DINER! en dépit de la Civilisation. Oui, ils formèrent ce projet fabuleux d'échapper aux vins frelatés, au caviar éventé, aux asperges en liège, aux rondelles de terre noire qualifiées truffes... conservées, comme la momie est un homme conservé, aux fausses volailles engraissées comme des ténors, aux veaux qui sont des bœufs, aux bœufs qui sont des vaches, aux crêtes de coq artificielles, aux foies gras chimériques et crus fardés par des Locustes sans entrailles, enfin à tout ce qui constitue la pâture de la bonne société, et à tout ce que les forçats du monde élégant savourent en habit noir et en cravate blanche. Échapper à tout cela, quel rêve! et ils le pouvaient, étant tous jeunes, riches, intrépides, et, comme les *Treize* de Balzac, décidés à ne reculer devant rien pour accomplir leur généreux projet.

Il fallait avant tout se procurer un endroit, une demeure, un antre d'où les victuailles une fois entrées ne sortiraient pas pour être soumises à une falsification quelconque. Le Château des Ormes remplit à merveille cet objet, car le bétail, les tonneaux de vin, les volailles, les caisses de provisions y étaient reçus à l'entrée par l'incorruptible géant Iotas, qui au régiment avait été le brosseur du marquis de Lauzur, et sur qui tous les raisonnements du monde n'avaient pas plus de prise que sur un poète lyrique.

Notez que les associés possédaient individuellement dans toute la France et même ailleurs des propriétés d'où ils pouvaient tirer, faire venir directement et au besoin apporter et amener eux-mêmes tous les vrais éléments d'une nourriture humaine et réelle, les vins de Bourgogne et de Bordeaux, les bœufs aux larges reins, les veaux de rivière, les cochons de race chinoise, les petits moutons nourris dans les prairies salées, les volailles en vraie chair, les poissons de la mer et des fleuves, le gibier, les coquillages, les fruits, les légumes poussés dans de la terre, et non dans cette boue parisienne qui leur donne une chair de vieille courtisane. Oui, ils avaient tout, ils pouvaient faire arriver tout cela sans tromperie ni surprise au Château des Ormes et dîner comme les honnêtes gens dînaient sous le règne du roi Louis XIV; mais il s'agissait d'accommoder, de cuisiner ces diverses nourritures, et là commençait la vraie difficulté.

Qui dit : cuisinier parisien, dit : chimiste dans le plus mauvais sens du mot, et la chose était trop axiomatique pour avoir besoin d'être démontrée. Il fallait se procurer en province une cuisinière d'archevêque, ignorant les plaisanteries et les farces du nouveau répertoire; mais admettez qu'on la trouvât, ne serait-elle pas perdue, à l'instant même où elle aurait causé cinq minutes avec une fruitière ou avec une portière parisienne! C'était le cas de montrer du génie. Un des associés, le comte Jean de Balz, découvrit, à Bourbon-Lancy, une cuisinière idéale appelée Madelon Cathy, qui, âgée de quarante ans, vivait de ses quinze cents francs de rente, amassés au service d'un grand propriétaire terrien. Il lui fit par-devant notaire, et pour quatre années, un engagement en vertu duquel, moyennant mille francs par mois toujours payés d'avance, Madelon s'obligeait à cuisiner chaque jour pour douze personnes au Château des Ormes, engagement qui d'ailleurs pourrait toujours être résilié par la seule volonté de Madelon Cathy, et le jour et à l'heure même où elle en exprimerait le désir. Mais, en revanche, la cuisinière acceptait jusqu'à ce moment-là de rester prisonnière dans le château, et de ne mettre le pied dehors sous aucun prétexte. — « Oh! dit en signant la rusée paysanne, vous me permettrez bien de faire de temps en temps un petit tour! — Jamais! » répondit nettement le comte de Balz. Mais Madelon ne le crut pas, et s'imagina que les clauses du contrat ne seraient pas exécutées dans leur teneur rigoureuse.

Comme vous l'avez vu, en entrant pour la première fois la nuit dans la masure d'Iotas, elle se débattit, se démena, prise d'un soudain repentir; mais le géant, se conformant à l'ordre qu'il avait reçu, lui offrit de déchirer le traité, et elle redevint muette comme une carpe, car les mille francs par mois lui tenaient au cœur. De même, le matin où elle avait voulu s'évader par-dessus la muraille pour se promener dans les chemins de Ville-d'Avray, on lui avait proposé de reprendre tout de suite sa liberté, et c'est sur son refus énergiquement exprimé que les serviteurs du marquis de Lauzur l'avaient saisie dans leurs bras et réintégrée dans sa prison, où elle pouvait d'ailleurs se promener dans un parc immense, sous des ombrages et parmi des fontaines de marbre qui ont eu l'honneur d'être copiés par Watteau.

— « Après tout, disait dernièrement le magistrat chargé d'instruire l'affaire, avoir voulu dîner me paraît une tentative assez innocente...

— Détrompez-vous, mon ami, rien n'est plus grave, lui dit alors un vieillard célèbre qui a rôti tous les balais, tenu les queues de toutes les poêles, et tant de fois occupé le pouvoir qu'il a vu naître les corbeaux sinistres, qui, maintenant accablés de vieillesse, volent d'une aile lassée dans les jardins des ministères. Il y a eu, continua-t-il, séquestration de personne, c'est-à-dire un crime prévu et défini par la loi; profitez-en pour être très sévère. Si les conjurés de Ville-d'Avray n'avaient voulu que substituer un pouvoir à un autre ou combattre par des moyens un peu excessifs quelque personnalité éclatante, pour nous qui avons fait le tour des idées, ce seraient de simples vétilles; mais leur visée était bien autrement subversive, puisqu'ils se refusaient à admettre *la tromperie sur la qualité de la marchandise vendue*, sans laquelle tant d'honnêtes gens seraient ruinés. Sachez-le bien, il n'y a pas de pires révoltés que ceux qui prétendent manger réellement des foies gras achetés en Alsace et des truffes venues du Périgord! Car s'ils ne consentent pas à accepter des vessies pour des lanternes et des becfigues pour des ortolans, comment voulez-vous leur faire prendre au sérieux n'importe quelle fiction politique? »

XX

LES DIAMANTS

Quoique ce projet ait été mis à l'étude et élucidé selon les règles *dans le sein* d'une commission, il paraît que néanmoins on se décide à vendre les Diamants de la Couronne. Si le but de l'opération est d'en partager le prix entre tous les Français, il y a là en effet quelque chose de séduisant; car de la sorte chaque citoyen pourra sans doute obtenir un important fragment de centime. Toutefois l'espoir même de ce résultat me laisse froid, et il me semble que rien ne remplace une belle collection dispersée. On me dit que celle-là appartenait à la Couronne, être impersonnel et fictif, qui n'en a pas besoin; mais c'est un simple quiproquo, engendré par une appellation impropre. Avant d'être à la Couronne, ces Diamants étaient surtout et essentiellement ceux de la France. Mais la France, me dit-on encore, n'est pas un être en chair et en os, une figure visible. Qu'en savez-vous? Elle a été visible puisqu'on l'a vue; est-ce que Rude ne la voyait pas lorsqu'il faisait voler au-dessus des bataillons en poussant un effroyable cri d'horreur et d'amour cette guerrière ailée, casquée, cuirassée d'écailles qui est la Victoire et *La Marseillaise*, mais qui est aussi la France? Et si elle peut se coiffer du casque au panache horrible, pourquoi ne pourrait-elle pas se parer aussi de ses prestigieux et glorieux Diamants?

Autrefois, un joaillier de la rue Vivienne avait exposé dans sa vitrine des fac-similés, les imitations fidèles et absolument exactes des Diamants de la Couronne. Les hommes et les femmes du peuple les regardaient non d'un œil d'envie, mais avec une admiration ingénue et naïve, et disaient avec leurs bons sourires : « Ah! si c'était à nous! » Eh bien! le rêve s'est réalisé; le vent éperdu, l'ouragan du ciel a emporté les royaumes, les empires, les trônes, le sceptre, le manteau de pourpre, la couronne aussi; les Diamants qui furent ceux de la Couronne, appartiennent aujourd'hui au Peuple Français; il a le droit de les placer à son gré dans un de ses palais ou dans un de ses musées, au milieu des gemmes, des coffrets de lapis, des bustes d'améthyste et de cristal de roche, et d'en faire le seul usage qu'on en puisse faire, c'est-à-dire de les regarder et de les contempler à son aise, comme une chose à lui. Et c'est ce moment-là qu'on choisit pour les lui dérober et pour en tirer une chimérique somme d'argent, qui, noyée dans le trésor public, n'aura pas même l'importance d'une petite goutte d'eau dans la vaste mer!

Est-ce que nous serions moins français qu'un Philippe d'Orléans et moins fiers qu'un Napoléon? Lorsqu'on lui offrit, pour l'acheter, le diamant qui plus tard devait être nommé *le Régent*, Philippe, quoique ruiné et à court d'argent, ne se crut pas le droit de priver la France d'un tel joyau miraculeux, évidemment fait pour elle. Et de soldat obscur devenu empereur, César, duc triomphant de toutes les armées, Bonaparte ne s'est cru vraiment le maître du monde que le jour où il a pu faire sertir le diamant *le Régent* sur la poignée de son épée.

Le Diamant est céleste, surnaturel, divin, profondément mystérieux, pierre héroïque et chaste, comme tout ce qui ne peut être taché par rien et atteint par aucune souillure. Souvent, mon cher Louis, je passe de longues heures devant cette sorte de chapelle que le grand joaillier Orella a installée au Palais-Royal, à côté de sa boutique. Là, entre des murs et sur de larges tablettes revêtues d'un velours d'un bleu aussi éclatant et intense que le vaste azur, éclosent avec leurs feux bleus, jaunes et délicieusement blancs, les bouquets, les guirlandes, les fleurs de diamants éblouissantes, frissonnantes, extasiées, voluptueusement vierges, pareilles aux floraisons de constellations et d'astres, et n'appartenant pas à la terre, si ce n'est pour nous rappeler que les hommes sont nés de la même race que les Dieux. Telles assurément sont celles qui fleurissent, ivres de joie, dans les étincelants jardins du Ciel, où s'enfuit le vol fulgurant des Anges, et où passent les pensives Béatrices traînant dans la clarté leurs blanches robes de lumière. Ils sont semblables à ceux-là, les mystiques roses au cœur de neige et de flamme et les glorieux lys éperdus qui jaillissent resplendissants dans le ruisselant fourmillement des étoiles.

A vous dire le vrai, j'éprouve une immense satisfaction à penser que le joaillier a organisé cette exposition radieuse pour moi seul, et n'a pu l'organiser que pour moi. Excepté moi, en effet, qui peut la voir sans en être ennuyé et profondément troublé? Femmes honnêtes ou courtisanes, toutes les femmes regardent ces splendeurs avec le désir fou de les posséder, la crainte de ne pas les obtenir, le regret amer de ne les avoir pas encore attachées sur leur chair de neige et de rose; les amants, les maris, les financiers, les seigneurs, les riches négociants s'en approchent comme des chiens qu'on fouette, devinant, sachant trop bien qu'à un moment donné on les leur demandera, dussent-ils rester plus nus que ce discours d'académicien auquel le cruel Musset a interdit l'espoir d'obtenir jamais une pauvre feuille de figuier. Quant au peintre, soit qu'il imite les gemmes et les cristaux par l'obstination patiente, comme un Desgoffes, ou, comme un Vollon, par le jeu de la lumière et par l'énergique justesse de la couleur, il reste interdit et stupéfait devant les diamants, sachant trop bien qu'il n'en trouvera pas sur sa palette le vertigineux éclat, et que ses brosses, vaincues se hérisseront comme les moustaches d'un chat irrité, sans pouvoir exprimer ces scintillantes clartés dont la couleur est absente, et qui sont comme des gouttes d'une immortelle rosée, pénétrées par le frémissant incendie d'un intense et pâle soleil.

Moi, au contraire, trop pauvre pour être mis en demeure d'acheter quelque chose, le diamant qui jusqu'au cœur m'emplit d'une volupté débordante et tranquille ne saurait en aucune façon m'étonner; car j'appartiens à la Poésie lyrique, à cet art invincible qui a pour ouvrier le tout-puissant Verbe, et qui, avec autant de certitude que la Nature elle-même, peut créer un diamant, rien qu'en écrivant le mot : DIAMANT, et en le mettant dans le vers harmonieux et sonore à la place exacte où il brillera de tous ses feux éblouis, blanchissants et tendrement bleus, uniquement parce qu'il aura été mis à cette place.

Le Diamant est tellement divin que quiconque l'a possédé, sent qu'il ne peut le perdre sans s'amoindrir soi-même, et que s'en dessaisir équivaut à une abdication. Du temps que vous étiez encore parisien, mon cher Louis, vous avez certainement connu, car tout le monde l'a connu! cet Évezard, ancien ténor de l'Opéra-Comique, beau jusqu'à l'invraisemblance, qui pendant trente ans et plus a été la passion, la folie et l'idole de toutes les femmes, depuis les fillettes qui sortent en cheveux sur le trottoir, jusqu'aux duchesses assises sur des trônes. Égoïste, certes, et s'adorant, comme un amant de cœur à qui appartiennent tous les cœurs, cet aimable bourreau n'était cependant pas parfait : personne ne peut l'être. Il aimait sa fille Maria et sa fille Éveline, et en les mariant, l'une au banquier Pagis, l'autre au célèbre peintre Courtox, il leur a donné tout ce qu'il possédait, jusqu'au dernier sou, espérant seulement avoir son couvert alternativement mis chez elles deux, et ne gardant pas même un mouchoir pour pleurer, dans le cas où elles le feraient pleurer.

Est-il même besoin de dire qu'avec une touchante unanimité elles l'ont mis à la porte ? Maintenant vieux, pauvre, ruiné, plus dandy que jamais, puisqu'il ne sait pas exister autrement, mais dandy fait de haillons et de guenilles, ridé comme une vieille pomme, teignant ses cheveux blancs et sa fine moustache avec des chimies du plus bas étage, roi Lear sans noblesse, Goriot ridicule, Evezard se promène sur le boulevard avec des collants gris qui ont joué *Fra Diavolo* et des polonaises vertes à olives et à brandebourgs, dont les affreuses tailles de guêpe ont jadis travaillé à la fortune de monsieur Scribe.

Ses bottines éculées, dont les semelles traînent et claquent, avancent leurs bouts recourbés comme des éperons de navire. Evezard fume des bouts de cigare ramassés dans les Tuileries. Comme il est resté plus gourmand qu'une chatte, et comme dans son incurable pauvreté il a gardé le goût des friandises, il achète à la laitière, sur le pavé des Halles, une tasse de lait d'un sou dans laquelle il verse les gouttes d'huile restées au fond des vieilles boîtes de sardines, pour se donner la sensation du potage au lait d'amande! et en se promenant sur le quai, il mange un boudin cru dans la nuit noire, afin de se figurer qu'il savoure un pâté de foie gras. Eh bien ! dans cette misère, dans cet abaissement, dans cette infamie, le vieux chanteur est consolé de tout et relevé à ses propres yeux, parce qu'il porte encore et qu'il portera toujours à sa cravate de satin blanc, et quel satin ! un diamant, un vrai diamant de dix carats, que lui a jadis donné, dans un transport d'amour, une princesse appartenant à une famille régnante. Evezard a eu froid et faim ; il a dévoré les croûtes de pain ramassées à terre, il a couché dans les bateaux de charbon, et il n'a pas vendu, il ne vendra jamais cette pierre sublime, que tout le monde prend pour un bouchon de carafe ; car tant qu'il a encore le diamant, son passé existe, ne peut pas être relégué parmi les rêves chimériques, et lui, Evezard, il est encore l'adoré devant qui la princesse déchevelée et demi-nue se mettait à genoux en murmurant d'une voix enfantine : « Dis-moi que tu me trouves belle ! »

Je connais même, mon cher Louis, d'autres diamants qui brillent d'une lueur plus tragique. La jeune duchesse Louise d'Armery a apporté trois cent mille francs de rente à son mari, qui, six mois après les noces, a recommencé ses vies de polichinelles, trouvant les drôlesses plus drôles que tout, et retournant aux comédiennes avec autant de fidélité que s'il avait reçu des bulletins de répétition, car une fois qu'on aime le goût du rouge et des blancs gras, c'est pour la vie. Ce jeune duc, de complexion incurablement théâtrale, n'a pas tardé à connaître assez bien sa femme pour être certain qu'elle ne demandera jamais la séparation de biens ; riche lui-même de son chef, il ne vend pas les terres et les châteaux, et se borne à manger ses immenses revenus avec des fillettes aux nez retroussés et aux perruques bizarres. Mais dans l'hôtel somptueux qu'ils habitent, il laisse la duchesse manquer de tout, et seule, abandonnée, privée de linge, vêtue de robes déchirées qui montrent la corde, elle grelotte sans feu dans son appartement désolé, que les domestiques ne balayent même plus.

Le duc d'Armery ne donne aucun argent à sa femme, qui n'en demande pas et s'en passe, et on lui apporte chez elle une nourriture qui, servie à un prisonnier, lui ferait pousser des cris d'angoisse. Mais la duchesse Louise a gardé les diamants amassés dans sa famille de siècle en siècle, et elle se console avec ses diamants. Quand le soir est venu, elle revêt une robe de bal déchirée et dépenaillée ; portant au front le diadème étincelant de mille feux, à ses oreilles les girandoles offertes à son aïeule par Marie-Antoinette, à son cou la rivière dont les pierres furent apportées de l'Inde par son grand-oncle, amiral de France, elle allume dans les candélabres et dans les torchères des bouts de chandelle, qu'elle est allée pieds nus voler dans les cuisines, et assise sur un fauteuil boiteux que couvre une tapisserie d'un prix inestimable, elle attend les visites qui ne viendront pas, et qui en aucun état de cause ne sauraient venir. Cette jeune femme est plus misérable que les mendiantes et les laveuses de vaisselle; mais comme elle est chez elle, assise à son foyer et parée de ses magnifiques diamants, elle est encore la duchesse d'Armery.

Persister, mon cher Louis, c'est là toute la question, et plus on réfléchit, plus on voit que la véritable somptuosité consiste à posséder chez soi des objets qui n'ont pas été achetés il y a cinq minutes sur le quai Voltaire ou à l'Hôtel des Ventes. Lire dans le livre où lisait votre père, éclairé par le flambeau qui lui prêtait sa lumière douce et amie, c'est là le meilleur de tous les luxes et le plus rare. Les financiers improvisateurs, les demoiselles de douleur et de joie, les peintres de modes, les poètes de mirliton qui montrent leur poésie en cachant soigneusement le mirliton, les marchands de petits papiers roses, les hospodars de comédie et les faux Turcs possèdent tous, dans une avenue en caoutchouc qui s'allonge chaque nuit, des hôtels dans lesquels tient tout le Japon, et qui sont meublés comme des palais de rois, avec un tas d'étoffes anémiques et pâlissantes. Mais tout cela, on sent qu'on le leur a prêté en même temps que leur richesse, leur bonheur, leur génie, qu'on le leur reprendra tout à l'heure, que l'Hôtel des Ventes s'impatiente et réclame et veut ravoir tout ce butin princier, qui en somme lui appartient. Au contraire, il ne prétend rien du tout sur les biens qu'il ne connaît pas et qu'il n'a possédés jamais; ceux-là, quand vous les tenez, sont bien à vous; c'est pourquoi, mon cher Louis, puisque la France avait reçu en héritage de bons et vrais diamants de famille, je pense qu'elle aurait eu raison de les garder.

XXI

MARIONNETTES

J'adore les marionnettes. Non pas certes avec l'autorité d'un Théodore Hoffmann, qui put connaître de près les coquetteries, les jalousies, les orgueils, les férocités et les naïves tyrannies des petites actrices marionnettes, ni avec celle d'un Charles Nodier ; car on sait que celui-là fut personnellement l'ami de Polichinelle, et vécut dans la plus tendre intimité avec l'illustre buveur qui, par une antithèse un peu trop crue, arbore à la fois sur ses bosses le céleste azur du paradis et le rouge écarlate de l'enfer. Et non seulement le bon Nodier aima les créatures en bois, mais il se plaisait beaucoup dans la société des simples pantins. Il en avait suspendu une grande quantité à une cordelette tendue au plafond au-dessus de son lit, et dans le sens même de son lit ; et à l'aide d'une ficelle verticale attachée à la première et qu'il tirait de toutes ses forces, il savourait, tout en étant couché, le plaisir d'épuiser toutes les combinaisons tragiques et comiques et de les créer sans nul effort, tandis qu'au contraire le même travail donnait tant de peine à monsieur Scribe. Moi j'aime les marionnettes humblement, avec la conscience du peu que je vaux, mais de l'affection la plus sincère et la plus fidèle. Et surtout ce qui me charme en elles jusqu'au ravissement, c'est qu'elles acceptent nettement et franchement leur situation de marionnettes, tandis que les autres personnes qui sautillent sur la terre sont aussi marionnettes que les marionnettes ainsi dénommées, mais seulement ne l'avouent pas.

Un de ces derniers soirs à l'Opéra, une des dames les plus charmantes et les plus spirituelles de Paris, voyant sur la scène le danseur Marion odieusement frisé, faisant des ronds et des grâces, et s'élevant dans l'espace comme un cerf-volant, avec un sourire immobile et figé, me dit avec impatience : « Quand donc supprimera-t-on les danseurs? Y a-t-il sur la terre quelque chose de plus absurde et de plus laid qu'un danseur? » — « Ah! madame, lui répondis-je aussitôt, ce qui est haïssable dans Marion, ce n'est pas le danseur, c'est l'amoureux de théâtre, agaçant comme tout homme qui cherche à être joli dans le sens féminin et juvénile.

Mais si, au lieu de la dissimuler, Marion laissait voir naïvement sa force, qui est très réelle, il cesserait d'être ridicule pour devenir beau. Relisez ou lisez l'admirable *Parisine* de Nestor Roqueplan, et vous verrez que vouloir supprimer le danseur, c'est vouloir supprimer la Danse elle-même, et surtout la danseuse, car cette fée, cette nymphe, cette oiselle qui semble planer, s'envoler, s'enfuir dans la nuée, et dont le corps paraît avoir tant d'esprit et dont les jarrets se montrent si hardis et les pointes si spirituelles, n'est rien qu'une marionnette, que fait manœuvrer l'habile danseur dont les bras vigoureux la soulèvent et l'emportent. Le danseur pense, invente, crée, imagine et danse même pour la danseuse, qui n'est qu'une illusion, une ombre, une apparence, un vague reflet. Carlotta Grisi, c'était Perrot; la Cerrito, c'était Saint-Léon, et ainsi de suite. La danseuse n'échappe pas à sa condition de femme, et elle est toujours gouvernée, animée, instruite, galvanisée par un mâle, qui est la création et la pensée. »

Ainsi je parlais à la dame, essayant de guérir chez

elle un préjugé trop vulgaire pour son subtil esprit, et par discrétion je m'en tenais là; mais, mon cher Louis, combien cette démonstration aurait pu être généralisée et poussée plus loin! Car songez-vous combien sont rares, même parmi les hommes, les montreurs de marionnettes, ceux qui tiennent et font mouvoir les fils, et à quel point la plupart des mortels, hommes et femmes (et je n'excepte pas les plus illustres!) ne sont rien autre chose que des marionnettes!

Il faudrait commencer au géant, au porte-foudre, au lion Mirabeau. Vous vous rappelez l'histoire si connue de la phrase immortelle : *Allez dire à votre maître que nous sommes ici par la volonté du peuple...* Elle avait été d'abord prononcée à voix basse par un vieillard toussant, asthmatique, à demi mort, qui était placé à côté du grand orateur. Personne ne l'avait entendue... excepté Mirabeau qui se l'appropria, la répéta de sa voix de tonnerre, la ponctua de son geste souverain, et la jeta palpitante aux ouragans furieux de l'Histoire. Ainsi le grand dompteur d'hommes n'avait été qu'une marionnette colossale entre les mains du petit vieillard grelottant et perclus, prêt à exhaler son dernier souffle. De même, un des six grands hommes, un des génies surnaturels, Molière, fut surtout le suprême bon sens, et ce bon sens qui voit, juge, résout, traîne les méchants sous la grande clarté et terrasse le mensonge inutile, le Contemplateur dut souvent l'emprunter à sa cuisinière, et alors c'est elle qui, entre sa casserole et sa rôtissoire, faisait mouvoir ce dieu devenu marionnette.

Mais qu'est-il besoin d'exemples si illustres et déjà si anciens! Nous n'avons qu'à regarder autour de nous ceux qui nous crèvent les yeux! Le député Gallas est à présent un peu vaincu et démodé; mais qu'il a été beau lors de ses premiers triomphes d'avocat, lorsqu'il combattait l'empire avec sa voix d'airain qui semblait empruntée au noir clairon des *Châtiments*, et plus tard, pendant la guerre, lorsqu'à la tête de sa compagnie de francs-tireurs, il sut un moment tenir en échec l'abominable victoire, et avec une poignée d'hommes extermina un régiment prussien ! Puis, devenu député et journaliste, il nous étonna tous par son inspiration, par sa science, par son esprit pratique ; dans les commissions il groupait irrésistiblement les faits et les chiffres ; à la tribune, toujours prêt, toujours inattendu, toujours nouveau, toujours charmeur, aussi éloquent que Gambetta et aussi logicien que Clémenceau, il remuait, retournait, reprenait la Chambre avec un discours, relevait les courages, gagnait les causes perdues, enflammait les âmes et ne permettait à aucune hypocrisie de cacher son front hideux sous le masque de la Liberté. Tout à coup, ces belles facultés ont été la proie de je ne sais quel délire.

A la fois enfiévré et las, turbulent et découragé, Gallas toujours éloquent, mais ne sachant plus que faire de son éloquence, disant ce qu'il ne faut pas dire, faisant ce qu'il ne faut pas faire, pareil à un torrent qui a perdu son lit et qui vagabonde au hasard, s'épuisant en même temps qu'il ravage, il a fait songer aussi à une montre détraquée, dont les roues stupéfaites courent sur place une inutile pretentaine. On s'est rappelé alors que le célèbre député avait eu pour ami un petit Provençal mince, phtisique, noir comme une mûre de haie, qui toujours vivait dans son ombre et lui parlait à l'oreille. Et comme à la fin Paris sait tout, on a fini par savoir que ce négrillon, le tout petit Malric, guidait, conseillait, gouvernait, manœuvrait son grand ami Gallas à la stature de héros, à la fauve crinière de lion éparpillée comme une flamme, et lui soufflait tout bas : « Fais ceci, fais cela ! » et lui disait quand, comment et à quel propos il devait être sublime, terrible, judicieux, ou satirique à la façon de Rochefort. Car Gallas possède réellement tous ces dons-là, mais brouillés et entassés pêle-mêle, comme des objets qu'on a jetés dans un chapeau. C'est une marionnette éperdue qui ne sait plus quand elle doit chanter, caresser, menacer ou battre, à présent qu'on a emporté son petit maître noir, dans un petit cercueil pas plus grand qu'une boîte de parapluie.

Comme toute Renaissance qui réussit est précédée par une tentative avortée de Renaissance, il y eut avant Rachel la tragédienne Tamnâ que vous vous rappelez sans doute, et qui, nous ayant rendu avant elle les furies d'Hermione, les extases de Pauline, la haine de Camille, les angoisses de Phèdre, la colère amoureuse de Roxane et les tendresses de Bérénice, avait sur Rachel l'avantage de ne pas nous montrer ces femmes idéales emprisonnées sous les robes asiatiques ou sous les tuniques flottantes, dans l'ignoble crinoline! D'une beauté aussi bien plus grecque et primitive que sa triomphante rivale, car son nez suivait le front sans la moindre inflexion, Tamnâ semblait descendre d'un bas-relief d'Égine; elle parlait naturellement la langue de la poésie, avec une voix d'or vivante et lyrique; elle était toute âme, toute harmonie, toute ardeur, toute passion; elle nous faisait frémir et pleurer et admirer, et toutefois elle n'était rien qu'un oiseau bien seriné par son professeur Régnier et par son oncle Tsiphâ qui, avec son baragouin de marchand de parapluies, trouvait pour l'admirable marionnette des inflexions délicieuses, d'une idéale justesse. La dernière Rachel que nous possédions encore, Séraphine Gilis, qui, depuis que Sarah Bernhardt, s'est enfuie, a pris possession du palais tragique, est encore plus inconsciente et impersonnelle que ses devancières; c'est sa bonne qui apprend les rôles pour elle, et qui, en lui mettant ses bas, les lui inculque par je ne sais quel artifice! On sait que monsieur Strakosh répétait au lieu et place d'Adelina Patti; peut-être même est-ce lui qui chantait aux représentations, caché derrière la diva comme Chérubin derrière Fanchette, et je ne jurerais pas qu'il n'en fût pas ainsi.

En tout cas, dans un ordre très inférieur, je veux dire au café-concert et dans certains théâtres d'opérette, il est très certain que le chanteur et la chanteuse ne chantent pas; celui qui chante, c'est le chef d'orchestre qui les fait tenir debout, les enlève par la force de sa passion, leur impose le geste nécessaire, leur souffle la note qu'ils ne trouveraient pas, et au besoin la donne pour eux. A l'Opéra, c'est le pianiste répétiteur qui vit, pense et comprend les rôles pour les chanteurs soulevés chacun par un petit fragment de son âme. Oui, regardez attentivement les mortels; ni hommes, ni femmes, ni Auvergnats, tous marionnettes!

Lampre, le docile élève de Flandrin, qui copie les Raphaël avec une exactitude à faire pleurer les anges, peignait très bien quand Flandrin était là, mais si le maître sortait une minute, pour aller chercher son mouchoir de poche oublié dans la chambre voisine, patatras! tout s'écroulait, il n'y avait plus personne; Lampre n'était pas plus peintre que je ne suis archevêque! Un empereur en voyage étant venu se faire peindre chez le célèbre artiste, Flandrin dit à son élève : « Asseyez-vous là, vous ferez aussi le portrait de Sa Majesté. » Et sans que personne eût jeté les yeux sur sa toile, il fit le portrait comme son maître, aussi bien que son maître, uniquement parce que son maître était là. Mais si on le laissait seul, il se sauvait terrifié, en criant : « Ah! mon papa! mon papa! mon papa! » comme Thomas Diafoirus. Il n'est pas que vous n'ayez aussi entendu parler du poète Sommeria, qui en ce moment-ci fait fanatisme. Imitateur, adroit comme un singe, il avait assez bien surpris et singé, pour parler en langue de théâtre, les trucs de la versification; mais il n'y avait pas plus d'idées dans sa tête que dans une boîte vide, et il tournait sur lui-même, comme un écureuil. Il a été aimé de la jolie Sylvie Robbes, jeune, émue, impressionnable, vibrante comme une lyre, ayant mille idées, mille impressions, mille saillies à propos de tout; Sommeria n'a pas laissé tout cela tomber dans l'eau; il met sa maîtresse en vers, l'exploite, la copie, vit de sa substance, et lorsqu'elle veut se pencher sur les feuillets où il aligne ses rimes, il lui dit : « Va! ma pauvre enfant, ce sont des choses trop élevées pour toi; tu n'es pas capable de les comprendre! » Et Sylvie est si ingénue et modeste, avec sa jolie bouche de fillette pareille à une rose, qu'elle accepte cela humblement; et elle ne sait pas même qu'elle tient les fils de cette stupide marionnette!

Enfin, mon cher Louis, il y a en ce moment-ci une seule courtisane amusante, mais enfin, elle existe! Elle a le secret d'être mince sans maigreur, onduleuse, serpentine; elle porte les robes avec génie, elle a des mots plus drôles que ceux de Sophie Arnould, et possède à fond l'art de désespérer, de ramener, de fixer, de chasser même quand elle veut les amants; sa maison est meublée avec un vrai style, et on mange chez elle de très bonnes soupes aux choux, faites avec du lard fumé et des poulets de Nantes; enfin, c'est la maîtresse idéale! Mais livrée à elle-même, elle serait innocente comme une oie; toutes ses belles stratégies lui sont dictées et enseignées par le vieux duc de Kandel, qui connaît bien le dix-huitième siècle, et s'amuse ainsi à faire de l'érudition réalisée. Jacqueline Brunin paye son précepteur en nature; elle lui offre autant de bonheur qu'il en désire, et il peut en prendre à discrétion; mais cette condescendance n'engage pas beaucoup la fillette, parce que l'âge et les infirmités du duc le forcent à une extrême discrétion.

XXII

LA GRÈVE DES DIEUX

Une chose généralement ignorée, mon cher Louis, c'est que tous les Dieux se sont mis en grève. Moi-même, je ne le saurais pas, si cette circonstance ne m'avait pas été révélée par le vieux savant Nimax, qui possède et lit tous les livres mystérieux où sont écrits les événements dont la connaissance est interdite à la curiosité humaine. Oui, tous ils ont abandonné avec dégoût leurs fonctions et se sont mis en grève, les Olympiens et les Titans, Zeus tempétueux et Iapet dont le corps est écrasé sous le poids de l'île Inarime; les Dieux aux cent bras, les Dieux bleus, les Dieux serpents et les Dieux tueurs de serpents; Hina déesse des Taïtiens, qui s'unit à Titmaa-Rataï appelé à la vie par Taaroa; Ganéça dieu de la sagesse, à tête d'éléphant; Gangâ déesse de la pureté, que, malgré l'austérité de sa vie cénobitique, Ansouman ne put en trente-deux mille siècles faire descendre sur la terre; le Scandinave Galar, qui, avec le sang du sage Houacer infusé dans du miel, composa une boisson qui donne l'inspiration poétique; Phta à la tête d'épervier; Isis à la tête de vache; Ahriman qui refusa d'accomplir la parole et de ceindre le cordon sacré; Frigga, qui siège avec Odin dans le Vingolf et reçoit dans son sein les braves tombés sur un champ de bataille; Fréya, qui, abandonnée de son époux, pleure des larmes d'or; et tous les autres Dieux, et même Celui devant qui la foule des Dieux est pareille à des flots de poussière que le vent soulève, ont rompu tout commerce avec l'imbécile humanité, et désormais s'occupent de leurs propres affaires.

Et pourquoi cela ? me direz-vous. Ah ! c'est que les Êtres surnaturels ne sont pas entêtés, et ne s'imposent jamais à qui ne veut pas d'eux. L'Homme s'était écrié : « Assez de Dieux comme cela, il n'en faut plus ! » et les Dieux ne se le sont pas fait dire deux fois. Ils ont rendu leurs tabliers et leurs portefeuilles, et se refusent absolument à constituer un ministère. Depuis ce temps-là, bien que nous ne le sachions pas, c'est notre désir, notre passion et notre caprice qui régissent l'univers, règlent le cours des saisons et inspirent les chefs-d'œuvre dans lesquels nous fourrons notre museau avec délices. On pourrait croire qu'il en a toujours été ainsi, car en effet les absurdes événements qui se sont succédé sur la terre ont toujours été préparés et produits par la méchanceté et par la sottise de l'Homme ; toutefois on se tromperait si l'on croyait que ce fût là une règle sans exception. Autrefois, lorsque l'Homme se montrait par trop bête, quelque dieu, comme nous le voyons dans l'*Iliade*, lui empoignait les cheveux à pleines mains et le remettait dans la bonne route. Et puis les Immortels avaient encore un autre moyen de contrarier notre lâche habitude.

Lorsque, pareil à un tas de moutons qui courent joyeusement à l'abattoir, le flot humain se précipitait vers l'immense Platitude, comme un fleuve vers l'Océan, ils nous envoyaient des héros et des génies, des Achille, des Homère, des Alexandre, des Eschyle, des Phidias, des Dante, qui avaient pour mission de détourner les chiens, de jeter le trouble, de rompre les dociles courants, et des Hercule, qui emportaient les fleuves où il leur plaisait et tuaient les monstres. Mais ils se sont aperçus récemment que, ne voulant plus de Dieux, nous ne voulons pas non plus d'êtres qui leur ressemblent, et ils ne nous envoient plus de héros ni de génies, car ils ne sont pas contrariants ! Ils nous avaient donné aussi une maladie qui nous empêchait de manger des choses immondes et de nous traîner dans la fange comme des reptiles, je veux dire l'amour, qui emplissait nos prunelles de ciel, et nous forçait à être divins, et faisait trembler sur nous, pour rafraîchir nos yeux las, le suave frissonnement des ailes de Psyché. Mais nous avons déclaré que l'amour était *du vieux jeu,* qu'il nous sciait le dos et nous empêchait de danser en rond. Sans raisonner, les Dieux nous en ont guéris ; à présent nous sommes libres de danser en rond comme tous les chevaux du Cirque d'Été ; les Énergies et les Lois se sont mises en grève ; plus rien ne vient mettre obstacle à nos caprices, et nous pouvons donner pleine satisfaction à l'incommensurable soif que nous avions d'être bêtes.

Oui, ceci a été décrété que l'Homme est maître absolu, ne relève plus de rien, et que tout désir formulé par un homme quelconque sera immédiatement accompli. Au commencement de l'hiver, quelques imbéciles se sont écriés : « Ah ! s'il pouvait ne pas faire froid cette année ! Quelle chance si nous n'avions pas de neige ! » Les Saisons dociles ont obéi, il n'a pas fait froid, nous n'avons pas eu de neige, les larves n'ont pas été tuées dans la terre, et vienne l'été, les moissons et les fruits seront dévorés par les insectes et par les chenilles. Un homme utile passe dans la rue et involontairement heurte un crétin, qui aussitôt se met à dire : « Je voudrais que cet animal-là soit crevé. » Au bout de très peu de jours son souhait s'accomplit ; le savant, le penseur crève ; on se demande pourquoi, c'est parce que le stupide flâneur a souhaité qu'il en fût ainsi. Mais ce ne sont pas seulement nos désis individuels qui se réalisent ; notre âme collective sécrète autour d'elle les mœurs qui nous enveloppent et les fabuleux objets d'art parmi lesquels nous sommes emprisonnés. On s'étonne quelquefois que nos représentants enfilent des mots comme on enfile des perles, et parlent souvent pour ne rien dire; mais c'est précisément parce qu'ils nous représentent! Nous passons notre temps à acheter des chaussettes aux Magasins Géants, et à faire des visites pendant lesquelles s'échangent de nombreux manques d'idées ; nous nous délectons à lire des récits de crimes sans grandeur et des commérages qui pourraient avoir lieu chez la portière; nous fuyons la poésie comme un chat échaudé craint l'eau froide ou l'eau chaude, nous acceptons comme femmes des manches d'ombrelles garnis de falbalas ruisselants et terminés par une petite tête à perruque peinte de trente-six couleurs.

Puis nous regardons les tableaux de nos peintres et nous nous étonnons de voir que ce sont des expositions d'étoffes et de marionnettes ; mais ces artistes ont représenté fidèlement ce que nous avions dans nos prunelles.

Nous lisons le roman nouveau, nous allons écouter le drame en vogue ; nous admirons ce qu'ils contiennent d'événements dépourvus d'intérêt racontés en mauvais style; et nous ne voulons pas voir que, nous Public, nous sommes le véritable artisan de ces œuvres lourdes et fragiles, dont les auteurs n'ont fait que s'assimiler et exprimer de leur mieux, hélas! la conception particulière que nous nous sommes formée de la Beauté, de la Vérité et de la Justice. Le vin qu'on nous verse nous semble détestable et insipide ; mais c'est nous qui avons tout fourni pour la vendange, la cuve et le pressoir et le raisin — et le phylloxera !

Monsieur Camescasse s'inquiète avec raison. Dès que le gaz est allumé et que les boutiques flamboient, sur tous les trottoirs et sur tous les pavés de la ville glissent dans la lumière, comme des spectres vêtus de satins et de peluches, de grandes filles majestueuses, effrénées, superbes, grandes comme des Sémiramis, et d'autres, mignonnes, toutes petites, fatiguées de sourire et souriant toujours. Elles marchent comme un fléau, comme une force de la nature ; elles se multiplient, deviennent des vingtaines, des centaines, des milliers, des légions ; elles deviennent plus innombrables qu'une invasion de sauterelles ; leurs jupes cachent la terre et les plumes frisées de leurs chapeaux obscurcissent le sombre ciel. Quand même tous les hommes qui existent sur la terre, subitement métamorphosés en bergers de *L'Astrée,* et vêtus d'habits en taffetas zinzolin, auraient en même temps la pensée de réciter des madrigaux à ces Églés peintes en rose et à ces Amintes dont les regards sont noyés dans le vide, il n'y aurait jamais assez d'hommes dans le monde pour que chacune d'elles ait son madrigal ; et quand même chacune y boirait seulement une goutte d'eau, elles auraient bien vite épuisé et mis à sec le symbolique fleuve du Tendre !

Qu'espèrent-elles donc ? Rien du tout. Elles vont, parce que c'est leur destin, éblouissantes, brillantes, ondoyantes, parées commes des châsses, blanches comme de la neige, roses comme les aurores, montrant sur leurs joues l'ombre de leurs cils, plus noircis que le sombre flot du Cocyte. Là-dessus, les philanthropes, les moralistes s'indignent. « Il faut extirper ce fléau, il faut détruire cette peste ! » Mais, braves gens que vous êtes, ces demoiselles ambulatoires sont les images mêmes de vos âmes ; elles ont été créées par vos froides Passions et vos stériles Désirs, et pour les détruire, c'est vous-mêmes qu'il faudrait tuer, car c'est de vous qu'elles naissent et renaissent sans cesse, et elles ne sont rien autre chose que la figure visible de votre idéal !

Mais cela, nous ne voulons pas en convenir. Du temps que les Dieux nous envoyaient encore des héros et des génies, qui venaient vaincre, chanter, imaginer, créer pour nous et qui ne nous ressemblaient en rien, nous nous plaisions à croire que ces êtres divins procédaient de nous, et que c'était nous qui par leurs mains savions façonner l'inerte matière, et par leurs voix imiter le rhythme harmonieux des astres. Mais au contraire, depuis la grève, à présent que nous sommes vraiment les maîtres, que tout nous obéit, nous trouvons l'ensemble des choses si laid que nous ne voulons plus y être pour rien. O mes frères, ne vous bercez pas de cette aimable illusion, et sachez bien au contraire que vous y êtes pour tout !

Elle a été façonnée par vous, la casquette que le rôdeur de barrière chiffonne sur ses jolis accroche-cœur, et c'est grâce à vous que l'églogue amoureuse à deux personnages se sert exactement des mots employés par le consommateur et par le pâtissier en plein vent pour conclure une transaction relative à deux sous de galette ! Vous avez les dames, les chansons, les chopes, le café-concert que vous méritez, et les poèmes dont vous êtes dignes. Vous semez des haricots et vous espérez qu'il poussera des lys ; mais pas du tout, il ne pousse que des haricots. Les prodiges et les miracles, c'était bon du temps que les Dieux se plaisaient à vous protéger. Mais vous ne voulez plus d'eux, ils ne veulent plus de vous ; vous leur avez dit : « Allez-vous-en », ils s'en sont allés, ils se sont bien décidément mis en grève, et pour terminer cette grève-là, il ne suffira pas de mettre sur pied la gendarmerie. Si les grands Exilés consentaient à revenir, ce ne serait qu'avec des conditions sérieuses, en vous faisant promettre que vous ne préférerez plus le bonnet de Tabarin au laurier de Virgile, et que vous mettrez aux choses de l'amour un peu plus de raffinement et de délicatesse que les chats sur la gouttière et les chiens errants dans le ruisseau.

En attendant, vous avez de la peine à comprendre que lorsque vous ouvrez la bouche, il n'en sort pas toujours des perles et des pierres précieuses. Ce serait si commode, en effet, de vivre comme des porcs à l'engrais, et de se voir cependant aussi beaux et célestes que des Anges ? Les femmes elles-mêmes se laissent bercer par une telle illusion, et parce qu'elles sont compliquées et friandes, se croient immatérielles. Rentrant très tard après la comédie, une très jeune, gracieuse et mignonne Parisienne, en descendant de voiture à la porte de la maison qu'elle habite, se mit à pousser des cris d'horreur. C'était l'heure sinistre où devant les demeures stationnent, pour parler comme le poète, *Ces chariots lourds et noirs, qui la nuit... Font aboyer les chiens dans l'ombre.* Les manœuvres herculéens aux lourdes bottes accomplissaient avec résignation leur travail; on voyait vaguement, noirs dans la nuit, les tonneaux, les boîtes de fer aux larges clous, et les tuyaux de cuir pareils à de longs serpents funèbres.

— « Oh ! mais c'est affreux, dit la jolie mondaine, comment peut-on tolérer de pareilles infamies ! »

Un des nocturnes travailleurs ôta de sa bouche son court brûle-gueule plus noir à lui seul que tout le noir paysage, et, sa casquette à la main, dit avec une tranquille ironie :

— « C'est *de* votre faute, ma petite dame. Il fallait vous nourrir de rien du tout, et boire la rosée dans le calice des fleurs ! »

XXIII

CHEZ ALPHONSE DAUDET

Mon cher Louis, un poète lyrique dans le printemps, c'est-à-dire dans son élément naturel, est exactement comme un poisson dans l'eau ; aussi ai-je l'âme inondée de joie ! Le père de mon cher ami, l'excellent poète Paul Arène, étant venu ici de sa Provence brûlée et calcinée au soleil, quelqu'un lui demanda ce qui à Paris lui semblait le plus merveilleux, et il répondit sans hésitation : « C'est de voir à la fois tant d'arbres ! » Le fait est qu'il y a chez nous beaucoup d'arbres ; il y en a autant que de femmes en robes de soie, de restaurants à vingt-deux sous et de volumes de vers. Et sur toutes ces branches noires se sont ouvertes, jeunes, tendres, ruisselantes, vertes de ce délicieux vert d'Avril qui vous charme comme une caresse, les bien-aimées, les désirées, les attendues, les enivrantes feuilles ; oh ! que de feuilles ! Y en a-t-il aussi à la campagne ? Cela me semble peu probable, puisque nous les avons toutes prises. Cependant j'aurais bien envie d'y aller voir ; mais je suis ici pour vous raconter Paris, et je vous le raconte.

Mardi dernier, j'avais été invité à aller entendre chez Alphonse Daudet la lecture faite pour quelques amis du drame que le poète Paul Delair a tiré des *Rois en exil*.

Je ne vous dirai rien de la pièce, et je ne commettrai à ce sujet aucune indiscrétion, bien que ma lettre soit destinée à n'être lue que par vous. Mais on n'a pas plus tôt écrit à un ami une lettre qu'il lit tout seul et brûle ensuite dans une cave fermée à triple verrou, que ce bout de papier se trouve imprimé à trente-six mille exemplaires, car le propre de toute chose écrite est de finir par être imprimée. Mais tout le reste, je puis vous en parler sans inconvénient. D'abord le décor était joli, rassemblé, intime, fait à souhait pour le plaisir des yeux. C'était ce salon meublé de sièges bas, orné de tableaux choisis, éclairé par des candélabres d'un grand style, où le goût de la maîtresse de la maison, qui s'accuse dans les moindres détails, a su créer une gaie et tranquille harmonie. Le lecteur était Coquelin aîné, qui, assis devant une petite table placée dans un angle du salon, devant une portière aux larges plis, et supportant une lampe japonaise d'un bleu de turquoise, pouvait, lorsqu'il se reposait un instant, arrêter ses regards sur une brillante guirlande de dames parisiennes, toutes belles, aimables et spirituelles, et très dignes d'être les femmes de leurs maris, parmi lesquels on aurait en vain cherché un être banal ou vulgaire, un simple figurant de la vie. Il n'y avait là que le dessus du panier ; l'éminent comédien n'avait pas à envier ce fameux parterre de rois devant lequel joua mademoiselle George à l'époque où Napoléon, marchant dans les pas de Bacchos et d'Alexandre, emportait ses tragédiens, comme tout le reste, dans l'ouragan vertigineux de ses victoires.

Coquelin est un lecteur admirable, qui se sert de sa voix d'or pur avec autant de goût et de tact que de précision et de science. Sa diction est variée, chaude, passionnée, mais toujours discrète, absolument exempte d'effets gros et appuyés. Il ne tombe pas dans une erreur commune à beaucoup de comédiens, en *jouant* la pièce qu'il s'est chargé de lire ; mais il esquisse et indique tout avec une prodigieuse justesse, sans jamais rompre le rhythme de la prose, et pour tout dire en un mot, il lit à la fois de façon à conquérir un public et à satisfaire les poètes ! Enveloppé de la plus ardente sympathie, interrompu souvent par les applaudissements impatients qui ne pouvaient attendre, il n'a pas un moment pressé ou ralenti ou violenté le mouvement hors de propos. Il était maître de lui comme de l'œuvre, qu'il vivifiait et mettait en pleine lumière. Une pareille lecture, c'était plus et mieux qu'une représentation, car elle ressemblait à une représentation où tous les acteurs auraient été de la force de Coquelin : quelque chose comme une volière pleine de merles blancs !

Quant à l'auteur, plein de talent et plus que modeste, qui a fait son difficile travail avec l'imagination de dramatiste la plus intuitive et avec une habileté rare, pour l'apercevoir il aurait fallu le chercher dans les coins sombres, dans les embrasures de portes, car il se cachait, comme honteux d'avoir tant et si bien travaillé. Tout éclairé d'intelligence, d'inspiration et de finesse, le visage un peu pâle et fatigué de Paul Delair exprime la bravoure la plus obstinée et la plus tenace. On sent que ce jeune homme est décidé à vaincre, et il vaincra, car il a tous les dons, et par-dessus, le plus rare de tous, la patience.

Alphonse Daudet, lui, n'avait aucune raison de se cacher, puisqu'il n'était pas là pour son propre compte ; il savourait un plaisir d'artiste, en admirant avec quelle ingéniosité l'auteur dramatique avait choisi, rassemblé, raccordé ses propres richesses, pour en fabriquer une vivante, une irréprochable mosaïque, et je pouvais le regarder tout à mon aise, tandis que Coquelin, devenu légion, faisait parler le roi et la reine et l'enfant royal et tous les autres personnages, comme doit parler chacun d'eux, et nous imposait l'intense et délicate volupté de l'admiration. Ni trop fier, ni étonné de sa renommée grandissante, dont il porte le poids avec infiniment de gentillesse et de grâce, l'auteur de *Numa Roumestan* avec ses traits affinés, avec sa lèvre de pourpre, avec sa noire et épaisse chevelure, avec sa barbe douce qui n'a pas subi l'affront du ciseau, est effroyablement jeune ; et il aurait l'air presque trop jeune, si ses yeux veloutés et brûlants, pleins de flammes et d'ombre, ne contenaient visiblement tout un monde de souvenirs, de pensées et de rêves, les cieux lointains, les clairs paysages et tout le lumineux fourmillement des œuvres futures.

Pendant les entr'actes, car il fallut bien faire de courts entr'actes pour aller fumer dans le cabinet du poète l'indispensable cigarette, sans laquelle le Parisien a l'air d'avoir vendu son ombre, on pouvait se rejoindre, parler de l'œuvre si attachante, si curieuse, et échanger ses impressions. Tout de suite, mon cher Louis, j'eus l'heureuse chance de retrouver deux hommes illustres, que je croyais bien ne pas connaître, et qu'au contraire, comme vous allez le voir, je connaissais parfaitement.

Ce fut d'abord Gambetta, qui vint à moi en me tendant la main, et m'interrogea amicalement sur l'état de ma déplorable santé. Le célèbre tribun ressemble très peu à ses portraits et pas du tout à ses caricatures, et la douceur de ses longs cheveux et de sa barbe déjà blanchissante donne à ses traits énergiques beaucoup de distinction et d'élégance. Il parle poésie et littérature, comme s'il ne se fût de toute sa vie occupé d'autre chose ; il a des idées critiques très fines et très personnelles, et, contrairement à ce qu'on pourrait croire, il ne fait pas de discours et, comme un vrai Parisien, jette des mots vifs, décisifs, rapides comme un trait de flamme. Ensuite ce fut le docteur Charcot, qui lui aussi vint à moi et serra ma main comme celle d'un vieux camarade, comme c'était justice, car nous sommes en effet de vieux camarades ; seulement je n'en savais rien ! Je me figurais que je n'avais jamais vu ce grand savant et je désirais beaucoup le rencontrer ; mais en arrivant chez Alphonse Daudet, j'appris qu'au dîner il avait parlé de moi, et non sans une indulgente mélancolie. Il se plaignait un peu de ce qu'à la pension Sabatier, où nous avons été écoliers dans le même temps, je ne faisais pas attention à lui, parce que j'étais dans les grands, tandis que lui, au contraire, était dans les petits. A présent la situation est radicalement retournée, selon la formule souvent préconisée par monsieur Scribe; c'est moi qui suis dans les petits, et c'est lui qui est dans les grands, dans les très grands. *Juste retour, Monsieur !*

Le docteur Charcot, dont le visage, très jeune encore, a été modelé profondément par l'impérieuse et virile pensée, ressemble à Dante revenant de l'enfer. En effet, il y va et il en revient chaque jour, après avoir vu, soulagé et consolé des douleurs surhumaines et d'effroyables misères. En l'écoutant on croit entendre le Bianchon de Balzac; il est facile de voir qu'il sait, pénètre, comprend et devine tout, et j'imagine que les romanciers présents à la lecture des *Rois en exil* devaient être un peu tentés d'ouvrir le crâne du docteur pour voir ce qu'il y a dedans. Peut-être a-t-il dû la vie au plaisir avec lequel Zola et Goncourt écoutaient Coquelin ; ce sont deux bons camarades, qui l'un et l'autre aiment passionnément le talent d'Alphonse Daudet, et qui sont d'assez grands travailleurs pour apprécier le mérite de l'obstacle franchi, et pour savoir ce que vaut la difficulté vaincue. Occupés seulement à voir revivre sous une nouvelle forme le beau roman de leur ami, ils avaient oublié leurs préoccupations personnelles ; l'auteur de *Pot-Bouille,* dont les cinquante mille premiers exemplaires, dressés en larges colonnes avant d'être mis en vente, cachaient hier les murailles et les plafonds de la librairie, ne songeait plus à son prochain livre, dans lequel les Magasins du Louvre deviendront plus vastes que cent mille univers, pour peu qu'il les grossisse comme il a grossi les turbots et les soles de la Halle, dans *Le Ventre de Paris.*

Et Goncourt ne songeait plus à ce livre qu'il prépare

avec amour, dans lequel il veut emprisonner la brise, embrasser la nuée, exprimer ce qui n'a été deviné jamais, et faire avouer à la Jeune Fille, ce monstre énigmatique et divin, les secrets qu'elle ne sait pas elle-même. Il y avait là encore (mais je ne puis vous nommer tout le monde !) un jeune et charmant poète, Léon Allard, doublement frère d'Alphonse Daudet, dont il a épousé la sœur, et qui a épousé la sienne ; Reinach ; Drumond ; Philippe Burty, qui se demandait sans doute pourquoi tous les rois en exil ne s'en étaient pas allés au Japon, où ils auraient trompé leurs ennuis en voguant au-dessous d'un ciel rouge, sur un fleuve entouré d'arbres aux fleurs roses; Ernest Daudet, qui aime mieux son frère que lui-même ; deux éditeurs, Georges Charpentier et Dentu, qui, assis à côté l'un de l'autre, ressemblaient au jeune Roméo et au noble Brabantio ; Eugène Montrosier, le spirituel critique d'art, qui a engagé avec le poète Ernest d'Hervilly un duel véritablement étonnant, car ils luttent à qui des deux laissera le plus longtemps pousser sa barbe.

Un seul comédien, Worms, qui, lorsqu'on jouera les *Rois en exil*, remplira, sans nul doute, un des principaux rôles, et qui, en écoutant Coquelin exprimer si éloquemment la passion, se disait probablement : « Voilà comme je serai dimanche ! » Et attachés par des chaînes d'or aux lèvres du lecteur, tout ce monde-là, et les belles dames qu'il faudrait décrire toutes, mon cher Louis, si j'écrivais l'histoire au lieu de vous écrire une lettre, partageaient l'émotion, l'angoisse, les nobles vœux stériles et le suprême désespoir de la reine d'Illyrie, et la lecture s'achevait au milieu d'unanimes applaudissements, laissant dans tous les esprits une impression durable et profonde.

A ce moment-là, Paul Delair eut beau vouloir se dérober et se cacher dans les trous de rat, il fut chaudement complimenté, et il eut ce bonheur si rare sur la terre de ne pas entendre un compliment banal. Ah ! il aurait voulu être bien loin, s'enfuir à travers les noires forêts sur un cheval sauvage, ou s'engouffrer dans une de ces trappes que son confrère d'Ennery ouvre, quand il lui plaît, sous les pas des ballerines ; mais il fut heureusement sauvé par une diversion qu'il était facile de prévoir. « Madame, on a servi sur table, » dit judicieusement le laquais Galopin dans *La Critique de l'École des Femmes*, et Dorante dit avec à-propos : « Ah ! voilà justement ce qu'il faut pour le dénoûment que nous cherchions, et l'on ne peut rien trouver de plus naturel. » On a eu beau la consacrer aux enchantements de la poésie, il faut bien qu'une soirée, comme toutes les autres soirées, finisse par le thé et le chocolat. Mais avec des causeurs comme ceux qui étaient réunis là, jugez, mon cher Louis, de ce que fut, mardi dernier, le thé de madame Alphonse Daudet, après la lecture des *Rois en exil*. Il serait insuffisant d'affirmer que tous les convives avaient de l'esprit, et il est plus juste de dire que l'esprit les possédait. Les saphirs et les diamants de la fantaisie et de l'humour pleuvaient dru comme grêle, et les Heures s'enfuyaient éperdues, comme si quelque dieu furieux les eût chassées à grands coups de fouet à travers le vaste azur. Enfin, un esprit chagrin insinua qu'il ne devait pas être loin de minuit, ce qui rompit le charme, et, avec regret, nous fîmes nos adieux. Une fois dans la rue, je regardai ma montre : il était deux heures du matin. Par bonheur, il y avait des voitures devant la porte.

— « Allons ! mon brave, rue de l'Éperon.

— Encore ! » dit le cocher qui me reconnaît pour m'avoir souvent ramené des théâtres lointains du temps que j'étais feuilletoniste, et qui m'a gardé rancune.

— « Oui, lui dis-je, encore, — et toujours, tant qu'on n'aura pas chassé mes oiseaux et coupé mes arbres ! »

XXIV

LE TAMBOURINEUR

L'indifférence, mon cher Louis, est devenue une religion. Il semble que tous nos contemporains aspirent au nirvanâ, à l'anéantissement, à la volupté de ne pas avoir lieu. Certes la non-existence est un plaisir comme un autre; mais le jeu en vaut-il bien la chandelle, ou pour être plus moderne, le bec de gaz? Car n'être plus rien, se sentir absorbé dans le grand tout, et cependant continuer à payer des contributions, à faire son volontariat, ses vingt-huit jours et ses treize jours; à exercer une profession, à rendre et à recevoir des visites, à parler politique, à prendre le thé, à voir jouer des comédies tristes et des opérettes funèbres, n'est-ce pas faire un métier de dupe? Quoi qu'il en soit, les figurants de la vie actuelle, entièrement dénués d'idées et exempts de désirs, me rappellent un nommé Balz que j'ai connu, et qui était non pas un tambourinaire, comme Valmajour, mais un simple tambourineur, et c'est sur les vitres qu'il tambourinait.

Il y avait un pauvre expéditionnaire nommé Piéfer, qui demeurait au quatrième étage sur la cour, dans une maison de la rue des Gravilliers, en compagnie de sa femme et de sa fille, et qui, avec ces deux créatures adorées, se nourrissait de triperie, d'abats et de mets inconnus, sans parvenir à joindre les deux bouts, dont le propre est de n'être jamais joints. Surtout le désir exaspéré de marier sa fille Honorine jetait le malheureux employé dans un abîme de réflexions, car si son unique redingote blanchissait comme un vieillard et si la robe de sa femme ne subsistait plus que par habitude, comment aurait-il pu concevoir l'espérance d'amasser pour sa chérie une dot, si petite qu'elle fût? Notez qu'Honorine aurait pu être jolie avec de l'argent et de la toilette, mais que, faute de ces accessoires, elle semblait parfaitement laide. Bien faite, mais petite, noire comme une taupe, elle avait un nez irrégulier et trop gros, et son misérable accoutrement empêchait qu'on admirât ses yeux superbes, ses lèvres épaisses mais d'un beau rouge de pourpre, ses courtes dents blanches et sa très opulente chevelure. Chaque matin, en se coiffant, elle se disait qu'elle coifferait aussi sainte Catherine, sans joie d'ailleurs! et elle finissait par en prendre son parti, n'ayant pas autre chose à prendre. Tout à coup, sans transition, comme une cheminée tombe sur la tête d'un passant, la riche madame Bergery, pour qui madame Piéfer avait raccommodé des dentelles anciennes, vient lui offrir pour sa fille un mari de cent cinquante mille livres de rentes! Que n'y avait-il cent cinquante mille manières de dire oui! les Piéfer les auraient épuisées toutes, et ils en auraient encore inventé d'autres. Il y avait bien un tout petit SEULEMENT, c'est que Balz, le jeune homme en question, était complètement imbécile; mais c'est avec une ardente conviction que les Piéfer s'écrièrent en chœur : « Qu'est-ce que ça fait! » Bref, le mariage fut célébré à courte échéance, et voyant qu'elle avait de beau linge et des robes et des joyaux et de l'or dans un secrétaire de bois de rose à dessins incrustés, Honorine sautait de ravissement, et elle avait envie de mordre les étoiles.

Le lendemain, à cinq heures du matin, Honorine, étonnée de se trouver seule dans son lit, fut réveillée par un bruit très agaçant. Elle se leva, chaussa des pantoufles de velours rose, passa un peignoir et entra dans le salon. Là elle vit Balz, qui, très correctement vêtu en toilette de soirée, habit noir, cravate blanche et gants blancs, était debout devant une fenêtre et tambourinait sur les vitres.

— « Ah! par exemple, s'écria-t-elle, voilà une bien ridicule façon de passer le temps!

— Oui, dit Balz. Qu'est-ce qu'il faut faire?

— Eh bien, reprit Honorine, puisque vous êtes habillé, allez vous promener une heure dans le Luxembourg et vous reviendrez. »

Au bout d'une heure, montre à la main, Balz était de retour, et, ayant gardé sur sa tête son chapeau de satin, s'était de nouveau installé devant la fenêtre, et tambourinait sur les vitres.

— « Encore! fit Honorine impatientée jusqu'à la rage.

— Oui, dit Balz. Qu'est-ce qu'il faut faire? »

La jeune femme se souvint à propos que son père prenait tous les matins son café au lait à sept heures précises, et comme il faut une bonne demi-heure pour aller de la rue Jacob, où les nouveaux mariés demeuraient, à la rue des Gravilliers, elle ordonna à son mari d'aller rendre visite à monsieur Piéfer. Balz se fit expliquer mot par mot ce que le vieillard lui dirait et ce qu'il aurait à répondre, et il partit docilement; à huit heures et demie il était de retour, et tambourinait sur les vitres. Honorine comprit qu'il en serait ainsi toujours, pendant toute la vie et peut-être dans l'éternité, et elle tordit ses bras douloureusement. Cependant, il fallait occuper Balz! elle sonna sa femme de chambre, lui ordonna de faire atteler, et donna à son mari vingt commissions diverses, dont elle lui remit un memento écrit, en lui enjoignant de ne revenir qu'à midi, pour déjeuner. A midi juste, Balz tambourinait, ayant assorti des laines, acheté des livres, porté des ordres au cordonnier et à la couturière, fait une commande à la Halle aux vins et une autre au chantier du grand Y vert. Très volontiers il vint s'asseoir à table pour manger sa côtelette, mais, comme il l'eut dévorée en moins d'une minute, en attendant le second plat, il se leva et revint tambouriner sur les vitres.

Honorine avait tout de suite compris qu'il fallait trancher dans le vif! Dès que le repas fut terminé, elle envoya Balz faire des visites à dix de ses amies, dont c'était le jour, lui indiquant soigneusement par demandes et par réponses les conversations qui devaient être échangées. Balz obéit tout de suite; il obéissait toujours. Mais il revint à quatre heures précises, se plaignit un peu en langage nègre, parce que deux ou trois dames n'avaient pas dit exactement ce qu'Honorine avait prévu; puis il se remit à tambouriner, sans y songer davantage. Il y avait encore, jusqu'au dîner, trois heures et demie à passer de la sorte; la jeune femme sortit à son tour, bien décidée à ne rentrer que pour le dîner; lorsqu'elle parut, Balz, qui n'était ni las ni rassasié, était debout contre la fenêtre, coiffé de son chapeau mécanique, et tambourinait toujours.

Ainsi s'écoulèrent les heures, les jours, les semaines, les mois; l'année dernière, madame Balz est devenue folle, on le serait à moins, et on l'a enfermée toute vive dans une maison de santé. Sa monomanie consiste surtout en ceci, qu'elle croit, même dans le profond silence, entendre l'infernal bruit. Mais très souvent Balz va la voir; comme en somme elle est très tranquille et inoffensive, on lui permet de recevoir son mari dans sa chambre.

Même le médecin est très flatté, et se figure que si Balz, toujours en habit noir, en chapeau claque et en gants blancs, vient dans un élégant coupé, c'est pour honorer la maison! Arrivé dans la cellule où vit et meurt sa femme, l'imbécile se dresse devant une fenêtre, et se met à tambouriner sur les vitres. Alors comme autrefois, sa femme, très raisonnable en pleine folie, l'envoie faire des commissions en ville; et comme autrefois, il n'est pas sitôt parti qu'il est déjà revenu, et si la folle s'impatiente, il se tourne vers elle avec une ingénuité enfantine, et lui demande doucement : « Qu'est-ce qu'il faut faire ? » Et Honorine frissonne dans ses os ; elle pense avec raison que lorsqu'ils seront enterrés, elle et son mari, au cimetière Montparnasse, dans un caveau surmonté d'une chapelle confortable, d'un moyen âge douteux et empirique, Balz inoccupé se relèvera pour venir tambouriner avec ses doigts de squelette sur les vitraux de la chapelle, et si alors elle s'impatiente, pauvre morte qui voudrait dormir en paix, il tournera vers elle ses orbites vides d'un air qui signifiera clairement : « Qu'est-ce qu'il faut faire ? »

« Horrible, très horrible ! » dirait Shakespéare. Eh bien, mon cher Louis, les hommes nés dans le temps où nous vivons ressemblent parfaitement au symbolique Balz ; et ils sont aussi des êtres vite revenus de tout, qui, lorsqu'ils ne tambourinent pas, ne savent pas à quoi s'amuser. En 1830, on leur dit : « Allons ! cessez de jouer des marches sur cette fenêtre, et venez admirer un peu l'essor, l'élan vertigineux et la révolte des génies. Venez écouter Hugo irrité, menaçant, caressant, tendre, extasié, terrible, dont la pensée plane avec des ailes d'aigle ; Lamartine qui, pâle d'amour, chante accompagné par la harpe des Anges ; Musset au cœur douloureux, saignant comme un cygne blessé ; venez voir peindre Delacroix qui veut à force de passion trouver la surnaturelle harmonie et la joyeuse sérénité de la couleur ; Ingres qui rêve et précise les lignes pures de la Grèce idéale ; Corot qui fait flotter les transparentes masses de feuillages dans une atmosphère frémissante et vibrante ; Deburau qui a regardé la Vie et qui en reste pâle comme un spectre, même lorsqu'il a essuyé le fard dont il blanchit son visage ; Gavarni et Daumier que l'Homme ne saurait tromper ni la Femme non plus ; ou, si les jeux enfantins vous amusent, si la politique a pour vous quelques charmes, contemplez

Guizot pâle comme Cassius et le petit Thiers dont le toupet se hérisse ; enfin regardez Balzac équipant de ses doigts formidables les gigantesques pantins de *La Comédie humaine;* grisez-vous, enivrez-vous, soûlez-vous de génie, et cessez un instant de tambouriner sur les vitres ! »

En effet, les Français oisifs se sont un instant amusés de ce grand spectacle, mais ils n'ont pas tardé à dire : « C'est assez de génie, il n'en faut plus ! nous en avons plein le dos, tous tant que nous sommes, des Michel-Ange et des Pindare. L'esprit seul est français : foin du sublime, et si nous cessons de tambouriner, que ce soit du moins pour rire un peu ! »

Alors ce fut le règne des gens d'esprit, de la race sacrée d'Aristophane, des petits-fils de Chamfort et de Rivarol. On vit de légers archers qui bandaient l'arc sans effort et envoyaient en plein dans le but leurs flèches sifflantes. Rapports inouïs et inattendus entre deux idées, épithètes et substantifs stupéfaits d'être accouplés ensemble, tropes délirants, ellipses grandes comme la vaste mer, phrases où les mots fulgurants couleur de topaze et de saphir étaient secoués comme les verroteries dans un kaléidoscope, tout cela éclata, se heurta, resplendit comme un feu d'artifice. Roqueplan retourna comme un gant la vieille morale usuelle; Gozlan créa des Hamlets cocasses, Duvert entraîna le monde bourgeois dans un turbulent paroxysme; Delphine de Girardin, oubliant sa lyre inutile, inventa la dame aux sept petites chaises; Romieu coucha ses amis ivres dans le ruisseau, avec un lampion sur le ventre, et au milieu d'une bacchanale effrénée, Monnier se maria avec la Farce, comme Silius avec Messaline. Mais bientôt, las d'avoir trop ri, honteux de s'être décroché les mâchoires à force de rire, les Français dirent en chœur d'un air ennuyé : « Assez d'esprit. Il n'en faut plus ! » C'est alors que le grand Paris prit la parole, inquiet de voir s'émietter sa renommée et pâlir sa gloire.

— « Eh bien ! non, dit-il d'un ton suppliant à tous ces blêmes oisifs, ne vous remettez pas tout de suite à tambouriner sur les vitres ! et si vous ne voulez plus du génie, si vous ne voulez plus de l'esprit, essayez un peu de la volupté et de la joie débordante. » Son conseil fut écouté, et nous vîmes régner dans les fêtes et les festins nocturnes les beautés aux chairs opulentes, vidant les coupes de champagne, suçant les rouges écrevisses, et comme des creusets, vaporisant l'or et l'argent soudainement évanouis en vague fumée. Elles étaient belles et terribles ; elles ressemblaient à des Néréides de Rubens sur lesquelles on aurait jeté des flots de brocart et de dentelles, et les diamants et les rubis se réjouissaient de brûler et de saigner dans leurs chevelures. Et les enfants, les princes errants, les rois en exil, les fatigués, les crevés, les nihilistes du trottoir, les ducs, les usuriers pensifs, les fils d'épiciers millionnaires s'amusèrent un temps de ces grandes poupées qui ne savaient plus dire : « Papa » et « Maman », mais qui disaient très distinctement : « Donne-moi encore trois *billets de mille !* » Même ils se sentaient réconfortés et réveillés par l'effort qu'il leur fallait faire pour tenir entre leurs doigts les larges tailles de déesses, et pour baiser d'un bout à l'autre les robustes épaules. Cependant ils vinrent à penser que le jeu était trop fatigant et les écartait par trop de l'impassible gravité qui convient à l'homme moderne.

Pour un peu, ils se seraient remis à tambouriner sur les vitres ; mais ils avaient pris l'habitude du plaisir, et ils voulaient la continuer, mais ils voulaient trouver du plaisir sans peine ! Aussi imaginèrent-ils d'aimer des femmes (si j'ose m'exprimer ainsi !) maigres, minces, exemptes de chair, pareilles à des manches à balai, qui ne tiennent pas de place, faciles à suivre en secret, même en voyage, et qu'on peut emporter comme on emporte sa canne. Quoi de plus agréable que de pouvoir ranger la bien-aimée sur le divan, sans débarrasser ce meuble des journaux et des livres non coupés qui l'encombrent! S'annexer des amantes sans pensée et sans corps, enfermées dans de tumultueuses robes aux larges nœuds superbes, n'est-ce pas avoir savouré par avance un avant-goût du néant? On vit alors le succès d'une longue demoiselle très pareille à une couleuvre noire, qui s'enroulait autour de ses amis, de façon à représenter le caducée du dieu Hermès.

Mais la transition était indiquée et fatale. A force de courtiser des riens du tout, on en revint bien vite à ne rien courtiser, et on oublia naturellement les demoiselles impalpables, comme on oublie son parapluie. Et alors les jeunes seigneurs inoccupés seraient bien retournés à leur ancien passe-temps, mais ils se sont dit que cela encore demandait trop de peine et de souci; ils étaient trop las. A présent, ce sont des tambourineurs qui n'ont plus la force de tambouriner. Ils ne tambourinent plus.

XXV

EXEMPT!

Mon cher Louis, l'Exposition vient de s'ouvrir, et on y a vu un luxe de failles, de satins, de robes exaspérées, de femmes souriantes, d'éventails turbulents créant et souffletant les Zéphyrs, de banquiers et d'hommes politiques, tout le public de l'Opéra et de la Comédie-Française ; même aussi quelques tableaux, au nombre de deux mille sept cents. Je me suis promené dans les galeries avec ravissement, trouvant tous les tableaux superbes, même ceux qui ne sont pas superbes, et savourant la joie de les regarder pour rien, pour le plaisir, pour m'amuser, sans avoir ni carnet ni crayon, et sans prendre aucune espèce de notes.

O Dieux ! pendant tant d'années j'ai été un critique d'art, ne critiquant rien, bien entendu, mais obligé de faire entrer toutes ces toiles dans ma tête, comme l'Océan dans un dé à coudre ! Et, maintenant, je vois les romanciers, les poètes, les dramatistes, oubliant la besogne qui leur est chère pour préparer ce qu'on nomme un *Salon* ; je les vois tous, les enthousiastes, les fiévreux, les assembleurs de mots et de nuages, les chercheurs d'idées, et celle-là même que Victor Hugo a chantée justement comme une déesse, tendre le cou, lever la tête, faire courir leur crayon sur les infâmes carnets, prendre des notes qu'ils ne pourront pas lire une fois rentrés chez eux, et je me dis, comme un homme stupéfait après qu'il est descendu d'un toit vertigineux : « Voilà pourtant comme j'étais dimanche! »

O repos, ô délices, ô extase sereine! Aller à la comédie pour rire et pour pleurer, comme Jocrisse, pour manger des sucres d'orge dans les entr'actes, et sans s'exterminer à chercher l'idée que l'auteur aurait dû avoir, s'il en avait eu une! Regarder les projets avortés de tableaux sans être astreint au devoir d'en tirer des tableaux, et sans être déchiré par les phrases et les épithètes qui poussent dans votre tête comme le bois de cerf sous le crâne d'Actéon! O mon ami, du temps que je faisais ce métier absurde, (j'ai fait tous les métiers absurdes!) je m'étais persuadé à moi-même que je préférais la Statuaire à la Peinture, ce qui n'est pas vrai, bien que la Statuaire me rappelle la Grèce maternelle, la race immortelle des Dieux, et les âges bénis où la Beauté se confondait expressément avec la Vertu.

Mais en réalité, ce que j'aimais, ce que j'aime encore dans le jardin peuplé de statues, c'est qu'il est orné de fleurs naturelles et surnaturelles qui sont, comme Coralie et Florine, des produits raffinés de la civilisation ; mais surtout et avant tout, c'est qu'on y fume! Car la cigarette et moi, cela ne fait pas deux, cela ne fait qu'un. Je partage d'ailleurs cette manière d'être avec tous les hommes français, et avec toutes les dames de tous les pays, Espagnoles, Russes, Finlandaises, Suédoises, Valaques, Italiennes, Autrichiennes, Hongroises, hormis les dames parisiennes.

Lorsque je descendais dans le jardin vers onze heures, après avoir noté au crayon tant de Turcs, tant de portraits d'hommes, tant de scènes intimes, tant de petits militaires, tant d'odalisques, tant de fleurs, tant de cloyères d'huîtres, et un Gustave Doré qui demandait un carnet d'un format spécial, je ne savais pas si j'étais plus cruellement déchiré par l'envie de fumer ou par l'implacable faim.

Quant à fumer, rien n'était plus facile, car j'ai toujours dans ma poche la poche à tabac en cuir de Russie, le cahier de papier Job et la boîte d'allumettes suédoises; mais manger était bien une autre affaire! A présent que je déjeune chez moi, en regardant mes lilas, mes pâquerettes, mes giroflées blanches et mes rhododendrons déjà fleuris, je ne sais pas ce qu'est le restaurant de l'Exposition et je n'ai pas à le savoir; mais pendant les douloureuses années où j'étais réduit en esclavage, imitant l'outremer, les laques diverses et le vermillon de Chine au moyen des riches vocables, je dois dire qu'il m'inspirait une sympathie médiocre.

Il manquait là, comme il manquait dans tout Paris, un vrai BUFFET, pareil à ceux qui s'étendent à souhait dans les bonnes gares de chemins de fer, où l'on puisse voir sous ses yeux, à la portée de sa main, sans ambage, sans circonlocution, sans hypocrite escamotage, le filet froid (et chaud à certaines heures,) la belle et sérieuse volaille froide, le pâté de canard de Rouen, et toutes les honnêtes, appétissantes et sincères charcuteries de province, le saucisson de Lyon et les saucissons italiens, les hures, les langues de Troyes, les têtes roulées, les jambonneaux de Reims, les jambons d'York, les andouilles de Vire, et les nobles jambons fumés qui nous font trouver le vin délicieux. Au lieu de ces réconfortantes victuailles, que trouvait-on au prétendu buffet, qui n'était pas un buffet? Si l'on voulait seulement boire, des sodas artificieux et une bière incertaine, accompagnés de cette soucoupe contenant les gâteaux décevants et les brioches en carton, dont la vue traditionnelle attriste les promenades et les fêtes publiques. Si l'on avait faim, un repas de restaurant, fabriqué dans une mystérieuse officine prudemment cachée à tous les yeux, aussi cher, aussi tiède, et aussi mal cuisiné que dans un vrai restaurant.

Sur ce point, nous étions distancés non seulement par les bars américains, mais par la dernière taverne de Londres; car il nous est plus facile d'avoir un Victor Hugo, de créer des chefs-d'œuvre et d'unir au génie l'esprit ailé, sans augmentation de prix, que de posséder une boutique où l'on nous vende avec probité une tranche de viande froide. Ainsi nous pouvons le plus; mais, pour ce qui est du moins, il faut bien, jusqu'à plus ample informé, nous en brosser le bec.

Ah! certes, une Exposition où l'on mangerait bien (peut-être qu'on y mange à présent, je n'en sais rien!) serait une Exposition agréable; mais l'idéal, ce serait que, grâce à un puissant et ingénieux système de ventilateurs, on y pût fumer partout, même et surtout dans les galeries de peinture!

Voyez donc comme on y serait heureux si l'on fumait, car alors ces Turcs, ces dames en sortie de bal et ces colonels, qui invinciblement nous inspirent l'exclamation connue : *Qu'est-ce que ça me fait?* nous sembleraient de bons Turcs, de belles et honnestes dames et des colonels fort jolis. Et puis le rêve unique de tout Parisien est la campagne, et s'il était permis de faire voltiger autour de soi la fumée odorante et bleue, comme à Meudon ou dans le bois de Chaville, rien ne nous empêcherait de croire que nous y sommes, à présent que les artistes, renonçant aux froids madrigaux de l'ancien paysage, ont pris le parti de baiser franchement sur son sein la saine et forte Nature. Ainsi, devant le tableau de Bastien Lepage, qui avec une si ardente sincérité a peint les herbes, les fleurs, les rameaux légers, les tendres feuilles vertes, tout ce qui pousse, végète et fleurit adorablement sous la frondaison noire, nous serions tout à fait en pleine forêt, si ce n'était que la poche à tabac doit rester fermée, comme la boîte de Pandore. En revanche, si l'intrépide et farouche *Alsace* de Mercié, sur laquelle s'appuie le jeune soldat mort, et si la *Diane* de Falguière, ivre de virginité et de carnage, vivent librement sous le ciel et sont vraiment en plein air, c'est qu'on fume autour d'elles son cigare et sa cigarette, et que par conséquent on n'est pas captif à la fois dans une convention et dans une salle, ce qui est mourir deux fois.

Je ne puis, mon cher Louis, parcourir le Salon sans évoquer par la pensée les grands salonniers, le poète Baudelaire, qui dégageait l'esprit et l'âme des peintures; Planche, qui, en bras de chemise, avec sa barbe de huit jours, écrasait les peintres dans les cafés sur une de ces tablettes de drap vert qui servent à jouer aux cartes; Thoré, qui ayant juré de laisser pousser sa barbe jusqu'à ce que son siècle devînt moins banal, ne la coupa jamais; Saint-Victor, ce Vénitien du seizième siècle, et lui, le divin! lui ce grand Théophile Gautier, qui savait lutter avec tout, avec l'art, avec la nature, avec les étoffes, avec les joyaux d'orfèvrerie, qui d'un tableau ou d'une absence de tableau savait également faire un chef-d'œuvre, et qui s'il avait à décrire *La Source* d'Ingres, créait une page égale et supérieure à *La Source!* Mon cher Louis, j'ai horreur des plaisanteries contre l'Académie, comme de tout ce qui est commun, vulgaire, et à la portée de tout le monde; cependant j'éprouvais l'autre jour une singulière impression en entendant Maxime du Camp (qui a été l'ami de Théophile Gautier!) affirmer avec audace que l'Académie n'oublie jamais aucun talent. Après cela, peut-être ne voulait-il pas parler des génies!

Il se peut qu'un Tourangeau, tout de suite revenu de Paris par le train express, vous ait déjà parlé du *Jaleo*. Le succès de Sargent a tenu beaucoup à ce que sa grande toile est une belle et excellente peinture; mais les jours de l'ante-vernissage et du pre-ante-vernissage, où les féroces balayeurs envoyaient tant de poussière dans les yeux des passants et tant d'ordures dans leurs jambes, *Le Jaleo* a dû aussi beaucoup de sa vogue à ceci que cet intérieur vraiment espagnol où la danseuse s'élance en paraphe, comme le célèbre *N* de Nadar, consolait les âmes par une impression de calme et de délicieuse fraîcheur.

La foule est grande pour admirer cette danse voluptueuse et tranquille. Le jour même où s'ouvrait l'Exposition, un mari bien connu, fameux dans les Échos, dans les Nouvelles à la main, et qui de même que Sganarelle peut sans nul inconvénient être appelé maître Cornélius, avait trouvé dans le bonheur-du-jour de sa femme un billet net, décisif, à qui M. Renan lui-même ne parviendrait pas à faire dire autre chose que ce qu'il dit, et par lequel, avec mille tendresses, l'ami de cœur donnait rendez-vous à la dame devant la toile de Sargent. Exactement à l'heure indiquée, le mari se trouve là, terrible, armé d'un front sévère, prêt à foudroyer les coupables, mais, ô déception, ô désillusion, ô martyre comique d'un Othello destiné à vivre et à mourir ridicule! l'affluence des curieux devant le tableau était si grande que notre mari ne put rien apercevoir, ni l'amant, ni le cher et exécrable chapeau rose, ni même la queue d'un de ses rubans! Sganarelle savait que sa femme était là, dans le tas, avec son détestable complice, mais ce tas, il ne pouvait le percer, ni le couper, ni le fendre, et plus il redoublait d'efforts, plus les Parisiens instinctifs, pareils au subtil Odysseus, devinaient qu'il y avait là un drame, et comprenant qu'il fallait à tout prix barrer la route au gros homme, se serraient de telle façon qu'au milieu d'eux il n'y aurait pas eu de place pour une épingle. Le jaloux en fut pour ses frais, comme dans un conte de Boccace ; vous voyez que la vie est inépuisable en inventions bizarres, et qu'on peut rire partout, même au Salon.

Le Salon! que ce mot-Protée a signifié de choses diverses, depuis les salons de madame du Deffand et de madame Geoffrin, depuis celui où la belle Récamier au long col de cygne écoutait avec ennui le vieux Chataubriand, jusqu'au bal du Salon de Mars, et au Salon des Mille Colonnes, sans parler de cette affiche qui hier même, dans un passage, m'a sauté aux yeux: « Pour cause de réparations et d'agrandissements, le *Salon de Décrottage* est transféré au n° 8! » Dernièrement, à Fécamp, madame Tellier, directrice de cette Maison Tellier dont Guy de Maupassant a si bien raconté la véridique histoire, écoutait dans le Salon de Jupiter une discussion amicale qui s'était élevée entre deux de ses clients, tandis qu'ils attendaient la Marseillaise Raphaële et Fernande, *la belle blonde*.

— « Non, disait l'ancien maire, monsieur Poulin, vous direz ce que vous voudrez, ils n'ont pas eu raison. Que Savidan ait des dettes, muettes ou criardes, et qu'il mène une vie de polichinelle avec les jolies *tendresses*, la question n'est pas là. Savidan a du talent, il écrit dans la *Revue des Deux-Mondes*, et quand un homme de talent se présente, l'Académie doit le nommer, car, enfin, il s'agit de terminer le Dictionnaire !

— Permettez ! riposta avec un peu d'aigreur l'agent d'assurances, monsieur Dupuis, l'Académie n'est pas une société d'encouragement, et elle ne doit pas se préoccuper uniquement du mérite littéraire. C'est avant tout une assemblée d'hommes distingués, destinés à vivre ensemble, ayant les mêmes traditions et les mêmes tendances, et qui se recrute comme il lui plaît. Ne l'oublions pas, l'Académie est un salon, et qui dit l'un dit l'autre. »

Occupée à redresser et à mettre en bon point un bouquet de fleurs artificielles, Madame avait entendu imparfaitement cette conversation, et elle n'en avait retenu qu'une chose, c'est que le mot *Salon* peut être suppléé avec avantage par un synonyme plus élégant. Aussi lorsque paraît un de ses habitués, comme monsieur Pimpesse ou monsieur Tournevau, par exemple, ne manque-t-elle pas de remplacer la vieille formule classique par celle-ci, qui lui paraît être d'une modernité mieux appropriée au progrès des mœurs actuelles :

— « Toutes ces dames à l'Académie ! »

XXVI

LA NOBLESSE

Mon cher Louis, si vous lisiez les journaux, que vous avez bien raison de ne pas lire, et si vous connaissiez les anecdotes qu'ils racontent, vous verriez qu'ils nous fournissent de belles occasions de rééditer tous les vieux lieux communs pour et contre la noblesse héréditaire. Nous y apprenons que des duchesses authentiques suivent des valets de pied, comme des chiennes folles d'amour, et que des princesses de la meilleure qualité vont courir les hôtels garnis avec des coiffeurs.

Pendant ce temps-là, des comtes et des marquis de la plus belle eau passent leur vie, comme des oies, avec des filles de tristesse et d'ennui, aux chignons orangés, usent les nuits dans les cabinets de restaurant éclairés par des flambeaux en zinc, jouent au cercle avec des filous, et, quand ils ont parfaitement ruiné leurs enfants anémiques et ennuyé tout le monde vivant de leur oisiveté, poussent quelquefois l'impolitesse jusqu'à ne pas se brûler la cervelle. Voilà les faits tels qu'ils sont; faut-il donc se résigner à dire tout bonnement : La noblesse héréditaire est une farce? Eh bien ! non; ce serait trop simple, et il n'y a pas de solution aussi simple que cela. Car si vous étiez ici, vous pourriez voir au Jockey Club le tableau sur lequel sont inscrits les noms et les armoiries des nobles qui sont morts devant l'ennemi, dans la guerre de 1870, et, certes ils sont nombreux. Combien d'entre eux, vieux déjà, couronnés de cheveux blancs comme la neige, et que rien n'y forçait, ont quitté leur château lointain pour venir combattre, sont entrés dans l'armée régulière ou bien ont organisé et commandé des bataillons de francs-tireurs, et ont succombé à de glorieuses blessures!

Donc la chose est compliquée plus qu'elle n'a l'air de l'être, et il faut y réfléchir un peu. La noblesse héréditaire a-t-elle ou non le sens commun : en un mot, parce qu'un homme a été brave, y a-t-il une présomption pour que son fils et son petit-fils doivent l'être? Car là est tout le problème. Je le répète, depuis qu'il y a du papier et des plumes, on a écrit dans un sens et dans l'autre beaucoup de mots dépourvus de sens, et beaucoup de phrases toutes faites. Si vous voulez mon sentiment personnel, je pense qu'on parle trop de la SCIENCE, mais qu'on n'y recourt pas assez, et qu'à la science seule il appartient d'élever la voix en cette affaire. Elle seule peut nous dire ce qu'il y a de vrai dans l'Atavisme, et s'il est vrai que nos aïeux nous donnent leurs appétits, leurs instincts, leurs lâchetés ou leurs énergies avec le sang de leurs veines. Nous vivons dans un siècle d'analyse scientifique, où rien ne doit être admis qui ne soit prouvé et établi d'après une suite d'observations rigoureuses. C'est donc la Science qui devra nous apprendre si, dans ses appétits et dans ses vertus, le fils hérite vraiment de son père.

Je suppose qu'elle se décide pour l'affirmative, le moraliste se trouverait fort embarrassé, car il se demanderait tout de suite : « Comment se fait-il que des duchesses courent le guilledou avec les ténors, et que des comtes, nourris par le jeu, se fassent chevaliers d'industrie? » Pour que cette objection eût toute sa valeur, il faudrait que les nobles eussent continué à se marier entre eux sans mésalliances; mais, qui l'ignore? depuis bien longtemps la cupidité, le négoce, l'amour des écus se sont par les femmes alliés à la noblesse; par conséquent, beaucoup de nobles étaient les petits-fils de marchands et même d'usuriers malhonnêtement enrichis, et par conséquent ne pouvaient avoir ni léguer à leurs enfants des âmes de héros. Enfin, les femmes choisies dans la classe pour laquelle un laquais est un homme, couraient le risque de s'apercevoir qu'un laquais est un beau laquais, et de mélanger à tort et à travers le sang des vieilles races, de façon que le diable n'y reconnaisse pas ses petits. Et surtout, pour transmettre une qualité, il faut la posséder soi-même ; donc pour qu'une race noble se conservât pure, il aurait fallu que le premier noble de la race fût toujours en effet un vrai noble ; malheureusement, le très injuste caprice des rois a très souvent anobli un ruffian, un prêteur d'écus, un compagnon de débauche, de qui ne pouvait sortir ce qui n'était pas en lui, et qui, n'ayant rien à donner, ne donnait rien.

En principe, qu'est-ce qu'un noble ? La définition de ce mot est très simple. C'est celui qui veut bien mourir, qui à toute minute est prêt à donner pour l'humanité sa vie d'abord, son sang goutte à goutte, et aussi son bien et son argent. C'est celui qui s'affranchit des tâches mercantiles, mais qui s'engage à défendre la femme, l'enfant, le vieillard, tous les opprimés, et qui renonce à dire jamais : « Je n'ai pas le temps ; » ou « Je suis las. » C'est celui qui en plein bonheur, en pleine jeunesse, en plein amour, veut bien embrasser la mort sanglante, et qui ne fait pas plus de cas de l'argent monnayé que des cailloux du chemin. C'est celui qui donne avec joie, non seulement son sang et sa chair, mais le sang et la chair de ses fils, et qui met sous ses pieds l'égoïsme de la race, aimant mieux voir son nom mort que souillé. C'est celui qui en campagne veut bien, comme Alcibiade, coucher sur la terre nue et boire l'eau saumâtre, et souffrir gaiement plus de privations que le dernier soldat. Eh bien, il est certain que la nature fait de ces hommes-là, et je crois qu'elle les fait au moyen de l'Atavisme, mais par ses procédés à elle, qui sont mystérieux, et sans s'inquiéter de l'armorial et des combinaisons politiques.

Les titres ne sont que des mots; il peut y avoir, il y a des nobles sans eux et en dehors d'eux, et si l'Atavisme existe, comme je le crois, et comme la Science l'affirmera sans doute en dernier ressort, ils légueront leur noblesse à leurs fils, sans que les mots de duc où de comte soient nécessaires pour cela. Si Durand a donné au pays son sang, son intelligence et son argent et que Durand fils l'imite, et après Durand fils Durand petit-fils, les Durand auront fondé une race noble, et il suffira à leurs fils de s'appeler Durand pour que leurs travaux fassent revivre les travaux de leurs pères dans la mémoire des hommes. Nul besoin pour cela qu'un roi ou un prince régnant leur colle une étiquette sur la poitrine. Les rois choisissent souvent fort mal ceux qu'ils décorent de titres; mais la nature, qui fait ses nobles où et quand elle veut, ne cesse pas d'en faire.

La République ne fait pas de nobles, et les rois les font souvent à l'aventure; mais qu'il y ait de la matière à noblesse, que la nature en fournisse abondamment, cela n'est pas douteux. Sans chercher plus loin, je vois dans les journaux d'aujourd'hui que M. Shaeck, interne à l'Hôtel-Dieu, a contracté à l'hôpital une scarlatine compliquée de diphtérie à laquelle il a succombé, et que M. Oscar Guy, externe à l'hôpital Laennec, est mort dans les mêmes conditions d'une fièvre typhoïde. Eh bien, je ne sais pas comment ces deux jeunes gens sont nés, mais je sais qu'ils sont morts comme des nobles, préférant l'amour de l'humanité à la conservation de leur peau, et que par conséquent ils étaient des nobles. Qu'il ne soit pas venu un greffier et un notaire royal leur en donner le titre, cela ne fait rien à l'affaire, car la justice et la vérité sont dans l'essence des choses. Seule assurément l'aristocratie anglaise est dans le vrai, en s'annexant, comme rêva de le faire Napoléon, toutes les supériorités et toutes les grandeurs, et en disant : « Celui-là préfère un idéal à sa guenille, donc il m'appartient ! »

Mais à défaut de ce système régulièrement appliqué, le bon sens public et populaire, je le répète, saura très bien consacrer le principe de l'hérédité; car il est clair que s'il se présente un jeune typographe de génie portant le nom de Didot, il aura pour lui tout le renom de ses aïeux, s'il est vraiment un Didot, créant et inventant comme ses pères : tant pis pour lui s'il n'est que Didot fils! Oui, le généreux peuple veut bien que les dynasties s'établissent; il a acclamé les Vernet peintres dans trois générations de suite, et s'il y en avait eu un quatrième, il l'aurait acclamé encore. Donc nos fils seront nobles après nous, s'ils veulent et savent l'être; quant à nous, nous pouvons être nobles s'il nous plaît, si nous en avons la volonté et la force; il suffit pour cela que nous préférions quelque chose d'éternel et de divin aux écus tachés de boue, et à la vile guenille qui est notre peau !

Est un noble le missionnaire qui, pour porter au bout du monde ce qu'il croit être la vérité, risque sa vie cent fois par minute. Le chimiste qui se livre dans un but utile à de dangereuses expériences, le chirurgien qui s'expose à des piqûres anatomiques sont des nobles. Delescluze mourant sur sa barricade est un duc, et rien ne peut faire qu'il ne le soit pas.

Fût-il appelé d'un de ces noms vertigineusement bouffons qu'invente si bien Armand Silvestre, tout capitaine de vaisseau est nécessairement un noble, parce qu'en cas de naufrage, c'est lui qui quitte le navire le dernier; et s'il n'y a plus qu'une seule place dans le canot de sauvetage, plutôt que de prendre cette place, il la cédera à un passager idiot, gâteux, féroce et n'ayant plus qu'une heure à vivre. Donc, pour être noble, comme pour avoir du bon drap, le tout est d'y mettre le prix, et ce prix, c'est toutes les gouttes de notre sang offertes sans cesse et, dès qu'il le faut, prodiguées et données sans l'ombre d'une hésitation ou d'un regret.

« Mais alors, dira mon contradicteur, on trouvera de la noblesse partout, excepté peut-être dans les familles qui portent les titres héréditaires ! » Eh bien, mon cher Louis, cela encore n'est pas juste, car il faut tenir compte d'un élément très particulier, qui est l'influence des milieux. Qu'un homme, jusque-là étranger aux affaires, se trouve tout à coup associé à un important négoce, au bout de très peu de temps, par une sorte de transfusion idéale, il aura dans ses veines le même sang que ses associés et que les négociants anciens auxquels il succède; c'est que le passé s'infiltre en nous et nous pénètre, et que l'impérieuse Nécessité fait nos passions, nos désirs, et même nos aptitudes. Il arrivera très souvent qu'une fille de bourgeois transportée dans une famille noble soit transfigurée par l'air qu'elle respire, sache donner à ses enfants une vraie éducation de nobles, et mieux que son mari dégénéré, hérite l'âme et les sentiments des aïeux. Celle-là est la branche saine, à propos de laquelle il ne peut pas y avoir de doute, mais la vie est si complexe qu'il ne faudrait même pas se hâter de couper et de trancher tout de suite la branche pourrie.

Supposez, cette fois, une fille qui, mariée à un noble, ait gardé les instincts bas de sa première condition; imaginez qu'au lieu de faire la grande charité, elle cache des louis dans un bas de laine et des billets de banque dans sa paillasse; qu'elle se soit fait faire ses fils par des laquais robustes, et qu'elle les aime égoïstement comme une bête, souhaitant sottement pour eux la richesse et le bonheur ! Eh bien ! qu'une occasion se présente où la noblesse en masse doive offrir son sang et donner l'exemple du sacrifice, il se pourra très bien que, par un miracle dont on a vu mille exemples, cette femme de rien, tout à coup transformée par la contagion, devienne digne du nom qu'elle porte, et meure aussi bien et mieux que les autres; car parfois l'événement brutal et farouche a le don de nous communiquer la grâce.

Le bon Flaubert, qui mettait au-dessus de tout l'art de bien écrire, aurait voulu que la France devînt un grand mandarinat où les plus beaux titres honorifiques seraient donnés aux écrivains qui font les phrases les mieux construites, les plus correctes et le plus harmonieusement sonores. Dans cette nouvelle aristocratie, je n'ose songer à la place qu'aurait occupée monsieur Scribe! D'ailleurs elle n'aurait pas été très difficile à constituer; il est évident que Victor Hugo aurait été prince, Gautier comte, Musset chevalier, Leconte de Lisle baron dans sa forteresse, Coppée jeune page couché sur les coussins aux pieds d'une blonde Yolande, Alexandre Dumas père seigneur menant sur ses terres de grandes chasses, tel autre piqueur sonnant la fanfare, et tel autre, que je ne veux pas nommer, valet de chiens. Comme l'événement nous le prouve, l'hérédité pourrait se manifester dans cette noblesse-là aussi bien que dans les autres, mais probablement d'une manière très intermittente, car le fils d'un peintre peut être un bon peintre, et il y a gros à parier que le fils d'un homme brave sera brave lui-même; mais faire un poète, est une chose plus embrouillée et il y faut toutes les herbes de la Saint-Jean. Pour obtenir ce produit délicat et rare, la Nature, il est vrai, procède toujours par l'Atavisme; mais elle s'y prend de loin, avec mille soins compliqués, préparant à travers les races la tendresse, l'esprit, la bravoure, l'héroïsme, le don d'être impressionné vivement, la grâce, l'adresse, l'agilité de la pensée, et combinant tout cela dans sa chaudière d'or que caresse une flamme céleste. En somme, et pour me résumer d'un mot, ne jetons pas le manche après la cognée, mon cher Louis; laissons les coiffeurs et les ténors emporter les dames qui veulent bien être emportées, et les seigneurs de club verdir stupidement devant la table de baccarat; mais ne désespérons d'aucune noblesse, tant qu'il y aura en France de vraies femmes, et aussi des hommes moins avares que le vieil Harpagon et plus vaillants que Panurge.

XXVII

LA VÉRITÉ

Il est convenu, mon cher Louis, que dans la verdoyante et luxuriante solitude où vous vous êtes sagement retiré, vous vous inquiétez peu d'apprendre les événements fortuits et quelconques dont la série sans cesse renouvelée constitue les « Nouvelles diverses » ; vous voulez seulement connaître par moi, vous bornant à ce que je puis en deviner et v ous en dire, le mouvement et l'évolution de l'âme moderne. En général, vous ne spécifiez rien, et vous me permettez de dégager, dans la mesure de mes moyens, l'essence des choses. Cependant par exception, et pour une fois que vous m'écrivez une lettre de quatre lignes, vous me posez un ensemble de questions en apparence effrayant: « Qu'est-ce au fond que le *Réalisme*, que l'*Impressionnisme*, que le *Naturalisme* en poésie, en littérature, en peinture, en musique ? Accessoirement, qu'étaient les « *Parnassiens* » ? Quel lien existe entre les romanciers Edmond de Goncourt, Alphonse Daudet, Émile Zola, et forment-ils ce qu'on nomme une école ?

Mon cher Louis, pour résoudre à la fois tant de problèmes, il semble qu'il faudrait écrire beaucoup de volumes in-octavo ; mais ces questions peuvent aussi être traitées en quelques lignes, et je crois qu'elles n'y perdront rien. Arrachons d'abord les broussailles qui embarrassent nos pieds; supprimons résolument les vulgaires erreurs, les lieux communs, les arguments imaginés par la mauvaise foi, et il se trouvera que tout de suite la place sera à peu près nette. Quand la Vérité nue, telle que l'a si bien représentée Jules Lefebvre, apparaît tenant en main son flambeau dont la clarté déchire et dissipe les ténèbres, elle admire elle-même comme elle a peu de chose à éclairer. Commençons par le commencement. Il est évident que, dans les arts, nous assistons depuis quelques années à un mouvement très ardent en faveur de la vérité de la sincérité, de la vie prise sur le fait et exprimée naïvement. Nommez-le comme vous voudrez ; les mots ont ici peu d'importance. Le mot *Naturalisme*, entre autres, était mal choisi, parce qu'il a depuis de longues années une et même deux significations définies, autres que celle dont il hérite maintenant. En bon français, un naturaliste est un savant comme Buffon ou Lacépède, qui s'occupe d'histoire naturelle, ou, dans un sens moins élevé et plus restreint, un industriel qui prépare et vend des animaux empaillés. Mais ce serait là une vaine querelle ; je ne chercherai pas de difficultés où il n'y en a pas, et je prendrai le mot tel qu'on nous le donne.

Certes, le mouvement dont j'ai parlé existe ; certes, il est relativement nouveau ; l'est-il foncièrement et essentiellement? Non, sans doute. Car dans l'art comme dans la vie, les mêmes actions et les mêmes réactions se produisent sans cesse. Toujours, à un moment donné, les écoles d'art en arrivent à s'arrêter, à s'immobiliser dans une convention, à se momifier dans une formule ; et alors l'instinct même nous avertit qu'il faut nous renouveler dans la source toujours féconde et régénératrice de la Vie.

Assurément ce besoin des résurrections est légitime entre tous ; les naturalistes n'ont qu'un tort, c'est de croire qu'ils l'ont inventé, et les Grecs n'ont pas voulu dire autre chose lorsqu'ils imaginaient la fable sublime du géant libyen Antée, qui toujours, en touchant la Terre, sa mère, retrouvait des forces nouvelles et assez de vigueur pour lutter même contre l'invincible Hercule. Sans parler des artistes anciens qui audacieusement rendirent la liberté aux membres des Dieux pliés et assemblés par la Règle, ni de Raphaël qui après les primitifs fut un réaliste, et pour passer tout de suite au déluge, les génies de 1830 ne firent pas autre chose que de détruire au nom de la réalité et de la vie la formule classique.

Il est vrai qu'en la voulant vivante et agissante, ils gardaient le culte de la Beauté, et que les naturalistes nouveaux prétendent n'en tenir aucun compte ; mais ils se vantent, ou du moins se trompent de bonne foi. Car qui dit Choix, dit recherche de la Beauté ; or les naturalistes les plus effrénés sont bien forcés de choisir entre les éléments qui s'offrent à eux, le besoin de sélection qui est l'âme de la nature étant par la même raison essentiel à l'esprit humain. La beauté de Vénus ou la beauté de Javotte, c'est tout un ; nez droit ou nez en trompette, il suffit que vous l'ayez choisie, que vous en ayez cherché et exprimé le caractère intime, pour qu'elle soit une des figures et un des aspects particuliers de la Beauté.

Reste une question en apparence très importante, et qui au fond n'est rien du tout. Un simple bâton flottant. Les modernes naturalistes pensent que, pour être moderne, il faut supprimer de l'art les personnages en toge ou en chlamyde que nous n'avons pas vus, et représenter uniquement les personnages en blouse ou en habit noir que nous voyons à chaque minute ; ceci est un simple enfantillage.

Qu'il le veuille ou non, et de quelques costumes qu'il lui plaise d'habiller ses figures pour ajouter à son œuvre un amusant ragoût, l'artiste ne peut peindre autre chose que la vie et l'âme de son temps, et il les peindra s'il a de la sincérité et du génie : sinon non. N'est-il pas superflu de redire que Racine évoquant ses Grecs et ses Romains, et Molière écrivant son *Amphitryon*,

nous ont donné toute vive et palpitante la cour de
Louis XIV? Un écrivain qui manque d'originalité et de
sincérité peut ne créer que des mannequins sans vie,
indûment revêtus de l'habit noir, tandis qu'un Shakespeare, dans *Coriolan* et dans *Timon d'Athènes*, fait
grouiller dans la vérité crue et saisissante le peuple de
tous les temps et particulièrement le peuple de son
temps. Nous serons toujours très actuels, si nous sommes vivement impressionnés et si nous exprimons notre
impression avec naïveté et avec talent, et un mauvais
artiste peut manquer d'actualité en racontant un fait
qui s'est passé sous ses yeux, mais qu'il n'avait pas su
regarder. Combien d'écrivains en 70, après avoir personnellement combattu, après avoir vu les mêlées, les
escarmouches, les champs de bataille jonchés de cadavres sanglants, nous ont raconté la guerre *à laquelle ils
avaient assisté*, en copiant les auteurs grecs et latins!
C'est que ce n'est rien d'avoir été là en personne, si l'on
pense avec paresse, et si l'on ne sait pas s'affranchir
du fatras mal digéré et des souvenirs d'école!

Enfin, mon cher Louis, nous avons inventé la nature
végétale, mais, cela va sans dire, après Bernardin de
Saint-Pierre, après Rousseau, après Chateaubriand, et
après beaucoup d'autres. La noire frondaison, la torsion amoureuse des branches, les ramilles, les délicates
feuilles ensoleillées et sombres qui rampent sur la terre,
les herbes, les fleurs, les fleurettes, la végétation infinie,
le frisson des sources ont été retrouvés par la poésie et
par la peinture, et cela à juste titre, car un bouton d'or
ou un brin de trèfle font partie de la nature et existent
aussi bien qu'un empereur. Il en est du paysage comme
du tiers-état; il n'était rien, et voilà qu'il est tout.

Jadis, derrière les héros de son Parnasse, Raphaël,
pour laisser aux figures leur importance, dressait des
arbres rares et grêles comme de petits balais; par
contre, dans un roman écrit par un jeune naturaliste,
un père qui songe à assassiner ses deux filles, se couche

dans l'herbe haute pour mieux caresser ce projet, et alors nomme par leurs noms botaniques toutes les plantes qui l'entourent, comme s'il avait là sous la main un dictionnaire spécial. Il me semble qu'entre ces deux excès, qui sont affaire d'époque, de mode et de tempérament, on finira par trouver la juste mesure, et que le paysage pourra entrer dans une composition en raison de la mesure dans laquelle il devra concourir à l'intérêt du sujet. A moins qu'il ne soit lui-même le sujet et le personnage principal, auquel cas un chou peut valoir Achille ; il suffit de le peindre avec génie.

La Musique elle-même veut sortir de la convention et de la routine, et ne croit plus qu'un poème lyrique et dramatique soit une succession d'ariettes, de chansons à danser et de chansons à boire. Elle a raison en développant à l'infini dans le chant l'idée mélodique, et en mettant la description et le pittoresque dans la symphonie. Peut-être ce que cherche Wagner se rapproche-t-il beaucoup plus qu'on ne croit de la tragédie grecque, et même de l'art antique et primitif d'Orphée ; quoi qu'il en soit, cet art nouveau suppose la subordination de la Musique à la Poésie, et par conséquent la présence d'un poète. Ou plutôt le créateur du drame lyrique ne doit-il pas être à la fois, comme Wagner, un poète et un musicien, pensant en même temps la note et le son de la syllabe ? En tout cas, ce n'est pas sur les lignes inégales de nos librettistes que pourra être appliquée la musique émue qui parle et qui pense. Les musiciens auraient meilleur marché d'apprendre eux-mêmes la langue des vers, qui n'est qu'une des formes de leur art, et de ne pas s'obstiner à vouloir faire un civet sans lièvre.

J'en reviens au roman actuel. Vous me demandez, mon cher Louis, si Goncourt, Daudet et Zola forment une école ? Nullement, et à aucun point de vue. Il n'y a entre eux aucune espèce de lien, si ce n'est que ce sont trois artistes d'un ordre supérieur, qu'ils sont les meilleurs romanciers de ce temps, et qu'ils publient tous les trois leurs livres à la librairie Charpentier. Ajoutez qu'ils sont amis et qu'ils apprécient réciproquement leur incontestable mérite, mais voilà tout. Entre les analyses cruelles, délicates et raffinées de Goncourt, la verve poétique ironique et sentimentale de Daudet, et la brutalité épique de Zola, qui voit son Paradou grand comme l'Asie Mineure et les soles de la Halle grosses comme des baleines, il n'y a aucune parenté quelconque. Il est vrai que ces trois écrivains se réclament de Balzac et de Flaubert ; mais nul mortel qui, à l'heure qu'il est, tient une plume n'a échappé à l'influence de Balzac, de Flaubert, et disons-le aussi, d'Edgar Poe. Vouloir désigner un homme par cette parenté, c'est comme si on avait dit de lui autrefois : « C'est un garde national ! » C'est ainsi que tout poète digne d'aspirer à ce grand nom procède forcément de Victor Hugo, qui a créé et tiré de son sein toute la poésie moderne, et c'est pourquoi on a dit une bêtise grosse comme les maisons en prétendant que les « *Parnassiens* » vivent plus intimement que d'autres poètes dans l'admiration de Victor Hugo.

Mais y a-t-il des *Parnassiens* ? Non, mon ami, il n'y en a pas. Cependant, que signifie le mot, car un mot ne naît pas tout seul, comme un champignon ? Il a été publié chez l'éditeur Alphonse Lemerre plusieurs recueils collectifs portant ce titre : *Le Parnasse contemporain*, et c'est à la suite de cette publication qu'on a appelé *Parnassiens* tous les poètes dont les œuvres ont été éditées chez Lemerre, c'est-à-dire tous les poètes en général, depuis Théophile Gautier jusqu'à X, Y, Z, excepté toutefois ceux qui professent un mépris par trop absolu pour la grammaire, pour la prosodie et pour la rime, et pour qui *avoir des idées* consiste à ne pas savoir la règle des participes.

Voilà tout, mon cher Louis ; vous voyez que dans tout cela il n'y a pas de quoi fouetter un chat, que rien n'a changé depuis que le monde est monde, et que tout se résume à ceci qu'il y a de bons et de mauvais artistes. Ne dédaignons rien, ni l'art, ni la tradition, ni la divine et universelle nature. Pour moi, il me paraît aussi détestable de passer à travers les forêts et les foules sans les voir que de vouloir, comme notre ami Jules Vallès, envoyer Homère aux Quinze-Vingts. Ce n'est pas dans Homère ni chez Raphaël que vous trouverez l'impression que doivent vous donner un drame humain ou un paysage, de même que toutes les futaies et les rivières du monde ne vous apprendront pas à mélanger un ton, et vous enseigneront encore moins la façon de construire un vers hexamètre ou une phrase bien équilibrée, parce qu'elles ne le savent pas. Non certes, répétons-le encore et toujours, il ne faut pas faire un civet sans lièvre ; mais aussi il ne faut pas interroger le lièvre, qui fuit éperdu, sur la façon dont il faut s'y prendre pour faire le civet, et quel vin il faut employer pour cela, et quelles épices de haut goût et quelles herbes odoriférantes. Sans doute que le lièvre n'en sait rien ; mais il est probable encore que, s'il le savait, il ne le dirait pas, tant la confection du civet est pour lui d'un intérêt négatif et médiocre !

XXVIII

PROPOS DE THÉATRE

Ce matin, mon cher Louis, j'ai reçu la visite d'un petit provincial qui m'a lu ou plutôt récité un drame en vers. Robuste, énergique, taillé comme une figure de Michel-Ange, avec des muscles de bœuf, ce jeune homme, dont le front déborde de vie et de pensées, semble avoir dans ses yeux l'éclair du génie. Il est le fils d'un professeur, savant obscur oublié dans un collège de province, qui lui a enseigné à fond le grec, le latin et les sciences, et le neveu d'un forestier qui tout enfant l'a emmené avec lui dans les bois, de sorte qu'il a eu pour maîtres Eschyle, Aristophane et la nature. Son drame est absolument sublime, avec des caractères profondément humains, des scènes poignantes qui vous prennent le cœur dans un étau, et de grandes envolées lyriques. Son vers est plein, ferme, sonore comme l'airain, plein de beaux mots retentissants et mélodieux, et rimé avec l'ingéniosité et la certitude d'un homme qui en rimant parle sa vraie langue natale. Quant au sujet de la pièce, emprunté à l'une des époques les plus sauvages et les plus poétiques de l'histoire de France, je ne veux pas le déflorer, même dans une lettre particulière, car enfin, il n'est pas tout à fait imposible qu'après avoir attendu vingt ou vingt-cinq ans, cette œuvre soit jouée quelque jour au théâtre Cluny ! Donc le jeune homme me récita son drame, avec une diction exempte de charlatanisme, sans faire de grands bras et rouler de gros yeux et, la lecture finie, me demanda ce qu'il devait espérer et tenter.

— Mais d'abord, lui dis-je, avez-vous un autre talent que celui-là et savez-vous faire autre chose ?

— Ma foi ! non, répondit-il modestement.

— Eh bien, mon enfant, repris-je, s'il en est ainsi, je vous engage à faire comme George Dandin, à vous attacher une grosse pierre au cou et à vous jeter au plus profond de la rivière.

Le jeune homme se récria ; il ne comprenait pas bien. Puisque je trouvais son drame beau et sublime et puisque je le lui disais, pourquoi d'autres hommes, par exemple les sociétaires du Théâtre-Français, ne penseraient-ils pas comme moi, et pourquoi la pièce ne serait-elle pas représentée devant l'admirable peuple de Paris, qui comprend et devine tout ?

— « Mais, lui dis-je vivement, car je compris qu'il fallait l'opérer en une fois de ses illusions, vous mêlez et confondez les notions les plus élémentaires ! Le peuple de Paris ou d'ailleurs n'entre jamais à la Comédie-Française, dont les places, vu leur prix, sont réservées par la nature des choses à un public d'un ordre particulier, créé jadis par cette parole de Guizot: *Enrichissez-vous !* qui sur sa lèvre austère et pensive résonna comme le *Fiat lux !* En assistant à une des représentations du mardi, vous pourrez vous convaincre que pas un de ces spectateurs tirés à quatre épingles et que pas une de ces belles femmes, sur les robes desquelles fleurissent des lys de diamant, ne connaissent, par le livre, Racine ou Molière !

Le Peuple, qui est un héros, peut se plaire naïvement à la peinture des sentiments héroïques ; il n'en est pas de même de ces spectateurs appartenant aux classes dirigeantes, qui ne sont pas des héros et qui, après avoir bien digéré, désirent aller se coucher tranquilles. Faire jouer des pièces poétiques ! mais, mon cher enfant, Victor Hugo, qui est un invincible titan de génie, de volonté et de force, a dû renoncer à cette chimère, il y aura quarante ans le sept mars de l'an prochain. Car la Poésie vise le beau, et le Théâtre, quel qu'il soit, vise l'argent, ce qui n'est pas la même chose. D'ailleurs, le Théâtre descend en ce moment sa fatale et inévitable montagne russe. Vous savez que, parti de l'Ode, il doit aboutir à l'inerte et splendide Exhibition, en passant par les Alcazars, les Alhambras et les Eldorados à femmes, dont les noms expriment une idée de paresse et de volupté matériellement paradisiaque ; et il est beaucoup plus près de son point d'arrivée que de son point de départ.

Lorsqu'à la Comédie le Verbe a cessé d'être tout, il est bien près de n'être rien, et déjà vous pouvez voir la Pensée écrasée sous le tas des étoffes, des vases, des candélabres, des mobiliers, des bibelots. Comme tous les autres salons de Paris, le salon de Molière est devenu une succursale de l'Hôtel des Ventes, et la pauvre Muse se débat en vain, frissonnante, au milieu de ces sophas, de ces bonheurs-du-jour et de ces commodes aux bronzes fulgurants, qui lui cassent et lui meurtrissent les ailes. On lui fait assez nettement sentir qu'elle est une visiteuse importune, en étalant devant des gens du monde des pièces écrites et jouées par d'autres gens du monde. Tout cela se passe en bonne compagnie, entre honnêtes gens possédant tout au moins quarante mille livres de rente ; c'est assez vous dire que la race du vieux Corneille aux souliers rapiécés par le savetier du coin n'a que faire de montrer là le bout de son nez. Assez de chefs-d'œuvre ! il n'en faut plus. Avec les chefs-d'œuvre, on s'expose à des chutes complètes, comme celles qu'obtinrent jadis *Les Plaideurs* et *Le Misanthrope ;* or, à ce prix-là, personne n'en veut, et le grand Bilboquet a depuis longtemps résumé la question en s'écriant dans un chaste élan d'amour : Sauvons la caisse !

Voulez-vous d'autres raisons ! il n'en manque pas. Qui dit Poésie, dit un monde idéal. Or, ce monde idéal était jadis le refuge des pauvres comédiens errants et affamés, qui, vêtus de haillons de satin passementés de cuivre, se résignaient à être princes dans le pays du rêve, et à parler la langue des Dieux, puisqu'ils auraient en vain demandé des miettes de pain ou des miettes d'amour en se servant de la langue des hommes. Mais aujourd'hui, ils sont princes pour tout de bon, ils possèdent l'argent, qui est le pouvoir moderne; ils sont les égaux de tout le monde, excepté des poètes restés pauvres; ils peuvent aspirer aux honneurs politiques; ils construisent des hôtels comme les Rothschild et ils rassemblent des galeries de tableaux, comme le duc d'Aumale. Et vous leur proposeriez de quitter ces trésors, qu'ils tiennent et possèdent, pour la chimérique forêt d'Orlando et de Rosalinde! C'est comme si, voyant un gourmand attablé devant un jambon réel à la belle chair brune et rose, vous l'invitiez à quitter cette proie pour un jambon de carton! De même que le véritable Amphitryon est l'Amphitryon où l'on dîne, la vraie vie de chacun est celle où il est heureux et riche.

Voilà pourquoi les comédiens aiment à jouer les comédies où ils sont habillés de vestons, où ils tournent le dos au public et où ils disent *Qué qu'c'est qu'ça?* comme de simples millionnaires qu'ils sont. Ils marchent vivants dans leur rêve étoilé, qui consiste à être parfaitement heureux, et par conséquent ils n'ont aucune raison pour entrer dans le vôtre. On n'échange pas de bons titres de rente contre des rimes, des clairs de lune et des chansons d'alouette. Aussi, monsieur, si vous connaissez un bon professeur en cassage de cailloux, je vous engage à aller le trouver pour qu'il vous enseigne à casser des cailloux; et certes, ce talent vous vaudra mieux que le sublime bon sens d'un Molière, ou que la tendre suavité d'un Racine.

— Mais, me dit le jeune homme un peu interloqué, si j'essayais d'apprendre à parler en prose, comme tout le monde? Si je choisissais dans la vie réelle et moderne un sujet simple, émouvant, poignant, et si je l'écrivais en une bonne prose française concise, claire surtout, sans broderies et sans arabesques, disant bien ce qu'elle veut dire, peut-être alors les directeurs de théâtre ne me repousseraient-ils pas tous?

— Hem! lui dis-je, mon cher enfant, il ne faudrait pas vous y fier. Les directeurs se font gloire d'être extrêmement malins (ils disent même en leur langage *roublards!*) pour reconnaître l'ennemi, c'est-à-dire le poète, sous les déguisements dont il peut s'être affublé. Le porteur de lyre, l'assembleur de rimes a beau s'être blanchi à la poudre de riz pour ressembler aux *gommeux* estimables, les directeurs, comme le *Guillotiné par persuasion* de Chavette, ont de la méfiance, ce bloc enfariné ne leur dit rien qui vaille, et quand il serait sac, ils ne le laisseraient pas approcher. Tenez, je vais vous raconter une fable qui est arrivée pour tout de bon, ce que Courbet en son temps appelait une *Allégorie réelle*. Un de nos plus hardis et plus enragés confrères, Émile Bergerat, présente au directeur du Gymnase une grande pièce, que Victor Koning trouve excellente et parfaitement bonne. Donc, il n'y a plus qu'à la jouer; *La fille le veut bien, son amant le respire;* donc, pas l'ombre d'une difficulté dans tout cela. Même, par surcroît, il arrive qu'Émile Augier, le maître incontesté du théâtre moderne, a lu le drame, l'a approuvé, a même, avec son sens impeccable, indiqué certaines corrections des plus heureuses, et qu'il recommande chaudement au directeur du Gymnase l'œuvre de son jeune confrère.

Il n'en fallait pas tant, le directeur étant plus convaincu que tout le monde, et déjà on allait écrire les bulletins de répétition lorsque, regardant Bergerat avec plus d'attention qu'il n'avait fait encore, le rusé Koning reconnaît sur son front, à n'en pas douter, le signe indélébile dont est marqué le poète! Voilà qui changeait furieusement la thèse, et il ne s'agissait plus que de détourner les chiens au moyen d'une transition de génie.

— « Eh bien, dit le spirituel directeur, nous voilà d'accord sur tous les points. SEULEMENT, vous le comprenez comme moi, votre rôle est trop beau pour que je le fasse créer par une autre artiste que Sarah Bernhardt! Amenez-moi Sarah Bernhardt prête à répéter, et nous mettons tout de suite votre pièce à l'étude.

Bergerat eut un moment l'air stupéfait d'un homme à qui on demande la lune; mais il ne tarda pas à reprendre son sang-froid. Pour être joué, que ne ferait pas un auteur dramatique? Si on le lui avait demandé, il serait allé chercher l'Eau qui danse ou la Pomme qui chante; pourquoi pas Sarah Bernhardt? Il prit congé, monta en chemin de fer, et arrivé à une heure du matin dans la ville où la célèbre tragédienne jouait la comédie, il se présenta chez elle, au moment précis où elle rentrait harassée du théâtre, et où elle sentait dans ses entrailles une faim de cannibale. Cependant, doña Sol, qui est aussi bonne que belle, écouta avec intérêt le jeune auteur, et même lui prit des mains le manuscrit et se mit tout de suite à en commencer la lecture. Le lendemain, impatient de savoir son sort, Bergerat courut chez Sarah; mais, naturellement, elle était partie. Pour où? Belle demande! Pour Sumatra, pour les Bermudes, pour Yeddo, pour les îles Açores, pour Stockholm, pour l'Afrique noire, pour tous les pays, et dès lors, par tous les moyens connus de locomotion. Bergerat se mit à la poursuivre, comme dans une pantomime des Funambules ou dans un voyage de Jules Verne. Parfois ils se rencontraient, se croisaient une seconde, lui dans un ballon, elle dans un autre, au-dessus de la région des tempêtes, parmi les noires ténèbres striées d'or et ensanglantées de pourpre. D'une voix étouffée, Bergerat murmurait : « Eh bien? » et de sa mélodieuse voix d'or qui résiste même aux ouragans du ciel, Sarah lui criait : Très bien, la scène *trois* du *deux!*

D'autres fois, c'était sur l'océan Pacifique, au milieu d'une horrible tempête; montés l'un et l'autre sur des navires prêts à s'engloutir, ils se parlaient sous l'éclair en feu. Bergerat murmurait : Eh bien? Et Sarah lui criait : Très bien la fin du *trois!* D'autres fois encore, dans la mer du Nord, près du pôle, ils se croisaient, montés chacun sur un iceberg et guettés par les ours blancs, et Sarah lui criait : Je vois pour le *quatre* une robe en peluche, d'un rose si pâle qu'elle en sera verte! Bergerat avait vu tous les peuples, tous les continents, tous les cieux, toutes les faunes, toutes les flores, tous les flots divers; il aurait continué sa course pour arriver à savoir l'opinion de Sarah sur l'ensemble du drame; mais enfin, saisi de remords, il songea à sa bonne et charmante femme, à son fils Toto, qui peut-être s'était fait avocat (un enfant a si vite fait de mal tourner!) et, de guerre las, revint à Paris.

— Ah! lui dit le directeur, je suis bien heureux de vous voir. Nous répétons votre pièce demain, à onze heures, moins le quart, pour onze heures sans quart! C'est chose faite, car, N'EST-CE PAS, vous m'amenez Sarah?

— Mais non! fit Bergerat, un peu triste d'avoir parcouru des pays où le nom de monsieur Scribe n'est pas connu, et où on mange encore de la chair humaine.

— Alors, dit Koning, désolé, mon cher ami, mais rien de fait.

— Et, dis-je, moi, en terminant, au jeune poète, ceci vous enseigne que le métier d'auteur dramatique est un bon métier; mais vous ferez bien d'en chercher un autre, si vous avez besoin d'argent la semaine prochaine. Après *Le Monde où l'on s'amuse,* Édouard Pailleron a écrit *Le Monde où l'on s'ennuie;* mais le Théâtre, vu du côté des coulisses, pourrait être appelé, sans hyperbole : *Le monde où l'on s'assied sur des clous et sur des épingles noires!* »

XXIX

TORQUEMADA

Mon cher Louis, dans la solitude profonde et inexpugnable où vous vous êtes fortifié, rien n'arrive jusqu'à vous, c'est convenu, et vous bravez les importuns, les sots, les anecdotes, les incidents, les histoires, et toutes les choses inutiles, puisqu'avec une divine prudence vous avez chargé votre secrétaire de lire non seulement vos journaux, mais aussi toutes vos lettres, et d'y répondre de son chef sans vous en communiquer ni vous en résumer le contenu. Il a aussi pour mission de ne pas laisser arriver jusqu'à vous les livres, où les actions indifférentes et le néant de la vie sont représentés avec un soin fidèle. Mais puisque ce jeune homme a de l'esprit et qu'il s'est montré digne de vous servir, il est évident que, dès son apparition, il est allé chercher *Torquemada* à la ville la plus voisine de votre château, et qu'il vous a apporté ce drame palpitant de la joie d'être né, et humide encore de la presse.

Ainsi donc, vous êtes au courant. Vous le savez, il est arrivé l'événement le moins extraordinaire, le plus attendu, le plus souvent reproduit, le plus facile à prévoir, c'est-à-dire que Victor Hugo a fait un nouveau chef-d'œuvre, digne de Pindare et d'Eschyle. Dans notre vie actuelle et mesquine, un poème de Victor Hugo qui surgit, c'est comme si, dans une soirée de bons bourgeois occupés à jouer au loto, en mangeant des marrons et en buvant du cidre, on voyait tout à coup entrer un lion. Mais on s'y est habitué. Le lion est venu si souvent que lorsqu'il apparaît, montrant ses dents terribles et sa gueule rose, et secouant sa crinière de lumière et de flamme, on dit : « Ah! c'est le lion! » et personne ne s'étonne plus. Eh bien! cette fois, mon cher Louis, il y a quelqu'un d'étonné, d'ébloui, de stupéfait jusque dans la moelle des os; ce quelqu'un, c'est moi. Ce qui m'intrigue, ce qui me renverse, ce qui me consterne d'admiration, c'est les deux scènes d'amour entre don Sanche et doña Rose, la scène V du Prologue, et la scène V du quatrième acte. Je vais m'expliquer tout à l'heure; procédons par ordre.

Non, tout le reste, l'invention épique et prodigieuse du drame, son bruit pareil à celui d'un aigle qui ouvrirait ses ailes en même temps qu'on entendrait résonner une lyre géante, les figures de l'histoire soudainement ressuscitées, la curieuse fresque où entre les deux moines le pape Borgia vêtu d'or et portant un cor à sa ceinture arrive en habit de chasse, chasseur inouï des cruautés et des voluptés, la scène où, pareils à deux spectres, Fernand et Isabelle, assis sur leurs deux trônes, méditent de prendre l'or des Juifs quand l'Inquisiteur apparaît, les jette à genoux, les force à baiser la terre, puis écartant le rideau, leur montre l'autodafé se gorgeant de chair brûlée entre ses quatre colosses; tout cela, dis-je, ne me surprend pas; c'était attendu, c'est le régal où je suis accoutumé; c'est de l'Hugo, c'est du Shakespeare; c'est, comme je vous le disais tout à l'heure, de l'Eschyle. Mais les scènes d'amour!

Que sans avoir préalablement modelé l'argile, consulté le modèle vivant, moulé le plâtre, et pris des mesures mathématiques au compas et indiqué des points de repère, Michel-Ange, le ciseau et le maillet à la main, se plante devant un bloc de marbre; qu'il commence sa figure par le haut, enlevant des morceaux et des copeaux de marbre; qu'il lutte corps à corps avec la pierre dure, la forçant à vivre, l'arrachant à son lourd sommeil, et, comme un Prométhée, l'échauffant et la brûlant d'une céleste flamme ; que tout à coup des cailloux, de la blanche poussière, des débris entassés surgisse le colosse effrayant, à la fois bête et dieu, montrant son large front, ses yeux inspirés, ses muscles de taureau et s'agrafant à la terre d'un pied robuste, il n'y a rien là d'étrange ; mais où Michel-Ange m'étonne, c'est lorsque je vois ce titan sertir dans l'or pâle un diamant ou une perle et créer un joyau délicat, une mince fleurette frissonnante, avec la grâce attendrie d'un Benvenuto ! Et née sous ses doigts farouches, la tremblante fleur égale en immortelle beauté les Dieux et les colosses, car elle atteint à la même simplicité et à la même grandeur, et elle porte comme eux l'impérieux signe, la marque ineffaçable du génie. Telles, mon cher Louis, les scènes d'amour dont je vous parle.

Inventer un drame immense et formidable comme *Torquemada*, certes Hugo seul le pouvait ; mais il l'a pu tant de fois que nous ne comptons plus avec lui. Vous le savez, le poète des *Contemplations*, des deux *Légendes des Siècles*, des *Quatre Vents de l'Esprit* est brûlé d'une charité, d'un amour sans bornes, dévoré par un immense besoin de pardon, de pitié et d'apaisement. Il n'admet ni le châtiment irrémédiable, ni l'abaissement sans recours ; où tous les juges condamnent, lui il absout ; il ne voit que des malheureux, là où la Vengeance et le Mépris cherchent des coupables. Il se promène à travers le bagne de la vie et il relève la prostituée, le laquais, le bouffon, ravivant l'étincelle qui reste en eux de la flamme céleste ; il pénètre dans le sombre bagne de l'Histoire, et il lave, il rend à leur blancheur première, pourvu qu'il leur soit resté quelque chose d'humain, les vainqueurs, les assassins, les bourreaux vautrés dans le sang et couverts de crimes. Cette fois, il a choisi le plus horrible monstre, celui qui de tous a le mieux fait bon marché de la vie humaine, celui qui sans trêve a martyrisé, torturé, brûlé les créatures, et qui s'est enivré de l'odeur des chairs grillées et du sang fumant, l'inquisiteur Torquemada ; il n'a pas voulu que même celui-là fût un monstre ; dans sa toute-puissance de génie créateur, il lui a accordé la circonstance atténuante d'une héroïque démence ; il a ordonné que Torquemada fût bourreau, tourmenteur et exterminateur à force d'amour. En effet, l'Inquisiteur implacable, tel que l'a deviné, vu et ressuscité le poète, guérit le feu par le feu, l'enfer par l'autodafé, la damnation par le supplice, brûle les corps pour purifier les âmes, oppose à la fourche de Satan la fourche avec laquelle lui Torquemada avive ses brasiers, et au lieu de haïr ceux qu'il tue et consume avec ses torches embrasées, les adore.

Assurément, pour rendre possible poétiquement ce sauveur effréné, ce guérisseur furieux, ce monstre de pitié, il fallait lui donner comme contre-poids ce qu'il y a de plus divin, de plus suave, de plus extra-terrestre sur la terre, c'est-à-dire l'amour de deux enfants innocents, et vermeils comme l'aurore. Et quoique l'idée de cette antithèse soit une idée de génie, elle devait venir à l'esprit naturellement ; un autre que Hugo pouvait la trouver ; mais pour l'exécuter, ce n'était pas trop de sa prodigieuse puissance. Car y pensez-vous, après avoir allumé les brasiers et les fournaises dans l'âme de Torquemada, mettre dans la grâce, dans la joie, dans le clair épanouissement de deux tendres âmes enfantines qui s'éveillent assez d'intensité pour que les rayons de ce lever de soleil ne soient pas effacés par les rouges flamboiements de l'incendie, c'était le problème inouï, la chose impossible, le dernier effort du plus audacieux des Prométhées. C'est là qu'il n'y avait pas le choix ! Victor Hugo seul est le poète assez inspiré, l'artiste assez grand, universel et divers pour réaliser de semblables merveilles. Et vous avez pu le remarquer déjà en lisant et relisant son œuvre, de tous les poètes présents et passés, il est exactement le seul qui se montre aussi fort et robuste en célébrant la gloire d'une rose, par exemple, qu'en peignant les combats, les martyres et les horreurs. C'est en cela surtout qu'il est unique.

Il y a, mon cher Louis, un secret de l'art que presque tout le monde ignore; c'est que montrer les mêlées, les poitrines ouvertes, les chevaux qui foulent aux pieds les cadavres; ou bien, flétrir les crimes, faire voir les bourreaux en proie à leurs remords, écheveler sur leurs fronts les divinités vengeresses qui s'envolent en poussant des cris; ou bien, écrire les vers que l'Indignation dicte elle-même, marquer au front les pâles Messalines, empoigner le tyran par sa robe de pourpre et le traîner dans la flaque du sang qu'il a versé, cela est relativement facile; le vraiment difficile, c'est d'être grand dans la tranquillité, dans l'apaisement et dans le sourire, comme la nature !

Une scène d'amour, c'est le dernier mot de l'art, et le poète doit la créer de toutes pièces et transporter dans le Verbe ce qui dans la réalité n'est que balbutiements, soupirs, regards furtifs et délicieux; l'amour dans la réalité bégaye, et ne parle que chez le poète qui, par une inversion magique, transpose dans la voix humaine ce qui se passe dans les âmes. Tour de force tellement effrayant, qu'en général tous les auteurs et même les poètes dramatiques y renoncent, et à ce moment-là se bornent à la pure convention, se dérobant à une lutte qu'ils jugent impossible. Au contraire, cette lutte, Hugo s'y jette avec la plus folle bravoure, avec la plus furieuse témérité ; car non seulement il entreprend de faire parler d'amour deux enfants purs, bénis, radieux, dont l'un a seize ans et l'autre dix-sept ; mais assez fort pour ne douter de rien, trempé trois fois dans les eaux du Styx, et accomplissant une chose plus hardie que de se planter nu en face d'une mitrailleuse, il ose montrer les deux amants cueillant des fleurs et courant après des papillons, comme les héros de monsieur Scribe !

Oui, c'est à dessein et avec réflexion que ai écrit ici

le nom de monsieur Scribe. C'est là, c'est dans la donnée même où le vaudeville trouverait son thème le plus banal et où la romance verserait ses pleurs les plus bêtes, que le poète de *Torquemada* prend son couple divin et l'entraîne dans une amoureuse églogue qui passe en beauté celle de Théocrite! Écoutez-les parler, ces amants; leur voix a des murmures de ruisseau, leurs lèvres ont des rougissements de roses, leurs baisers sont chastes, ils poursuivent les papillons d'un pas si léger qu'ils semblent, eux aussi, voler parmi l'herbe frissonnante; leurs rêves sont si purs qu'ils peuvent se les raconter l'un à l'autre, et en se regardant de tout près, ils voient dans leurs claires prunelles le reflet de leurs âmes pleines de ciel. Ils sont dans les bras l'un de l'autre, protégés par leur innocence, par leur ignorance, caressés par la calme et rafraîchissante nature qui s'extasie et s'enivre de leur joie. Et maintenant, quoi? Comment terminer une pareille scène, et que peuvent faire ces deux êtres palpitants et ravis, sinon de s'envoler dans le ciel? Et c'est ce qu'ils font en effet; car la charité c'est le ciel encore, c'est le ciel visible; tout ruisselants de beauté, de grâce, de joie heureuse, ils sauvent une vie humaine; avec une croix de fer arrachée sur une tombe, ils soulèvent la dalle de l'in-pace dans lequel Torquemada a été enfermé vivant, et ils lui rendent la liberté, l'espace, l'azur et le vaste enchantement de la lumière.

Vous savez de quelle façon Torquemada les en récompense au dénoûment du drame. Lui aussi, il voulait les sauver, les arracher des griffes de Ferdinand, les marier, leur rendre leurs royaumes; mais il apprend d'eux-mêmes l'histoire de la croix arrachée, il se dit que ces deux anges s'en iraient dans la fournaise de Satan, et il aime bien mieux les brûler en chair et en os que de les laisser brûler dans le feu d'enfer; il se décide, comme il dit, à les sauver comme il le voulait d'abord, mais *autrement!* Donc elle viendra les chercher et les prendre, l'horrible procession de pénitents blancs et noirs cachés sous des cagoules, que précède la bannière noire sur laquelle se détachent la tête de mort et les os en croix; mais pour que ce dénoûment ait toute son horreur grandiose et tragique, il faut qu'elle les prenne en pleine extase, en pleine ivresse, au milieu des plus célestes voluptés du radieux espoir. C'est-à-dire qu'après la scène d'amour du premier acte, qui dépasse les bornes de l'art, plane dans le monde idéal et donne à la précision du langage parlé les plus délicieuses suavités de la musique, le poète a dû imaginer pour les deux mêmes personnages une seconde scène d'amour supérieure à la première et plus forte, où cette fois les deux cœurs sont mêlés, confondus, rafraîchis dans la même source adorable, et qui, de même que la première se terminait par un acte de charité, se terminera par les angoisses et les délices de la mort, car rien de terrestre n'est plus possible, pas même le bonheur, pour ces deux êtres qui ont épuisé en une minute la coupe de diamant de l'absolue félicité. Eh bien ! cette seconde scène, écrite en vers qui ne seront pas égalés, le poète l'a trouvée comme la première, et sans plus d'effort.

Sa pensée, qui a traversé les rouges brasiers, plane blanche et sereine en plein azur, et guide les pieds blancs de doña Rosa à travers les floraisons de lys et d'étoiles. Et voilà, mon cher Louis, ce que fait cet ouvrier de quatre-vingts ans qui n'est jamais las, et qui plus que jamais a la force d'être doux, de baiser les plaies vives et de toucher tendrement aux plus atroces blessures.

XXX

CHOSES MÉLANCOLIQUES

Mon cher Louis, j'ai vu jouer *Pourceaugnac* dans une représentation extraordinaire, et j'en ai encore l'âme toute contristée. Autrefois, il y a bien longtemps, quand on venait demander les ordres du roi Louis-Philippe pour quelque soirée de gala à laquelle il devait assister, il choisissait habituellement *Pourceaugnac*, et il ne manquait guère de rappeler l'émissaire du théâtre déjà congédié et arrivé sur le seuil de la porte, pour lui adresser cette recommandation suprême : « Surtout, beaucoup de seringues ! » Je ne partage pas ce goût de l'ancien roi des Français ; la course des Apothicaires avec leurs bonnets de coton, leurs tabliers blancs, leurs vêtements noirs et l'instrument horrible qu'ils brandissent en poursuivant le Limosin vissé à son fauteuil, me semble au contraire funèbre, et je n'ai pas envie de rire lorsque le souffleur arrache une planche de sa cabane et la casse sur le crâne du tout petit apothicaire. Même, lorsqu'à des époques oubliées et évanouies j'ai vu à la Porte-Saint-Martin la furieuse chasse des gendarmes qui jusque dans les loges poursuivaient Robert Macaire, et qui tout à coup devenaient d'inertes mannequins costumés en gendarmes, pour qu'on osât d'une hauteur vertigineuse les lancer en plein sur la scène, je n'ai pas ri encore, comprenant très bien que la prétendue poursuite des gendarmes n'était rien autre chose que l'ancienne Course des Apothicaires, et que les prétendus gendarmes étaient tout bonnement les anciens apothicaires déguisés en gendarmes.

Oui, cette razzia, cette campagne, cette Course des Apothicaires, cette abominable chasse à l'homme, je ne puis la voir sans me sentir ému d'une profonde pitié. Pitié pour qui? Non, assurément, pour monsieur de Pourceaugnac, depuis longtemps retiré et tranquille dans sa bonne ville de Limoges ; mais pour Molière et pour la Comédie. Ah! comme il a raison, le proverbe qui dit : « Ne touchez pas à la hache! » Et souvent aussi le plus habile archer se repent d'avoir touché aux flèches sifflantes de la raillerie et de l'ironie, qui se retournent contre lui et lui font des blessures mortelles. En dépit de Molière, les apothicaires ont échappé à l'apothicairerie et aux seringues, parce qu'il n'y a plus ni apothicaires ni seringues, si ce n'est à la Comédie. Au contraire, la Comédie est pour jamais infectée de ces seringues et de cette odeur de lavement. Les pharmaciens sont devenus des hommes estimés et considérables ; tel d'entre eux, que tout le monde connaît, est professeur à l'École de Médecine et officier de la Légion d'honneur ; rien ne peut faire qu'il touche jamais à une seringue ou même qu'il en voie jamais une ; mais la Muse, la Bacchante au brodequin d'or, la Thalia couronnée de raisins, est condamnée à brandir éternellement dans sa main le ridicule accessoire et à ne s'en délivrer jamais !

Ah! Molière l'a déchaînée, cette Course des Apothicaires, et maintenant il voit avec épouvante qu'il ne dépend plus de lui de l'arrêter. Farandole épouvantable, elle s'élance et se déroule derrière le fauteuil de Pourceaugnac, comme un serpent monstrueux, dévastant, écrasant tout, détruisant les obstacles, et toujours multipliée et renaissant d'elle-même, jamais brisée, elle se perd à l'infini dans de vagues perspectives. Il y a de grands figurants apothicaires, minces comme des clous ou gras comme des moines et bleus de barbe ;

puis de plus petits apothicaires; adolescents ou femmes travesties, ayant le sexe indécis de Rosalinde vêtue en garçon ; puis de très petits apothicaires enfants; puis de tout petits apothicaires, pas plus grands que des oiseaux, tous vêtus du costume noir collant, harnachés de blancs tabliers, coiffés de bonnets de coton, et tous agitent déplorablement des seringues éperdues. Ils courent, ils vont, ils se précipitent, emportés dans l'ouragan d'une froide folie : quand s'arrêteront-ils? Jamais, tant que durera la langue française; car ils sont nés dans un chef-d'œuvre impérissable, ils ont été créés par la toute-puissante magie du génie, qui elle-même n'a pas le droit de défaire ce qu'elle a fait, et peut-être verra-t-on s'asseoir et s'arrêter une minute le Juif errant, mais non jamais les matassins envolés.

Et tandis que les apothicaires fictifs s'agitent sans trêve, sachant bien que le tablier blanc, comme une robe de Nessus, restera collé à leur peau jusqu'à la consommation des siècles, l'apothicaire réel, devenu le moderne pharmacien, notable négociant, membre du jury, conseiller municipal, vêtu en parfait gentleman, est commodément assis au balcon auprès de son élégante femme costumée par quelque Worth, et voyant courir sur la scène les matassins de la Comédie, il fait un petit geste de dégoût, une petite moue signifiant expressément : « Qui peuvent être ces gens-là? » De même, pour parler de choses plus relevées, les médecins parisiens, célèbres, richissimes, habitués de l'Opéra et des Courses, amateurs de tableaux, spirituels jusqu'au bout des ongles, regardent les médecins fantoches comme un enfant regarde un polichinelle, et plaignent sincèrement ces pauvres diables affublés de loques dérisoires ; car, par la souveraine volonté de Molière, la Comédie est vouée pour jamais non seulement à l'apothicairerie, mais aussi à la médecine en robe noire et en chapeau pointu ! Oh ! qu'elle est navrante, cette cérémonie du *Malade imaginaire* où, en vertu d'une tradition indestructible et dépourvue de sens, tous les acteurs sont tenus de se montrer en robe, et où les plus adorables femmes sont forcées de cacher à demi leur robe gracieuse et splendide sous l'absurde robe de médecin, que, depuis des siècles écoulés, ne porte plus aucun médecin !

Et plus on est un grand comédien illustre, doyen de la comédie, honoré sous ses cheveux blancs, plus on est tenu de représenter le *Præses* dans la Cérémonie, et d'ânonner le latin de cuisine, versifié et rimé, et de trôner dans l'absurde chaire, sous un arc triomphal construit avec des seringues ! Les comédiens sont relevés de tout injuste préjugé ; grâce à Dieu, on les inhume en terre sainte, le ruban rouge éclate sur leur poitrine ; ils sont délivrés de tout ce qui les déclassait, de tout ce qui les abaissait, de tout ce qui les humiliait, oui de tout, excepté des habits d'apothicaires et des seringues, que lie à leur destin l'inexorable Fatalité. Imaginez le profond ennui, la tristesse navrée d'un comédien que le hasard de quelque recherche historique amène dans le magasin des accessoires, et qui voit une fois de plus, nombreuses comme les armées de Xerxès, les collections de seringues, les impérissables seringues, impossibles à exterminer, qui sont là depuis le temps de Molière et qui ne veulent pas mourir, les colossales, les grandes, les moyennes, les petites, les toutes petites, les microscopiques, celles-ci vraiment façonnées par le potier d'étain, celles-là tournées en bois, argentées au moyen d'une feuille d'étain, et d'autant plus sinistres qu'elles empruntent à leur vulgarité même une réalité chimérique ! Le poète, qui naturellement est aussi le prophète, prévoit dans un vers sublime le temps où la rive de la Seine *sera rendue aux joncs murmurants et penchés;* peut-être aussi le grand Paris sera-t-il un jour, comme Pompéi, enseveli sous la cendre. Alors, soit dans le flot profond, soit dans la terre mise à nu par des fouilles très habiles, on retrouvera un instrument bizarre, cylindrique, terminé par une pointe menaçante, et personne ne saura deviner à quoi il aura pu servir jadis ; mais comme on l'aura retrouvé au milieu des ruines du théâtre, parmi les armures, les costumes pompeux et les accessoires tragiques, les savants de ces époques futures, après avoir minutieusement décrit et dessiné l'objet barbare, écriront comme légende sous sa fidèle image : *Instrument d'un usage inconnu, spécial aux comédiens!*

C'est alors que dans sa tombe le divin Molière se repentira (il s'en repent déjà !) d'avoir, même pour les railler et les bafouer, mêlé à son œuvre les apothicaires, qui sans lui seraient morts, oubliés, passés à l'état de fable, devenus des mythes inexpliqués, et qui par sa faute non seulement vivront toujours, mais vivront étroitement mêlés à la Comédie, ayant le droit de parler à Tartuffe, à Alceste, à don Juan en leur disant : « Mon cher confrère », et de tutoyer Célimène, Agnès et la princesse d'Élide ! Ah ! si c'était à recommencer, il ferait semblant d'ignorer qu'il existe des Purgon, des Diafoirus, des Tomès, des Desfonandrès, des Macroton, des Bahis, des Filerin, et par là même il les condamnerait au silence, à la nuit noire, au néant ; il leur imposerait la nécessité de ne pas avoir lieu ; mais on ne s'avise jamais de tout !

Mon cher Louis, parmi les plus jolies fillettes de ce temps, on remarque au premier rang cette Lise Andretti dont le petit hôtel mauresque ouvre dans l'avenue de Villiers ses amusants moucharabis. Cette aimable personne, qui ressemble à un pastel de la bonne époque et qui n'est pas banale, s'est vue adorée de tout le Paris spirituel et galant ; cependant, son malheur a voulu qu'elle aimât qui ne l'aimait pas, comme une simple mortelle. Il y a deux ans, Lise s'est follement amourachée du charmant poète Eugène Lescar, dont les rondels sont presque aussi célèbres que les sonnets de Jose-Maria de Heredia ; mais il s'est trouvé qu'elle ne lui plaisait pas du tout, elle dont tous les Chérubin et tous les don Juan ont voulu baiser la pantoufle. Même, Lescar s'est sauvé à travers la Suisse, l'Italie, l'Espagne, toujours poursuivi par la malheureuse amante, et quand il a été de retour à Paris, elle est venue une nuit se coucher sur un tapis de crin, devant la porte de son appartement. Nous avons tous dit à Eugène que sa cruauté était sotte, inexcusable, impie; que lui jeune, riche, célibataire, libre comme l'oiseau, maître de son temps, puisqu'il n'a rien à faire que d'assembler des rimes, il n'avait pas le droit de repousser un bonheur envié de tous et de faire souffrir ainsi une belle et honnête créature. Le pis, c'est qu'il pensait comme nous et se trouvait dénué de sens commun; mais il luttait en vain contre un insurmontable dégoût, dont il s'évertuait à chercher la cause. Cependant, à force de se rappeler, de se mettre la tête dans ses mains, de ramasser lentement ses souvenirs, il finit par s'expliquer cette aversion inexplicable. Elle tenait à ceci, qu'avant la gloire et les succès de Lise Andretti, Eugène Lescar l'avait vue figurante à l'Odéon, dans la Course des Apothicaires, où elle était coiffée du bonnet de coton et figurait un jeune apothicaire, avec une seringue! De cette rencontre, Eugène avait gardé son impression inconsciente, et lorsqu'il voyait Lise sous ses robes de rose ou de neige et d'or, inondées de dentelles et magnifiquement enguirlandées, sans qu'il sût jamais pourquoi, il entendait bruire à ses oreilles ce dialogue de Pourceaugnac : — « Ne sens-je point le lavement? Voyez, je vous prie. — Hé! il y a quelque petite chose qui approche de cela. » Bref, la pauvre Lise si belle, dont les prunelles brunes sont pleines de mica d'or, a dû étouffer son caprice, qu'elle porte dans son cœur blessé, comme un oiseau mort, — et c'est encore la faute de Molière.

La morale de ce petit événement, c'est que décidément il ne faut pas toucher la hache. Il ne faut pas non plus toucher à la glu pour engluer son voisin ; car souvent le barbouilleur en garde autant après lui que le barbouillé, et au bout du temps, on se rappelle bien qu'il y a eu entre Jean et Jacques une histoire de glu, mais on ne sait plus bien au juste lequel des deux a englué l'autre, et tous les deux en restent contaminés. Mais oublions tout cela ; par bonheur, nous sommes en juin, et pour rentrer, comme il convient, dans la joie et dans l'éblouissement, je terminerai en vous citant ce vers de mon vénéré maître Victor Hugo : « *Louis, voici le temps de respirer les roses!* »

XXXI

LE SILENCE

Mon cher Louis, une des plus adorables femmes de Paris, noble d'esprit et d'âme et même de naissance, madame la duchesse de Stresty, vient de mourir dans son hôtel de la rue de Varennes, tuée en apparence par une maladie nerveuse inexpliquée, mais en réalité assassinée par son mari, non pas à coups de couteau ou de revolver, mais à coups de silence. Je vous raconterai tout à l'heure cette abominable histoire.

Le silence est une chose horrible, et le plus hideux de tous les cercles de l'Enfer est celui où on ne dit rien. Honoré de Balzac, qui se connaissait en martyres, a imaginé le supplice d'une danseuse damnée qui pendant l'éternité danserait devant un public muet et un orchestre de musiciens qu'on n'entend pas, attendant l'applaudissement qui toujours semble près d'éclater, et n'éclate jamais ! Les modernes législateurs, qui ont inventé la prison cellulaire où le condamné stupéfait ne dit rien et n'entend rien, sentant toutes ses fibres mordues et déchirées par le silence, croient avoir eu l'étrenne de cette torture plus cruelle que celles de l'Inquisition ; mais c'est en quoi ils se trompent. Depuis bien longtemps le Silence, considéré comme moyen d'annihiler les forces vives, est employé dans le meilleur monde, et de même il n'est pas inconnu des marchands de littérature et d'art, qui s'en servent pour affoler les producteurs qui les nourrissent et dont ils mangent là moelle. Tout dernièrement, le délicat et puissant artiste Lucien Thill avait vendu à la *Revue illustrée* un roman très poétique, très fouillé, très intéressant, très hardi, dont le succès était immense, car il n'était pas question d'autre chose en province et même à Paris ; mais enfermé à Auteuil dans son jardin où il vit solitairement, Thill n'entendait rien de tout ce bruit, il ne savait pas si son roman était chair ou poisson, ou dieu, ou table ou cuvette ; il était dans la situation d'un virtuose qui, en train de jouer un solo sur le cor, serait tout à coup devenu sourd, et n'entendrait pas le bruit du cor à son oreille !

De temps en temps il prenait l'omnibus, et venait à la Revue, espérant qu'on lui dirait quelque chose de sa *Joséphine Cergues ;* mais pas si bêtes, les directeurs de la Revue ! Ils savaient trop bien que tout éloge échappé de leurs lèvres finirait par se monnoyer un jour, et ils recevaient Thill comme s'il n'y avait jamais eu ni *Cergues* ni *Joséphine*, ni roman, ni rien du tout ! Ils lui parlaient d'Arabi, de la pluie, du mauvais temps, du divorce, du tunnel sous la Manche, mais jamais de *Joséphine*, si bien que le malheureux écrivain, terrifié et vaincu, se demandait s'il avait ou non fait un roman, et s'en retournait à Auteuil, plus abasourdi que s'il eût été changé en une statue de sel. Pour qu'il revînt de cet effarement, il fallut que son œuvre, publiée en librairie, arrivât tout de suite, en moins de rien, à sa trentième édition ; et encore n'était-il pas complètement rassuré ! Vous avez fait jouer une pièce qui fait fanatisme et pour laquelle, comme au temps de Molière, on tuerait des portiers à la porte du théâtre, s'il y en avait encore ; vous avez exposé un tableau devant lequel se presse la foule et que les maîtres admirent ; vous rencontrez vos amis, ils ne le savent pas, ils n'en ont jamais entendu parler, ils vous demandent si vous arrivez de voyage ! Imaginez, mon cher Louis, que voulant à toute force réduire un cœur qu'elle désire ou qui lui échappe, une femme belle, ingénieuse, divine, ait composé et fait exécuter avec génie une de ces toilettes irrésistibles qui doivent décider le gain d'une bataille. Elle la met d'abord pour juger l'effet qu'elle fera sur les femmes ; elle apparaît dans sa splendeur, dans sa gloire, dans sa grâce invincible ; les femmes se sentent mordues au ventre par la féroce envie ; mais elles n'en témoignent rien, ne laissent rien voir, n'en disent rien surtout, et elles regardent l'ennemie sous sa belle parure d'un œil indifférent, comme si elle était sortie en caraco et en jupe pour aller acheter deux sous de lait. Et alors la pauvre amoureuse en proie au doute se dit avec épouvante : « Ma toilette n'est donc pas réussie, puisque je ne les ai pas désolées ! »

Les communautés usent aussi fort bien du silence, et ce ne sont pas seulement les communautés de moines. Je ne sais plus si c'est au Septième ou au Huitième Théâtre-Français qu'un jeune pensionnaire, à ses débuts, faillit crever de douleur et d'ennui, parce qu'il ignorait encore ces façons jésuitiques de dompter les gens et d'en faire d'obéissants cadavres. Il avait joué, au milieu des rires et des applaudissements du public, Scapin, Figaro, Mascarille, Crispin du *Légataire ;* chaque soir, ému encore de la lutte, exalté par son désir, brisé par son enthousiasme, il brûlait d'être jugé, encouragé, de savoir l'avis de ses camarades, d'entendre une voix qui lui dît : C'est bien, ou c'est mal ! Vite, il reprenait ses habits de ville, et se montrait au foyer, sur la scène, dans les couloirs ; ses camarades et les femmes elles-mêmes le traitaient avec la plus aimable politesse, mais le regardaient d'un air un peu surpris de le voir, et semblant ignorer qu'il eût joué ce soir-là. Ce malheureux, qui se nommait Cadane, apercevait enfin le directeur, et se croyait sauvé ; mais le directeur rentrait en lui-même, au propre et au pied de la lettre, devenait mince comme un fil, et le comique comprenait bien que s'il lui adressait la parole, ce fonctionnaire illusoire cesserait d'avoir lieu et se dissiperait en fumée. Cependant, voulant à tout prix obtenir un mot, Cadane remontait l'escalier, frappait à la porte de la première loge venue et, pour engager la conversation, empruntait une allumette ; mais son camarade lui donnait purement et simplement l'allumette, sans l'accompagner d'un seul mot d'éloge ou de blâme, et il s'en retournait chez lui, plus que jamais abruti et saoulé de silence.

Après quinze jours de ce régime, le jeune comédien était fou d'horreur ; il se décida à sortir de cette situation coûte que coûte, à faire des violences, à mettre les pieds dans le plat, à crever les ronds de papier, et à créer l'agitation, une agitation quelconque, quand il en devrait mourir. Donc, ce soir-là même, après avoir joué *Le Mariage* et encore vêtu en Figaro, il aborda résolument le plus important des sociétaires, celui qui fait le calme ou déchaîne les orages avec un simple mouvement de sourcils, et lui demanda à brûle-pourpoint :

— «Eh bien ! monsieur, comment m'avez-vous trouvé dans Figaro ?

— Très bien, dit le sociétaire qui parut aussi étonné de la question que s'il fût tombé du haut des tours de Notre-Dame.

— Et dans Scapin ?

— Très bien.

— Et dans Mascarille ?

— Très bien.

— Et dans Crispin ?

— Mais très bien, dit le sociétaire, cette fois avec une froideur qui eût suffi à éteindre et à geler tous les brasiers de Torquemada. Ici on joue toujours très bien, et on doit tout jouer très bien. C'est l'habitude et le devoir de LA MAISON ! »

Je reviens, mon cher Louis, à la malheureuse duchesse de Stresty, qui s'est éteinte plus pâle que la neige, avec deux grands yeux fous pleins de sombres flammes. Son mari est un Othello, qui rendrait des points à l'autre, mais un Othello silencieux. Il n'avait pas enfermé sa femme dans un *in-pace*, mais, aidé par d'habiles ouvriers, il s'était arrangé pour que chez lui les portes et les fenêtres en s'ouvrant ne fissent aucun bruit ; il avait des domestiques adroits qui ne heurtaient jamais les pièces d'argenterie, et dans le grand jardin de la rue de Varennes, il nourrissait des chats muets grands comme des tigres, qui effrayaient assez toutes les ailes palpitantes pour qu'on n'y entendît jamais aucun chant d'oiseau. La duchesse allait dans le monde, mais accompagnée du terrible duc, dont le terne regard glaçait les paroles sur les lèvres des gens qui se proposaient de parler à sa femme. Et la haine contre eux et contre elle s'amassait sur le front de cet homme redoutable. Une fois la duchesse rentrée et couchée, il entrait chez elle sans bruit, avec des souliers qui semblaient avoir des semelles de caoutchouc, et commençait sa scène de jalousie. C'est-à-dire que, se promenant de long en large, il exécutait la mimique d'un homme irrité et furieux qui va formuler des accusations, des reproches et faire éclater sa colère. Déjà la malheureuse voyait errer sur ses lèvres les mots insultants ; enfin il s'arrêtait net devant le lit, et lançait le geste de l'énergumène qui va s'écrier ; mais il ne s'écriait pas, il ne parlait pas, il ne disait rien ; puis il reprenait silencieusement sa marche de bête fauve, il s'arrêtait de nouveau devant sa femme, ouvrait la bouche, recommençait son geste menaçant et ainsi de suite, jusqu'à ce que la duchesse, vaincue par la fatigue, s'endormît en proie aux épouvantes des horribles rêves. Toutes les nuits, pendant dix ans, cette suppliciée a attendu les menaces que son persécuteur muet devait proférer et ne proférait pas, et il était dit qu'elle connaîtrait toutes les horreurs du silence, car, arrivé en face d'elle, le grand spécialiste des névroses, appelé en consultation par ses médecins, resta muet, lui aussi, et ne prononça pas une parole, tant il sentait bien que nulle consolation ne pouvait être donnée à cette pâle victime.

— « Ainsi, lui dit un des médecins, comme ils descendaient l'escalier, vous ne voyez rien à faire pour elle ?

— Non, dit l'homme célèbre, car pour pouvoir tenter quelque chose, il faudrait commencer par tuer le mari, ce que sans doute on nous empêcherait de faire, tandis qu'on permet aux physiologistes d'égorger tant de chiens innocents! Il y a certainement là une lacune dans la législation. ».

O mon ami, la grosse caisse, les crécelles, les clairons furieux, le han ! des machines, le sanglot de la mer désolée, le reniflement des locomotives, les cris d'une foule avide de sang, tout plutôt que l'odieux silence ! Certes, les bavards aussi sont des gens à craindre ; il serait plus agréable d'être assis nu sur cent mille pointes d'aiguilles que d'entendre les conversations d'infusoires notées par Henri Monnier, et les pauvres êtres qui assistent à une conférence de Paul Florestan ne sont pas à la noce. Mais tout cela n'est autre chose que du néant tumultueux et du silence bruyant. Tout cela, c'est le contraire turbulent du Verbe.

Mais employée par des amis honnêtes gens qui s'entretiennent du Beau et des choses immortelles, ou murmurée par deux jeunes amants aux yeux pleins de ciel dont le vent du soir mêle les chevelures, ou encore dépensée follement à conter des historiettes amusantes ou à faire jaillir de l'esprit des diamants imprévus, la parole humaine n'est-elle pas ce qu'il y a de plus divin au monde ? Au besoin même on peut se contenter d'un grand orateur, pourvu que sa parole virile et bien rhythmée puisse s'accorder exactement au son d'une flûte régulatrice ; mais foin de lui s'il court en dératé, comme ces chiens fous qui traînent une lèchefrite sur le pavé sonore, et attirent à la fenêtre de leur cuisine les sibylles ridées, occupées à tourner leur ragoût avec une cuiller de bois !

XXXII

LE LYCÉE DE JEUNES FILLES

Mon cher Louis, il paraît que l'acte est passé conditionnellement, et si la création des Lycées de filles s'arrange entre la Chambre des députés, le Sénat, les ministres, le conseil municipal et tous les ayants droit, le jardin de Monsieur Jouvet, qui confine à mon petit jardin, et dont les grands arbres forment devant moi un rideau de verdure, sera vendu à l'État, et on y mettra un Lycée de filles. Pour ma part, je ne m'en afflige nullement ; il y aura bien les récréations, et il est probable qu'après avoir étudié la chimie, l'algèbre, la trigonométrie sphérique et la physique non amusante, les petites demoiselles, quand viendra l'heure du repos, éprouveront le besoin de se livrer à des jeux bruyants, et de créer ce qui est le contraire du silence. Eh bien ! j'en suis ravi, ce seront des cris d'oiseaux mêlés aux autres cris d'oiseaux que j'entends du matin au soir, et si, comme c'est probable, la jeunesse est contagieuse, de même que les autres maladies, peut-être mes voisines me communiqueront-elles les microbes dont la présence détermine cette affection essentiellement passagère.

Enfin, pour me mettre au point de vue des principales intéressées, puisqu'il n'y a plus personne pour leur enseigner le ménage, la lessive et la cuisine, sciences abolies ! et puisque de toute nécessité il faut apprendre quelque chose, je ne suis pas fâché qu'on leur enseigne les autres sciences, les langues aussi, et personnellement je suis enchanté qu'elles sachent le grec. D'abord, les embrasser pour l'amour du grec sera infiniment plus légitime que d'embrasser Trissotin pour le même motif, et puis j'ai encore d'autres raisons plus sérieuses. Le grec ! je voudrais que tout le monde le sût, même les hellénistes ! je trouve qu'on ne le sait jamais trop et jamais assez, et qu'il n'y a rien de si utile. Car si l'on savait le grec, peut-être quelqu'un aurait-il l'idée de lire l'*Iliade* d'Homère, fût-ce dans les traductions, et alors, que deviendraient les naïves idées de la poésie et de la peinture classiques sur le vêtement et l'armement des Hellènes ? Et comme nous serions loin des traditions de l'école, si, par un hasard inouï, quelque membre de l'Institut découvrait, dans le chant XI de l'*Iliade*, la description de l'armure que revêt Agamemnon !

« Et cette cuirasse avait dix cannelures en émail noir, douze en or, vingt en étain. Et trois dragons azurés s'enroulaient jusqu'au col, semblables aux Iris que le Kroniôn fixa dans la nuée pour être un signe aux vivants... Il s'abrita tout entier sous un beau bouclier aux dix cercles d'airain et aux vingt bosses d'étain blanc, au milieu desquelles il y en avait une d'émail noir où s'enroulait Gorgô à l'aspect effrayant et aux regards horribles. Auprès étaient la Crainte et la Terreur. Et ce bouclier était suspendu à une courroie d'argent où s'enroulait un dragon azuré dont le col se terminait en trois têtes. » (*Iliade*, Rhapsôdie XI, traduction de Leconte de Lisle.) Que penseraient de cela les vivaces et indestructibles pompiers qui, depuis le grand peintre David, innocent du moins de ces répétitions, vont toujours, nus comme des plats d'argent, chercher leurs pompes qu'ils ne rapportent jamais, et font dire aux abonnés de monsieur Perrin, non sans justice, que la peinture d'histoire est ennuyeuse ?

Oui, si l'on veut renouveler, rajeunir, sauver notre art, il faut que nous apprenions le grec ! Oui, tous, les hommes, les femmes, les enfants, les auvergnats, les militaires, et même et surtout les élèves du Lycée de jeunes filles. Que les femmes puissent apprendre cela et les autres choses ardues, cela ne fait pas l'ombre d'un doute, et elles l'ont bien prouvé lors de l'éclosion de la Renaissance, dans ces grandes familles d'imprimeurs illustres où les femmes et les jeunes filles s'associaient aux travaux de leurs pères et de leurs maris, déchiffraient les manuscrits, comparaient et rectifiaient les textes, corrigeaient les épreuves, surveillaient les tirages et, de toutes les forces vives de leur cœur et de leur esprit contribuaient à nous rendre la divine Hélène aux beaux cheveux, ressuscitée de la nuit du tombeau ! Oui, les jeunes filles du Lycée pourront apprendre le grec et le savoir ; mais ce à quoi on ne songe pas assez, c'est à se demander comment elles gagneront leur vie et comment elles mangeront, une fois qu'elles seront devenues savantes.

Ah! la question du pain, et, puisque nous vivons et mourons dans un pays anémique où le pain ne suffit pas, la question du bifteck, voilà ce dont on ne s'inquiète jamais. L'aveugle, la sourde, la paralysée, la bavarde Politique ne sait pas l'adresse du boucher et du boulanger, ou si elle les sait un peu, c'est pour son propre usage, et elle garde ce secret mieux que ne fut gardé jamais le secret du Masque de Fer! Certes, Jules Vallès exagère peut-être un peu, lorsqu'il affirme que tout bachelier meurt nécessairement de faim; cependant, il est certain que, dès qu'il s'agit de mourir de faim, il a plus de chance qu'un autre, et que sera-ce donc, hélas! de la bachelière sortie du Lycée, et de combien de faims diverses ne mourra-t-elle pas! Car la femme, quoi qu'on en dise, est l'exilée, la déshéritée, la grande maudite. La Loi, qui a été faite par des législateurs extrêmement barbus, punit et frappe la femme adultère, la mauvaise mère, la prostituée, la coureuse, la vagabonde, la rôdeuse qui marche pieds nus dans les pierres; mais elle n'a jamais eu le souci de savoir comment la femme mangeait. Vous voulez lui donner et vous demandez pour elle des droits politiques, c'est-à-dire : rien du tout! Et du pain?

Il y a les reines, les duchesses, les femmes riches, heureuses, privilégiées entre toutes, habitant dans leurs châteaux ou à Paris, des salons aux sièges bas, décorés en style japonais, et lisant à leur gré la *Revue des Deux Mondes;* celles-là, nullement protégées contre leurs maris, qui entretiennent des cocottes en perruques arrivées à la caducité, et qui refusent à leur femme légitime non seulement des robes et de l'argent monnayé, si le caprice leur en prend, mais également leur personne, et de ces femmes bien vivantes et grouillantes font des veuves involontaires! Il y a les femmes des bons ouvriers, qui avec les gésiers, les bas morceaux, fabriquent à force de génie un pot-au-feu insuffisant, et qui par le grand hiver s'en vont avec leurs mains gercées et violettes laver le linge de leurs maris et le leur, et celui de leurs mioches, à la rivière. Il y a les femmes des petits employés occupées, comme des Danaïdes, à joindre les deux bouts si impossibles à joindre, et qui, sauf d'honorables exceptions, passent leur vie en tête-à-tête avec un idiot, habile à deviner les rébus de *L'Illustration*, et à collectionner des timbres-poste et des boutons de guêtre. Enfin il y a les honnêtes filles sans argent, qui vivent de faire du crochet, de fabriquer des copies au Louvre, de peindre des éventails, des assiettes en porcelaine, des boîtes de Spa, et de mille petits métiers horribles avec lesquels on meurt de faim et de soif, et de chasteté et de désespoir, quand on ne sait pas le grec... et même si on le savait.

Enfin il y a... toutes les autres! Et vous vous étonnez quand une femme qui a reçu en don la beauté, c'est-à-dire une arme plus forte que les canons et les glaives et plus forte aussi que l'Or, puisqu'elle le dompte, le soumet et le produit à son gré, prend tout parce que vous lui avez tout refusé, émiette et dévore des millions faute des vingt sous que vous ne lui donniez pas, et aux dépens de votre sang, de votre fortune, de votre honneur, fait sortir de terre des hôtels et des palais, sans lesquels elle eût couché dans les carrières à plâtre! Vous lui dites : — « Ta beauté impérieuse et souveraine agenouille devant toi les rois; elle te donne tous les trésors, tous les biens, toutes les colères vengeresses; tu vois à tes pieds les jeunes princes fous d'amour et les vieillards illustres traînant leurs fronts blancs dans la poussière; tu as tout, tu peux tout, tu domines tout; ne consentirais-tu pas à abandonner ces avantages divers pour gagner, d'une façon intermittente, vingt sous par jour, en faisant de la couture, sans être pour cela mieux placée dans l'estime des hommes? » O Journal politique, pour une fois seulement, je t'emprunte ta phraséologie, et je dis avec toi : « Poser la question, c'est la résoudre! » C'est comme si lorsque le Lion, le seigneur du désert, bondit, battant ses flancs de sa queue, montrant ses fortes dents affamées et sa gueule rose, et au loin faisant trembler de froid les bêtes qui entendent son rugissement formidable, un bon élève de Brard et de Saint-Omer s'approchait de lui le chapeau à la main, et lui disait avec une astucieuse douceur : — « Monsieur, vous seriez bien aimable de renoncer au festin sanglant que vous méditez, et de manger de l'herbe! » On ne peut jurer de rien; mais plus que probablement le Lion répondrait, comme le facétieux personnage d'Henri Monnier, qu'il n'aime pas les épinards, et qu'il en est bien aise. Qu'en pensez-vous, mon cher Louis?

Il me semble que trouver des états, des professions honnêtes et suffisamment rémunératrices pour les femmes, sachant ou non le grec, serait la chose importante; mais il est si doux de se borner à des théories, et de tenir la queue d'une poêle purement abstraite, dans laquelle, naturellement, on ne fait rien frire! Tenez, voulez-vous que je vous dise? les gens qui me paraissent faire plus de besogne que de bruit et d'embarras, ce sont tout simplement les Didot et les Chamerot, qui dans leurs imprimeries ont pris des femmes pour ouvrières et leur font composer du français et même du grec, qu'elles composent fort bien, étant plus minutieuses et attentives que les hommes... Celles-là sont sauvées de la misère et des autres horreurs; mais je ne puis m'empêcher de rire à me décrocher les mâchoires, quand je vois que la police croit remédier à quelque chose en cueillant des souteneurs et des filles sur le boulevard extérieur. Car la Misère, essentiellement, produit les prostituées, comme un rosier produit des roses; et comme le dernier des êtres a besoin de trouver son semblable qui vive dans le même ordre d'idées que lui et comprenne le mécanisme de sa pensée et de son âme, ces misérables femmes, par cela seul qu'elles existent, produisent leurs mâles, qui sont une émanation d'elles-mêmes.

Le malheur, c'est que les gouvernants, les ministres, les députés, les économistes, les rédacteurs de la *Revue des Deux Mondes* sont très savants, mais ne sont rien de plus; ils ont lu les histoires, les philosophies, les observations, les rapports, les *Livres Bleus*, les *Livres Jaunes;* ils ont pâli sous les lampes; mais ils ne se sont jamais promenés dans la rue, ni sur ce même boulevard qu'ils veulent purifier; ils n'ont jamais vu s'agiter et grouiller la Vie, et c'est pourquoi, avec toute leur science, ils en savent moins que le premier venu des flâneurs parisiens! Ils veulent moraliser par des arrestations la cité géante; autant vaudrait envoyer des sergents de ville pour arrêter l'éclosion des vibrions qui vivent et pullulent dans la liqueur fermentée! Il n'y a pas bien longtemps de cela, j'ai rencontré, véritablement accablé et assommé, un de mes plus vieux amis, qui, en qualité de membre de la Commission des Auteurs dramatiques, venait d'être reçu, avec quelques-uns de ses collègues, par un des derniers ministres dont nous avons joui.

— « Hélas, me dit-il, ce ministre est un homme aimable, désireux du progrès et véritablement animé des meilleures intentions. Seulement, il ne sait pas dans quel quartier est situé le Théâtre-Français! »

Voilà le chiendent! comme disent les pitres de la foire. Ils ne savent pas où est le Théâtre-Français, ni où sont les autres monuments. Eh bien! qu'on enseigne et qu'on apprenne déjà un peu de grec! cela ne peut pas nuire; peut-être qu'ensuite on apprendra un peu de français, ce qui changerait du tout au tout la langue politique, et permettrait à nos grands hommes de prendre encore quelquefois des vessies pour des lanternes, mais d'y mettre un peu de mesure, et de ne pas confondre imperturbablement toutes les vessies avec toutes les lanternes.

XXXIII

POINTS SUR QUELQUES I

Mon cher Louis, tout le monde sait aujourd'hui, (excepté vous, naturellement!) que réalisant un rêve qui lui fut commun avec son frère et dont ils se sont enivrés pendant toute leur vie, le grand écrivain Edmond de Goncourt institue par son testament une Académie. Elle se composera de dix membres qui toucheront chacun six bons mille francs par an, et le capital nécessité par cette dépense annuelle sera constitué par la fortune du fondateur et par la somme que produira la vente de ses collections, avec les intérêts capitalisés pendant quatorze années. Cette Académie future, j'en puis parler librement, car il est certain que je n'en ferai pas partie, et cela pour plusieurs raisons. La meilleure et la plus absolue, c'est qu'étant du même âge que l'auteur de *Renée Maupérin* et beaucoup moins bien portant que lui, je ne suis évidemment pas destiné à lui survivre ; mais ce n'est pas la seule. En effet, tout en se proposant d'admettre les talents les plus divers dans sa petite république, Goncourt ne fait qu'une seule restriction, c'est qu'elle sera exclusivement composée de prosateurs. Cette clause, mon cher Louis, m'émerveille *comme l'eau qu'il secoue aveugle un chien mouillé*. Car, de vous à moi, qu'est-ce qu'un prosateur?

Le sens des mots signifierait expressément : « *Homme qui écrit en prose ;* » mais telle ne peut être la pensée du testateur, car, ainsi qu'il le sait très bien, il n'existe aucun littérateur qui n'ait pas écrit en prose, et si on prenait ses paroles au pied de la lettre, une Académie composée de prosateurs serait une Académie ouverte à quiconque tient une plume, ce qui ne peut être l'esprit d'une clause restrictive. Il faut donc probablement pressurer et restreindre le sens du vocable, et entendre par le mot prosateur : « *Homme qui n'a jamais fait de vers.* » Mais c'est ici que la question se complique affreusement, car où trouver ce phénix, ce merle blanc, ce corbeau rose, cet oiseau tellement rare qu'il n'existe pas? Jean-Jacques Rousseau, Chateaubriand, George Sand, Frédéric Soulié, Léon Gozlan, Littré, Veuillot ont composé des vers, et je ne sache pas un seul écrivain qui n'en ait pas fait ; donc, en admettant cette seconde leçon, l'Académie Goncourt cesserait d'être ouverte à tout le monde pour n'être plus ouverte à personne.

J'ai cité des noms illustres, mais je suis bien bon de m'en tenir là ! Je veux au contraire me donner le plaisir de faire enfin des révélations inspirées par une longue expérience, et affirmer une fois pour toutes que les faiseurs de vers, c'est tous les hommes nourris dans le sein d'une mère mortelle, tous les êtres qui se nourrissent de pain et foulent la terre noire ! Oui, *je le dis ici pour Dieu qui voit mon âme*, toutes les fois qu'il m'a été donné d'entrer un peu profondément dans la vie d'un homme quelconque, je n'ai pas tardé à savoir, avec preuves à l'appui et certitude, qu'il avait composé un nombre considérable de vers. Ministres, magistrats, savants, artistes, prélats, négociants, industriels, nul n'échappe à cette règle, inflexible comme la vie et comme la mort. Et ceux qui en public affectent d'être et sont en effet les plus violents ennemis de la poésie, sont aussi, une fois enfermés dans leur maison, les poètes les plus prolixes. Leur rage contre la poésie est surtout la rage qu'ils éprouvent d'avoir, faute de bravoure, condamné leurs vers à mourir enfermés dans un tiroir. Ce chagrin secret les pousse à toutes sortes de haines, de méchancetés, de dénis de justice, et c'est pourquoi les seuls honnêtes gens sont ceux qui publient les vers qu'ils ont faits. Mais, en réalité, tous les hommes ont composé autant de vers les uns que les autres, et selon la conviction raisonnée que je me suis faite, le Français moderne qui en a composé le moins est très probablement Victor Hugo! Seulement, lui, il n'y met pas d'hypocrisie; il a fait *La Légende des Siècles* et il l'avoue naïvement; il ne cherche aucune échappatoire pour décliner la responsabilité d'*Hernani* et de *Marion de Lorme!*

Au contraire, tous les hommes agissent d'une façon diamétralement opposée à celle-là. Dans leurs discours publics, ils font fi de l'art des vers, le traitant de jeu d'enfant et d'amusement frivole, tandis que, rentrés chez eux, ils suent sang et eau à forger des alexandrins, à les replonger tordus et mal venus dans la fournaise, et à polir des rimes rebelles, qui résistent et se cassent douloureusement sous l'outil. Et comment n'essayeraient-ils pas d'être ou plutôt de *redevenir* poètes, puisque le don de parler en vers est aussi naturel à l'homme que celui de respirer, et qu'on ne peut l'avoir perdu sans avouer une irréparable déchéance? Un de nos confrères, Camille d'Arnaud, celui-là même qui plus tard, associé avec M. Bertsh, a si remarquablement photographié des insectes grossis au microscope, avait dans sa première jeunesse vécu pendant plusieurs années au milieu d'une peuplade sauvage, dont il avait fini par apprendre et par connaître parfaitement la langue. Eh bien! parmi ces êtres primitifs, qui ne possédaient aucun rudiment d'un art quelconque et pas même la notion initiale du dessin, il y avait des Orphées et des Pindares, et une poésie lyrique parfaite, avec ses raffinements, ses délicatesses, et ses grands coups d'aile, et ses harmonies compliquées et sonores qui à leur gré gouvernent les âmes. C'est que l'homme en naissant est poète, et dès qu'il n'est plus poète, cesse d'être vivant.

« ...*Et les vers terrifient!* » dit le puissant romancier

Émile Zola, dans ses *Documents littéraires* (page 66, ligne 7). En effet, le Vers c'est l'Oiseau, et rien n'est terrifiant comme de voir cet être ailé au sang brûlant, fendre l'air, planer, s'élancer avec une force irrésistible à travers les vastes cieux, tandis que, soi, on reste gelé, timide et tremblant, attaché à la fange où vos pieds semblent avoir pris racine, comme des plantes immobiles ! Lui, l'Oiseau, il s'enivre d'azur, d'espace, d'infini, et sans que nul obstacle imprévu l'arrête, il voyage au-dessus des villes, des plaines, des forêts, des tumultueuses mers, baisé par le soleil et par les frissonnantes étoiles. Aussi l'Homme, qui probablement dans ses existences antérieures se guidait librement dans l'éther, ne se résigne-t-il jamais à ne pas être oiseau. Il tente de le redevenir, et s'il ne le peut, s'il ne parvient pas à rentrer en possession du vol momentanément perdu, il en fait du moins le simulacre, la farce et la vaine parodie. Soit qu'il s'attache au dos les ailes d'Icare affolé que fondra le brûlant soleil, soit qu'il frète les aérostats et les navires aériens plus lourds que l'air, il suit ou tente de suivre l'aigle aux prunelles victorieuses et la fauve hirondelle, comme le mendiant boiteux suit un coureur aux pieds légers. Il subit l'exil loin de l'azur céleste, mais il n'y consent pas ; et même brisé, vaincu, retombé plus bas qu'auparavant dans la boue dont il est sorti, il affirme ce que Nadar, par un calembour, légitime parce qu'il est lyrique, a éloquemment appelé : « le Droit au Vol. »

Et de même que l'Homme ne se résigne pas à ne plus être oiseau, il ne se résigne pas à ne plus être poète. Tant de folles tentatives inutiles, ridicules, avortées, renouvelées chaque jour, n'affirment que mieux l'incomparable grandeur et la souveraine beauté de cet idéal. Dans la pensée même des ennemis les plus obstinés de la Poésie, par une magie surnaturelle, le nom et la qualité de Poète restent au-dessus de tout. On peut voir des escrocs, des polichinelles et des voyageurs à brandebourgs usurper des titres de prince et de duc, et les croix, les rubans et les plaques des ordres les plus vénérés, et tous les symboles et toutes les pourpres; mais qui donc usurperait effrontément le divin laurier? Car alors le laurier profané brûlerait l'indigne front auquel on l'aurait prostitué, et la Muse elle-même se lèverait pour terrasser le sacrilège, comme Achille brisa et fracassa d'un coup de poing le lâche Thersite!

Cependant, je veux bien sauvegarder les droits de la Prose : mais quels sont-ils ? Au commencement de ma vie, j'entendais un jour un des plus grands hommes de ce temps dire en termes nets comme un coup de couteau: « LA PROSE N'EST PAS UN LANGAGE. » Il me sembla alors que ce penseur illustre proférait un axiome un peu violent et excessif; mais avec le temps et par réflexion, je suis arrivé à croire qu'au point de vue essentiel et pratique, il avait raison absolument. Laissons de côté toute idée préconçue, faisons table rase de tous les préjugés acquis, et demandons-nous dans la sincérité de notre conscience : « Qu'est-ce que la prose? » Faut-il s'en rapporter à la définition du *Bourgeois Gentilhomme*, où le maître de philosophie dit à monsieur Jourdain : *Tout ce qui n'est point prose est vers, et tout ce qui n'est point vers est prose.*

Eh bien! elle ne me satisfait pas, car je vois bien et très facilement *ce qui est vers*, mais dans l'œuvre des meilleurs prosateurs, reconnus comme tels, je cherche en vain *ce qui n'est point vers*. Leurs pages regorgent d'alexandrins, de vers de toutes les mesures et de toutes les coupes, auxquels manque seulement la rime régulière, mais qui ont gardé le mouvement et le rhythme qui leur est propre. Quand Molière écrit dans *Le Sicilien : le ciel s'est habillé ce soir en Scaramouche*, il croit peut-être écrire en prose; cependant il fait certainement un des plus beaux alexandrins qui se puissent voir.

Est-ce que par hasard Beaumarchais s'est figuré qu'il écrivait *Le Mariage de Figaro* autrement qu'en vers?

Dans ce cas-là, il se serait trompé du tout au tout, et nous en avons la preuve sous les yeux ; car lorsqu'ils adaptèrent le poème des *Noces de Figaro* sur la musique de Mozart, Jules Barbier et Michel Carré n'eurent qu'à garder les vers octosyllabiques de Beaumarchais, en y rétablissant la rime ; je dis : *rétablissant,* car, sans nul doute, l'auteur primitif l'avait *pensée* et effacée ensuite, artificiellement. J'ouvre au hasard *Rénée Mauperin,* page 217, et du premier coup j'y tombe sur ce très joli alexandrin : *Fêté, couru, fleuri de camellias blancs ;* mais à quoi bon insister ? Toute l'œuvre de Goncourt est en vers, jusqu'à ces pages suprêmes où la jeune mourante voit les livres de messe de son enfance rangés *au fond et comme sous l'aile de ses rideaux.* Le grand écrivain a subi la loi commune ; les seuls artistes qui échappent quelquefois au vers dans la prétendue prose, c'est les poètes de profession, ainsi dénommés ; ils arrivent à ce tour de force : mais au prix de quelles chevilles ! Bien souvent, plus on retourne la phrase en cent manières, plus elle reste vers alexandrin, et on ne brise l'enchantement qu'en ajoutant au milieu des mots nécessaires quelque sauvage et brutale cheville, stupéfaite d'avoir lieu. Aussi Goncourt a-t-il bien fait d'instituer seulement une fondation posthume ; sans quoi, épurant son académie, il aurait dû s'en mettre lui-même à la porte.

C'est pourquoi je dis, à l'encontre du professeur de philosophie : Tout ce qui n'est point vers est vers tout de même. La Poésie, affirmait Balzac, est le premier et le dernier langage des sociétés ; il aurait pu ajouter qu'entre celui-ci et celui-là, elles n'auront pas eu de langage intermédiaire. Le Poète, qui a dit le premier mot, dira aussi le dernier mot, *Et toujours l'ordre éclate.* Le général Billot vient de rétablir les tambours, que le général Farre avait indûment supprimés ; il aurait peut-être mieux valu commencer tout de suite par cette fin-là, et ne pas supprimer les tambours !

XXXIV

APOLOGIE

Mon cher Louis, vous ne lisez jamais les journaux, c'est convenu ; vous avez joliment raison, et je vous approuve de toute mon âme ; car il est si doux de ne pas savoir ce qui se passe ! Moi, c'est différent; chaque matin je lis toutes les feuilles grandes et petites, avec avidité, avec rage, avec un soin minutieux, depuis l'indication : *Vingtième année*, jusqu'au nom de l'imprimeur, que surmonte un long filet entouré de bavochures. Non pour être renseigné sur les événements; je sais trop qu'il ne se passe jamais rien, et qu'il n'y a pas d'événements, j'entends d'événements nécessaires, ayant un caractère absolu, car l'homme ivre qui a été écrasé hier à trois heures dans la rue Brise-Miche aurait aussi bien pu vivre deux mille ans plus tôt et être écrasé dans une rue de Ninive, sous le règne de Nabuchodonosor. Non ; ce qui m'intéresse en cette affaire, ce n'est pas les journaux, c'est les journalistes. Et s'il faut vous dire toute ma pensée, du premier au dernier je les trouve tous sublimes, et je ne me lasse pas de les admirer. O Dieux ! une telle dépense d'esprit, d'intuition, d'invention, d'imagination, de génie sans cesse renouvelée, tant de tonneaux des Danaïdes remplis jusqu'à déborder et qu'ensuite il faut remplir encore, tant de vaines nuées embrassées dans le vide chimérique et fécondées cependant, tant de rochers de Sisyphe roulés au haut de la montagne croulante, et ne s'arrêter jamais, et recommencer toujours ! Eh bien ! c'est là ce qui fait leur force ; s'ils sont et demeurent des charmeurs incomparables, c'est qu'ils ont pour inspiratrice, pour muse, pour conductrice implacable qui sans cesse les pousse et les talonne, et leur pique le dos de son aiguillon, l'impérieuse, la bienfaisante, la sauvage Nécessité. En effet, c'est elle seule qui fait des artistes et des ouvriers ingénieux ; en dehors d'elle il n'y a que des amateurs, des gens qui travaillent quand ils sont en train et que le cœur leur en dit, c'est-à-dire presque jamais !

Chateaubriand, Guizot, Lamartine et tous les grands hommes de ce temps ont été à certains moments des journalistes, et l'impeccable Théophile Gautier a dû au salutaire esclavage du journal le don d'être inspiré toujours et à toute heure, d'avoir à sa disposition les tropes, les images, tous les beaux mots et tous les autres mots, et d'être toujours prêt à tout exprimer et à tout écrire, avec une absolue perfection. Mais à quoi bon citer ces noms illustres ! Quand j'admire les journalistes, je ne songe pas à ces colosses, mais aux plus humbles et aux plus infimes, aux plus obscurs de tous, qui eux aussi accomplissent des prodiges et réalisent des miracles, si souvent qu'on n'y fait plus attention, et qu'ils n'y font plus attention eux-mêmes !

N'en êtes-vous pas ébloui ? Chaque matin, sans se lasser jamais, ils donnent au public du sublime, de beaux élans, de la farce, de la gaieté, de l'ironie, quelquefois même de bonnes raisons, et comme un pianiste aux longs doigts de vif-argent, ils font tonner, chanter, murmurer et rire sans fin tout le clavier sonore ! Ce qu'ils ignorent, ils sont tenus à le savoir et ils le savent ; ce qu'ils ne peuvent faire, ils le font ; de leur esprit épuisé ils tirent des inventions inépuisables ; ils plongent leurs doigts dans leurs poches vides, et ils en ramènent des tas d'or ! J'entends surtout : les journalistes français et parisiens, car ainsi que Valère le dit si bien au troisième acte de *L'Avare* : « Voilà une belle merveille de faire bonne chère avec bien de l'argent! C'est la chose la plus aisée du monde, et il n'y a si pauvre esprit qui n'en fît bien autant; mais pour agir en habile homme, il faut parler de faire bonne chère avec peu d'argent. » On peut le dire sans fâcher personne, puisque la chose est patente : comme tout en France, nos journaux se font, relativement du moins, avec très peu d'argent. Les Anglais et les Américains jouent du télégraphe sans mesure et sans économie, comme un aveugle de sa clarinette; ils frètent des navires et les envoient au bout du monde pour regarder un monsieur qui passe; ils entretiennent partout à l'étranger des correspondants dont le plus pauvre pourrait faire l'aumône à un nabab. Avec tous leurs puissants moyens d'information, ils ont un fonds solide et réel, que leurs journalistes sont seulement tenus de mettre en œuvre; mais, au contraire, les nôtres doivent faire leur cuisine selon le système d'Harpagon, avec rien ; ils accommodent rien du tout dans une casserole absente, ou s'ils y fricotent quelque chose en effet, c'est leur âme et leur cervelle ; cependant le ragoût est bon, et on s'en lèche les doigts. Et si, privés des éléments les plus indispensables, ils restent égaux et supérieurs à leurs confrères d'outre-mer, c'est qu'ils ont besoin le soir de l'argent qu'ils ont gagné le matin; condition qui toujours attendrira les roches et les forcera d'entr'ouvrir leurs flancs hideux pour en laisser tomber de clairs et frais ruisseaux d'eau vive !

Je le répète, ils ont pour eux la grande déesse supérieure à toutes les autres, la douce et cruelle Nécessité. N'est-ce pas elle seule qui inspirait l'Homère ancien et l'Homère nouveau, le poète de l'*Iliade* comme celui de *La Comédie humaine?* Le vieillard aveugle errant par les bourgs de l'Attique chantait la Colère d'Achille et le Combat devant les Vaisseaux pour obtenir dans les demeures un peu de pain et quelque morceau de viande, et c'est pour solder quelque huissier aux mains crochues que le divin fils de Rabelais contait les luttes de d'Arthez ou le martyre de Birotteau ; ils créaient des œuvres immortelles, parce qu'ils n'avaient pas le choix d'agir autrement.

Voyez comme les poètes dramatiques étaient féconds du temps qu'une comédie durait quinze jours, et qu'après cela il fallait en écrire une autre, pour manger ! Alors on les écrivait toutes en vers et en beaux vers, pour aller vite ; aujourd'hui, nos auteurs qui, grâce à Beaumarchais et à monsieur Scribe, ont le temps de chercher, de s'appliquer, d'écrire en prose, composent dans leur vie une vingtaine de pièces, tandis que sans compter ses Actes Sacramentels, ses Intermèdes et ses innombrables poésies, Calderon composait cent vingt comédies, après que Lope de Vega en avait fait jouer quinze cents. Le journaliste en est où en était autrefois le poète ; il n'a pas le temps de rêver, de chercher la petite bête, de s'amuser à faire des ronds dans l'eau ; aussi se voit-il forcé d'être universel, et, comme Satan s'y était engagé vis-à-vis des deux rois, de ne jamais s'absenter, ni dire : *Je suis las*.

Tenez, mon cher Louis, pour vous donner un exemple décisif des miracles que produit la Nécessité, et puisque cette lettre ne sera lue par personne que par vous, je puis vous dire à quelle circonstance impérieuse et bizarre le célèbre Paul de Morgant a dû sa fortune. A une époque déjà lointaine, journaliste vivant au jour le jour et à la minute la minute, il était l'ami d'une comédienne nommée Luce Deflers, très applaudie au théâtre du Vaudeville. Le matin même du jour où cette belle fille devait créer un rôle très important dans une pièce nouvelle, sa couturière, que menaçait la faillite, met la clef sous la porte et s'enfuit, emportant, avec tout le reste, les robes de Luce. Une autre couturière s'engage à faire les robes pour le soir même, puisqu'il le faut ; mais elle exige, en les livrant, deux mille francs à compte. Dans ces cas-là on ne peut s'adresser aux riches, qui ne se décident pas si vite; ce fut donc Morgant qui dut se charger de trouver la somme; par quels moyens? C'est à quoi il songeait mélancoliquement en arpentant le boulevard, avec trois francs cinquante dans sa poche.

Comme il s'épuisait à retourner ce problème sans solution, il fut abordé par le directeur d'un journal important qu'il vit exalté, désespéré, fou, prêt à donner sa langue au chat et à se jeter dans l'eau la tête la première. Pour une grande combinaison financière, ce potentat avait besoin immédiatement d'un article de fond sur les cotons, traitant la question dans tous ses détails, et le malheur voulait que le seul spécialiste en ce genre fût justement parti la veille pour Pondichéry.

Morgant n'hésita pas. Il révéla au secrétaire du journal que lui-même était un *cotonniste* de première force; il pouvait donner l'article dans quelques heures, mais moyennant deux mille francs, payés en recevant la copie. Ce marché conclu, le journaliste courut à la Bibliothèque, ne lut pas, bien entendu! mais regarda, aspira, devina tout ce qui a trait à l'industrie cotonnière, et tant il craignait que Luce ne le mît à la porte, fît son article, un chef-d'œuvre! qui est resté classique. Naturellement, après avoir renseigné le public, il se renseigna lui-même; toutes les fois que les cotons furent en jeu, les Revues et les journaux durent s'adresser à lui, et ses connaissances en cette matière le firent entrer à la Chambre, où toutes les fois qu'il s'agissait des cotons, ses collègues l'écoutaient religieusement et n'osaient le contredire. Le propriétaire d'une des plus grandes filatures de France étant venu à mourir, on supplia Morgant de se porter acquéreur, et des bailleurs de fonds s'offrirent à l'envi, tremblant d'être refusés. L'ancien journaliste, qui n'avait pas brisé sa plume, car il écrivait encore un peu, dès que les cotons avaient besoin d'un avocat et d'un interprète, administra admirablement sa filature et gagna des millions, parce qu'il était devenu en effet très habile dans la science que lui avait enseignée le hasard. Noble, il épousa très facilement une fille noble; il est arrivé au pouvoir par la force des choses; il a été trois fois ministre, puis ambassadeur; il est grand-croix ou grand officier de tous les ordres de l'Europe, et il est probable que sa fille aînée, mademoiselle Marthe, épousera un duc régnant. Comme vous le voyez, mon cher Louis, Paul de Morgant a dû tout cela à la condition qui lui a été imposée d'écrire un article très vite. Tous les journalistes ne deviennent pas millionnaires et ministres, mais, comme ils ne se reposent jamais, beaucoup d'entre eux peuvent espérer qu'ils apprendront à écrire, pareils en cela aux danseuses, qui finissent par savoir danser, à force de danser toujours!

XXXV

LA PERFECTION

Mon cher Louis, vous vous le rappelez certainement, un curé de village, célébré dans tous les vieux almanachs liégeois, disait à ses paroissiens : « Mes enfants, admirons la prévoyance tutélaire du bon Dieu, qui a bien voulu songer à faire passer les rivières sous les ponts! » Par une indulgence du même ordre, je ne sais quel dieu, soucieux des intérêts de l'univers, a bien voulu décider les Parisiens à ne se reposer jamais, à travailler du matin au soir comme des casseurs de cailloux et à mener une vie de nègres, afin qu'ils puissent donner au reste de l'univers tous les types de la beauté et de l'élégance, et en un mot tous les chefs-d'œuvre! Pour cela, il s'y est pris d'une façon décisive et très ingénieuse; il a rendu tous les Parisiens si pauvres qu'ils sont sans cesse occupés à mettre leur montre au Mont-de-Piété et à déposer au Comptoir d'Escompte leurs titres, actions et obligations; oui, tous, même ceux qui peuvent se procurer, à force de billets de banque, de l'air respirable; même les moins prodigues, qui n'achètent pas de bibelots japonais et de tableaux de Detaille, ce qui d'ailleurs est d'un mauvais exemple, et les fait montrer au doigt dans leur quartier.

Et s'ils sont cruellement indigents, c'est qu'ils doivent payer du matin au soir ce dont ils ne peuvent se passer et qui coûte un prix fou; je veux dire; la Perfection! Cet habit-ci et cet habit-là se ressemblent comme deux gouttes d'eau ; l'étoffe est la même, la coupe est la même, ils sont aussi mal cousus l'un que l'autre, et doublés de la même soie; seulement celui qui a été acheté à *La Galante Espiègle* a été payé trois louis, tandis que l'autre, celui du bon tailleur, coûte et vaut cent écus, parce qu'il a en plus une petite chose immense qui est tout : la perfection ! Je suppose (car tout est possible, bien que cette seule pensée soit un blasphème !) je suppose qu'une jeune, belle et adorable femme ait perdu une dent ; un dentiste de province lui posera pour sept francs une dent artificielle, que l'ouvrier parisien, avec raison, lui fait payer cent francs. Certes, il ne s'agit pas là du prix de revient; car à celui qui la pose aucune dent ne revient à plus de vingt sous, mais ce qu'il taxe à un prix supérieur, c'est le travail, l'ajustage, l'art plus vrai que la vérité, en un mot, la perfection. Jose-Maria de Heredia était bien dans son droit lorsqu'il disait à un directeur de journal : « Croyez-vous donc que des sonnets comme ceux que je fais puissent être écrits à raison d'un franc le vers ! » Il parlait juste, car de tels joyaux, qui ressemblent aux amusements d'un Cellini ou d'un Michel-Ange, doivent être payés royalement, ou donnés pour rien !

Il faut voir à l'œuvre dans leur patience de fourmi et dans leur recherche idéale de l'art pour l'art, les industries parisiennes ! Le vieux comte de Trégouët, qui jadis était bien traité par les femmes et les adorait, achète maintenant des jouets pour s'amuser, comme les enfants, et c'est pourquoi il a presque fait amitié avec madame Batail, la marchande à la toilette. Cette merveilleuse femme trouve les plus beaux dessins, les joyaux anciens les plus précieux et les seuls éventails réellement peints de la main de Watteau ; il semble qu'elle les déterre avec son groin, comme un cochon les truffes ! Très experte dans la flatterie, qui est une partie intégrante de l'art commercial, elle ne perdait guère l'occasion de rappeler au comte ses anciennes bonnes fortunes, de raviver ses souvenirs, et de remuer toutes ces vieilles cendres, si bien qu'un jour monsieur de Trégouët lui dit avec un profond soupir :

— « Ah! madame Batail, je donnerais de bon cœur cent mille francs pour retrouver bien jeune et vivante une illusion d'amour qui durerait un mois! »

Quelques jours plus tard, en pleine avenue de l'Opéra, le coupé du comte, bien que mené par André, son meilleur cocher, accrochait et brisait un modeste fiacre dans lequel se trouva une jeune femme évanouie, qui bientôt reprit ses sens et que monsieur de Trégouët reconduisit chez elle. Naturellement, il y retourna pour s'informer de sa santé, puis ensuite pour rien, pour le plaisir, et avec d'autant plus de plaisir qu'il avait trouvé — la perfection! Madame Eugénie Parelle était une femme douce, modeste, merveilleusement jolie, et quand le comte put entrer un peu dans son intimité, il admira que son exquise simplicité cachait une instruction profonde et un esprit supérieur. Encadrée à souhait dans un intérieur presque pauvre, mais d'un goût suprême et bien parisien, madame Parelle, qui, veuve et seule, vivait de sa petite fortune, demeurait cloîtrée, ne recevait absolument personne, et ne quittait les livres et les travaux d'aiguille que pour son piano, où elle se montrait musicienne incomparable. Monsieur de Trégouët s'en éprit follement; par un bonheur que rencontrent si rarement les vieillards, il fut aimé, et il eut dès lors le plus délicieux intérieur, une oasis en plein Paris, où il était accueilli et choyé, toujours attendu, servi par une jeune fée miraculeusement éprise de ses cheveux blancs, et qui avec passion s'ingéniait à le charmer par mille recherches subtiles et par mille attentions délicates.

Comme vous le supposez bien, le comte aurait voulu faire participer son amie aux plaisirs et au luxe que pouvait lui procurer son immense fortune; mais il le tenta en vain, ce fut le seul nuage qui troubla ce ménage si bien uni. Lorsqu'il essaya d'offrir des joyaux, il vit dans les yeux de son amie de si abondantes larmes, que bien vite il dut remettre dans sa poche le malencontreux écrin. Il ne fut pas plus heureux avec les objets d'art ; Eugénie refusa ce prodigieux éventail de Watteau, *Le Mariage de Scapin,* qui, plus tard, fut acheté si cher par le duc d'Aumale. Dînant chez madame Parelle, qui elle-même lui faisait avec ses jolis doigts une cuisine d'évêque, monsieur de Trégouët ne put lui faire accepter des fruits envoyés par lui ; ni cela, ni des plantes rares, ni des fleurs, et pas même un bouquet de violettes.

— « Ah ! mon ami, dit la jeune femme qui s'habillait avec des robes de cachemire uni et se coiffait en bandeaux, c'est là ma seule coquetterie, laissez-la-moi ! »

Le comte jouissait depuis un mois de ce bonheur sans mélange, lorsque madame Parelle dut partir subitement pour assister aux derniers moments de sa sœur, qui en mourant laissait des enfants en bas âge. D'abord les affaires de la succession la retinrent plus longtemps qu'elle ne pensait ; enfin, sans avoir revu monsieur de Trégouët, elle s'embarqua pour l'Amérique, où il lui fallut suivre un procès intéressant ses jeunes neveux ; ses lettres se succédaient pleines d'amour, de regret, d'espoir ; mais un jour elles cessèrent ; madame Parelle ne revint pas, et le comte ne la revit jamais.

Peu à peu, monsieur de Trégouët s'était résigné, on se résigne toujours, mais alors la vieillesse avait pris possession de lui définitivement, et l'avait labouré de sa griffe. Pour passer le temps, il s'était plus que jamais jeté à corps perdu dans l'achat des bibelots, et madame Batail trouvait pour lui des morceaux de prince. Un jour qu'il réglait avec elle une note considérable, cette fine Parisienne lui dit à brûle-pourpoint :

— « Je n'ai pas porté là-dessus les cent mille francs ; je les recevrai certainement avec plaisir, mais pour cela comme pour tout le reste, je suis à la disposition de monsieur le comte !

— Quels cent mille francs ? » dit monsieur de Trégouët.

Mais tout à coup il se souvint, un éclair déchira sa pensée, et d'affreuses écailles lui tombèrent des yeux.

— « Quoi ! dit-il, madame Parelle...

— Eh oui ! fit modestement madame Batail, c'est une de mes comédiennes, cette farceuse de Félicité Chander ; mais convenez qu'elle a joué son rôle dans la perfection ! Ah ! j'entends vos grands soupirs ; vous voudriez qu'elle revînt, pour vous mentir encore ; mais, croyez-moi, la comédie est finie, vous avez eu le mois d'illusion que vous désiriez ; n'essayez pas de raccommoder cette vieille flûte ! »

Cet épisode appartient au grand répertoire ; mais, mon cher Louis, d'autres fantaisies plus modestes peuvent aussi coûter fort cher. Ces jours derniers, Edgar de Lassery vit une petite vague nuée dans les yeux de sa belle maîtresse Anna Pieyre, qui songeait, couchée à ses pieds.

— « Ah ! dit-il, tu as envie de quelque chose ! Veux-tu me demander la lune ?

— Non, dit Anna, tu me la donnerais. Voici mon caprice. Je voudrais manger une bonne salade de pommes de terre !

— Diable ! » fit Edgar en fronçant le sourcil, et il sortit en proie à une visible inquiétude.

Cependant, comme il a pour principe qu'il ne faut jamais désespérer, il alla trouver le meilleur et le plus habile des restaurateurs parisiens, et lui expliqua son embarras.

— « Monsieur le vicomte, lui dit cet artiste, vous le savez, pour vous il n'est rien que je ne tente, et je puis à peu près vous satisfaire ; mais au prix de quels soins ! La salade vous coûtera cent francs, ce qui pour vous n'est rien, (et j'y perdrai !) mais je suis forcé de vous la faire attendre huit jours. Je ne veux calomnier aucun commerce ; mais enfin, pour avoir de l'huile d'olive dont je sois sûr, il faut que je la fasse venir directement de Provence. Je devrai trouver, dans quelque petite ville éloignée des chemins de fer, du vinaigre réellement fait avec du vin par un tonnelier naïf. Il faut aussi du sel qui n'ait pas été chimiquement blanchi, du poivre qui n'ait pas été en contact avec les fades odeurs d'épiceries, et le plus difficile de tout, les pommes de terre ! car depuis longtemps Paris n'en mange que d'exécrables, presque sucrées. Je les veux poussées dans un terrain absolument sablonneux : peut-être à Bois-le-Roi ? Puis il s'agit de les faire cuire à la vapeur, un art qui n'est plus connu qu'en province, depuis que la marchande en plein vent du pont Notre-Dame n'existe plus ! Pour cela, je ferai venir de Bourges ma nourrice octogénaire, qui justement a grande envie de voir Paris, ce qui ne vous coûtera rien. Mais vous voyez que huit jours, ce n'est pas trop ! »

Voilà, mon cher Louis, pourquoi nous sommes tous galériens par goût, par vocation et par habitude, dans ce Paris affamé de la perfection, où les illusions coûtent cent mille francs par mois, et les salades de pommes de terre cent francs la pièce, sans être comptées trop cher ! On peut trouver la salade pour huit sous dans une crèmerie, et se procurer aussi l'amour à un prix très abordable ; mais il y a fagots et fagots !

XXXVI

INNOVATION

Mon cher Louis, avant de quitter Paris, vous avez dû entrevoir une jeune comédienne appelée Rose Yver, qui alors débutait, mince, très grande, infiniment jolie, avec un sourire de fleur rouge, et assez de cheveux pour ne pas en acheter chez le marchand de cheveux. Eh bien ! à cette heure, on ne parle que de sa passion pour Tristan de Moncaure ; elle est domptée, charmée, apprivoisée ; elle ressemble à cet oiseau dont parle la Juliette de Shakespeare, et qui ne s'en va jamais plus loin que la longueur d'un fil : seulement, il n'y a pas de fil ! C'est parce qu'elle en éprouve le besoin impérieux que Rose est toujours sur la trace de Tristan ou dans son ombre, et là où il n'est pas, elle ne saurait vivre. Pourtant cette ingénue était célèbre par la haine de l'amour, breuvage qui, sans doute, lui ayant été mal servi, lui semblait amer ; et elle haïssait aussi les amants, tous les amants, et surtout les siens, à qui elle faisait quotidiennement avaler d'interminables couleuvres. Elle les traitait comme des parias, comme des esclaves, comme des ennemis vaincus ; plus ils s'efforçaient de lui plaire, plus ils lui déplaisaient pour leur argent, ou même sans argent.

Sans doute, (car c'est là tout le secret !) elle ne pouvait oublier qu'il faut toujours payer à l'échéance, un peu plus tôt ou un peu plus tard, et elle ne pardonnait pas aux aimables Shylocks souriants qui finissent toujours par réclamer leur dette de sang et de chair ! Comment Tristan de Moncaure s'y est-il pris pour attendrir cette petite louve et pour la rendre douce comme une colombe familière ? C'est ce que j'ai appris par un hasard qui se reproduit souvent, et comme cela m'est arrivé à moi-même, je pense que vous trouverez quelque saveur à cette historiette bizarre.

Grâce à l'avarice des propriétaires et à la frivolité des architectes, il y a toujours des cloisons trop minces, derrière lesquelles on entend, sans le vouloir, des conversations qu'il serait plus honnête de ne pas surprendre. Mais que faire en pareil cas ? Ouvrir et fermer une porte pour s'enfuir, ce serait apprendre aux personnes imprudentes qu'elles se sont trahies, et on n'a pas toujours sous la main, comme Ulysse, une provision de cire pour se boucher les oreilles. C'est ainsi que bien innocemment j'ai assisté, invisible, aux confidences de madame Andrée et de madame Hélène. Ce sont deux très honnêtes femmes, par des raisons diverses, d'abord parce qu'elles le sont, ensuite parce qu'elles sont belles, riches, heureuses, bien mariées, considérées, et comtesses, de la tête aux pieds et dans chaque goutte de leur sang. Toutefois il est évident que chacune d'elles a vu au moins un loup, et qu'elles ont même dû, peut-être dans leurs voyages en Russie et en Crimée, apercevoir des troupes entières de loups ! Elles parlaient de ce quart d'heure de Rabelais auquel aboutit forcément l'amour le plus éthéré, qu'on n'évite pas, qu'on ne veut pas éviter, mais qu'il est si difficile de traverser dignement, tant l'amour, glorieusement et sincèrement gracieux chez les êtres naïfs, se hérisse d'impossibilités chez ceux qui sont envahis déjà par l'esprit critique !

— « Ah ! disait madame Hélène, quel gré on saurait à un homme qui à ce moment cruel et décisif trouverait le moyen de n'être ni timide, ni hésitant, ni brutal, et nous permettrait de ne pas rougir de nous-mêmes et d'avoir été magiquement emportées sur l'aile d'un rêve !

— Mais, dit madame Andrée, l'homme est ici moins coupable que le fait lui-même ; car dans cet instant qui devrait être l'oubli de tout et se passer en plein idéal, il y a forcément trop d'apprêts, de circonstances, de troublant inconnu. Ma chère, nous haïssons nos soupirants, mais avouez que nous serions cruellement embarrassées à leur place ! A vrai dire, pour que l'instant délicieux et absurde fût exempt de tout embarras et de toute honte, il faudrait, lorsqu'on se donne pour la première fois à un homme, lui avoir appartenu déjà, ce qui est malheureusement impossible !

— Oui, en principe, dit madame Hélène ; cependant monsieur de Moncaure a trouvé le moyen de réaliser cette impossibilité et d'en faire une chose vraie ; mais il fut alors extraordinairement inspiré ! »

Après avoir ainsi parlé, madame Hélène raconta à son amie les amours de Rose Yver, mais sans vouloir révéler son procédé d'information ; « car, ajouta-t-elle finement, si je vous le disais, ma toute belle, vous en sauriez autant que moi ! »

Mon cher Louis, Tristan de Moncaure est un jeune homme tout à fait moderne et extrêmement pratique, procédant toujours par la méthode expérimentale. Fou de Rose Yver, il vit qu'elle exécrait ses amants et les traitait comme des chiens, n'ayant jamais pu leur pardonner d'être des créanciers qui à un moment donné prennent livraison ; il pensa avec justesse que s'il s'y prenait comme eux, il subirait le même sort ; donc il résolut de retourner entièrement la question, de combiner une guerre nouvelle, et de prendre livraison avant d'avoir été créancier !

Le commencement était facile. Tristan est millionnaire, et tout millionnaire aurait pu en faire autant que lui. Vous le savez, il y a d'abominables marchandes d'amour, en général riches de cent mille francs de rente, qui ont pour hideuse profession de vendre les plus belles filles d'Athènes, et à qui les belles filles n'osent résister; même aux heures où elles sont indépendantes et riches, parce qu'elles sont toujours tenues par mille secrets, et parce qu'elles songent toujours aux heures, si fréquentes dans leur vie, où elles auront besoin d'un billet de mille francs, tout de suite. Tristan s'adressa donc à la fameuse madame d'Arcy, fit prix avec elle, et obtint chez elle un rendez-vous avec Rose Yver, dans lequel il fut simplement et correctement le monsieur qui paye, aussi convenable et bien élevé qu'on peut l'être en pareille occurrence. Mais en quittant Rose, c'est là qu'il jouait son grand coup! il l'invita gracieusement à venir le jour même dîner chez lui. Il y avait mille raisons pour que l'actrice refusât, et alors le plan de Tristan s'écroulait; mais elle ne refusa pas. Elle ne jouait pas à ce moment-là; elle était nerveuse, ennuyée, dépaysée, ne sachant que faire d'elle-même; son amant était en voyage, et d'ailleurs notoirement infidèle. Elle accepta, croyant continuer une journée funeste, s'enfoncer dans le bourbier un peu plus. Mais quelle ne fut pas son heureuse désillusion, lorsqu'à sept heures du soir, s'étant à tout hasard magnifiquement vêtue de soie blanche et parée de mille diamants, elle entra dans l'hôtel princier habité par Tristan de Moncaure!

Dans le salon qui est un des plus sobrement élégants de Paris, meublé simplement de quelques tableaux dont chacun vaut une fortune, de sièges irréprochables comme dans une chambre de Trianon, et d'une garniture de cheminée dorée à l'or moulu qui a appartenu à la princesse de Lamballe, elle trouva réunis des hommes illustres à chevelure blanche, puis les jeunes gens les mieux posés et les plus spirituels de ce temps, puis enfin quelques femmes artistes, d'un vrai talent, non compromises, et indiscutablement belles.

On causa, comme dans le plus exquis des mondes; puis vint le dîner, servi au milieu de tapisseries antiques, sous mille bougies, le dîner à la provinciale, extraordinaire, sans turbot, sans madère, sans rosbif violet, composé de plats qu'on peut très bien manger et de vins qu'on peut boire, et ce dîner sembla être donné en l'honneur de Rose Yver, mais par un ami désintéressé et plein de respect. Aux délicates flatteries que lui adressèrent les hommes politiques, et à l'évidente sympathie avec laquelle les journalistes présents lui parlèrent de sa très prochaine création, elle comprit qu'elle avait acquis pour toute sa carrière des appuis sérieux, et qu'elle les devait à Tristan. Elle quitta la soirée de très bonne heure, mais en plein succès, en pleine gloire, sachant qu'elle laissait derrière elle une approbation déjà murmurante et un sillon de lumière. Pendant quatre jours, Moncaure ne donna pas signe de vie ; au bout de ce temps, il envoya un petit bouquet composé de fleurs si rares et si précieuses qu'il avait exigé visiblement des négociations, des ambassades, et, ce qui n'est rien, des sommes fabuleuses.

Vint le jour où Rose joua sa pièce nouvelle ; sa réussite fut annoncée, préparée, servie par tous les moyens efficaces, et l'actrice, en se sentant soutenue, fut excellente. Tristan alla dans sa loge la féliciter, en même temps que tout le monde, ne resta que quelques minutes, et sortit après lui avoir demandé quels jours elle recevait ses humbles admirateurs. Il y alla à ces jours, et féeriquement éblouit les visiteurs par sa nette et rapide causerie, dans laquelle il n'était jamais question de Rose, mais où ingénieusement chaque mot se rapportait à elle. Dès que Tristan de Moncaure eut bu chez Rose, une tasse de thé à cinq heures, il prit la liberté de lui offrir encore des fleurs, mais discrètement, sans étalage, et des fleurs cueillies dans quelque paradis !

Cependant ce causeur avait tant charmé ses hôtes que Rose voulut l'entendre pour elle seule ; en ces tête-à-tête, il fut encore mille fois plus intéressant, plus amusant et plus charmeur, et sans dissimuler son ardente admiration qui se trahissait plus qu'elle n'était exprimée, ne demanda jamais à baiser un bout de doigt ganté. Ces deux beaux jeunes gens devinrent amis, firent ensemble de longues promenades à cheval, avec d'autant plus de plaisir que Tristan est un cavalier parfait ; toujours fidèle à son parti pris, il entourait Rose d'attentions, de soins, savait la distraire, lui conter mille histoires. Puis, ayant eu la fortune de dîner deux fois chez elle, il lui offrit alors des présents, mais des raretés où l'art comptait seul, et faisait paraître viles les grappes de diamants et les pierreries. Ils en vinrent à une intimité délicieuse, ne se quittant plus, ayant besoin d'être ensemble pour voyager, pour dîner au cabaret, pour voir les tableaux et la comédie, pour lire les poètes. Tristan, en vrai Parisien, supprimait toutes les difficultés matérielles, et il fallait le voir arranger Rose dans sa mante comme une fillette, ou la prendre dans ses bras pour passer un ruisseau ! Toutefois, comme il n'avait jamais effleuré même d'un baiser sa chevelure, cette réserve finit par agacer la comédienne.

— « Ah çà ! lui dit-elle, est-ce que vous ne m'aimez pas, Tristan ?

— Si, fit-il, de toute mon âme !

— Seulement ? reprit Rose. Et vous n'avez pas un peu envie de savoir en quoi je suis faite ?

— Mais... dit Tristan.

— Oui, dit la charmante fille, il y a bien eu peut-être quelque chose comme ça ; mais aussi ne suis-je pas telle que vous croyez, et sachez que j'ai plus d'un tour dans mon sac ! »

Elle en avait mille ! Lorsqu'enfin, de par sa souveraine volonté, cette nuit de noces eut lieu, Tristan trouva en elle, dans ce même sac à la malice, une tremblante ingénue et une courtisane, et il fut, lui, l'époux heureux, surpris, admirant sans fin d'incroyables trésors ! Ce qu'il y eut de plus imprévu, c'est qu'après cela, pendant de longs mois et des jours, il continua comme auparavant à courtiser son amie, timidement, savamment, avec respect. Je vous l'ai dit, Rose Yver est tout à fait férue de lui, et cela a l'air de vouloir durer longtemps.

— « Ah çà, lui disait-elle un de ces jours derniers, tu ne comprendras donc jamais que je t'appartiens?

— Non, dit-il. Une chose divine peut m'être mille fois donnée, mais ne saurait être à moi, et on n'est pas propriétaire d'un rayon de lumière ou d'un parfum de rose! »

Vous voyez, mon cher Louis, que Tristan de Moncaure n'avait pas eu tort d'aller trouver madame d'Arcy, et de commencer par où, d'ordinaire, on finit. Son système est ingénieux ; il n'a qu'un seul tort, celui de ne pas pouvoir être toujours — appliqué aux femmes du monde!

XXXVII

EXPLICATIONS LOYALES

Il n'y a pas longtemps de cela, mon cher Louis, excepté moi, tous les Parisiens, sans exception, y compris les enfants à la mamelle, étaient allés à Bayreuth pour entendre le *Parsifal* de Richard Wagner, si bien qu'à Paris, nous étions restés tout seuls, moi et les murailles. Eh bien ! ce tête-à-tête ne nous a pas embarrassés. Je les connais de longue date, ces murailles de Paris, avec leurs sourires, leurs colères, leurs triomphes de joie, leurs misères noires, et elles connaissent aussi parfaitement mes ambitions, mes rêves, mon système de versification, ma manière d'assembler les rimes et d'en faire jaillir de subtiles harmonies et des éclats sonores. Comme toujours, nous nous sommes parfaitement arrangés ensemble, et j'ai savouré le plaisir d'être à moi tout seul peuple, foule et nation.

D'ailleurs, je n'irai jamais à Bayreuth, et voici pourquoi. C'est que, fût-il un demi-dieu, (et j'admets volontiers que Wagner doit en être un,) nul homme n'a le droit de me réduire en esclavage, de m'empêcher de manger et de dormir, pour me faire entendre un chef-d'œuvre à l'heure hideuse de quatre heures et demie. Et cette raison-là dispenserait de toute autre, mais j'en ai d'autres encore.

Je crois sincèrement et profondément que Richard Wagner est un grand génie, et je le crois surtout parce qu'il a fait cesser l'abominable divorce qui séparait la

Musique de la Poésie, ces deux moitiés palpitantes d'un même être, et parce qu'il a ressuscité l'art divin du roi Orphée, celui qui captive les tigres et les pierres. Mais précisément parce qu'il sait que la syllabe et la note doivent naître à la fois dans la pensée, comme un double éclair, et séparées l'une de l'autre, ne sauraient avoir qu'une signification vague et banale; précisément pour cela, sa musique chantée est lettre close pour quiconque ignore l'allemand, que je suis trop vieux pour pouvoir apprendre. Quant à sa musique purement symphonique, je puis l'entendre et l'admirer ici chez Pasdeloup, où, grâce aux Dieux! elle n'est pas jouée par un ORCHESTRE INVISIBLE, dont la seule pensée me fait horreur.

Oui, mon cher Louis, le procès que je veux faire est justement celui de cet orchestre invisible, et de toutes les erreurs que sa création implique et affirme à propos de la façon dont la céleste Illusion naît et se comporte dans nos esprits. D'après les détails que tout le monde a pu lire dans les journaux, Richard Wagner croit à l'illusion produite par des moyens matériels, et c'est là une des plus pernicieuses hérésies auxquelles puisse s'abandonner un artiste. Car nul objet matériel ne s'adresse directement à notre âme, et notre âme n'est subjuguée que par ce qui s'adresse directement à elle.

Une fois que le Verbe divin et surnaturel l'a impressionnée d'une certaine façon, l'illusion naît spontanément en elle, et non seulement cette illusion, pour exister, n'a eu besoin d'aucun objet réel, mais encore elle ne saurait être troublée ou détruite par aucune réalité. On l'a bien vu aux anciens Funambules où, par l'enchantement de la pantomime, les spectateurs se croyaient réellement transportés à travers les villes, les paysages et les palais féeriques, bien que l'exiguïté de la scène forçât parfois les machinistes qui changeaient le décor à paraître comme des comédiens inattendus, et à montrer leurs bras velus et leurs mains noires.

Au contraire, à l'Opéra, où les changements sont des chefs-d'œuvre de précision mécanique, on ne croit jamais voir autre chose que de la toile peinte, parce que la poésie de monsieur Scribe est dépourvue de toute magie. Regardez les enfants qui jouent à *la poste !* Une ficelle et un grelot suffisent à leur faire voir la voiture, les chevaux et les postillons, car ils en ont la vision en eux, absolue et parfaite, que le manque d'accessoires ne suffit pas à obscurcir. Et pourquoi la femme adorée est-elle adorée ? Ce n'est certes pas à cause de la construction réelle de ses yeux, de son nez et de ses lèvres, mais c'est parce que l'impérieuse puissance de l'Amour la refait, la corrige et la modèle à nouveau, et la force à ressembler trait pour trait au type conçu dans la souveraine pensée de l'amant.

Ah ! croyez-le bien, si la passion de Lycaste a donné à Églé un nez grec, formant avec le front une ligne droite, c'est en vain que dans la réalité Églé aura un nez à la Roxelane, jetant au vent des narines de chien fou ; rien n'empêchera Lycaste de le voir parfaitement grec, et droit comme une tour. Car nos yeux obéissent à notre esprit et notre esprit n'obéit pas à nos yeux. Et de même, si la Musique est ce qu'elle doit être, c'est-à-dire une magicienne irréprochable, elle rendra les exécutants visibles si elle le veut, et si elle le veut aussi, elle les rendra invisibles, quand ils sont à deux pas de nous, en chair et en os.

Mais je vais plus loin, et c'est ici le point essentiel, il ne faut pas que d'aucune façon ces musiciens soient invisibles ! Car l'illusion ne peut naître dans mon âme si je ne suis pas intéressé, et je ne puis être intéressé que par ce qui porte une trace visible de la vie humaine. Un tableau où je ne verrais pas les coups de pinceau et le travail de l'artiste, serait pour moi une chose aussi inanimée et morte que la photographie, et non seulement j'y veux suivre les élans, les obstinations et les caresses de la brosse, mais je suis content aussi d'apercevoir le grain de la toile, et de me rappeler ainsi que cette toile a été tissée par un tisserand, c'est-à-dire par un homme semblable à moi. Si une belle gravure me ravit, si une eau-forte bien égratignée me charme, c'est que j'admire dans l'une le caprice, dans l'autre les combinaisons symétriques et rhythmiques nées dans le cerveau humain. O poète, artiste, créateur, tu es tout cela uniquement parce que tu portes en toi toute une humanité vivante ; n'arrache pas les hommes de ton cœur, car alors tu deviendrais un être isolé, réellement unique et seul, moins que rien, un individu !

Les hommes ! non seulement il ne faut pas les ôter de toi, mais il ne faut pas non plus les bannir des murailles de la salle où tu fais réciter et chanter ton œuvre. Si j'ai bien compris les journaux, au théâtre de Bayreuth il n'y a qu'un amphithéâtre, et au-dessus des murs nus. Eh bien ! ces guirlandes de loges que vous supprimez, pleines d'hommes et de femmes, c'est-à-dire de passion, d'amour, d'enthousiasme et de toutes les figures diverses de la beauté, c'est le vrai et nécessaire décor de la comédie. Car il faut que tout y soit humain ; les hommes et les femmes qui sont dans les loges forment, je le répète, un décor mille fois plus utile et indispensable que le décor en toile peinte dressé sur la scène, car celui-là le poète peut s'en passer, et Shakespeare l'a prouvé surabondamment ; au contraire, l'autre ne peut être remplacé par rien ; et comme nous l'avons vu jadis au Théâtre Historique, les grands murs nus au-dessus d'un amphithéâtre sont dix fois horribles, puisqu'ils représentent l'absence de tous les êtres humains qui devraient être là ! Ils sont tristes et funèbres de tous les regards, des sourires, des fronts pleins de pensées, des seins nus, des épaules ruisselantes de diamants, — qui n'y sont pas !

Oui, le spectateur est le vrai décor de la comédie, mais il en est aussi le principal personnage, sans quoi la comédie n'existe pas. Si le spectateur et l'acteur s'ignorent l'un l'autre, n'échangent pas leurs idées, ils sont aussi séparés que s'il y avait entre eux des plaines, des montagnes, des forêts et des millions de lieues. La Poésie dramatique avait tout de suite trouvé chez les Grecs sa forme parfaite et définitive, parce que le Chœur était un lien direct et vivant entre les personnages tragiques et le peuple présent à la représentation, et faisait partie à la fois du peuple et du drame. Cela, c'était la suprême vérité, l'exacte imitation de la nature, où la vie n'est jamais interrompue, et où il n'y a jamais de défaillance et de lacune dans la chaîne des êtres. Mais à défaut de ce noble Chœur au chant lyrique plein de raison et de bon sens, les spectateurs du dix-septième siècle, assis sur la scène, valaient encore mille fois mieux que la scène déserte et nue, puisque leur présence prenait les acteurs dans un souffle et dans un tourbillon de vie. C'est Voltaire qui les a chassés de ces bancs où ils empêchaient quelquefois d'entendre ses vers, mais où ils permettaient aux tragédiens de s'accoter presque à des poitrines humaines, et où ils formaient entre la scène et la salle un courant électrique. Le faux progrès réalisé par ce grand homme s'est retourné contre lui.

Lorsque les seigneurs vêtus de soie et éblouissants de broderies papotaient sur le théâtre, Œdipe ne faisait pas rire en disant qu'il avait disputé au guerrier inconnu *des vains honneurs du pas le frivole avantage*. Il ne faisait pas rire, étant entouré de gens qui parlaient un langage très pareil à celui-là ; mais aujourd'hui, lorsqu'on entend ce Grec des temps héroïques s'exprimer ainsi dans un décor vide et matériellement exact, on se tient les côtes. Ces spectateurs qu'il a chassés avec tant de joie, c'était toute l'honnêteté et toute la vraisemblance de son drame !

Sans doute il s'en mord aujourd'hui ses vieux doigts ; mais combien plus Wagner mordra les siens, pour avoir caché les musiciens sous un gobelet d'escamoteur, et pour avoir avec sa main de titan arraché et jeté dans le néant les loges pleines d'hommes et de femmes! Ah! loin d'exiler de la comédie les spectateurs, les musiciens, et n'importe quelles créatures humaines, je voudrais moi, s'il se pouvait, que les meubles, les colonnes, les flambeaux, les pupitres, les instruments de musique fussent des êtres doués de mouvement et de vie. Malheureusement cela ne se peut pas; mais du moins, s'il ne nous est pas permis d'augmenter la quantité des âmes qui vivifient notre théâtre, ne la diminuons pas de gaieté de cœur! Tels sont, mon cher Louis, mes griefs contre Richard Wagner. On lui a reproché, injustement selon moi, les robes de satin rouge, rose, bleu-lapis, vert-prasin, aigue-marine et jaune orangé dont il s'habille. Les Orientaux, qui ne sont pas plus bêtes que nous, pensent avec raison que les joyaux et les belles étoffes peuvent parer aussi bien le mâle que la femelle. Wagner, roi dans le domaine de la poésie, a raison de se traiter lui-même comme un roi d'Orient; mais alors il devrait convier ses auditeurs à de riches festins, au lieu de les condamner à d'insuffisantes portions de fromage de Gruyère. Il a eu un tort bien autrement sérieux. Le vrai, le seul, l'irrémissible défaut de son armure, c'est qu'il a fait des vers français. L'homme de génie, qui doit tout savoir, doit savoir, entre autres choses, que nul étranger ne fera jamais un vers français qui ait le sens commun. *On t'en fricasse, des filles comme nous!* voilà ce que dit la Muse française à quiconque n'est pas de ce pays-ci, et lorsqu'elle disait cela en se mettant les poings sur les hanches, Henri Heine, qui était un malin, l'a bien entendu. Ce prodigieux, cet impeccable versiste écrivait admirablement en français, mais il n'a jamais voulu ni osé écrire un vers français; c'est qu'il était spirituel dans les moelles, et jusqu'au bout des ongles!

XXXVIII

BALIVERNES

Mon cher Louis, par quelle habitude invétérée de bavardage ou par quel esprit de perversité redoutable l'avocat Paul Giolet se mit-il, contre toute convenance, à parler littérature au milieu d'un souper où il y avait de belles fleurs et des écrevisses cuites à point, et où il était si aisé de se tenir tranquille? Mais il fit pis encore; enfourchant un dada fourbu dans les feuilletons de théâtre du temps où Jules Janin faisait la haute école, ce parleur obstiné imagina de déplorer le trop d'importance donnée à la courtisane par les dramatistes modernes, et, passant de la courtisane idéale à celle de la réalité, flétrit le vice à tour de bras, sans se rappeler qu'il y avait là des femmes, à qui ce réquisitoire intempestif semblait naturellement s'adresser. Il y eut cela de malheureux que les autres convives, tous aimables pourtant et sachant la vie, se laissèrent entraîner par l'éloquence giratoire de l'avocat et lancèrent alors, avec les plus brillantes fusées, des lieux communs plus nombreux que les étoiles du ciel. Sous cette pluie de vérités morales, Henriette Bex et la blonde Pauline Izart ne savaient quelle contenance prendre; mais sereine et calme à son ordinaire, gracieusement posée, souriante, habillée comme une duchesse bien habillée, l'admirable Arsène Turry écoutait ces propos comme si c'eût été du turc ou du tartare, et ne semblait pas plus émue qu'un marbre blanc bien poli sur lequel glissent de légères gouttes d'eau; si bien que son sang-froid finit par piquer et agacer profondément les prédicateurs improvisés.

Alors, en exprimant des vérités aussi certaines que banales, c'est sur elles qu'ils attachèrent leurs regards; ils la prirent visiblement à partie, et la choisirent comme une cible, contre laquelle venaient s'émousser leurs flèches inutiles. Arsène était comme une pierre à tous ces beaux discours, et ne bougeait pas plus qu'un terme. Cependant, quand les provocations devinrent trop fortes, elle ne voulut pas faire à ce tas d'ennemis la suprême injure de ne pas les considérer comme belligérants. Elle rompit le silence, et on entendit sa voix bien rhythmée, pure et mélodieuse.

— « Causons donc, puisque vous le voulez, dit-elle. Peut-être aurait-il mieux valu ne pas parler de corde dans une maison où il y a plusieurs cordiers! mais la pensée n'obéit qu'à son caprice et l'esprit souffle où il veut. Certes, il serait à désirer que les femmes et les hommes aussi fussent plus vertueux; mais beaucoup d'autres choses encore seraient à désirer, et notamment il serait agréable que les rues de Paris fussent saines et parfumées comme la forêt de Compiègne; mais cela ne se peut pas, à cause des égouts et des tuyaux de gaz, et il faut à la Civilisation beaucoup de fumiers pour faire pousser ses belles fleurs. Selon vous, tout le mal vient des arrière-petites-filles d'Ève, qui vous offrent les pommes bien servies et parées sur de belles feuilles de vigne; et toutefois, messieurs, leur commerce n'aurait pas sa raison d'être, s'il vous plaisait de vous marier à dix-huit ans et d'être fidèles à vos femmes. Ces pécheresses, dont vous partagez le doux péché, vous semblent haïssables; mais enfin que leur reprochez-vous? Je suppose que ce n'est pas le manque de vertu!

— Oh! fit le journaliste Paul Dorido, indigné d'une question si audacieuse.

— Car alors, reprit Arsène, vous ne seriez pas sérieux. En lisant vos articles, monsieur Paul Dorido, il est facile de voir que vous avez lu et relu sur toutes les coutures Saint-Simon, et Brantôme et Tallemant des Réaux! Ce n'est donc pas à moi, ignorante, de vous apprendre qu'à travers toute l'histoire de France les princesses, les duchesses, les grandes dames, depuis celles qui portent le sévère hennin, jusqu'à celles qui se décollètent en Diane avec des écharpes de fleurs, ont été très honorées et considérées, en ayant beaucoup d'amants, et qu'il n'y a pas une famille illustre dans laquelle une aïeule au moins n'ait officiellement jeté par-dessus les moulins sa couronne ouverte ou fermée. Vous me diriez qu'elles étaient nobles et qu'elles étaient mariées; mais si ces avantages nous manquent, nous en ferez-vous un crime, à un moment où pour être noble, comme pour être homme de lettres, il suffit de dire qu'on l'est, et où, grâce à la prochaine adoption du divorce, le mariage ne sera plus qu'une manière d'être transitoire et accidentelle?

— Mais dit le banquier Robert Sima, vous vous moquez de nous, ma chère Arsène, la question n'est pas là.

— Je le sais bien, dit Arsène Turry; je ne vous ferai pas languir, et je vais tout de suite où elle est. Donc, mettons courageusement les pieds dans le plat, et courons droit au but. Vous avez raison, vous avez trop raison, le crime, le forfait, la chose horrible, c'est de prostituer et d'humilier ce qui est d'essence divine, c'est de VENDRE CE QUI NE DOIT PAS ÊTRE VENDU. Et en effet, messieurs, c'est là ce que nous faisons, et ce que vous faites aussi, tous tant que vous êtes! Vous, Sima, contre de bon or monnayé et trébuchant, vous vendez sur des coupons de papier rose la divine Espérance, qui est le bien du pauvre, et en bonne conscience, devrait lui être donnée pour rien! Autrefois les études, ces subtiles et intimes confidences arrachées à la nature, les artistes les gardaient pour eux, comme les gages d'un surnaturel amour, ou ne les confiaient qu'à leurs plus chers élèves; vous cependant, monsieur le peintre Philippe Hanry, vous faites comme tous vos confrères, vous vendez les vôtres à beaux deniers comptants, en plein Hôtel des Ventes, parmi les potiches, les portières d'Orient et les commodes! Vous, monsieur le musicien Daniel Mour, les murmures de la brise, les nostalgies d'un vague Orient, les plaintes du soir, trop incertaines pour être emprisonnées dans un ouvrage dramatique, vous les négociez, comme rêveries, aspirations et balancelles, chez un éditeur qui numérote et empile dans des casiers ces rapides frissons de votre âme!

Et les caresses, les attendrissements, les colères de la bien-aimée, ses chères injustices, les heures d'angoisse passées à l'attendre, la douceur de ses baisers, les gouttes de sang qui ont coulé sous sa griffe adorable, vous, monsieur le poète Lucien Ellès, vous alignez tout cela dans des strophes rimées avec une précision mathématique, et dont vous débattez le prix avec un directeur de revue qui a les cheveux roses! Monsieur l'avocat Paul Giolet vend aux criminels endurcis la divine clémence; aussi vient-il de faire accorder des circonstances atténuantes à un paysan qui, après avoir jeté sa mère dans une mare, lui avait crevé la poitrine à coups de sabot, pour ne pas lui payer trente sous qu'il lui devait! Monsieur Paul Dorido décerne à son gré la gloire, l'immortalité, le vert laurier, comme s'il en était maître, et comme tous les journalistes, vend au public, pour trois sous, des opinions toutes faites, qu'il ne partage pas toujours. Enfin, voici le marquis de Certan et le vicomte d'Estanay, dont tous les aïeux ont été des capitaines, prodigues de leur sang, et qui eux-mêmes sont couverts de blessures et de nobles balafres: eh bien! ce passé et ce présent de bravoure, ils le vendent, comme membres des conseils d'administration, à des Compagnies où ils ne sont pas toujours en bonne compagnie! Et notez, messieurs, que vous êtes non seulement des hommes célèbres et illustres, mais de très honnêtes gens, ce qu'il y a de mieux, la fleur du panier! toutefois, sur ce point de VENDRE CE QUI NE DOIT PAS ÊTRE VENDU, avouez que nous sommes à plusieurs de jeu, et à voir l'âpreté avec laquelle, vous, pourtant si purs, vous courtisez la Fortune, peut-être doit-on regretter que le mot COURTISAN ne soit pas rigoureusement le masculin du mot COURTISANE!

— Mais, ma chère Arsène, dit Robert Simà, c'est absurde! A votre compte, aucun métier ne serait possible; il faudrait vivre d'eau claire.

— Et, dit Arsène, vous préférez les écrevisses, le Château-Margaux, les terrines de bécasses et les salades de truffes blanches et noires : c'est absolument comme nous! Enfin, voulez-vous me permettre un pauvre argument ou deux, en faveur de ces pauvres marchandes de pommes que vous avez eu tort d'accabler, d'autant plus qu'elles étaient déjà sous vos pieds, ô misère! et sous les pieds de tout le monde? Vous êtes des observateurs et des voyants; je n'ai pas besoin de vous dire qui fait réellement la mode à Paris, et vous n'ignorez pas que, sans la Parisienne, toutes les femmes de l'univers seraient habillées comme des chiens fous. Et la Parisienne, si justement célébrée, n'a pas seulement cette gloire d'être vêtue et parée avec une magnificence délicate et superbe, et de posséder la démarche et le geste qui conviennent à ses ajustements; femme, mère, jeune fille idéale et pure, elle est bien plus et mieux que cela encore : elle est lavée et propre! Oui, ses bas sont tirés, ses cheveux ont été peignés avec soin, les ongles de ses pieds sont comme une coquille rose amoureusement polie par le joaillier, et l'eau salutaire, l'eau rafraîchissante des sources a vraiment lavé et et baigné toute sa chair sans tache, qui librement vit et respire!

— Cette perfection, à laquelle vous êtes habitués, vous

semble chose due ; mais allez un peu en province chez des hôtes, et admirez que le pot à l'eau où l'on vous aura mis assez d'eau pour désaltérer un oiseau-mouche sera posé sur quelque étagère, hors de la portée de vos mains ! Et rouvrez un peu les vieux livres ! La reine Catherine avait grandement raison d'être au mieux avec le Florentin René, car toutes ces Médicis du temps des Valois et les beautés de leur escadron volant se versaient des parfums intenses... par-dessus la crasse : écartons ces tristes images ! Aujourd'hui, si monsieur Alphand est inquiet et si l'eau manque souvent, c'est qu'on s'en sert. Eh bien ! sachez que ce progrès n'est pas éclos dans les arrière-boutiques de la rue Gréneta où on vit pendant trente ans avec un plafond bas sur la tête, et avouez que c'est quelque chose d'avoir retrouvé, inventé et proclamé à nouveau la divinité de l'eau pure !

Enfin, comme vous diriez à la sixième chambre, Giolet, encore un mot, et j'ai fini. Ce en quoi vous êtes bien Parisiens, messieurs, c'est que vous méprisez profondément les musiciens intermittents, les poètes qui font de la poésie pour se délasser, les peintres qui peignent quand ils ont le temps, et avec justice vous les flétrissez en leur donnant le ridicule nom d'amateurs. En fait d'art, vous ne voulez admettre que ce qui est fait de main d'artiste et de main d'ouvrier. Eh bien ! pouvez-vous nier avec vraisemblance que l'Amour soit le plus subtil, le plus délicat, le plus compliqué et le plus difficile de tous les arts, celui qui demande le plus de génie, de talent, de tact, d'inspiration et de science certaine ? Pourquoi donc mépriseriez-vous les femmes de race choisie qui ont su réunir en elles tant de qualités si rares, et qui sont artistes en amour ?

— Diable, dit gaiement Philippe Hanry, vous allez sur mes brisées, et je vois, madame, que *vos confrères savent peindre !*

— Oui, dit Arsène Turry, nous peignons un peu, et

c'est, comme le lion, à coups de griffes, mais toujours d'après le modèle vivant. Seulement les séances de modèle ne nous coûtent pas si bon marché qu'à vous, parce que nous les payons avec la chair de notre chair et avec le sang de nos veines !

XXXIX

UN PROCÈS INJUSTE

Mon cher Louis, vous n'avez certainement pas oublié Paul Chandèze, et si vous vous le rappelez, c'est chez vous-même que je l'ai rencontré pour la première fois. Il est toujours ce que vous l'avez connu, un homme instruit, spirituel, amusant quoique profond, et qui serait le plus séduisant de tous, si ses qualités n'étaient oblitérées et comme détruites par un défaut abominable. Mais ses meilleurs amis et ses admirateurs les plus obstinés, car il en a, sont vaincus et découragés par sa manie de prendre en toute chose le contre-pied des idées les plus justement reçues, de dire que le noir est blanc et que le blanc est noir, et de soutenir avec une apparence de conviction sérieuse des propositions insoutenables. Hier même, quelques amis étaient réunis chez le romancier Albert Selve. Il y avait là, entre autres, l'habile financier Sirmer, le peintre Jacques Vernus, l'avocat Faconnet, le docteur Pasquelin, et après un dîner d'hommes, on causait bien tranquillement, en fumant de bons cigares, lorsque Paul Chandèze se mit à nous tirer un de ces feux d'artifice à boulets rouges dont il semble s'être réservé la fabrication, et qui éclaboussent les idées et les faits de leurs projectiles brûlants et fous, lancés au hasard.

On parlait de ces rôdeurs de barrière, à la fois voleurs, souteneurs et assassins, du mal que se donne en ce moment la police pour venir à bout de ces dangereux malfaiteurs, et il n'y avait qu'une voix pour exécrer et flétrir ces misérables, qui à tous leurs crimes ajoutent le crime encore plus odieux peut-être d'exploiter la chair avilie de la femme, et d'en vivre. On félicitait le préfet de s'attaquer sans faiblesse à cette plaie sociale et d'y mettre résolument le fer rouge.

— « A la bonne heure, dit Paul Chandèze de sa belle et douce voix, mais puisqu'il a cru devoir entrer dans cet ordre d'idées, pourquoi ne s'occupe-t-il pas aussi des directeurs de théâtre ? »

En entendant cette question fabuleuse et violente, nous bondîmes tous à la fois sur nos sièges. Nous sommes habitués de longue date aux excentricités de Chandèze; cependant celle-là nous parut dépasser la mesure, et toutes les mesures, et non seulement cette sortie en elle-même nous semblait haïssable et de très mauvais goût, mais nous en voulions au cruel fantaisiste, parce qu'évidemment il avait prétendu étonner des Parisiens, comme s'ils étaient des voyageurs naïfs venus des provinces lointaines.

— « Ah ! mon ami, dit Albert Selve réellement indigné, quel détestable procédé littéraire, et où ne vous conduira pas le désir d'être autrement que tout le monde ? Car remarquez-vous que vous ne marchez même plus sur la tête ! Vous trouvez plaisant d'accoupler deux races d'hommes qui n'ont absolument rien de commun entre elles, et c'est précisément comme si vous aviez dit : Les animaux féroces... tels que les crocodiles et les colombes !

— C'est, dit Jacques Vernus, ce que nous nommons en peinture : un *pétard*, procédé, permettez-moi de vous le dire, essentiellement méprisable. Vous écrasez votre tube de vermillon sur la toile, et par-dessus le marché vous laissez le tube lui-même dans l'empâtement, ce qui n'est pas le moyen d'être un coloriste.

— Pardonnez-moi, dit Paul Chandèze, je voulais vous parler très sérieusement et très simplement d'une vérité évidente, qui vous crève les yeux. Nous causions du crime qui consiste à exploiter la chair de la femme. Je suis si loin de calomnier ou d'injurier personne, que j'emploierai au contraire les mots adoucis et les plus tranquilles euphémismes. La question est celle-ci : De quoi vivent les directeurs de théâtre? Vous ne m'accuserez pas d'être exclusif, si j'affirme que la plupart de nos théâtres jouent surtout des pièces actuelles et modernes, dites : en habit noir, dans lesquelles les somptueuses toilettes des femmes, velours, satin, guipures, dentelles, diamants, entrent comme un élément indispensable, sans lequel la représentation de la pièce serait impossible. Or, comment et par qui sont obtenues ces toilettes?

Vous le savez comme moi, c'est la comédienne qui, aux termes de son engagement, doit les fournir elle-même, et qui les fournit, sans quoi, d'ailleurs, aucun rôle ne lui serait accordé. Ne posons pas de chiffres, c'est le moyen de se tromper; mais vous m'accordez, n'est-ce pas? que pour chacune de ses créations, une actrice doit dépenser chez le couturier, chez le linger, chez le fourreur, chez le cordonnier, chez le gantier, chez le joaillier, un argent qui dépasse trois ou quatre fois la somme totale de ses appointements d'une année. Cet argent, comment se le procure-t-elle? Rassurez-vous, je ne ramasserai pas les niaises épigrammes traînées dans la boue. Et pour vous montrer combien peu je désire être injuste, je ferai autant d'exceptions qu'il vous plaira; j'excepte qui vous voudrez! Tout d'abord, mettons hors de cause les grandes comédiennes dont le talent et la haute situation artistique peuvent commander à tout, même à l'argent. Mettons-y encore celles qui de leurs parents ont hérité une fortune, celles qui l'ont acquise par le mariage ou par un commerce honnête, ou qui se la sont procurée n'importe comment. Ce triage fait, il reste encore un grand nombre d'actrices non sans mérite, qui ne possèdent pas de capitaux et vivent au jour le jour.

— Eh bien? dit Sirmer.

— Eh bien! reprit Paul Chandèze, celles-là, en gagnant, si vous voulez, (car je ne chicane pas,) dix mille francs par an, doivent fournir pour quarante mille francs de toilette, laquelle toilette fait partie des éléments d'attraction offerts au public par le directeur, qui, en cette qualité, en vit, en mange et s'en nourrit. Or, j'y reviens, comment l'actrice l'a-t-elle obtenue? Personne ne l'ignore. Elle n'a pu la devoir qu'à la générosité d'amis obligeants, ou à ses flirtations avec d'indiscrets amoureux, qu'elle a bercés de vaines espérances. Vous voyez que je n'emploie pas de gros mots!

— Non, fit Vernus, vous abusez même des tons fins et des gris Velasquez.

— Et, reprit Chandèze, c'est avec ces AMITIÉS et ces FLIRTATIONS que le directeur de spectacle met le pot au feu, paye son loyer et son tailleur. Enfin elles sont encore la pâture de tout ce qui touche au théâtre et de tout ce qui vit du théâtre. L'académicien qui a écrit la pièce, et sa très honnête femme, et sa fille élevée au couvent des Oiseaux, dépensent un argent dont une très grosse part a été gagnée par les nippes que la comédienne a dû à ses amitiés!

— Je vous admire! s'écria Faconnet. Pourquoi ne mettez-vous pas tout de suite en cause les ministres, pendant que vous y êtes, et pourquoi ne les accusez vous pas aussi de contraindre les comédiennes à avoir plus d'amis qu'elles n'en voudraient?

— Oh! dit Chandèze, je ne m'occupe jamais de politique. Lorsqu'une actrice est mandée à une soirée officielle, on lui offre soit un *cachet* en argent, soit quelque cadeau en joaillerie d'un prix honorable en soi. Sous l'empire, c'étaient souvent des bijoux ornés de ces abeilles symboliques aux ailes ouvertes que la plus spirituelle de nos diseuses de prose appelait comiquement *des araignées en fonte!* Eh bien! cette rémunération paye le dérangement, la peine, le travail, et si vous voulez, le talent de l'actrice, mais pas la robe qu'elle a sur le dos, et qui en général représente une valeur de deux mille francs. Car il faut toujours en revenir à cette diable de robe. C'est je ne dirai pas : le cercle vicieux, car j'évite les paroles irritantes, mais si vous l'aimez mieux, le cercle... amical !

— Mon cher, dit Vernus, quand j'envoie un tableau au Salon, on ne me demande pas d'où j'ai tiré mon bleu de Prusse, et si je n'ai pas assassiné et dépouillé un vieillard, sur le boulevard extérieur, pour acheter mes tubes ! Une marchandise offerte par un homme honorable est une chose qu'on accepte en bloc, telle qu'elle est et se comporte...

— Ah ! fit doucement Chandèze, c'est le système de l'indifférence. Il y a comme cela dans les coins de Paris des brocanteurs, des marchands de ferraille qui achètent fort bon marché à certains messieurs mal vêtus des argenteries, des bijoux et des diamants, sans vouloir s'informer de la façon dont les vendeurs se sont procuré ces objets de prix.

— Mais fichtre ! dit le docteur Pasquelin irrité par les turlupinades exaltées de Chandèze, les directeurs de théâtre ne sont pas des recéleurs ! Vous appartenez tout à fait trop à l'école chirurgicale de Toinette, et vous voulez couper trop de bras et trop de jambes, comme entrée de jeu.

— D'ailleurs, fit l'avocat Faconnet, il n'y a qu'un seul critérium, et au bout du compte, la notion de la justice n'a qu'un asile sûr, qui est la conscience humaine. Or, la preuve que les directeurs de théâtre ne mangent pas en salade les robes de leurs actrices et ne les découpent pas en morceaux pour faire des trousseaux à leurs filles et des culottes à leurs petits, c'est qu'ils sont estimés et recherchés par les plus honnêtes gens. Si les agissements que vous leur prêtez sont à ce point répréhensibles, pourquoi n'indignent-ils personne ?

— Il y a eu, dit Chandèze, un temps où il était reçu

qu'on pouvait tricher et voler au jeu, et les grands seigneurs, les ducs, les princes du sang ne s'en faisaient pas faute, comme l'affirment, vous le savez aussi bien que moi, les mémoires et les histoires. Et dans ce beau dix-huitième siècle où les soldats portaient de si beaux uniformes bleu de ciel, blancs ou jonquille, n'était-il pas reçu qu'un capitaine partant pour la guerre se fît équiper aux frais de quelque honnête dame, avec de l'argent qu'elle tenait souvent d'un financier volontairement aveugle? C'étaient des combinaisons où personne ne trouvait rien à redire, et cependant faut-il croire que vous les trouvez légitimes ?

— Tenez, mon cher, s'écria Albert Selve, en interrompant Chandèze, il n'y a qu'un mot qui compte. La vérité possède en soi une vertu contagieuse qui s'impose, et si vous aviez raison, d'où viendrait donc que vous n'avez convaincu personne d'entre nous ?

— Et cependant elle tourne ! dit l'incorrigible Chandèze. Celui qui touche le montant de la recette n'est pas celui qui a payé la note de la couturière. Mais un pauvre héros sans costume officiel, qui fait, la nuit, sur un grand chemin, la conquête d'un sac d'argent, ne saurait être admiré, et il lui manque un manteau de pourpre et un casque à aigrette pour pouvoir être appelé César ou Alexandre. Quoi qu'il en soit, la police a parfaitement raison de proscrire les casquettes, comme manquant essentiellement d'élégance et de beauté plastique ! »

XL

EUGÈNE DUPIN

Mon cher Louis, il est arrivé dans ma vie un événement très important; c'est que j'ai fait la connaissance d'un être supérieur, et qui serait digne de vous être comparé; d'un homme qui pourrait m'offrir le plus précieux de tous les dons et me communiquer la sagesse, si j'étais encore assez jeune pour la recevoir. C'est Eugène Dupin, le propre fils de ce fameux C. Auguste Dupin immortalisé par Edgar Poe, et dont le *Double Assassinat dans la rue Morgue* nous révèle pour la première fois l'étonnant génie analyste. Sachant quelle admiration m'avait inspirée de longue date l'ami du grand et malheureux poète américain, un de mes meilleurs camarades, intimement lié avec son fils, a bien voulu me présenter à lui; j'ose vous dire que je ne lui ai pas déplu, et bien peu de temps après, j'avais le bonheur d'être admis familièrement dans son intimité.

Jugez si j'ai lieu de m'en réjouir, car Eugène Dupin a réellement hérité de son père, et sous une forme nouvelle, avec plus de modernité pour ainsi dire, il possède la même sagacité la même inspiration, le même génie inventif que ce grand débrouilleur d'écheveaux. Eugène, qui, aujourd'hui, a dépassé la quarantaine, est avec l'âge devenu très indulgent; aussi ne s'est-il pas offensé d'être un peu traité par moi comme une bête curieuse; malgré ce qu'il y eut chez moi de peu respectueux à vouloir lui faire montrer ses talents, comme un escamoteur, dès la première fois que je l'ai vu, il a consenti de très bonne grâce à mon désir, et son aptitude à tout pénétrer m'a laissé littéralement ébloui. Toutefois, je n'ai pas tardé à me montrer plus sérieux, et je dois dire que les conversations générales et d'un ordre plus élevé, dans lesquelles Eugène Dupin me faisait voir de haut les grandes vérités humaines, m'ont alors intéressé bien autrement que les devinettes, et que l'art avec lequel je l'avais vu dénouer en se jouant des problèmes en apparence insolubles.

Et cependant, réduit à cette expression la plus grossière et initiale de son génie, Dupin serait encore un homme prodigieux entre tous, car sa pensée affranchie de tous les lieux communs ne se laisse embarrasser par aucune proposition incidente, et va droit à l'événement qui doit se produire.

Il y a quelques mois, comme il montait chez son ami Louis de Sornay, l'aimable et charmant sportsman si connu, il fut presque bousculé dans l'escalier par des commissionnaires qui portaient des divans, des sièges couverts de soie et de dentelle, de petits meubles en bois de rose et mille futilités encombrantes. Sornay, qui reçut Dupin sur le pas de sa porte, voulut lui expliquer ce tohu-bohu, dont il lui fit d'abord toutes ses excuses.

— « Mon cher, lui dit-il, Estelle, dont on va réparer l'appartement de fond en comble, m'a prié de donner asile à son mobilier pendant les deux ou trois semaines que durera ce remue-ménage et, ma foi, je n'y ai vu aucun inconvénient.

— Il n'y en a pas, en effet, dit Eugène Dupin, mais quand vous vous marierez, songez à assurer la position de votre fils.

— Quelle idée ! fit Sornay surpris, je ne pense nullement à me remarier ! Mais, en tout état de cause, vous savez que mon fils Henri est ce que j'ai de plus cher au monde. »

Là-dessus, les deux amis entrèrent dans la maison et passèrent ensemble plusieurs heures, sans qu'il fût question de cet incident ; mais au moment où, près de se quitter, ils échangeaient une dernière poignée de main, Eugène dit d'une voix émue, ferme, tendrement impérieuse :

— « Songez à votre fils ! »

Naturellement, quelques semaines plus tard, Louis de Sornay épousait la belle Estelle, car un mobilier de femme s'accroche où il est, mieux que le lierre avec ses mille griffes ; mais si aveuglé que fût ce vieil amoureux, il gardait encore assez de clairvoyance pour s'apercevoir que la future madame de Sornay dissimulait mal sa haine pour Henri. Quelques mots imprudents achevèrent de l'éclairer, et alors les paroles d'Eugène Dupin lui revinrent dans l'esprit, traversant sa mémoire comme un vif éclair. Et s'il n'eut pas la force de rompre le mariage projeté, rien ne l'empêcha du moins d'abandonner dès lors à son fils, par un acte bien en règle, une notable partie de sa fortune. Vous voyez, mon cher Louis, que l'avertissement donné par Dupin n'avait pas été inutile ; mais les historiettes de ce genre abondent dans sa vie, et c'est par milliers qu'on les compterait.

Tout le Paris intelligent et artiste fut désolé lorsque s'éleva dans les journaux entre deux hommes charmants et également aimés de tous, Pierre Naveu et René Jacquin, la querelle acerbe et cependant futile qui devait se dénouer sur le terrain d'une façon si tragique. Très estimé et respecté par les deux écrivains, Dupin fit tous ses efforts pour arrêter à son début cette mauvaise guerre ; mais les amours-propres étaient trop surexcités, et il y perdit ses peines. Alors, comme Pierre Naveu, resté veuf avec trois enfants très jeunes, avait pour unique parent un frère, Édouard Naveu, établi négociant à Baltimore, Dupin écrivit à ce frère que les siens avaient impérieusement besoin de lui et qu'il devait, toute affaire cessante, venir en France. Bien peu de temps après, la polémique entre les deux journalistes se termina par un duel où Pierre Naveu trouva la mort; mais, grâce à la précaution que Dupin avait prise, Édouard arrivait à Paris le lendemain même du jour fatal, et se trouvait là à point nommé pour recueillir les orphelins. Et comme, après avoir fait une large part à sa douleur, le négociant ne pouvait s'empêcher d'être étonné, et admirait que Dupin l'eût mandé à l'avance en raison d'un fait qui n'existait pas encore et qui pouvait ne se produire jamais, l'analyste lui donna de cette apparente anomalie la plus nette et la plus simple explication. Non seulement il avait compris que les deux adversaires, très honnêtes tous les deux, étant convaincus jusqu'à l'entêtement, leur différend ne pouvait se terminer que par les armes ; mais il avait par avance reconstitué ou plutôt *vu* le combat dans tous ses détails. René Jacquin fougueux, colérique, intrépide, sachant à peine tenir une épée, il était évident pour Dupin que Pierre Naveu, maître de lui, extrêmement habile en escrime, et au fond très peu irrité par des offenses puériles, aurait pour unique préoccupation de ménager son contradicteur, et par conséquent s'enferrerait de lui-même sur l'épée de ce fou ; malheureusement l'événement se déroula exactement selon ses prévisions.

Vous savez, mon cher Louis, que C.-A. Dupin vivait, comme l'a dit Edgar Poe, dans une gêne voisine de la misère. En cela, Eugène a jugé inutile de l'imiter, et pour acquérir au contraire une honnête fortune, qui lui permît de se donner librement aux grands travaux historiques et ethnologiques auxquels il a voué toutes ses facultés et qui seuls le passionnent, il n'a eu qu'à tourner vers ce but son génie d'intuition, comme son père lui-même aurait pu le faire si facilement. Au début de la vie, dénué de toute ressource, Eugène est entré courageusement dans un magasin de nouveautés, et là, placé à un rayon où les commis, chargés de vendre des choses invendables, reçoivent un bénéfice pour chacun de ces objets absurdes et chimériques, il y fit naturellement de bonnes affaires, car, sachant à fond la loi du rhythme, de la couleur et de toutes les harmonies, il lui suffisait de placer les étoffes, par exemple, dans un certain ordre, pour forcer le flâneur à désirer et à choisir celle qu'il prétendait lui faire acheter. Une fois possesseur d'un capital de quelques mille francs, Eugène, qui pouvait prédire sans erreur possible le destin de toutes les entreprises industrielles, gagna sans peine tout ce qu'il voulut, et, étant donnée son extraordinaire pénétration, il n'y a là rien d'inouï. Ce qui l'est véritablement, c'est qu'il s'arrêta net dès qu'il se fut procuré un simple million, c'est-à-dire l'outil de travail indispensable à un historien qui étudie les religions à leurs sources, et qui par conséquent peut avoir fréquemment besoin d'aller à l'improviste en Égypte, ou dans l'Inde, ou dans l'Asie Mineure. Eugène pouvait certainement créer l'argent et l'or comme un Rothschild, et jouer à la Bourse, où il gagnerait infailliblement, puisque les éventualités politiques sont pour lui comme un livre qu'il lit à livre ouvert; mais il s'en garde bien. Dans les intervalles de ses voyages, il vit tranquillement dans son petit hôtel et dans son jardin, enfouis dans une petite rue très voisine du boulevard Saint-Germain, et que bien entendu il a achetés pour une somme insignifiante, avant le percement du boulevard.

Ses tableaux seuls et ses livres représentent une valeur énorme, et cependant ne lui ont relativement rien coûté, car il se bornait et il se borne encore à acheter les œuvres des peintres qui deux ou trois ans plus tard deviennent célèbres, et en dehors de ses livres d'étude, ceux qui ACQUERRONT une grande valeur. C'est ainsi qu'il possède sur papier de Hollande, dans leurs premières éditions enrichies de portraits et d'autographes, *Les Fleurs du Mal*, *Madame Bovary*, *Les Diaboliques*,

La Chanson des Gueux, car il avait facilement deviné que ces livres magnifiques seraient poursuivis et condamnés, comme ne contenant pas la dose d'hypocrisie exigée par les convenances sociales.

Oui, il vit dans le recueillement, intéressé et charmé par le spectacle prodigieux que lui donne l'histoire ; il ne poursuit aucun lucre, et cependant quel marchand il eût fait! Candeley, l'antiquaire de la rue Laffitte, se désolait d'avoir payé trop cher un meuble Louis XIII en ébène, de la plus grande beauté, incrusté de nacre et d'ivoire, et, n'ayant pu s'en défaire chez les grands amateurs, il voulait, de guerre lasse, s'en débarrasser à n'importe quel prix.

— « Non, lui dit Eugène Dupin, gardez-le, vous le vendrez à Rouve quand il ne sera plus ministre. Car alors il voudra donner des fêtes pour renouveler son crédit et se remettre dans le mouvement : et comme son prédécesseur collectionne avec passion les plus beaux meubles Louis XIII, il ne sera pas fâché de lui jouer un bon tour en s'emparant de celui-là, dont la forme est unique et le décor merveilleux. »

Candeley crut que Dupin se moquait de lui, puisqu'au moment où il parlait Rouve n'était pas et n'avait jamais été ministre ; cependant tout cela s'accomplit de point en point ; il succéda comme ministre des finances au collectionneur Faveris, et acheta le meuble en effet. Mais, mon cher Louis, ce sont là les bagatelles de la porte.

Je ne vous parlerai pas des pièces de théâtre que Dupin m'a racontées par le menu, avant qu'elles fussent représentées, prenant comme termes le caractère et le talent de l'auteur, l'état financier du théâtre, la mode littéraire actuelle, les comédiens que le désir de gagner de l'argent a conseillé au directeur d'employer, la dose d'habileté avec laquelle l'invention des personnages a dû être subordonnée à leurs infirmités, à leurs défaillances, à leurs moyens d'exécution ; et d'après ces impérieuses données, reconstituant l'œuvre jusque dans ses moindres épisodes, pour ainsi dire, sans se tromper d'un mot.

Tout cela, je le répète, c'est des vétilles; ce qui m'a vraiment frappé, ce sont les idées d'Eugène Dupin, dans leur liberté abstraite, et dégagées de tout fatras anecdotique. Je voudrais bien vous en faire apprécier quelques-unes; mais aurais-je pour cela la virile et sobre éloquence, le bon sens prime-sautier qu'il faudrait, et en cette affaire, l'être intuitif, l'inventeur, le poète ne serait-il pas, comme il arrive toujours, trahi par son traducteur?

Mon cher Louis, hier, tandis qu'il pleuvait si fort, et qu'on songeait sérieusement à creuser les troncs des arbres du boulevard et à en faire des canots d'écorce pour se promener dans Paris, j'ai passé une bonne partie de la journée avec Eugène Dupin, dans son petit hôtel si bien calfeutré de tapis turcs, persans et syriens que le froid ni l'humidité n'y sauraient pénétrer. Dans l'intérêt de son repos, Eugène aurait bien aimé à causer tranquillement de choses et d'autres, comme le premier venu; mais moi je fus impitoyable et je le forçai à soulever pour moi tous les voiles qui nous dérobent les évènements prochains; car ce ne serait vraiment pas la peine d'avoir à sa disposition un devin impeccable, pour se refuser l'âpre volupté de lire clairement dans l'avenir, comme dans un livre ouvert.

Tout d'abord, je mis la conversation sur la politique; et bien que Dupin dédaigne un peu cette science comme n'offrant que des combinaisons restreintes et bornées, il ne se refusa pas à me raconter dans leurs moindres détails les faits importants qui vont se produire et modifier profondément l'économie de notre République, ni à m'expliquer les rôles inattendus que joueront dans cette comédie plusieurs personnages connus, tels que Gambetta, Rochefort, Clémenceau, Songeon, Édouard Lockroy, et d'autres encore. A mesure que se déroulait le récit de mon ami, j'admirais surtout dans les scènes qu'il faisait passer sous mes yeux leur caractère de vérité, d'évidence et de nécessité inéluctable. Sans nul doute possible, ces événements FUTURS étaient bien réels. Pour admettre qu'ils ne l'étaient pas, il aurait fallu croire que, sans avoir jamais composé de romans, Eugène Dupin est le plus grand des romanciers inventeurs qui aient jamais existé; et ce miracle-là ne serait-il pas plus étonnant que l'autre?

Cependant, comme je m'émerveillais encore d'une telle perspicacité, mon interlocuteur, en me rappelant les grandes lignes initiales de l'histoire, me montra clairement que depuis le jour où, chassés par l'accroissement de leurs familles du plateau central de l'Asie qui fut leur berceau, les fils de Noa'h devinrent les chefs des races diverses et furent colorés en blanc, en jaune, en noir ou en rouge par le climat de leurs patries adoptives, toujours le même flux et le même reflux a poussé le Nord sur le Midi, l'Orient sur l'Occident, et ramené la succession des mêmes faits dans un ordre identique. Aussi est-il facile de savoir ce qui se passera demain, comme il est facile de savoir qu'il fera jour demain à la même heure qu'hier; mais il plaît à l'ignorance et à la paresse de l'homme de ne pas lire dans le passé, et par conséquent de *supposer l'avenir inconnu*, afin de pouvoir se griser de ce soi-disant inconnu, comme d'un endormant opium ou d'un énervant haschisch, créateur de folles visions et d'absurdes rêves.

Nous parlâmes ensuite des récentes affaires criminelles, dont les apparentes complications semblent embarrasser la justice, et d'un mot, en se jouant, Dupin dénoua ces prétendus nœuds gordiens, sans même vouloir me permettre de louer une opération de l'esprit selon lui si facile, car il s'éleva tout de suite à des considérations d'un intérêt moins élémentaire.

— « Si chez nous, me dit-il, le politique, le criminaliste, le policier marchent presque toujours à tâtons, et lorsqu'ils obtiennent un résultat partiel, ne le doivent en général qu'au pur hasard, cette infirmité tient surtout à deux causes essentielles. La première de ces causes, c'est l'erreur fondamentale de la société moderne, qui croit à l'existence virtuelle de l'individu. Or, contrairement à cette hérésie, nul être n'existe en cette qualité seulement; en même temps qu'il est un individu, il est aussi le fragment, la partie infinitésimale d'une race, et, à ce titre, il porte en lui, qu'il le veuille ou non, qu'il le sache ou non, les haines, les instincts, les appétits, et aussi la religion de sa race, même quand il se croit naïvement dénué de toute idée religieuse!

Il vous arrive de rencontrer dans une forêt (car à qui veut l'écouter, l'histoire naturelle dit tout!) un champignon qui est né, qui a grandi, s'est développé, en apparence, comme un végétal ordinaire. Cependant, si vous le brisez du bout de votre bâton, vous êtes étonné de voir qu'il est un composé d'insectes vivants, qui alors se divisent et se répandent à l'entour par masses, comme de noirs ruisseaux. Eh bien! chacun de ces êtres est un insecte, mais, il est en même temps une partie du champignon, et, comme tel, végète selon des lois particulières. Telle est l'histoire de chaque homme, et pour savoir pourquoi Fenayrou a tué le pharmacien Aubert, s'il l'a tué et pourquoi mademoiselle Feyghine se suicide, il faut d'abord savoir d'où ils viennent, et de quel champignon ils faisaient partie!

Si l'on oublie ou si l'on dédaigne cette vérité axiomatique, il devient impossible de rien comprendre et l'on a perdu la clef de tout. Nul accord possible entre les fils de Schem et les fils d'Yapeth, et les massacres qui ensanglantent la Russie nous le font bien voir.

Sans se rappeler qu'ils sont Touranien et Iranien, le Touranien ne pardonne pas à l'Iranien de lui avoir volé la Médie, et c'est pour cela qu'il l'assassine à deux heures du matin, sur le boulevard Montmartre. Qui ne se souvient d'un homme politique illustre qui, bien que protestant, avait l'âpre soif de la domination, l'appétit du martyre pour lui et pour les autres, et qui, pour leur bien, torturait les consciences avec la voluptueuse férocité d'un Torquemada? En tant que protestant, avec ses idées moins étroites et plus hardies que sa propre foi, il eût été inexplicable; aussi, pour comprendre son tyrannique génie, fallut-il savoir qu'avant d'appartenir à la Réforme, la famille de ce dompteur d'âmes avait compté dans son sein les plus farouches justiciers catholiques!

Tel homme venge de séculaires injures qu'il n'a jamais connues et, non comme individu, mais comme faisant partie d'une race, est gouverné, poussé en avant par des Esprits dont il ne sait même plus les noms. Ne voyez-vous pas dans Littré, par exemple, dont le visage et la chevelure lisse sont évidemment asiatiques, un de ces solitaires indiens à qui la constante et silencieuse réflexion dans la solitude enseignaient toutes les vérités, et qui, à force de vertu et d'austérité, violentaient les Dieux et les forçaient à leur obéir? Certes, si, au moment de le nommer, l'Académie avait pu remonter à ses origines, elle ne lui aurait pas ridiculement reproché de n'être pas chrétien; tout au plus aurait-elle pu l'accuser d'avoir un peu oublié le grand serpent Adicéchen, dont les nombreuses têtes, en se recourbant, formaient un dais sur la tête de Vichnou!

— Ainsi, dis-je à Dupin, vous pensez que si, la plupart du temps, le politique et le juge sont tenus en échec par les problèmes les plus simples, c'est parce qu'ils n'ont pas assez tenu compte de l'élément ethnique. Selon vous, deux adversaires de la Saint-Barthélemy, devenus l'un et l'autre (dans leurs descendants) des libres-penseurs, ne sont pas pour cela réconciliés ; et, même issu d'une famille émigrée et acclimatée depuis longtemps en Suède, l'ancien Auvergnat obéira toujours au besoin impérieux d'acheter à vil prix et d'accaparer la vieille ferraille ?...

— Précisément, dit Eugène Dupin.

— Mais, repris-je, ne me disiez-vous pas qu'une autre raison encore oblitère l'entendement et supprime la clairvoyance du chercheur de problèmes ?

— Oui, fit Eugène, et celle-là n'est rien autre chose que la naïve infatuation de l'investigateur. Comme l'homme est strictement pareil à son congénère, et toujours, en face du même fait, a l'esprit traversé par les mêmes idées et les mêmes appétits, (auxquels il cède ou ne cède pas, selon qu'il a su développer en lui plus ou moins d'effort vers le bien et de résistance au mal,) il est toujours facile de savoir ce que pense tel ou tel homme dans un cas donné, car pour cela, on n'a qu'à regarder en soi-même. Mais le plus souvent et même toujours, l'investigateur est privé de ce moyen d'information si simple, parce qu'il s'imagine que *l'autre* ne saurait lui ressembler complètement. Dans les moments où il lui plaît de se croire sublimé, il pense, avec un orgueil enfantin, que l'être dont il a fait son objet d'étude ne saurait être aussi sublime que lui. Si, au contraire, il se délecte à admirer sa propre habileté vicieuse et donjuanesque, et le mépris du convenu avec lequel lui, homme supérieur, se met au-dessus des lois et de la morale, il *espère* avec ingénuité que son prochain ne saura pas ou n'osera pas être aussi canaille que lui : en quoi il se trompe ! *Moi c'est différent!* tel est l'argument au moyen duquel tant de gens se mettent plusieurs poutres dans l'œil, ignorant volontairement que nul n'est différent de personne. Il y a aussi le célèbre argument : *Il faut une religion pour le peuple*, que les corrompus à idées bornées ont amplifié et complété en se disant : Il faut une morale, une résistance au désir, une volonté de sacrifice — pour le peuple, c'est-à-dire pour les autres. Ils oubliaient que si tu ne veux pas avaler la médecine amère, il y a de grandes chances pour que ton voisin ne l'avale pas non plus, quand même tu la lui offrirais comme un vin délicieux.

Comme ton âme est en même temps habitée par le Bien et par le Mal, en face d'un évènement quelconque, chacun d'eux dit son mot; il le dit de même dans l'âme des autres comme dans la tienne, et, selon que tu connais le sujet de ton étude capable de céder au Bien ou au Mal, tu peux deviner, sans crainte d'erreur, le parti auquel il s'arrêtera. Les hommes qui, selon ce principe, ont su et osé lire en eux-mêmes la vérité sur les autres, Napoléon, Talleyrand, et dans un autre genre, Vidocq, ont gouverné des mondes. Talleyrand et Vidocq, en des sphères différentes, savaient, à n'en pas douter, que, dans des circonstances particulières, et soumis à de certaines suggestions, chaque homme était comme eux-mêmes affranchi de la morale et des lois, et dans l'être étudié allaient droit à la canaille qu'ils étaient sûrs d'y trouver, et dont ils avaient besoin. Par contre, Napoléon n'ignorait pas que dans chacun de ses soldats il y avait, sous la pression de l'enthousiasme, un héros pareil à lui, et du vulgaire combattant il faisait, quand il le lui fallait, sortir le héros. Plus raffiné encore, un éditeur fameux a gagné des millions, parce que chez l'écrivain avec lequel il traitait, il savait voir à la fois l'homme rusé dans une certaine mesure, dont il devait se défier, et l'artiste naïf dont il viendrait à bout en intéressant ses sentiments nobles, et il excellait à jouer tour à tour de ces deux musiques !

Connais-toi toi-même, comme le conseille le sage, et tu connaîtras tout, même la pure jeune fille, même les monstres compliqués, même l'inconnaissable femme. On a pris pour une simple boutade bouffonne, dans la farce de *Jean Hiroux*, le mot du criminel au juge, qui est au contraire un mot profond : Mon président, je cours sur lui, je le rattrape, je le fouille, il n'avait que six sous et pas de mouchoir ; qu'est-ce que vous auriez fait à ma place ! Cela veut dire, avec une ellipse énorme et cependant facile à suppléer : « Quoique vous soyez un honnête homme digne de tous les respects, et que je sois un scélérat, vous pouvez trouver dans votre conscience les lumières nécessaires pour lire dans la mienne ; car les âmes les plus pures, comme les plus souillées, sont en proie aux mêmes suggestions d'héroïsme et de crime ; et ce qui fait la différence entre les demi-dieux et les filous, c'est qu'ils cèdent plus ou moins à celles-ci ou à celles-là ! »

Mon cher Louis, Eugène Dupin m'a parlé de l'Amour, et, certes, je ne vous répéterais pas sa conversation s'il s'était borné, comme tout le monde, à accumuler sur ce sujet essentiel un tas de verbiages inutiles, dont la vulgarité dissimule péniblement l'incohérence. Mais il me semble au contraire qu'il m'a exprimé des idées non rebattues, et qui méritent peut-être de fixer un moment votre attention.

— « Tout d'abord, m'a-t-il dit, si l'on voulait jeter un peu d'ordre dans le chaos des pensées qu'éveille nécessairement le mot Amour, il s'agirait là d'une question de linguistique ! Car arrivées sur ce terrain brûlant, il semble que non seulement votre merveilleuse langue française, si exactement claire, mais aussi presque toutes les autres langues aient été emportées dans je ne sais quel ouragan de folie et de délire. Ce mot, ce mot unique et d'une troublante et foudroyante magie, comporte plus de sens variés et signifie des états de l'âme plus divers qu'il n'y a de feuilles différentes l'une de l'autre dans une vaste forêt. Cherchons donc ce qu'il exprime dans sa donnée propre et absolue, et ensuite nous n'aurons pas de peine à éliminer les emplois arbitraires et parasites du mot divin entre tous:

A proprement parler, il n'y a qu'un seul Amour. C'est la fièvre aiguë, brûlante, dévorante, sans cesse accrue, qui forcément doit tuer ceux qui en sont atteints ; car elle n'admet rien, elle est exclusive de toute loi, elle s'agite sans but possible, puisque après la possession elle exige quelque chose de plus qui n'existe pas, et puisqu'elle détruit et anéantit tout ce qui n'est pas elle-même. Aussi l'Amour n'est-il qu'une magnifique exception, qu'un état passager, rouge et flamboyant comme l'éclair, et par sa fonction même, essentiellement meurtrier, car il est impossible d'imaginer des amants dont la passion ne grandirait pas à chaque minute, et qui ne seraient pas consumés par cette flamme, dont ils sont à la fois le foyer et le mystérieux aliment.

Écartons donc toutes les autres acceptions abusives du grand vocable ! Au commencement des religions, le nom Amour a désigné la force qui préside à l'éclosion, au renouvellement des êtres, aux innombrables enfantements de la Terre féconde, au bouillonnement de la sève universelle ; mais, dans ce cas, n'usurpait-il pas les propriétés inhérentes au nom même de la Vie? Pour être juste, il ne faudrait pas non plus nommer ainsi un sentiment mille fois supérieur à l'Amour, celui qui unit l'époux à l'épouse ; puisque celui-là s'affine, se purifie et s'élève sans cesse, comporte une certitude et une confiance absolues, et de deux êtres en fait un seul, qui ne désire rien au delà, si ce n'est la continuité de cette béatitude, renouvelée et réfléchie en de vivantes images d'elle-même.

Il faudrait trouver aussi un nom particulier à l'adoration de Pétrarque pour Laure et de Dante pour Béatrice ; car cette adoration, par cela seul qu'elle doit être immortelle, se perpétuer dans les sphères célestes et jusque parmi les délices du paradis, est nécessairement exclusive de la possession et de la fièvre des sens: aussi n'est-elle pas Amour ! Il serait encore plus injuste de nommer ainsi ce qui relève de la galanterie, ou vénale ou simplement libertine, ou obéissant à une dépravation, à une curiosité, à une débauche d'esprit. Ce sont là des vilenies sur lesquelles la petite poésie et la petite peinture ont pu jeter le charme de leurs colifichets, de leurs rubanneries et de leurs fanfreluches, mais qui ne méritent pas une appellation si belle, car le Verbe est sacré, précisément parce qu'il est créateur, et ne doit pas être prostitué à de vils déguisements.

Donc, si vous le voulez, continua mon ami, parlons exclusivement de l'Amour passion et fièvre, c'est-à-dire du seul qui mérite réellement le nom d'Amour.

Si cet ensemble de phénomènes a été mal observé, en dépit des admirables poèmes qu'il a inspirés depuis le commencement du monde et qu'il inspire encore, c'est qu'on a ignoré un effet particulier de la puissance magnétique, effet qui se produit surtout, mais non pas exclusivement — en Amour. C'est *l'influence inconsciente de la volonté d'un être sur un autre être.* Or, cette force invincible, si vous voulez l'étudier sur vous-même, vous la reconnaîtrez à ceci surtout que, tout à coup et sans transition, vous êtes envahi par un désir qui logiquement ne devrait pas naître en vous, qui n'y a été préparé par rien, et qui n'est pas d'accord avec l'enchaînement de vos idées. Je vous demande toute votre attention, et je vais tâcher d'être extrêmement clair, car j'aborde un ordre de faits peu connu et dont nous n'avons qu'une perception vague. En Amour, presque toujours l'initiative appartient à la femme. Oisive, aimante et essentiellement sensuelle, même et surtout quand elle est très chaste, c'est elle en général qui désire la première. Mais voici ce que tout le monde ignore : sans qu'elle le veuille et sans qu'elle le sache, son désir s'abat sur l'être qui en est l'objet, et le frappe brutalement, comme un coup de massue.

Ceci ne vous explique-t-il pas une anomalie qui se

produit si souvent, et qui toujours vous frappe d'un étonnement nouveau? Telle femme existe, dont ni la grâce, ni l'esprit, ni le charme ne sont conformes à votre façon de comprendre le beau. Inconnu d'elle, vous l'avez vue cent fois, non seulement sans l'aimer, mais sans l'admirer, et sans qu'elle attire en aucune façon votre attention. Cependant, à un moment donné, et sans que rien vous l'ait fait prévoir, vous vous sentez mordu au cœur d'une violente passion pour cette femme. Seule elle vous occupe et s'empare de tout votre être. Vous souffrez cruellement de son absence; vous éprouvez le besoin impérieux d'être près d'elle, et de la vaincre, de la posséder, de la subjuguer : il vous la faut !

Est-ce donc que vos idées et votre conception du beau ont subitement changé? Nullement ; mais un désir dont vous êtes le sujet est né chez cette femme, et, passivement, vous en subissez le contre-coup. Il vous la faut, et cependant vous ne l'aurez pas, parce que vous êtes un civilisé, que vous tenez compte de tout, que vous pesez le pour et le contre, et que vous procédez par la méthode et le raisonnement. Si, en pareil cas, don Juan et Chérubin, qui sont des instinctifs, triomphent toujours, c'est qu'ils marchent au but, sans réfléchir. Et croyez bien que si, à ce moment-là, vous alliez droit à la femme aimée, et si vous l'emportiez dans vos bras, comme une proie, elle ne vous demanderait aucune explication ! Mais naturellement, vous avez la tradition dans la tête et dans chaque goutte du sang de vos veines. Vous songez à affiner un madrigal ou à envoyer un bouquet, au moment où l'amante voudrait sentir son cœur battre contre le vôtre. En voyant qu'on est si loin de compte, elle se sent profondément découragée ; elle se fâche, et refuse tout. Plus vous insistez hors de propos, plus elle s'irrite, et le formidable malentendu s'aggrave, sans compter que le désir primitif s'est usé et consumé lui-même. Votre Balzac, qui aimait les axiomes, aurait pu formuler celui-ci : *En Amour, il faut toujours commencer par la fin.*

Ou ne pas commencer du tout ! Car si vous n'avez pas senti en vous ce coup violent qui est nécessairement un contre-coup ; si vous avez eu réellement l'initiative de votre désir, né d'un travail de votre esprit ou d'une admiration plastique, il y a gros à parier que vous ne réussirez à rien. En effet, on ne décide presque jamais une femme à autre chose qu'à ce qu'elle souhaite, et il est à désirer qu'on ne l'y décide pas, sous peine d'en être le mauvais marchand ! Pour me résumer, il n'y a pas de séducteurs ; il n'y a que des séductrices, mais innocentes ! Les heureuses fortunes que le plus ordinaire des hommes laisse échapper sont innombrables, et la fameuse liste des mille et trois serait facilement dépassée par le premier être naïf qui aurait simplement l'intelligence d'obéir, et de venir comme un chien, quand on l'appelle.

Je vous ai dit que l'influence tyrannique d'une volonté sur d'autres volontés n'est pas circonscrite dans l'ordre de faits qui nous occupe. A de certains moments, l'influence exaltée d'un Gengis-Khan ou d'un Napoléon crée des héros, même chez les peuples lointains qui n'ont jamais entendu le nom du conquérant, ni ceux de ses victoires. Un Victor Hugo ou un Henri Heine, par l'expansion inconsciente de sa volonté, rendra lyriques des âmes de gens qui ignorent son existence et n'ont jamais lu un vers de lui, et jusque dans les régions inconnues et sauvages éveillera des Orphées ! Tout à coup, ainsi que des courants dans l'Océan, certaines gammes de couleurs se précipitent dans la peinture, envahissent tout, et deviennent pour les artistes une folie à laquelle ils s'abandonnent, sans savoir d'où elle vient. C'est que ces gammes de couleurs sont nées dans le cerveau de quelque grand créateur, et parties de là, ont pénétré d'autres cerveaux, mêlées au fluide magnétique.

En ce moment même, cinq ou six écrivains, dont

Gondinet a été le premier, ne se disputent pas, mais — se partagent le personnage de la fée Viviane, et tous à la fois ont eu le désir de l'évoquer sur le théâtre. Ils croient bonnement que c'est l'effet d'un hasard imprévu : mais il n'y a pas de hasard ! Ce qui leur arrive tient à ce que quelque part, très loin peut-être, un puissant poète a songé assez fortement à Viviane pour que les éthers et les fluides soient imprégnés de sa pensée et la jettent, impatiente et avide de naître, dans d'autres esprits.

Mais, pour nous restreindre à notre sujet, soyez assuré qu'en Amour, notre désir n'est jamais qu'un écho. Et si, au moment où vous êtes appelé par la silencieuse voix, vous alliez tout de suite, comme dit Racine, *enlever Hermione*, elle ne vous ferait aucune objection. Mais enfin, si elle vous en faisait une, obéissant alors aux diverses traditions au lieu d'écouter l'impérieuse voix de son cœur, et si elle disait : — Qui vous a inspiré une telle audace ? — vous pourriez lui répondre hardiment et sans crainte d'être démenti : — C'est toi-même !

— A la bonne heure, dis-je à Eugène Dupin. Toutefois, dans votre Amour expéditif, qui *commence par la fin*, ne trouvez-vous pas qu'il y a quelque chose d'un peu bien brutal et matériel, et qui sent par trop son housard de Pigault-Lebrun ?

— Mais, dit Eugène, rien n'empêche de faire la cour — APRÈS ! Et c'est même le droit et le devoir absolu de tout homme délicat de faire alors une cour respectueuse, assidue et timide, et de se faire pardonner, comme un crime, l'obéissance qu'il devait montrer et qu'il a montrée. Car une fois que la trame est solidement établie et tissée, il est doux pour l'artiste d'y faire apparaître les belles couleurs des fleurs et les entrelacements compliqués des plus élégantes arabesques ! »

Je me suis rencontré hier, chez Eugène Dupin, avec un beau jeune homme aux yeux d'acier et à la longue barbe rousse, qui m'a paru pouvoir causer sans trop de désavantage avec le fils du célèbre héros d'Edgar Poe. On parlait de la Dynamite, naturellement, car l'actualité s'impose même aux gens qui vivent dans le travail et la solitude.

— « Il fallait bien, dit l'étranger, qu'elle servît à quelque chose, puisque les chimistes l'ont inventée, comme ils ont inventé la margarine et le faux empois pour chemises. Toutefois, je pense que sa popularité se produit peut-être un peu tard pour monsieur Carvalho, bien que cet habile directeur de théâtre soit encore dans la force de l'âge.

— Vous avez raison, dit Eugène Dupin, mais en revanche elle arrive tout à fait à point pour Grévin. »

Dois-je l'avouer? J'étais un peu humilié de n'avoir rien compris aux paroles du visiteur, dont le sens avait été saisi par mon ami, si facilement. Toutefois Dupin, qui est l'indulgence même, ne voulut pas se complaire à jouir de mon embarras, et se mit à ma portée avec l'affabilité la plus gracieuse.

— « Mon cher ami, me dit-il, comme l'a écrit un de nos meilleurs auteurs dramatiques, la France a horreur de l'horreur. Le plus vite possible, avec son instinct de gaieté et de joie, elle se débarrasse des massacres et des tragédies, mais elle les supprime par un moyen audacieux, et comme un enchanteur excessif qui trouverait le moyen de transmuer le sang versé en sucre d'orge, avec les deuils, les forfaits et les épouvantes, elle fait... des opéras comiques ! qui, eux, par exemple, ont la vie dure. C'est ainsi que la Saint-Barthélemy et le brigandage sur les grands chemins sont bien loin de nous, mais rien ne nous débarrassera jamais du *Pré-aux-Clercs* et de *Fra Diavolo*. Or, on peut raisonner par analogie ! Le règne réel de la Dynamite ne sera pas de longue durée, parce que l'humanité tout entière ne se résignera pas à jouer en l'air le rôle des membres épars de Babylas.; mais pendant des siècles peut-être, on pourra voir à la salle Favart l'anarchiste, avec sa cartouche de dynamite, courtiser sous le bosquet de roses trémières une paysanne en jupe courte, et finalement épouser une princesse déguisée, éprise de sa bravoure.

— Seulement, dit le visiteur, il faut scientifiquement un certain nombre d'années pour que le Fait se résolve en opéra comique, et c'est pourquoi la Dynamite ne profitera peut-être pas à monsieur Carvalho. Au contraire, la Revue de fin d'année, dont Grévin dessine toujours les costumes, s'assimile le Fait immédiatement.

Le public professe un amour superstitieux pour le costume collant, et toujours le même, qui décollète le sein de la femme, lui emboîte hermétiquement le torse, et laisse voir les jambes nues dans un maillot; mais, de même que le haricot de mouton dans les restaurants, ce costume unique, pour que sa vogue se perpétue, doit continuellement être rebaptisé à nouveau, et prendre le nom de l'actualité la plus récente. Il est donc évident que, dans la prochaine Revue de fin d'année, une femme décolletée, en costume collant, chantera d'une voix aussi fausse que les meilleurs calculs statistiques :

> Vive Dynamite,
> Tout cède en ce lieu
> (Ce n'est pas un mythe)
> A mon œil de feu !

Et les phénomènes les plus inattendus peuvent se produire; il n'est pas impossible que les propriétaires parisiens aient tous à la fois l'idée de diminuer le prix de leurs loyers, et que les fleuves remontent vers leur source, et que le ciel tombe avec toutes ses étoiles ; tout cela arrivera peut-être ; mais rien, rien au monde, pas même un cataclysme universel, ne saurait empêcher que le confrère de la Revue chante à son tour, en prenant la taille de la Dynamite :

> Loin d'être rebelle
> A des passe-temps si doux,
> Mon vœu, chère belle,
> Est de sauter avec vous !

Là-dessus, l'inconnu sortit, et je demandai à mon ami quel était cet aimable jeune homme, dont l'agile pensée résume en traits si rapides l'histoire universelle.

— « C'est, me dit Eugène Dupin, un prêtre plein de talent, et qui a toutes les chances possibles de devenir évêque.

— Quoi ! m'écriai-je, avec ce veston bleu ardoise et cette longue barbe ! En tout cas, ce n'est pas, je pense, un prêtre catholique !

— Non, répondit très sérieusement Eugène, il appartient au CULTE ATHÉISTE ; seulement, il fait partie d'une secte dissidente. »

J'ai l'habitude et le goût de n'être jamais étonné ; cependant je ne pus réprimer un très léger mouvement, qui ressemblait à une vague surprise.

— « Voyons, me dit Eugène, d'une voix douce mais un peu sévère, n'affectez pas d'ignorer les choses initiales ! Certains philosophes en effet, (et cette question, comme toutes les autres, est pure affaire de linguistique,) se refusent à désigner par le mot DIEU les causes premières ou le manque de causes premières ; mais comme il faut bien qu'ils les nomment quand ils veulent en parler, le mot nouveau qu'ils adoptent équivaut exactement à l'ancien, et arrive à exprimer la même idée, d'une façon aussi précise. C'est ainsi que, pour employer une comparaison vulgaire, mais d'une excessive clarté, la pudeur des Anglaises a dû remplacer par d'autres syllabes des syllabes qu'elle ne pouvait se résoudre à prononcer. Or, qu'est-il arrivé ? c'est que le vocable

Inexpressible est arrivé à désigner une culotte aussi nettement que le mot *Culotte !*

— Mais, dis-je, vous me parliez d'un culte ?...

— Sans doute, fit vivement Eugène, car l'homme est tout à fait inapte à ne pas inventer des cultes ! Comme les individus ne sont pas de toutes pièces différents les uns des autres, plusieurs individus réunis en groupe ont nécessairement des idées qui leur sont communes. Ces idées, en vertu d'un besoin impérieux de l'esprit humain, ils les revêtent de symboles : voilà une religion ! Les amis qui suivent un enterrement civil adoptent un insigne ou un signe pour se reconnaître entre eux ; ils ont créé un rite. Ceux qui, n'étant pas chrétiens et voulant cependant honorer la mémoire d'un chrétien, restent à la porte de l'église, ne peuvent y rester s'il pleut trop fort ; ils vont chercher un abri dans un endroit couvert ; ils ont, par ce fait, consacré une autre église. Comme ils ne sauraient parler tous à la fois, l'un d'entre eux, le plus éloquent ou le plus expansif, exprime la pensée de tous, en vers ou en prose : ses paroles sont devenues un chant ou une prière. Enfin, ses facultés mêmes font que la même tâche lui incombe habituellement : le suffrage des siens lui a délégué le sacerdoce.

— Mais, fis-je un peu récalcitrant, n'exagérez-vous pas ?

— Au contraire, dit Eugène, j'atténue, car le propre de l'homme est de construire après avoir détruit, et toujours de la même façon. Ne voyez-vous pas que les athées (j'emploie ce mot conventionnel,) écriront nécessairement l'histoire de ceux des leurs qui, persécutés par l'intolérance des gouvernements, auront souffert pour l'athéisme ? Et ces histoires, auxquelles se mêleront nécessairement des allégories et des légendes, que seront-elles, sinon des Évangiles ?

En tout cas, repris-je, si vous trouvez de la religion même dans l'athéisme, je pense que vous ne vous refuserez pas à voir dans le mariage libre un fait nouveau, tout à fait original, et qui ne se rattache à rien de légal et de régulier.

— Mais, dit Eugène, il se régularisera, comme toutes les inventions humaines. Il se célèbre déjà par un repas; le discours qu'on y prononce arrivera à se formuler; on voudra en constater la date par un écrit, dont la rédaction deviendra très vite uniforme; comme personne n'aime à écrire, un seul individu se dévouera une fois pour toutes; ses fonctions seront reconnues par le gouvernement, qui finit par tout reconnaître; et, de la sorte, il aura institué un nouvel officier de l'état civil.

— Mais, dis-je, à vous entendre, rien ne changerait jamais, et nous ferions exactement chaque jour ce que nous avons fait la veille.

— Au contraire, me dit Eugène Dupin, nous changeons sans cesse, avec autant d'ardeur que la Nature même, où se succèdent la neige, les rameaux fleuris, les épis dorés et les feuillages rougissants! Il y a des moments où, comme au temps de la Pompadour, nous nous habillons de jonquille, de bleu turquoise, de rose, de vert-pomme, et puis après, nous devenons tout noirs, comme des charbonniers et des notaires. Parfois, nous ne rimons pas du tout, comme Voltaire; puis, nous revenons, comme Victor Hugo, à l'éclatante rime de Ronsard et de la Pléiade. Après avoir inventé pour la peinture le jour surplombant de l'atelier avec ses lumières et ses ombres bien décidées, nous réinventons le plein air préraphaélite et la lumière diffuse, qui aplatissent les personnages comme du papier découpé, et ainsi de suite.

Après avoir joui longtemps du mariage esclave, nous retournons au mariage libre, et ainsi le serpent des âges accomplit sa destinée inéluctable, qui est de se mordre la queue. Il y a des époques où les arts somptuaires sont dans le marasme, d'autres où ils battent leur plein; grâce à l'érudition archéologique et au japonisme, nous sommes dans une de celles-là. On fabrique des meubles sculptés qui valent presque les bahuts des paysans d'autrefois; les femmes sont merveilleusement vêtues, avec splendeur et avec grâce; les porcelaines deviennent amusantes, et nous buvons nos liqueurs dans des verres biscornus couleur de fumée ou de rose sèche, qui ne manquent pas de style. Enfin, tout est dans un bon mouvement, sauf l'abominable Chimie, qui crée bien des filets de bœufs empaillés et, des vins chimériques, mais qui n'a pas su trouver pour la peinture sur verre des bleus et des rouges qui ne soient pas violets, ni des allumettes avec lesquelles on puisse allumer les cigares de la Régie, dans le cas, d'ailleurs impossible à prévoir, où ils deviendraient combustibles ! »

XLI

LE BONNISME

Mon cher Louis, les hommes qui ont le mieux le sens, l'instinct et la divination de l'histoire pensaient que nous devions nous attendre à une invasion prochaine des peuples de l'extrême Orient, Chinois, Japonais et Thibétains, et que ces races ouro-altaïques absorberaient l'Europe, comme un caramel qu'une jeune tendresse laisse fondre dans sa bouche pendant un entr'acte, pour passer le temps. A vrai dire, ce fléau prévu n'a pas encore éclaté, mais il a été remplacé par un autre bien autrement terrible, farouche et implacable; je veux parler du BONNISME! Oui, mon ami, les bonnes, les gothons, les maritornes, le peuple immense des soubrettes, Lisettes et Florines, les valets, les Arlequins, les Pasquins, Bourgogne, Picard, Lafleur, Laviolette, se sont rués sur la société moderne et l'ont réduite en esclavage, après l'avoir ravagée comme Rome fut ravagée par les Gépides. Ils ont tout cassé, tout brisé, tout mis cul par-dessus tête, et voilà précisément, à l'heure qu'il est, le vrai, l'important et l'unique événement de Paris.

O mon ami, pas une famille opulente ou pauvre, qui ne soit bouleversée par les chagrins, non pas domestiques, mais — de domestiques! Ces personnages de comédie ont entièrement jeté le masque, font effrontément des vies de Polichinelles et appliquent à leur propre usage la célèbre maxime de Commerson : *Soyez heureux, c'est là le vrai bonheur!* Toucher des appointements de général de division, ne rien faire du tout, piquer de la tarentule les anses de tous les paniers et leur communiquer une danse voisine de l'épilepsie, tel est leur idéal, et plus heureux que nous, ils le réalisent. Il s'est formé une légion de cuisinières qui, par les serments les plus horribles, se sont engagées à ne jamais rester dans une *place* plus de huit jours. Pendant ce court laps de temps, elles perpètrent des ragoûts de Locuste, mettent du sucre dans le gigot et du piment dans l'omelette soufflée, remplacent par des graisses à voiture le beurre frais — qu'elles mangent elles-mêmes, rangent les ordures dans les placards et, pour ne pas avoir à laver les casseroles, les cachent dans le charbon. Si la dame hasarde avec mesure une observation, la cuisinière se fâche, met son bonnet de travers et demande son compte, en l'enflant de quelques louis, qu'on lui donne, pour ne pas avoir d'affaire.

Pendant sa campagne, elle s'est entièrement refusée à apporter les notes des fournisseurs, en disant fièrement: « Je ne suis pas une voleuse! » Elle part, et il se trouve que justement elle était une voleuse. Elle n'a payé ni le boucher ni le fruitier, ni le laitier, ni les autres, et comme une comète en délire, elle a laissé derrière elle une longue queue étincelante.

Il est devenu difficile d'aller dans une maison deux fois en une semaine et d'y voir les mêmes domestiques; c'est assez joli maintenant quand on les garde trois jours, et ce qu'il y a d'admirable, c'est qu'on puisse les garder ce temps-là. O mon ami, que vous êtes heureux de vous être volontairement exilé dans votre chère Touraine! Pour vous montrer ce qu'est, à Paris, le BONNISME, il faut quelques exemples. Dernièrement, à propos de l'ouverture de la chasse, le comte de Clévy avait réuni à dîner quelques amis. Il voulait leur faire savourer ce plat délicat et savant dont on a depuis longtemps la recette dans sa famille, et qui se nomme:

Soufflé de perdreaux. Ce fin régal avait été annoncé, et déjà par avance les convives s'en léchaient les barbes, mais jugez de leur stupéfaction lorsqu'à la place du mets célèbre, on voit arriver... du veau! Ivre de fureur, le comte mande son chef séance tenante, et le met en demeure de s'expliquer. Alors ce fonctionnaire, en se dandinant, répond d'une voix tranquille : — « Mon Dieu! monsieur le comte, le veau a été calomnié! Cuit d'une façon vulgaire, il n'est rien de plus qu'une manifestation politique; mais revenu dans une huile d'olive de provenance sûre, mijoté ensuite à petit feu, et agrémenté de piment enragé et de poivre d'Éthiopie, comme celui que j'ai eu l'honneur de vous offrir, il peut être apprécié des plus fins gourmets! D'ailleurs, dans une maison, chacun doit y mettre du sien pour que tout le monde soit content, et je dois avouer à monsieur le comte que le gibier de plume, avec son fumet un peu grossier et trop vanté selon moi, est absolument contraire et hostile à mon tempérament! »

Comme nous jouissons heureusement de l'égalité devant la loi, peut-être le comte de Clévy eût-il été inquiété s'il avait égorgé ce domestique, dont le type ingénu offre d'ailleurs mille variétés amusantes. Pas plus tard qu'hier, après avoir entendu frapper à la porte de son cabinet et avoir répondu : « Entrez! » le riche banquier Heina voit entrer son valet de chambre Désiré, gracieusement ficelé dans un complet ardoise clair, le cou pris dans une cravate sang de tourterelle, et les pattes étranglées dans des gants à coutures de soie bleue.

— « J'ai, dit-il, le regret d'annoncer à monsieur que je ne puis rester à son service.

— Et pourquoi cela? dit le banquier attaché par l'habitude à ce serviteur vraiment habile. Vous trouvez-vous mal logé ou mal nourri, ou surmené? Quelqu'un a-t-il manqué de politesse envers vous?

— Bien au contraire, dit le valet, et à part le point

essentiel, je n'aurais qu'à me louer de ma condition. Mais ici la maison est si bien tenue et administrée avec tant d'ordre, qu'il est impossible d'y réaliser des bénéfices... supplémentaires.

— C'est-à-dire que vous voudriez pouvoir...

— Oh! monsieur, fit le valet, qui prudemment interrompit son maître, VOLER est un bien gros mot, ne le prononçons pas, et si nous voulons exprimer une idée analogue, tenons-nous-en à celui de VIREMENTS, qui sert parfaitement au même usage, et qui est couramment entré dans la langue politique! Monsieur est un spéculateur trop éminent pour ignorer qu'une affaire est mauvaise si elle donne seulement les résultats attendus; car, en finance comme en tout, c'est le superflu qui est le nécessaire! Enfin monsieur a pu voir que déjà quelques fils d'argent se glissent dans ma chevelure; le moment approche où je ne serai plus aimé pour moi-même, et alors je serai bien réduit à employer avec les femmes le grand argument! Et ne dois-je pas songer à me constituer un capital, dans un temps où la considération est à ce prix, et où le mérite ne suffit pas pour conquérir l'estime des gens sérieux? »

Voilà sans doute un honnête langage; mais, mon cher Louis, il y a aussi des Désirés femelles, et la coiffeuse de madame ne le cède en rien au valet de chambre de monsieur. Tout à coup, à brûle-pourpoint, en habillant sa maîtresse, la belle madame Marcia, très occupée alors du prochain mariage de son fils, la soubrette Aglaé lui dit, en lançant dans le vent son nez effronté :

— « Cinquante mille francs, madame trouve-t-elle que c'est trop cher... pour les lettres?

— Quelles lettres? dit madame Marcia, ne comprenant pas du tout.

— Mais, répond avec aplomb la fillette, les lettres de monsieur votre fils, naturellement! »

Et comme sa maîtresse voulait ouvrir la bouche, elle reprend sans se laisser interrompre :

— « J'ai pensé qu'en enfermant monsieur Émile dans ce château solitaire où, dans le sens absolu du mot, il n'y a que moi de femme, madame avait ses raisons, et qu'elle agissait ainsi... par économie ! Mais il aurait fallu que je fusse âgée de trois mois pour ne pas songer à me faire écrire des lettres, et maintenant que monsieur se marie, je songe à les vendre. Tout cela est dans l'ordre.

— Oh ! dit madame Marcia indignée, nous saurons nous faire rendre ces lettres !

— Je ne crois pas, madame, fit Aglaé, car les originaux ont été déposés chez un notaire honnête homme, dans une ville dont je tairai le nom, et enfermés dans une caisse de fer, sous une triple serrure, dont le secret est difficile à deviner. Mais pour que madame puisse juger par ses yeux et n'achète pas chat en poche, je tiens à sa disposition les reproductions en doubles épreuves, obtenues par un procédé d'héliogravure qui ne laisse rien à désirer... »

Que dites-vous, mon cher Louis, de ce marivaudage vraiment moderne, et que n'eût pas inventé Marivaux ? Mais je vous parle là des sujets, des grands premiers rôles, des gens amusants, qui par l'intensité de la corruption offrent encore un certain intérêt. Je passe sous silence le menu fretin, le vague troupeau du BONNISME, les bonnes qui se plaisent à vous faire boire de la chicorée, à traiter les meubles de Turc à More, à donner de grands coups de balai dans les portes dorées et peintes, et à laver le pavé de la cuisine avec l'eau grasse de la vaisselle, pour laisser après elles un souvenir ineffaçable. Mais le remède à ces maux horribles ? Il est bien simple et très facile à appliquer. Il faut :

SE PASSER DE DOMESTIQUES !!!

Un homme politique infiniment spirituel, Édouard Lockroy, vient de publier des Lettres de Londres, qui nous ont fait tomber des yeux des écailles... de tortues marines ! Sachons être aussi pratiques, s'il se peut, que les Anglais, et nous sommes sauvés. Tous, ils ont, dans les conditions raisonnables, réalisé le phalanstère. Les commis de magasin ont fondé à leurs frais des docks grands comme le *Bon Marché,* où ils trouvent tout à prix de revient, depuis le pain et la viande de boucherie jusqu'aux tableaux de genre, de sorte qu'en ce qui les concerne, l'anse du panier est invitée à ne plus danser, parce qu'il n'y a plus ni panier ni anse! Les avocats possèdent à eux, dans Londres, trois VILLES, où ils ont leurs bureaux, un parc immense, des bibliothèques communes et la faculté de prendre en compagnie un bon dîner, pour un prix raisonnable. Régies administrativement, ces VILLES échappent à la tyrannie des domestiques, et le particulier n'a plus à s'occuper ailleurs que de son logement personnel.

Mais, me dira-t-on, dans ce logement personnel, il faudra encore des meubles, et par conséquent des domestiques. Erreur profonde! car la science moderne a fait une découverte bien supérieure à celles de Bacon et de Newton, et qui se formule ainsi :

Les meubles sont absolument inutiles!

Des meubles? Pourquoi faire? Pour ranger des habits qu'il vaut mieux renouveler au fur et à mesure, des papiers qu'il vaut mieux brûler, du linge que détruira le premier blanchissage? Un divan initial comme celui des Orientaux, faisant le tour d'une chambre, et composé d'une planche soutenue par des étais et couverte de tapis et de cousins, et à la rigueur, si l'on veut, une table, c'est plus qu'il n'en faut. Étant donnée la bibliothèque commune et professionnelle, l'homme digne de ce nom doit, pour son usage intime, se contenter de cinq ou six volumes. Et encore!

Mon cher Louis, si nous adoptons ces sages mesures, ce sera notre tour de rire, et qui sera dans le marasme? Ce sera l'affreux BONNISME! Car alors, pour vivre, les valets seront forcés d'acquérir des talents et d'apprendre des métiers. Et tel domestique, dont je suis aujourd'hui le souffre-douleur, en sera réduit, comme moi, à composer des livres, à en corriger les épreuves, et même à écrire des pièces de théâtre, dans lesquelles le directeur ajoutera personnellement des fautes de français, et des situations originales empruntées aux œuvres les plus connues de monsieur Scribe!

XLII

CINQUANTE CENTIMES!

Mon cher Louis, quand fut jouée, il y a quarante-six ans, la farce illustre des *Saltimbanques*, le public se sentit un peu épouvanté, comme toutes les fois qu'il se trouve en face d'un monstre ou d'un chef-d'œuvre, et quand le grand Bilboquet prononça triomphalement sa phrase devenue depuis légendaire : IL S'AGISSAIT DE CINQUANTE CENTIMES ! la foule sentit en elle ces tressaillements d'horreur que cause toujours une prophétie. C'était en effet une prophétie ! En cette seule ligne, Dumersan et Varin avaient écrit toute l'histoire, toute la satire et toute la condamnation du siècle. Chez nous, il ne s'agit jamais d'autre chose ; il s'agit toujours de cinquante centimes, qu'on ne veut pas donner, qu'on veut économiser, thésauriser, garder pour soi, et faute desquels nous renonçons à être grands, à être victorieux, et même à vivre ! On a parlé des avares qui se feraient fesser ; nous, c'est bien pis ; pour garder les dix sous, nous laissons périr nos traditions d'honneur, de vertu, de gloire, — et d'esprit, ce qui est pis encore.

Tandis qu'à Londres un poème enrichit le poète, et que les Anglais attachent leurs correspondants avec tant de saucisses, leur donnent des équipages et des secrétaires, et les mettent à même d'accaparer les télégraphes, avez-vous remarqué ceci, que, chez nous, (sauf d'honorables exceptions,) les livres, les journaux, les publications ressemblent à de la cuisine faite sans feu, en ce sens qu'ils sont faits sans argent ! O mon ami ! je savoure en ce moment l'immense joie de voir tomber sous le pic et sous la pioche les maisons de la rue Vivienne et de la rue Colbert, dont l'existence risquait à chaque minute d'occasionner la destruction par l'incendie des fabuleux et inestimables trésors entassés dans la Bibliothèque Nationale. Voilà de longues, de bien longues années qu'on reculait devant cette mesure préservatrice ; il a fallu qu'un député brave et imprudent comme Don Quichotte, Édouard Lockroy, l'emportât de haute lutte ; c'était à croire qu'elle demandait un sacrifice inouï, colossal, démesuré, que ne pourrait pas supporter un pays comme la France.

Eh bien ! mon cher Louis, il s'agissait de cinquante centimes. De bien moins que cela ! car six millions pour une France, c'est bien moins assurément que dix sous pour un Rothschild. Et faute de ces six millions, de ces cinquante centimes, de ce rien du tout, les livres, les manuscrits, les médailles, les estampes, qui sont tout le passé, toute l'histoire, toute la conscience du genre humain, auraient pu être anéantis par le fait d'une servante imbécile qui aurait renversé sa lampe de pétrole, et cela serait arrivé sans doute, s'il n'y avait pas eu ce téméraire Édouard Lockroy, égaré parmi les sages députés.

Car la prudente économie d'Harpagon, comme une lèpre, gagne l'État lui-même. Quant aux individus, il y a longtemps qu'ils en sont infectés. Je vous l'ai dit bien des fois, je ne me mêle pas de politique et j'ai horreur de la politique ; cependant j'ai une méthode très simple pour me reconnaître dans ce grand brouillamini. Quand j'entends des marchands d'incidences, de queues de mots et de phrases à rallonges, parler avec des mots de cinq syllabes et des QUE innombrables de leur dévouement à telle ou telle opinion, je leur ouvre immédiatement un petit compte dressé par chiffres exacts, et je leur demande : « Pour cette opinion qui t'est si chère, qu'as-tu donné de ton sang, et qu'as-tu donné de ton argent ? Combien de gouttes de sang et combien de francs en argent monnoyé ? » Mais en général, ces beaux parleurs, qui ne sont pas beaux, n'ont rien donné, que des phrases mal construites, rebelles à la syntaxe la plus élémentaire, et qui ne se tiennent pas sur leurs pieds, ni sur leurs moignons. Ils ont prodigué l'*ère des libertés*, les *institutions progressives* et les : *dans cette enceinte,* mais jamais les cinquante centimes, qui tiennent à eux comme l'huître à son rocher, et comme la teigne à la tête d'un pauvre homme.

Sauvons la caisse ! telle est la devise, également empruntée à Bilboquet fugitif, que portent invariablement écrite, sinon dans leurs blasons, du moins dans leurs âmes, tous les saltimbanques petits ou grands qui président aux destinées des mortels. C'est pourquoi les hommes, si rares ! qui meurent réellement pour leur cause, sans avoir pour leur usage personnel sauvé aucune caisse, tels qu'un Barbès expirant dans sa prison ou un Delescluze frappé sur sa barricade, sont pour tous les partis un objet d'admiration et de respect ; car on sent qu'avec des hommes comme eux toutes les formes seraient bonnes, et que tout serait facile à fonder : monarchie ou république !

Manquons-nous d'ouvriers qui seraient capables de grandes choses ? Non certes, ils sont tout indiqués, et ces grandes choses, ils les feraient, s'ils pouvaient avoir un instant le mépris de l'argent et le mépris de la mort, qui firent la gloire des peuples hellènes, bien longtemps avant que Jésus n'eût intimé à ses disciples la défense de songer au pain du lendemain.

Mais, au contraire, qui de nos modernes héros consentirait à ignorer le poids et la qualité du bifteck savoureux qu'il mangera dans six mois ? Jadis les rois, en montant sur le trône, versaient leurs deniers dans le trésor public, voulant faire ménage avec le peuple et ne rien posséder en dehors de lui ; mais aujourd'hui, ne voyons-nous pas les rois, les empereurs et les princes conserver des fortunes personnelles, placer de l'argent à l'étranger, et, sous toutes les formes, se préoccuper des cinquante centimes et sauver la caisse ?

La monarchie existait lorsque, pour sauver la patrie en péril, les rois donnaient leurs deniers et leurs joyaux, fondaient leur vaisselle d'or à la Monnaie, et quand les nobles, en pareil cas, engageaient leurs terres pour lever des troupes, ou même, pour représenter magnifiquement la France au Camp du Drap d'Or, se mettaient sur le dos leurs champs, leurs forêts, leurs vignes et leurs prés, métamorphosés en satins, en velours, en pierreries, en broderies d'or, d'argent et de diamants. Et ne disons pas que le motif de leur sacrifice était frivole ! Il est toujours beau de se dépouiller de son argent, comme il est toujours beau de mourir. Laissons aux sublimes jocrisses le raisonnement qui consiste à dire qu'il faut plus de courage pour vivre et pour placer ses fonds dans de solides entreprises, produisant de beaux dividendes.

Athènes fut une république, parce que tout le monde y donna son sang, y fut soldat, non au moyen du meurtrier, chimérique et vexatoire volontariat, mais pour de bon, et au pied de la lettre. Tout le monde y fut soldat, même et surtout les nobles, accoutumés à mourir, comme les anguilles à être écorchées. Athènes fut surtout une république parce que les charges y étaient données aux citoyens les plus riches, qui étaient fiers de dépenser au service de l'État toute leur fortune personnelle, et de sortir du pouvoir gueux comme des rats et nus comme des vers, s'étant dépouillés au profit de la mère adorable. L'élégant, le raffiné, le voluptueux Alcibiade ne mangeait pas à la cantine, comme un réserviste ; mais, ainsi que nous l'enseigne Plutarque, en campagne, il était le premier à se contenter des plus viles nourritures et à boire l'eau saumâtre, soldat de la tête aux pieds et dans chaque goutte du sang de ses veines.

Si l'Archonte-Roi était le premier magistrat de la cité ; si sa royale épouse avait voix prépondérante dans les assemblées de femmes, c'était à cette condition qu'il payait et organisait à lui seul les représentations théâtrales, les tragédiens, les chœurs de musique et de danse, que l'entretien des temples était à sa charge, et qu'il payait encore de ses deniers la plupart des employés de l'État. Et lorsqu'il se trouvait, en quittant le pouvoir, plus pauvre qu'un mendiant des routes, il pensait être suffisamment payé de sa ruine et de ses peines par l'honneur qui lui était accordé de donner son nom à l'année de sa magistrature. Combien connaissons-nous de millionnaires aux yeux de qui la qualité de rentier est infiniment préférable à celle d'archonte éponyme !

Quand on voulait faire une expédition maritime, on nommait triérarques les citoyens les plus riches, qui devaient fournir à leurs frais des navires ; les trois premiers qui avaient mis leur navire à la mer recevaient des couronnes d'or ; les retardataires pouvaient être mis en prison. Parfois, dans les moments de grand danger, on vit les ports regorger de nefs équipées grâce à l'initiative des particuliers ; pour quels révolutionnaires nous prendrait-on, si nous comptions sur de pareils moyens pour compléter les flottes de Brest ou de Cherbourg !

Nous n'avons pas de grand homme, parce que nul n'est assez désintéressé pour tout jeter à l'eau, soi et son bagage, et pour ne se sauver qu'avec la patrie. Avec cet amour des cinquante centimes, on ne fait pas un Richelieu ou un Olivarès ; on ne fait même pas un Dubois ou un Scapin. Jamais, en aucun temps, les femmes ne furent plus belles et si bien vêtues qu'à présent ; cependant, pour ne pas parler des salons abolis, il n'y a plus même une grande courtisane !

Une seule, mais qui aujourd'hui est, hélas ! de l'âge des drames romantiques, a su être assez audacieuse pour créer des millions. C'est Èveline Barry. Elle avait été distinguée jadis par le fameux Zabé, ce financier richissime dont l'avarice fut proverbiale ; et quand elle l'écouta, ses petites amies en rirent beaucoup, sachant que toujours, au premier billet de mille francs qu'on lui avait demandé, Zabé s'était sauvé comme s'il avait eu le feu à ses chausses.

Cependant, Èveline, qui avait du génie, osa et voulut se colleter avec ce tas de millions. Pendant trois ou quatre ans, savourant sans bourse délier ce festin de prince, le vieux pingre promena à pied la belle fille, lui faisant traîner ses bottines de soie dans les ruisseaux, et ne lui ayant jamais payé un fiacre, ni un bouquet de violettes. Pendant ces dures épreuves, elle se montra gaie comme un pinson, et ne sourcilla jamais. Elle ne sourcilla même pas, lorsque, le moment de la séparation venu, Zabé lui apporta, comme présent d'adieu, un ignoble cornet de dragées.

Et c'est en quoi elle avait bien raison, car au fond du cornet il y avait une inscription de quarante mille francs de rente, qui fut l'origine de ses richesses. Le prudent vieillard n'était-il pas l'image même de la Fortune, qui toujours se donne par surcroît, avec le reste, à ceux qui l'ont dédaignée, et qui ont su, en temps utile, oublier les cinquante centimes !

XLIII

LES LETTRES

Dans un des plus beaux vaudevilles de notre temps, qui a produit en ce genre d'incomparables chefs-d'œuvre, dans *L'Homme qui tue sa femme*, un des personnages de cette farce illustre dit au fantastique assassin : — « Eh ! quoi, vous avez tué votre femme, comme ça, et vous n'avez pas de remords ! — Oh ! si, dit le meurtrier, j'en ai, des remords, j'en suis déchiré ! *mais comme ça m'est égal…* »

Moi aussi, mon cher Louis, je suis déchiré de remords, et je ne dirai pas que ça m'est égal ; cependant je ferai comme si ça me l'était, et je persisterai évidemment dans mon crime. Là, à côté de moi, sur mon bureau dont je ne me sers jamais pour y écrire, parce qu'il est encombré de trop de choses, sont entassées des dizaines, des douzaines, des centaines de lettres, pressées, anxieuses, attendant des réponses immédiates, et auxquelles il est plus que certain que je ne répondrai jamais.

Pourquoi ? D'abord parce que cela est physiquement impossible. Car si je m'attelais à ce travail, en renonçant à voir les êtres que j'aime, à écrire, à manger, à boire, à dormir, et à lire quotidiennement, comme je le fais, *La Légende des Siècles*, de nombreuses années s'écouleraient avant que j'en fusse venu à bout, et vieux comme Mathusalem, si je devais le devenir, je verrais toujours à côté de moi le menaçant et effroyable paquet des lettres non répondues.

Moralement, bien plus encore! Car, ô scélérat inconscient qui m'écris, tu me demandes non pas seulement, comme Shylock, une livre de ma chair, mais aussi une livre de mon âme! Le sais-tu bien, ce que tu me demandes ? C'est de renoncer à mes héros chèrement caressés, à mes humbles créations, à mes pensées, à mes rêves, et aussi à ma vie réelle, à mes espérances, à mes cruelles douleurs, pour entrer dans ta vie à toi, qui, dès que je la connaîtrai, deviendra un drame aussi poignant qu'*Hamlet,* ou *Cymbeline,* ou *Le Père Goriot!*

Subir des malheurs qui me sont étrangers, pleurer d'amour pour des femmes inconnues, saigner de blessures qui ne sont pas les miennes, voilà l'effort titanique et fou que je devrais faire, moi pygmée, comme un Balzac ou un Shakespeare, et quand, infusant ma vie, mon sang, ma pensée à des personnages inertes, j'aurais construit ces tragédies formidables, je n'aurais pas même la consolation de les entendre réciter devant une foule par des comédiens, et d'être applaudi ou sifflé. Non, après avoir versé, pour votre compte! les pleurs de Roméo ou d'Orlando, je ne sentirais rien autour de moi que le silence, le néant, l'oubli, la nuit noire. Et je serais pareil à un violoniste sourd, qui joue du violon sans entendre jamais ce qu'il joue !

Je sais bien que je suis, du moins dans une certaine mesure, un écrivain ; mais c'est précisément pour cela que je ne puis pas écrire sans la collaboration et la complicité du public. Tout ce que nous assujettissons aux lois du Rhythme ou à la règle du Style a été en général imaginé par une personne unique et s'adresse à elle seule ; mais comme tout être humain contient en lui l'immense humanité, nous avons besoin que notre sentiment propre soit trempé et vivifié dans le flot de l'âme universelle. Aussi le véritable âge épistolaire fut-il celui où les lettres de madame de Sévigné, très tendrement et personnellement écrites pour sa fille, étaient colportées, lues et relues de salon en salon, s'ajoutant la jeunesse, la grâce, la coquetterie, la force, l'esprit des hommes et des femmes qui les lisaient. Mais une lettre, nécessairement oubliée et jetée là au bout d'un moment par celui-là même à qui elle s'adressait, comme elle devient une triste épave, et quelle hideuse chose cela fait qu'un cadavre de papier chiffonné !

Mais, me dira-t-on, pourquoi refusez-vous pour votre lettre la mort salutaire, et une fois qu'elle aura porté son message, que vous importe qu'on la détruise par le système de Marinette, ou moins noblement, par celui de Gros-René ? Car si elle a accompli sa fonction, quel inconvénient voyez-vous à ce qu'elle devienne cendre et fumée ?

Mais, justement, cette fonction, elle ne peut pas l'accomplir ; elle ne peut servir à rien, elle ne peut répondre à rien, car pour résoudre la plus simple des questions qui nous sont posées, il faudrait imaginer de terrifiantes Encyclopédies, ou, d'autres fois, des poèmes d'amour comme le *Cantique des Cantiques* ou *L'Intermezzo !* Parmi nos correspondants, les uns demandent comment on doit s'y prendre pour être aimé quand on ne l'est pas ; les autres, quel est le moyen le plus rapide pour arriver à la gloire ; ceux-là, plus humbles, se bornent à vouloir connaître la configuration de notre écriture, ou à désirer savoir comment est bâti un vieux poète. Pas comme Amadis, certainement, sans quoi, au lieu d'être assis devant une table chargée de feuillets noircis, il serait vêtu de son armure d'or et monté sur son cheval à la longue crinière, et occupé à délivrer des princesses dans les tours enchantées ?

Vous voulez qu'en cinq minutes je vous enseigne l'art, — que je n'ai jamais su, que je ne saurai jamais, que j'étudie humblement comme un écolier, en courbant mon vieux front chauve, ou que je vous apprenne à devenir riche, moi qui n'ai jamais possédé en propre d'autres joailleries que celles de mes rimes, ou que je vous donne le moyen d'attendrir une cruelle, comme si

La Fontaine ne vous avait pas dit, sous toutes les formes :
« Soyez jeune, beau, ardemment épris, brave jusqu'à la témérité, surtout follement généreux, et attendez-vous à être cependant trompé et dédaigné. » Voilà ce que vous exigez de moi ; eh bien, j'y consens volontiers, causons, où vous voudrez, sur un pic, sur un paratonnerre, dans les flammes ardentes, mais non par écrit, et *en faisant de la copie*, occupation sacrée, qui doit se proposer pour but absolu et fixe l'utile achat du nommé : pot-au-feu ! Donnez-moi rendez-vous où il vous plaira, dans ces pays des fourrures décrits par Jules Verne, où on perd son nez comme un mouchoir de poche, et où les chiens passent à l'état de coursiers, ou bien vers le pôle nord, où montés vous et moi chacun sur un iceberg, nous flotterons éperdus, ou bien dans ces contrées africaines et géographiques où les noirs vous mangent cru ou cuit ; j'irai si j'ai le temps, et nous parlerons, comme vous voudrez, en hébreu ou en turc, ou même dans la langue vulgaire ou maternelle ; en prose ou en vers, (je préférerais cette dernière forme qui serait plus à ma portée,) mais pas en entassant des lignes sur le papier ; car une fois que le casseur de cailloux a fini sa journée et sa tâche, qui donc oserait lui proposer de casser encore d'autres cailloux par-dessus le marché !

Eh quoi ! on aurait inventé la vapeur, qui supprime les distances, le fil électrique, où la pensée s'envole avec la rapidité de la foudre, et ce serait pour continuer, comme par le passé, à écrire des lettres ! Mais alors qu'on me ramène au coche, et au messager chaussé de bottes à entonnoir, chevauchant sur les grandes routes ! Certes je ne suis pas fou du Progrès ; j'aimais mieux les temps où Michel-Ange taillait des colosses, et où Rembrandt égratignait ses sublimes eaux-fortes, que celui où on a trouvé des procédés ingénieux pour photographier et fac-similer leurs chefs-d'œuvre ; mais enfin, puisque j'achève de vivre dans le siècle du Progrès, que j'en jouisse du moins, et que cet Ange mécanique m'exonère du droit et du devoir d'écrire des lettres ! Non, soyons sincères, à présent que grâce au charmant, au rapide, à l'exécrable, à l'odieux, au divin Journal, nous pouvons, moyennant trois sous, causer avec les plus beaux esprits et lire dans les plus nobles et les plus fières âmes, il est tout à fait inutile de dépenser trois autres sous pour échanger sous enveloppe des écrits mal venus et des confidences incomplètes.

Allez plutôt entendre le prélude de *Parsifal*, ou, si vous aimez mieux rester chez vous, au coin de votre feu, demandez la pincette, et dites qu'on vous apporte un tome de *Pantagruel*. Toutefois, deux lettres restent possibles et ont encore leur raison d'être, c'est la lettre adressée à votre bottier et la lettre d'amour. Ces deux-là, je les comprends. Au bottier vous écrivez : « Monsieur, les bottines que vous m'avez envoyées vont très bien ; faites-m'en deux paires pareilles à celles-là et apportez-les-moi, avec votre facture acquittée. » C'est net, précis, laconique, et cela dit ce que cela veut dire. Quant à la lettre d'amour, on y met n'importe quoi, principalement les trois mots : *Je t'aime*, ou même des mots sans suite, et entièrement dépourvus de sens ; cela ne fait rien, parce que l'être à qui elle est adressée lit, au lieu des paroles écrites, toutes celles qui se pressent dans sa tête brûlante, et parce qu'alors il croit voir les yeux, les joues, les lèvres de l'être adoré, et entendre sa voix enivrante comme une caresse et plus douce que toutes les musiques.

Et encore le sage préférera-t-il de beaucoup, en faisant l'indispensable promenade hygiénique, passer lui-même chez son bottier, lui commander verbalement les bottines, et aussi ne pas fabriquer lui-même ses lettres d'amour. Ne vous récriez pas ! N'était-ce pas mille fois plus beau, lorsque imaginant pour les Clermont, pour les Maugis, pour les du Vigean, pour les Montmorency et pour les Bourbon et pour leurs serviteurs, des phrases et des épithètes dignes de leur jeunesse, de leur grâce et de leur bravoure, le seul Vincent Voiture écrivait, lui tout seul, les lettres des maîtresses et celles des amants, se chargeait de la demande et de la réponse, et faisait à lui seul tout l'ouvrage ?

Croyez-vous par hasard que ces lettres exprimaient moins bien les sentiments des amants que s'ils les avaient écrites eux-mêmes ? Au contraire, elles les exprimaient mieux, car rien ne vaut la chose faite de main d'ouvrier, et soyez sûr qu'elles n'étaient pas moins sincères ! La rose cueillie et offerte à la bien-aimée est-elle moins l'image caressante du désir parce que l'ami ne l'a pas fabriquée de ses mains, et le combat est-il moins meurtrier parce que les deux adversaires n'ont pas forgé et poli, en qualité d'armuriers, les fines épées à l'aide desquelles ils s'entre-déchirent ? Et notez que le bon Vincent Voiture était payé de ses peines par de riches présents, et parfois aussi recevait quelques bons baisers parfumés à l'odeur du lys, dont on ne parlait jamais, et qui restaient un secret entre lui et sa noble cliente : et voilà précisément comment je comprends qu'on se fasse — homme de lettres !

Telles sont, mon cher Louis, quelques-unes des raisons dont je berce ma lâcheté, pour laisser grossir sur mon bureau le tas des missives non répondues. Que je vous choisisse, vous à qui j'écris une lettre tous les huit jours, pour vous dire : « Il m'est impossible d'écrire une lettre ! » cela a l'air d'une inconséquence, mais au contraire, rien n'est plus rationnel. Car je vous parle non pas d'événements ou d'affaires, mais de ce qui occupe vraiment ma pensée, offusquée par les niaiseries de la vie sociale et avide des vérités éternelles.

XLIV

L'ÉGALITÉ

Mon cher Louis, comme je vous le disais dernièrement, entre les Dieux et nous, la partie n'est pas égale. Nous ne croyons pas à leur existence, et ce scepticisme ne les contrarie en aucune façon ; nous ne voulons pas leur obéir, et ils trouvent que c'est très bien fait ; le malheur est qu'ils ne nous rendent pas la pareille.

Car eux, en effet, ils nous obéissent, à notre grand dam ; et telle est l'ironique et vraiment cruelle punition qu'ils nous infligent. Nous révoquons en doute leur puissance, et la seule vengeance qu'ils en tirent, c'est d'exaucer exactement les vœux que nous avons formés. Car rien n'arrive sur la terre, si ce n'est parce que nous l'avons désiré, et nous façonnons nos destins, comme un potier ses vases d'argile. Peut-être deviendrons-nous un peu plus prudents quand cette vérité évidente aura été observée et contrôlée par la Science.

Et ne croyez pas que notre fatal pouvoir s'applique seulement à des réalités applicables ! Si nous souhaitons des chimères, les Dieux nous les donnent aussi, et c'est notre affaire de nous arranger avec ces monstres absurdes. Ainsi, mon cher Louis, nous avons voulu l'ÉGALITÉ, et nous la possédons, à en pleurer. Non pas l'égalité devant la loi, qui est le droit légitime du citoyen, mais l'égalité complète, absolue, tyrannique, l'égalité de Procuste, grâce à laquelle nous sommes tous aussi grands, aussi gros, aussi robustes, aussi sages, aussi savants les uns que les autres, et nous nous ressemblons tous, comme un cornet de tabac ressemble à un autre cornet de tabac, et comme un morceau de galette de deux sous ressemble à un autre morceau de galette de deux sous. Regardez ce veston, ce parapluie, ces cheveux sur le front en dents de loup, ce visage pâle, ennuyé et stupéfait ; c'est l'uniforme de tous les mortels, ou plutôt de l'unique mortel, car il n'y en a plus qu'un.

Oui, ce rêve tant choyé, l'égalité devant l'instruction, a été heureusement réalisé, autrement sans doute qu'on ne l'espérait, mais cela ne fait rien à l'affaire. Sur ce point, tous les modernes se valent les uns les autres ; non que les gens du monde soient tous devenus aussi savants que Humboldt, mais parce qu'ils sont tous devenus ignorants comme Cadet Rousselle. Nous en avons eu la preuve à ces fameuses représentations du mardi, où sur trois mille spectateurs, possédant en général vingt mille francs de rente au minimum, il ne s'en trouve pas un qui ait jamais lu un vers de Racine ou de Molière. A la bonne heure ! ceux-là ne sont pas des empêcheurs de danser en rond, comme ces pédants de poètes qui exigent le texte dans son intégrité. On peut leur réciter du Molière adouci, noyé, étendu d'eau jusqu'à la vingtième dilution ; ce n'est pas eux qui se révolteront contre ce dosage homéopathique.

Tous les Français de l'heure présente sont non seulement égaux, mais pareils, comme le furent naguère ces soldats prussiens dont on peignait en noir toutes les moustaches avec le même pinceau, à travers une plaque de métal découpé. Tant pis pour eux si leurs moustaches étaient moins larges que le trou ouvert dans la plaque, ou même n'existaient pas du tout, car alors l'artiste barbouillait de noir la peau nue pour obtenir un ensemble régulier ! Et comme ils se valent exactement les uns les autres, comme des pièces de monnaie frappées par le même balancier, par le plus juste des raisonnements, ils veulent tous autant de bonheur et d'honneurs qu'en possèdent ceux d'entre eux qui en possèdent le plus ; quoi de moins arbitraire et de plus strictement légitime ?

Il y a peu de jours, mon ami, le riche et célèbre romancier Eugène Fanvart fut quitté à la fois par tous ses domestiques mâles et femelles, qui l'abandonnèrent, comme des personnages de feu Scribe, en fredonnant un chœur de sortie. Il ne put se défendre d'un certain étonnement, sa maison étant pour la valetaille un véritable pays de Cocagne. Fanvart est garçon, et ne se sert pas de son grand salon deux fois par an ; son appartement est partout garni de tapis, et les trois quarts du temps il mange en ville, excepté le mardi, jour où il donne à dîner à ses amis. Balayer et épousseter, dans une incertaine mesure ! une chambre à coucher et un cabinet de travail, voilà donc à quoi se borne la besogne de six domestiques, payés chacun quatre-vingts francs par mois, qui peuvent se fricoter pour eux, sans nul contrôle, la cuisine qui leur plaît, et qui, à partir de huit heures et demie du soir, sont libres comme des oiseaux. A ces causes, Fanvart ne comprenait pas leur départ en masse ; mais enfin, le valet de chambre Adolphe eut pitié de lui, et daigna lui donner des explications.

— « Si monsieur n'était pas romancier, lui dit-il, je le laisserais dans son ignorance ; mais puisqu'il veut peindre la vie, encore faut-il qu'il la connaisse ! Monsieur saura donc que désormais nul domestique ne consent dans son cœur à être domestique. Nous voulons tous ouvrir dans le plus bref délai une boutique de fruiterie ! car l'égalité n'a pas été inventée pour des prunes. De la fruiterie à un commerce plus important, la transition est facile ; de là, grâce aux jeux de Bourse, aux combinaisons financières, aux achats de terrains sur les plages nouvelles, nous pouvons obtenir la richesse : et pourquoi ensuite ne serions-nous pas hommes politiques, députés et ministres, comme les camarades ? Mais enfin, il faut commencer par la boutique de fruiterie, dont l'installation demande un capital ; or monsieur qui est généreux, mais qui malheureusement a de l'ordre, comprendra bien que ce capital doit être obtenu au moyen de bénéfices irréguliers et rapides! Voilà pourquoi mes collègues, le cocher, le valet de pied, la cuisinière, la lingère et le groom, quittent monsieur, pour de riches étrangers connaissant imparfaitement la monnaie de France. Moi-même, j'entre au service d'un Brésilien à sourcils postiches et à barbe teinte, qui espère encore, malgré son âge avancé, plaire aux femmes. Or l'amour des vieillards n'est-il pas précisément l'eau trouble où se pêchent les fonds de fruiterie, sous leur figure primitive et simplifiée de billets de banque? »

Ainsi que vous le voyez, ce valet de chambre était plus romancier que son maître, et les domestiques peuvent tous devenir des Balzac, pour peu qu'on supprime l'imagination et le style, révolution attendue, et qui doit forcément se produire sous le règne pacifique de l'Égalité.

Nous avons connu un temps, mon ami, où il existait au moins deux espèces de femmes. Les courtisanes, les rôtisseuses de balais, l'escadron volant de Cythère, les affamées aux petites dents aiguës qui mangent des pommes vertes servies sur des plats d'or, avaient à leur disposition les joyaux, les saphirs, les diamants, les damas, les velours, les satins d'or, où elles pouvaient tailler en pleine étoffe, et rien ne les empêchait d'aller acheter leurs deux sous de lait sous l'habit de gala d'une reine victorieuse et triomphante, visitant ses provinces. Mais où elles restaient véritablement déconcertées et stupéfaites, c'est quand elles voyaient dans la rue de Lille une femme du vrai monde s'en allant à la messe de Saint-Thomas d'Aquin, vêtue d'une robe de cachemire uni et coiffée en bandeaux lisses, car elles comprenaient bien que sur ce terrain la lutte leur était impossible, et qu'habillées de la sorte, elles n'eussent pas valu cher! Eh bien ! les dames, les vraies, ont consenti à sortir de la forteresse où elles étaient inexpugnables; elles ont bien voulu accepter les traînes, les nœuds, les bouffants, les tignasses, le blanc, le rouge, le noir et l'ocre sur le visage, le maquillage à l'estompe, à l'aquarelle, au crayon bleu, et c'est pourquoi désormais toutes les femmes sont égales.

Les hommes aussi sont égaux, uniformément travestis en notaires allant à la chasse. Seul, un très grand écrivain n'a pas voulu se soumettre, il a arboré l'étendard de la révolte, et en face de tout un peuple orné de cravates à huit sous, il a montré sans vergogne ses cravates en point de Gênes et en point de Venise. — « Ah! disait à une soirée la vieille comtesse de Sairouce, maîtresse dans toutes les élégances, nous allons bien rire, car il paraît que nous verrons monsieur de X... en habit noir! » Le romancier parut, fier, svelte, superbe dans sa haute taille, avec son gilet à transparent bleu, son habit doublé de satin blanc, son jabot flottant fait d'une précieuse dentelle et sa cravate attachée par une étoile de diamants, et personne n'eut envie de rire. — « Mais, dit alors madame de Sairouce, ce n'est pas lui qui a tort, c'est les autres qui devaient être vêtus comme lui, s'ils se sentaient pour cela assez bien bâtis, et suffisamment gentilshommes ! »

Les romanciers (à part celui-là) sont tous égaux, puisqu'ils étudient la nature dans les mêmes Manuels-Roret, et les auteurs dramatiques sont égaux, ayant adopté la même tragédie sentimentale qui finit bien, afin qu'après avoir été doucement émus en faisant leur digestion, les spectateurs, remis d'une alarme aussi tiède, puissent aller se coucher tranquilles. Cependant il se trouva un poète qui, en beaux vers nets et sonores, bien français et bien lyriques, avait encadré un drame poignant dans une des pages les plus saisissantes de notre histoire. Et crédule, ignorant, ce jeune homme, innocent comme l'agneau qui vient de naître, confia sa pièce à l'un des prédécesseurs de monsieur Perrin, qui la lut sans retard.

— « Mais, monsieur, c'est du génie, cela! dit le directeur d'un ton sévère.

— Monsieur, fit le poète, vous êtes bien honnête !

— Je ne sais pas si je suis honnête, reprit le juge ; mais vous, assurément, vous ne l'êtes guère; car pourquoi vouloir faire des violences, jeter le trouble, et ne pas consentir à être comme tout le monde ! »

Un reproche analogue à celui-là a été fait à une autre personne, dans un endroit beaucoup moins auguste que le théâtre dont il s'agit ici. C'est dans une — Maison Tellier, — où il y avait une demoiselle brune, admirablement belle, nommée Euphrasie. Comme la Morisque des *Contes Drolatiques,* elle embrasait les cœurs et les âmes ; quand elle était là, les hommes jeunes et vieux ne voyaient qu'elle, et ne se souciaient pas plus de ses compagnes que des cailloux du chemin. Grâce à elle, l'abbesse de ce moustier avait déjà acquis des terres, des maisons et de grosses rentes ; cependant elle se fâcha contre la demoiselle aux œufs d'or, et la chassa de son triste paradis.

— « Ma chère amie, lui dit cette — madame Tellier, vous plaisez à tout le monde comme l'or monnayé ; les hommes ne voient que votre frimousse, et vous avez autant de succès que *La Mascotte ;* c'est pourquoi faites-moi le plaisir d'aller chercher fortune ailleurs ! Tout le monde vous veut, à la bonne heure. Mais comme, au bout du compte, vous ne pouvez pas faire tout l'ouvrage, il en résulte pour moi une perte sèche. Je ne veux pas que les autres dames deviennent des cinquièmes roues de carrosse; je suis juste, et en un mot comme en cent, je ne comprends qu'une chose : L'ÉGALITÉ !

XLV

FRA-DIAVOLISME

Enfin, mon cher Louis, Paris est devenu une ville amusante et pittoresque, presque aussi féconde en rencontres imprévues que les défilés des Abruzzes. Il n'y a pas longtemps de cela, on y arrêtait, on y dévalisait et on y assassinait un peu les passants, la nuit, dans les quartiers excentriques; maintenant ces exploits s'accomplissent sur le boulevard, en plein jour; nous n'avons plus rien à envier aux Espagnes les plus romanesques, et, rêve longtemps caressé! nous autres les Parisiens, voués jadis à une existence plate et mesquine, nous sommes enfin en possession d'une couleur locale, qui nous est personnelle. Vous êtes dans un débit de tabac, en train d'acheter un paquet de caporal supérieur, (supérieur à quoi?) ou dans un café, occupé à déguster un grog fait avec de l'eau-de-vie artificielle et du sucre chimique; tout à coup entrent les bandits, qui ouvrent ou forcent les tiroirs, mettent la main sur la recette, et s'en vont tranquillement, comme s'ils s'étaient acquittés de la besogne la plus naturelle du monde. Certes, au premier abord, on s'imagine que le cafetier ou le marchand de tabac pourraient se rebiffer, mettre à ce système initial de perception un obstacle quelconque, et par exemple, appeler les sergents de ville qui se promènent devant la porte?

Eh bien! non, les intéressés ne disent rien, parce qu'ils ont pris leur parti d'un accident devenu quotidien, et ensuite parce qu'il est bien ennuyeux de se déranger et de perdre son temps qui, lui aussi, est de la monnaie, pour aller témoigner en justice. Dans certains quartiers même, ce brigandage nouveau, d'un modernisme charmant, s'est réglementé et a acquis la force d'une institution. Comme un notable commerçant achève son repas du matin, la sonnette retentit, et la femme de chambre au nez éveillé paraît, en montrant ses dents blanches dans l'éclair d'un sourire folâtre.

— « Qu'y a-t-il, Justine? demande le bon bourgeois dans sa maison.

— Monsieur, ce sont ces messieurs qui viennent pour forcer la caisse!

— Bon! Priez-les d'attendre un instant et donnez-leur les journaux du matin. Je vais seulement ranger quelques papiers personnels, et vous pourrez ensuite faire entrer ces messieurs, dans cinq minutes! »

Certes, avec les puissants moyens dont dispose notre police admirablement organisée, il eût été facile d'exterminer, de faire disparaître en un clin d'œil le banditisme parisien, et monsieur Camescasse avait formé en effet le projet de le détruire; mais un homme politique extrêmement fort, et qui connaît le cœur humain sur toutes les coutures, l'a supplié de n'en rien faire.

— « Mon cher préfet, lui a-t-il dit, les Français ne seront jamais pratiques comme les Américains. Ils ne savent ni marcher vite et sans fatigue, ni se débrouiller prestement dans une gare, ni se vêtir d'habits assez serrés et exactement collants pour se passer de pardessus, ni rappeler un noyé à la vie, ni organiser la publicité. Enfin, il est évident qu'ils ignorent la géographie la plus élémentaire, et que peu capables de comprendre les grands arts dans leur beauté essentielle, en musique ils s'intéressent seulement à l'air de danse et, en peinture, à l'historiette. Ils restent cependant le premier des peuples et dominent l'humanité tout entière, par ces deux forces invincibles : l'esprit et la bravoure.

Or, ne voyez-vous pas comme le Français affine et développe chaque jour ses qualités maîtresses en luttant sans cesse avec les brigands, tantôt par la ruse aux mille formes et tantôt corps à corps?

Chouan ou Vendéen, ou impérialiste, blanc ou bleu, artiste, commerçant, homme du peuple, sous les monarchies et sous les républiques, la grâce suprême du Français, c'est qu'il sait bien mourir et qu'il aime volontiers à mourir! Ne lui enlevez donc pas cette chance qu'il a d'être égorgé ou assommé toutes les cinq minutes, chance qui lui donne le détachement de toute vulgarité et le mépris des choses éphémères. Voyez comme tout va bien, depuis que les brigands ont pris possession de la ville! On ne tient plus à l'argent, à quoi bon? puisqu'il doit vous être enlevé tout à l'heure, et les transactions sont devenues faciles, car il est devenu sans importance de posséder ou de ne pas posséder quelque chose. Et comme on s'empresse d'aimer, de se le dire, de se le prouver, avec cette hâte de vivre que crée le voisinage des catastrophes, et qui donna tant de charme aux rapides amours lors de la première révolution! Enfin, depuis que les brigands sont venus pour dénouer les situations embrouillées, il n'est plus question, remarquez-le! de l'ennuyeux Divorce; c'est pourquoi ne supprimez pas ces estimables chevaliers d'aventure qui sont venus donner un peu de ressort, d'imprévu et de mouvement à la vie parisienne! »

Ainsi parlait cet homme politique, et j'estime qu'il avait raison. Dernièrement, dans une maison de flirtage et de roulette du quartier de la Madeleine, — où les agents avaient cru devoir jeter le trouble, bien que les invités fussent parfaitement corrects et montrassent les façons du meilleur monde, on avait arrêté un noble Espagnol, nommé don Gil de Torillas, qui n'eut pas de peine à se faire remettre en liberté.

— « Je suis étranger, dit-il; un guide complaisant, qui dans la même soirée m'avait montré quelques cercles, m'a conduit ensuite dans la maison dont il s'agit. On y trichait sans doute, et j'ai bien vu quelques gentilshommes tirer des jeux de cartes de leurs manches d'habit et de leurs poitrines ; mais comme j'avais vu faire exactement la même chose dans les cercles, j'ai pensé que cette simplification des chances du jeu était désormais admise, ou du moins tolérée par l'usage. »

Comment inquiéter et priver de sa liberté un homme si naïf? Ce qui gâta un peu les affaires de don Gil, c'est qu'il fut rencontré par les agents dans d'autres coupe-gorge, tantôt sous la figure d'un Hongrois, tantôt sous celle d'un Polonais chevaleresque, et finalement c'est en qualité de comte Andreoli, seigneur italien, qu'il fut ramené à la même place où il avait été interrogé déjà.

— « Ah! çà, lui dit le magistrat, vous vous moquez de nous; vous n'êtes pas plus Hongrois que Polonais, et vous ne vous appelez ni Andreoli, ni Torillas; votre vrai nom est Durand!

— Mon Dieu! fit négligemment l'amateur, qui est sûr, au fond, de ne pas s'appeler Durand? Contester les titres de noblesse établis un peu vaguement, c'est se placer sur un terrain bien dangereux : et ne voyons-nous pas par les récents articles de Toison d'Or que c'est là un mauvais jeu, auquel la moitié de l'aristocratie française ne résisterait pas? Et peut-être est-il plus naturel qu'il ne vous le semble d'être un jour Italien et un jour Hongrois ; car de plus en plus le sentiment des nationalités tend à s'effacer, et à se fondre dans la conception infiniment plus libérale et plus haute des États-Unis d'Europe! »

Quoi qu'il pût y avoir d'empirique dans un pareil système de défense, Torillas ou Durand, dont la boutonnière est ornée d'une rosette de mille couleurs, put échapper cette fois encore à son destin, en se faisant réclamer par l'ambassade de quelque République Diamantine; mais il était écrit que le magistrat le reverrait une troisième fois.

Après avoir passé la moitié de la nuit à un souper de centième, l'aimable peintre André Maillefer, qui avait dessiné les costumes de la pièce ainsi fêtée, rentrait chez lui à trois heures du matin, en traversant les Champs-Élysées, lorsqu'il fut arrêté par une fille bizarre, au nez fou, élégante sous ses haillons, et dont les pieds passaient par des espadrilles déchirées.

— « Savez-vous, lui dit-elle, que vous êtes furieusement gentil ! »

Maillefer est trop Parisien pour ignorer que ce sont là de mauvaises rencontres, auxquelles il ne faut pas s'attarder. Mais la fillette était si singulière avec sa laideur provocante, âpre comme un fruit vert, qu'il ne résista pas au plaisir de la regarder sous le gaz, avec l'arrière-pensée d'improviser plus tard une étude d'après elle. Mal lui en prit, car trois chevaliers du brouillard, en blouse, sortirent alors de dessous les arbres, et lui firent un mauvais parti. Par bonheur, l'artiste est d'une force herculéenne, et très habile dans l'art du bâton. Rien qu'à l'aide de sa canne plombée, il tint les drôles en respect, assez longtemps pour attirer par ses cris des sergents de ville, qui arrêtèrent les agresseurs. Parmi eux était Torillas, ou Durand, qui cette fois dut enfin jeter le masque, et fut envoyé au Dépôt, selon ses mérites. Ce ne fut pas, toutefois, sans qu'il eût fait le possible pour tirer son épingle du jeu.

— « Eh bien, quoi! dit-il, toujours le même désaccord entre la pensée et l'action! Un passant qu'attire une jolie fille et que des garçons adroits mettent en demeure de leur venir en aide, n'est-ce pas là tout le roman réaliste? Alors pourquoi nous reprocher de le vivre, comme d'autres l'écrivent, et de vouloir prendre des notes sur la nature toute vive?

— Durand, lui dit le magistrat, quand on a une imagination aussi riche que la vôtre, on se fait littérateur.

— J'y ai pensé, dit Torillas; mais j'ai craint de me déconsidérer dans la colonie étrangère! »

Cependant, qui fut bien étonné à un an de là? Ce fut le peintre Maillefer, invité à une soirée chez ce prodigieux financier Tisselin, qui change en bon or tant de rames de papier rose, et fait souscrire ses contemporains à tout ce qu'il veut.

— « Tu vas voir, lui dit son ami Algrin, c'est infiniment curieux. Dès qu'arrive un nouveau Jocrisse, madame Tisselin, qui est le charme en personne, l'empaume avec quelques paroles aimables ; derrière elle arrivent Tisselin et ses deux associés, qui lui fourrent toute leur mercerie. Mais au fait, viens que je te présente à la maîtresse de la maison. »

A peine le peintre eut-il levé les yeux sur cette Circé irrésistible, qu'il crut la reconnaître. Il ne se trompait pas. Madame Tisselin l'entraîna dans un petit boudoir japonais, et, le faisant asseoir à ses côtés, sembla reprendre une conversation commencée.

— « Eh bien ! fit-elle, *comme je vous le disais l'an dernier aux Champs-Élysées,* je vous trouve extrêmement gentil ! »

Car cette belle dame était en effet l'ancienne fille errante de la fameuse nuit. Comme, à ce moment-là, Maillefer crut voir s'avancer de son côté le financier et les deux acolytes, il jeta sur eux un regard un peu inquiet.

— « Oh ! ne craignez rien, dit madame Tisselin en souriant, ceux-là ne vous feront pas de mal. Ils sont bien trop capons ! »

Vous voyez, mon cher Louis, que, dans une de ses prochaines incarnations sur la terre, monsieur Scribe aura amplement de quoi faire de nouveaux opéras comiques !

XLVI

INTERRÈGNE

Mon cher Louis, en ce moment Paris s'ennuie et il se trouve un peu dépaysé, parce qu'il lui manque les deux choses indispensables à sa vie spirituelle, c'est-à-dire le Jouet et l'Idole. Je m'explique.

Paris, éternellement enfant, a besoin d'un Jouet préféré, avec lequel il s'amuse plus volontiers qu'avec tous les autres. Paris, guerrier et chevalier, a besoin de faire ses prouesses en l'honneur d'une dame réputée infiniment belle, ou de suivre un héros célèbre entre tous ; Paris, artiste, veut une déesse mortelle qui lui serve en même temps de modèle et d'amante ; Paris, poète, veut, comme un Ronsard, chanter sa Marie ou son Hélène ; Paris, cabotin et saltimbanque, vêtu de satin rose ou d'écailles d'argent, désire *jouer pour quelqu'un,* et envoyer plus particulièrement à une personne choisie les baisers qu'il décoche dans la salle, du haut de son trapèze envolé. A ces causes, il lui faut un Jouet et une Idole, et pour l'heure présente, il n'a malheureusement ni l'un ni l'autre. Parlons du Jouet d'abord, pour procéder par ordre.

Paris a eu l'idée de s'amuser avec les tableaux japonais, où deux ou trois traits d'or brodés sur une page de velours représentent un Flot et la Lune. Il s'est réjoui aussi des crépons japonais, ces images qui coûtent deux sous, et où la nature représentée au vif, en son exacte réalité, éclate dans une intensité de fleurs et de pierreries, avec les rouges, avec les jaunes, avec les bleus sincères, effrénés, divins, fous de justesse et de joie. Mais il s'est dit avec raison que, s'il s'acoquinait à ces objets délicieux, il n'aurait plus aucun prétexte pour payer quarante et cinquante mille francs les tableaux de genre de ses peintres favoris, qui sont plus chimériques et infiniment moins amusants. Dans le même ordre d'idées et à plus forte raison, il a renoncé, après s'en être enivré, aux tapis d'Orient, qui auraient supprimé non seulement la peinture, mais tout le reste. Car il est trop évident qu'avec ces splendides tissus, riches, effacés, brillants, harmonieux, composés à souhait pour le plaisir des yeux et de l'âme, et à la fois moelleux, excitants, reposants, il n'y a plus besoin de tableaux, ni de meubles, ni de lits, ni de quoi que ce soit, et qu'on se sent trop heureux pour vouloir continuer à exercer une profession quelconque. L'amour des tapis eût donc amené non seulement une grève de l'ameublement, plus sérieuse que l'autre, mais encore une grève de tout, car vivre parmi les tapis constitue le bonheur, l'anéantissement, et le nirvâna suprême des êtres civilisés.

Ayant fait cet abominable sacrifice, uniquement en faveur de ses peintres, Paris a du moins voulu leur assurer une félicité parfaite. Aussi a-t-il entrepris de leur bâtir à tous de petites maisons rococo dans l'avenue de Villiers, et pendant qu'il se sentait en veine de générosité, il en a bâti aussi pour tous les autres citoyens parisiens, afin qu'il n'y eût pas de jaloux. Mais, naturellement, la place avait été mal calculée; à présent, il y a dans l'avenue de Villiers beaucoup plus de maisons que de mètres de terrain; pareilles à des promeneurs enlevés et suspendus dans le flot d'une foule en fête, un grand nombre d'entre elles ne posent pas leurs pieds par terre, et attendent qu'on ouvre d'autres avenues, pour aller s'y loger vite, du mieux qu'elles pourront. Et Paris a dû renoncer au jeu qui l'aidait à tuer le temps, car s'il construisait là une maison de plus, elle resterait en l'air.

Il a donc essayé de s'amuser avec l'Opérette ; mais il a été découragé par la simplicité initiale de ce joujou, qui représente toujours une princesse d'Espagne déguisée en paysanne de Marivaux, et se mariant dans la boîte avec une autre dame travestie, également en bois. Il s'est rabattu sur le Roman excessif, et pour lui ç'a été d'abord un grand plaisir de manier cet autre joujou minutieusement taillé à la hache et colorié de tons criards et charivariques ; puis après l'avoir ouvert pour savoir en quoi il était fait, Paris n'a jamais voulu dire ce qu'il avait trouvé dedans ! Alors il s'est diverti, sans exagération, avec les Panoramas ; mais ayant réfléchi qu'ils finissent toujours par être détruits et remplacés par des passages érigés sur les emplacements qu'ils occupaient, Paris s'est attristé en songeant à la quantité énorme de verres à vitres qu'il lui faudra réunir, pour couvrir tous les passages qui seront édifiés sur les terrains occupés aujourd'hui par les divers Panoramas.

Et le voilà sans Jouet. Sans Idole aussi, ce qui est plus grave. Lui qui a adoré jadis Lafayette en cheveux blancs et le cheval blanc de Lafayette, Napoléon Premier, madame Saqui en armure, traversant les airs à mille pieds au-dessus de la Seine, sur une ficelle, Berryer, la main dans son habit bleu, mademoiselle Rachel, Mangin avec son casque d'or, il se trouve aujourd'hui au dépourvu. Lorsqu'après nos malheurs, monsieur Thiers, avec son chapeau gris, très vieux et très crâne, et parfaitement semblable à ces petits personnages en fer découpé et historié qu'on voit sur les girouettes, s'en alla seul dans un petit bateau, pour nous réconcilier avec les puissances, on songea bien à lui décerner les honneurs de l'apothéose : mais ce fut impossible ! Son toupet, ses lunettes, la construction de son corps échappaient et se dérobaient, par la nature même des choses, à toute représentation épique; et de même, ses phrases enchevêtrées dans des *qui* et des *que* innombrables, empruntés au roi Louis-Philippe, le condamnaient à paraître devant l'Histoire sous l'aspect d'un buste creux en verre estampé, contenant des liqueurs aimables.

Au même moment, le plus grand des poètes, Victor Hugo, revenait en France, beau, tanné par le vent de la mer, grandi encore par l'exil, père de vingt chefs-d'œuvre nouveaux, éclairé par le fulgurant et sombre éclair des *Châtiments*; mais lui non plus ne pouvait être l'objet d'adoration que Paris cherchait. Il était déjà, pour cela, trop auguste et trop entré dans la gloire pure! L'Idole, c'est une poupée idéale et divine, mais relativement familière, qu'on habille et déshabille, et avec laquelle on joue, la flattant et l'injuriant, selon le caprice de la minute présente. Victor Hugo, qu'on voyait l'œil fixé sur l'avenir, entré dans la postérité et couronné du laurier sublime, était pour jamais au-dessus des tempêtes et des admirations populaires. On voulut se rabattre sur Gambetta. Il avait la jeunesse, la flamme, l'éloquence persuasive; il était monté en ballon avec Nadar, et, en sa compagnie, il avait dû tutoyer les nuées et causer avec les étoiles. Très sérieusement, on alla chez lui pour lui proposer les fonctions d'Idole; mais on ne le trouva jamais, parce qu'il était, comme madame Benoîton, toujours sorti; parti pour Ville-d'Avray quand on le cherchait rue Saint-Didier, et réciproquement. Et les routes furent encombrées par des squelettes de chevaux, morts en essayant d'atteindre le tribun à la longue chevelure.

Mais quoi! n'était-il pas fou de chercher ailleurs une Idole adorée, quand nous avions là, près de nous, sous nos yeux, la gracieuse et poétique Sarah Bernhardt? Reine et déesse, elle l'était naturellement; sa voix pénétrante et musicale ressemble à un chant de lyre; la séduction qui émane de son être est irrésistible: elle semble marcher sur des nuées et sur des roses; elle est Aricie, elle est Iphigénie, elle est Marie de Neubourg; elle serait la désolée et tendre Bérénice; elle sut, elle la première et la seule, être l'immatérielle et spirituelle Armande des *Femmes savantes,* souffletant de son manque de foi le raisonnable et infâme Clitandre. Certes, le choix était tout indiqué; mais lorsqu'on alla à l'avenue de Villiers pour notifier à Sarah Bernhardt sa nomination d'Idole, elle avait fui, elle était partie, elle s'était envolée, en bateau, en chemin de fer, à travers les routes, les océans et les Amériques, heureuse, acclamée, applaudie, foulant les pourpres triomphales et cueillant dédaigneusement des millions. Et voilà justement ce que Paris n'aime pas. Essentiellement peu voyageur et géographique, il admet qu'on aille jusqu'à Asnières, pas plus loin, et encore! Restait donc Coquelin, qui, les pieds posés sur une estrade, pourrait crier, avec sa tonitruante voix de cuivre : « Soldats, je suis content de vous! » et se faire entendre des soldats de Sumatra et de la Nouvelle-Zemble. Aussi l'eût-on choisi pour Idole exclusive et sans partage, si de son plein gré, et sans que rien l'y forçât, il ne fût descendu de la profession de comédien à celle d'homme de lettres et de rédacteur de la *Revue des Deux Mondes;* mais n'était-ce pas abdiquer et se dépouiller volontairement de tout prestige?

Paris songea donc à se rabattre sur Richard Wagner qui fait parler les héros, les Dieux, les épopées, qui évoque les chevaliers au glaive d'or et les princesses en habit de cygne, et qui, renouvelant les anciens miracles orphiques, adoucit les tigres et les ours, et même quelques-uns d'entre les plus désagréables feuilletonistes.

On a amnistié la coupe irrégulière de ses favoris; on n'a pas voulu se souvenir qu'il avait fait des vers français, et quels vers! erreur que Paris ne pardonne guère aux étrangers, que la Muse leur pardonne encore moins;

et il est très sérieusement question de le nommer Idole. A vrai dire, tout le monde est d'accord sur ce point, et on est parfaitement décidé; seulement l'Ombre du compositeur Auber ne veut pas. Cette Ombre facétieuse (qui de son vivant ne pleura sans doute aucune Eurydice,) prétend que la Musique est un art pour amuser les grandes personnes, pour accompagner la danse des jeunes demoiselles, et pour faire marcher les militaires. Mais, Ombre que tu es, c'est là une définition tout à fait trop simple, et autant dire qu'une Lyre est un bâton creux, orné de distiques en bandoulière, et ayant à chacune de ses extrémités une pelure d'oignon! En attendant, nous voilà sans Jouet et sans Idole. Ah! qui nous donnera, pour nous amuser, un théâtre de pantomime comme les Funambules? Et qui nous donnera un Abd-el-Kader français, beau comme le jour, cavalier, soldat et prophète, et poète comme Lamartine? Mais je pense que ça n'est pas pour notre fichu nez!

XLVII

LE BONHEUR

Le grand poète Edgar Poe l'a dit, l'homme ne mourrait jamais s'il n'y consentait pas, et s'il ne cédait volontairement aux Anges de la mort. Ce qui est vrai de la mort l'est aussi du malheur; s'il triomphe de nous et nous terrasse, c'est seulement parce que nous faiblissons, et que nous cessons de résister avec assez de confiance et d'ardeur. Rien ne fut plus beau que la Convention décrétant audacieusement la victoire; on pourrait aussi décréter le bonheur, et il faudrait bien qu'il obéît; car la volonté de l'homme est une divinité et mille divinités, dont la puissance n'a pas de bornes. Nous sommes en proie à deux infortunes dont il semble que les coups sont inévitables; ce sont la maladie et la faim; encore ne m'est-il pas prouvé qu'on ne pourrait pas assainir et purifier les foyers d'infection, et qu'il ne serait pas possible de combattre efficacement la faim, sans dynamite, et surtout sans les interminables discours dont la prose invertébrée constitue déjà un malheur permanent. Mais hormis ces deux fléaux, qui, je le répète, ne sont peut-être pas invincibles, tous les autres sont chimériques, et pour les chasser comme de vaines ombres, il suffit de le vouloir.

Toute la question est de mettre dans son jeu la jeunesse et la joie; car il n'est pas de vagues fantômes dont la présence résiste à un rouge sourire, et la beauté est le plus puissant des exorcistes. A l'appui de cette thèse, l'Histoire me fournirait mille exemples mémorables et illustres; mais, mon cher Louis, je veux vous en citer un seul, à la fois tout petit et décisif, emprunté aux plus frivoles bagatelles de la vie parisienne. Nous connaissons tous un pauvre garçon nommé Joseph Thiel, écrivain et poète, et pauvre comme Job, qui n'arrivait à rien, parce qu'il n'avait pas de chance, faisant des pièces de théâtre qu'on ne jouait pas, des vers qu'on n'imprimait pas, et se consumant en luttes vaines. Un soir, il y a quelques mois de cela, dans un café du boulevard extérieur, il racontait ses déboires à quelques amis, avec une sauvage éloquence et avec le charme qu'un beau regard prête nécessairement à la causerie. Tandis qu'il parlait, disant l'incrédulité des éditeurs, les grossièretés des directeurs de théâtres, les sièges inutiles soutenus autour des journaux inaccessibles, il était curieusement et sympathiquement écouté par une très jolie fille nommée Lucette, qui, assise à une table, buvait solitairement un verre d'eau. Et comme les amis de Thiel louaient sa verve, son esprit, ses inventions inépuisables, et son inspiration très personnelle, il secoua tristement la tête, et leur dit mélancoliquement, avec un peu d'amertume :

— « Vous dites que je suis doué, et je veux bien vous croire; mais si mes comédies sont amusantes, il se trouve précisément que nul théâtre n'a envie ni besoin de les jouer. J'arrive dans les revues les plus obscures, à l'heure même où elles n'ont pas besoin d'une demi-page de poésie pour *boucher un trou*, et si je me présente, pâle et le cœur gonflé, dans les bureaux d'un journal, c'est précisément le jour où ce journal vient de trouver le chroniqueur étincelant qui doit faire sa fortune. Vous voyez bien que le talent, si j'en ai, comme vous l'affirmez, ne suffit pas pour réussir, et qu'il me manque surtout le don sans lequel tout n'est rien : le bonheur!

— Tout ça c'est des bêtises, dit mademoiselle Lucette, intervenant tout à coup dans la conversation, et jetant dans cette scène l'éclair de ses prunelles d'or et de ses jolies lèvres roses. Je crois tout simplement que vous vous abandonnez vous-même, et que vous avez les cheveux trop longs, un peu en désordre! Le talent, c'est moi qui vous l'assure, force toutes les portes, et pour être sûre que vous le possédez, il me suffit de vous voir et de vous entendre. Quant au bonheur, il ne vous manquera pas non plus, puisque vous m'avez à présent, et puisque c'est moi qui suis le Bonheur! »

En disant ces derniers mots, qui semblèrent magiques dans la clarté de ses dents blanches, Lucette, portant son verre d'eau, était venue s'asseoir à côté de Joseph Thiel, comme reprenant sa place naturelle et légitime. Tout de suite elle se mit à lui rouler agilement ses cigarettes, et lorsqu'ils partirent ensemble tous les deux, bras dessus bras dessous, personne ne s'en étonna; car, ainsi qu'on le vit parfaitement, c'étaient deux amis qui avaient eu le tort de ne pas se connaître plus tôt, mais qui enfin s'étaient retrouvés!

Il faisait sur le boulevard un beau soleil de printemps et les brises jouaient folâtrement dans les jeunes feuilles vertes. En arrivant, essoufflée et rose, dans la mansarde aérienne de Thiel, Lucette donna et reçut un bon baiser, mais rien de plus, car, pour le moment, elle avait bien d'autres chats à peigner, et il fallait s'occuper d'affaires sérieuses. Les manches relevées jusqu'aux coudes, elle se mit à ranger, à faire le ménage, avec l'habileté d'une adroite princesse, et en un tour de main elle donna à la chambre désolée et funèbre l'air d'un palais. Puis, fouillant, retournant, mettant en ordre les hardes aux doublures fidèlement décousues :

— « A présent, dit-elle, cherchons l'argent. »

Joseph Thiel crut que son amie se moquait de lui, et c'est en quoi il eut tort, car en effet Lucette ne tarda pas à trouver, en de fabuleux replis chiffonnés, un louis d'or et trois francs en diverses monnaies, et sans attendre l'inévitable question, elle ajouta avec l'accent de la certitude :

— « Il y a toujours de l'argent dans les vieilles loques! »

Alors elle s'occupa à habiller, à pomponner le poète, et grâce au génie, qui toujours fait de rien quelque chose, elle retapa et remit en point ses vieux vêtements, sa cravate navrée, son chapeau dérisoire, si bien qu'il prit aussitôt l'aspect d'un parfait gentleman. Et lui donnant le louis, sans garder pour elle autre chose que les trois francs :

— « Allez, dit-elle, vous promener et boire le soleil. »

Joseph sentait en lui ce qu'il n'avait pas senti depuis longtemps, la douce chaleur de la joie. Mais en se regardant aux glaces qui ornaient une devanture de boutique, il s'aperçut que sa chevelure épaisse et farouche s'accordait singulièrement mal avec son visage rasséréné ; il entra chez un coiffeur et se fit accommoder, après quoi il parut charmant et attrayant, de sorte qu'au lieu de l'éviter, comme ils faisaient d'ordinaire, les gens les plus gourmés, cédant à une séduction irrésistible, se voyaient contraints de venir à lui et de l'aborder avec empressement.

Tel fut, entre autres, le cas d'Adolphe Rhim, rédacteur en chef du journal *Le Sagittaire*, qui d'ailleurs était en proie à une inquiétude visible. Il saisit la main de Joseph, et lui parla avec effusion, comme s'il l'eût toujours tendrement aimé.

— « Cher ami, lui dit-il, vous me voyez dans un embarras cruel. L'explorateur Salzard nous joue le mauvais tour de mourir dans le centre de l'Afrique, sans que nous ayons sur son passé une note, une donnée, un document quelconque ! Ah ! si je trouvais un homme qui l'eût connu et qui fût capable d'écrire l'article pour demain, c'est moi qui le lui payerais volontiers cinq cents francs

— Mais, fit Joseph Thiel, Salzard était le meilleur ami de mon père, et je sais sa vie sur le bout du doigt.

— Eh bien! alors, c'est convenu, s'écria Rhim, je vous attends à cinq heures au journal avec la copie! »

Et cet homme puissant remonta dans son coupé, qui l'emporta comme en rêve. En rentrant chez lui, après avoir acheté le livre indispensable et une carte géographique, Joseph Thiel, — ô divine surprise pour un poète! — trouva sur sa vieille table de jeu Louis XVI, ouverte et bien brossée, de très beau papier écolier, de bonnes plumes, un encrier en cristal avec de l'encre fraîche, un buvard neuf en papier vert pâle bordé d'un ruban vert tendre, et un bouquet de roses dans un verre : c'est à ces achats que la bonne petite amie avait dépensé ses trois francs, et elle-même, assise dans l'unique fauteuil de paille, elle travaillait à un ouvrage de crochet.

L'article fut écrit de verve, porté à l'heure dite, payé immédiatement, car c'était le trente et un du mois; on dîna au restaurant, et tout se passa bien, la rapide soirée aussi bien que la chère nuit de noces.

Vous devinez le reste, car vous savez comme tout s'enchaîne! Le lendemain, Joseph, arpentant le boulevard fit une autre rencontre, celle du vaudevilliste Lanners, qui, ayant déjà écrit ou fait jouer toutes les pièces de l'année, se trouvait fort dépourvu, parce qu'il avait promis pour le 15 courant, au directeur du Vaudeville, une comédie gaie, en trois actes, et qu'il n'avait pas encore eu le temps d'y songer. Cette comédie, Thiel l'avait justement dans son tiroir; elle était folle, amusante, bien imaginée, traversée d'un bon *clou;* il n'y manquait rien, si ce n'est le coup de pouce professionnel de l'homme de théâtre. L'affaire fut vite conclue, et deux mois après la pièce était représentée avec le plus grand succès. Comme désormais Joseph avait de la chance, (il en a toujours,) il se trouva que les journaux et les Revues eurent besoin de ses vers, de ses romans et de ses articles, et qu'il roula sur l'or. Cependant il eut à subir un vrai chagrin, car un jour, en rentrant chez lui, après une longue et fatigante répétition, il vit sur sa table, bien en évidence, un petit billet ainsi conçu :

« Lucette s'en va, n'ayant plus rien à faire ici. Car dans les endroits où il y a de l'argent, le bonheur est inutile, puisque l'un remplace l'autre, et réciproquement. »

XLVIII

LES ABSENTS

Mon cher Louis, on a beau, comme vous l'avez fait, s'être cloîtré dans les murailles et les verdures, au fond d'un château et d'un parc où les mille bruits de Paris n'arrivent jamais, et d'où les journaux et les lettres, ces instruments de torture, ont été soigneusement bannis; on a beau vouloir et pouvoir ignorer le cours de la rente, les déplacements et villégiatures, et ne pas savoir sous quel gouvernement nous vivons; il y a telle nouvelle qui, en dépit de toutes ces précautions, sait bien aller vous trouver, et qui, au besoin, descendrait par la cheminée, comme don César de Bazan, ou entrerait, comme la brise, à travers les fentes des fenêtres. Le grand événement d'hier, la seconde représentation du *Roi s'amuse,* après un entr'acte d'un demi-siècle, il est impossible que vous n'en soyez pas informé; car, à défaut d'un messager plus illustre, je crois que le premier bouvier sur le chemin vous l'eût annoncé, ou même l'alouette des champs et le pinson qui chante dans la haie.

Car il se produit maintenant ceci, que tout ce qui touche le Maître, arrive immédiatement dans la lumière, dans l'invincible clarté de l'évidence, et que sa louange bruit et voltige, comme un murmure sans fin, autour des oreilles des hommes. Oui, il a atteint ce résultat d'être présent partout et pour tous, et que sa gloire fait partie de l'air que nous respirons : ce n'a pas été sans peine! Jeune homme, a-t-il assez travaillé, lutté, souffert; a-t-il été assez injurié et vilipendé; nul avant lui n'avait subi de pareils outrages, si ce n'est peut-être Shakespeare! Il donnait à la France une poésie nouvelle, pareille à un grand fleuve mélodieux qui roulait et emportait dans son flot géant les lieux communs, les niaiseries, les tragédies incolores, les vagues *Amasis! — Rien que la mort n'était capable D'expier son forfait.* Mais on ne le lui fit pas voir; car il devait au contraire vivre, pour incarner et personnifier en lui toute la puissance la Voix, du Verbe, de la Muse divine.

Il a vécu, fort, toujours jeune, chevelu comme un chêne; il a vaincu les monstres, comme Hercule, et même les imbéciles. Il a fait palpiter ce grand aigle au vol effrayant, le drame d'Eschyle, dans un immeuble qui semblait voué par destination à *Oscar, ou le mari qui trompe sa femme*, et à ces fantômes qui s'élancèrent, tout gris, comme des chats nocturnes, du cerveau turbulent de feu Wuafflart! Car non seulement le Nombre, la Rime, le Rhythme dansant s'étaient laissé apprivoiser par lui et mangeaient dans sa main, comme des biches familières; non seulement la Pitié, la Terreur, le Crime tragique lui obéissaient, et sous son souffle hardi agitaient leurs ailes éperdues; non seulement pour se faire ses servantes et rêver à ses genoux, les grandes Muses avaient quitté le fleuve gémissant et la fontaine violette; non seulement la Douleur et l'âpre Exil avaient léché ses pieds, comme les lions ceux de Daniel; mais le Temps lui-même, ce destructeur de tout, cet aveugle furieux, ce bourreau que rien ne désarme, a cédé au moderne Titan, et a jeté loin de lui la hideuse faux sanglante, pour tresser de ses propres mains le laurier qui doit couronner le front toujours jeune et vivant du Victorieux.

O mon ami, il y a quelques jours à peine, en pleine Comédie-Française, dans cette maison de Molière où le bruit des écus tombant à flots sur les écus empêche trop souvent d'entendre la Voix de Molière, nous avons assisté à cette fête, à cette joie, à ce couronnement, à ce triomphe nouveau du *Roi s'amuse*, joué devant tout ce que Paris a d'âmes, d'esprits et de beautés ; nous avons savouré, applaudi, acclamé, écouté avec une religieuse et déchirante émotion ce drame où le Vers ailé, charmant, savant, magnifique, harmonieux, capricieux, terrible, est, avant tous les autres, le premier et le grand comédien. Nous nous sommes enivrés de cette symphonie épique, où la Rime, comme une âme visible, fait chanter ses flûtes, ses clairons et ses lyres ; et la foule éprise, torturée, charmée, attendrie, mêlait à ses admirations les sanglots et les pleurs, et le Maître, l'aïeul de tous, souriant dans sa barbe blanche, écoutait les vers de sa jeunesse chanter délicieusement dans l'éblouissement et dans la lumière. Ne semblait-il pas que dans l'allégresse de cette heure triomphale, il n'y eût plus rien à désirer et rien à regretter ?

Eh bien, si ! mon cher Louis, moi qui vous parle, quelque chose me mordait au cœur, un regret : c'était celui des Absents, de ceux que j'aurais voulu sentir là au milieu de nous, pendant ces heures sacrées. Et je vous parle, non pas de ceux qui ont laissé une plaie vive dans la poitrine déchirée du Poète et qui furent la chair de sa chair, car je ne veux pas toucher à de tels doux souvenirs ! mais parmi les noms des génies qui eurent la gloire de savoir admirer le plus puissant des génies, il en est deux qui reviennent obstinément dans ma pensée et sur mes lèvres : ce sont ceux de Théophile Gautier et de Paul de Saint-Victor.

Saint-Victor ! Ce merveilleux écrivain, ce grand styliste, ce nourrisson de Rabelais et du Dante, qui savait peindre, ciseler, évoquer des images, ressusciter tout un siècle et le costumer, et le faire agir au milieu de ses décors relevés, ce maître dont la louange était si précieuse, parce qu'il ne la prodiguait pas et parce qu'il savait la revêtir des mots décisifs ; cet enchanteur, cet historien tragique, ce magicien de la prose aimait à célébrer humblement le Maître unique et suprême, et quand paraissait un nouveau chef-d'œuvre, comme les *Chansons des Rues et des Bois* ou la nouvelle *Légende des Siècles*, ce que tous pensaient, sentaient, auraient voulu dire, il pouvait et voulait le dire, avec autant de science et d'autorité que d'inspiration; il pouvait raconter l'inénarrable, faire flamboyer dans ses pages les pourpres et les harmonies, et, dans sa prose où chantait le nombre d'or, faire passer le reflet miraculeux des grands vers éclos dans le front du vieillard homérique. Oui, à cette belle solennité du *Roi s'amuse*, il a manqué la présence, l'âme et la louange de Saint-Victor; il aurait su, lui, mettre à leur plan, approuver sans injustice l'effort des comédiens, la mise en scène, le décor, la musique ingénieuse, toutes les dorures matérielles de cet élégant boulet que la muse traîne à son pied, et de tout cela dégager la pure idée surnaturelle et surhumaine du drame, ce divin génie ailé de la Pitié qui s'envole en tenant un flambeau, dont le souffle des âges n'éteindra pas la caressante et sereine lumière.

Hélas! Saint-Victor nous a quittés il y a si peu de temps, et comme déjà la France a été ingrate pour lui! Il laissait un livre, un chef-d'œuvre où revivent les Poètes, les Dieux, les Tragédies, les héros de l'antiquité sacrée; il semblait que la presse, dont il fut la parure et l'honneur, n'eût rien de mieux à faire que d'étudier et de louer *Les Deux Masques* illustres; mais l'auteur de ce livre épique avait emporté avec lui le secret de la louange, et la Parque des nouvelles au jour le jour a mieux aimé tisser l'air fluide et filer — rien du tout, sur l'agile quenouille qu'elle tourne entre ses doigts! A ce sujet, j'en ai lourd, très lourd sur le cœur; mais aujourd'hui, je veux seulement dire combien le poète d'*Hommes et Dieux* a manqué au *Roi s'amuse*, où il avait le droit de prendre sa grande part souveraine dans notre joie.

Et Théophile Gautier! O mon cher Louis, ne fut-il pas

toute sa vie, lui glorieux et célèbre entre tous, l'enfant, le disciple et le noble serviteur de Victor Hugo? Dans cette nuit où il s'agissait de transcrire, pour l'envoyer aux journaux, le plaidoyer du Maître à propos des représentations interdites par un arrêt ministériel, n'êtes-vous pas touché jusqu'aux larmes de voir le poète d'*Albertus* devenu expéditionnaire et faisant œuvre de copiste, lui qui faisait s'envoler les strophes comme des essaims de frémissants oiseaux! Oh! quelle belle histoire que celle de son dévouement, de son respect religieux pour le Maître, depuis le premier jour où, allant le visiter, il n'osait sonner à la porte, et s'asseyait étouffé sur une marche de l'escalier! Il fut d'abord le page de maison princière qui croit s'honorer en se tenant debout derrière le fauteuil de son seigneur et en lui servant à boire, et plus tard le chevalier qui témoigne et combat pour lui.

Dans le rapport sur la poésie contemporaine, commandé par Napoléon III et écrit pour lui, Théophile Gautier osa louer Victor Hugo en exil et *Les Châtiments*; certes, ces choses-là ne sont rien pour nous, qui ne dépendons ni des rois, ni des républiques, et qui, au contraire, sommes leurs juges ; mais enfin, il est bon de les rappeler, pour bien montrer aux autres ce qu'ils ne font pas. Certes une adoration filiale, invariablement fidèle et brave, comme celle de Gautier pour Hugo, ne peut être payée en aucune façon et avec rien, si ce n'est par l'affection; aussi, quand mourut, si prématurément hélas! le poète des *Émaux et Camées*, le poète des *Contemplations* le chanta en des vers émus autant qu'immortels, et qui appartiennent au trésor de notre famille, comme ils appartiennent à l'histoire :

> ... Je te salue au seuil sévère du tombeau.
> Va chercher le vrai, toi qui sus trouver le beau.
> Monte l'âpre escalier. Du haut des sombres marches,
> Du noir pont de l'abîme on entrevoit les arches;
> Va! meurs! la dernière heure est le dernier degré.
> Pars, aigle, tu vas voir des gouffres à ton gré :

Tu vas voir l'absolu, le réel, le sublime.
Tu vas sentir le vent sinistre de la cime
Et l'éblouissement du prodige éternel.
Ton Olympe, tu vas le voir du haut du ciel,
Tu vas, du haut du vrai, voir l'humaine chimère,
Même celle de Job, même celle d'Homère,
Ame, et du haut de Dieu tu vas voir Jéhovah !
Monte, esprit ! Grandis, plane, ouvre tes ailes, va !...

O mon maître vénéré et bien-aimé, toi pour qui notre Maître ouvrit ainsi de sa main victorieuse les portes de lumière de l'apothéose, n'est-ce pas que j'avais bien le droit de te regretter à la seconde représentation de ce *Roi s'amuse* dont tu avais jadis entendu la première, et d'y chercher d'un œil inquiet, comme si j'avais dû les revoir, tes claires prunelles pleines d'étincelles et la nuit que faisait ta ruisselante et soyeuse chevelure !

XLIX

ESCRIME

Dans l'ordre des lâchetés sans excuse, de celles qui consistent à accabler un adversaire vaincu et désarmé, il semble que la pire de toutes soit celle du juge qui, maître de lui-même, en paix avec sa conscience, entouré de respects, bien carré dans son fauteuil et ayant fait un repas confortable, accable de railleries et de fines épigrammes l'accusé pâle, interdit, famélique, rongé par la crainte, comme un lièvre, et flanqué des deux gendarmes. Si mes confrères... avaient le droit de peindre! pourrait s'écrier avec raison ce misérable, en changeant à peine quelques syllabes dans le texte sacré de La Fontaine. Car il est probable qu'il saurait très bien, lui aussi, trouver le mot cruel, et qu'il lui suffirait d'une exclamation et d'un geste pour improviser, d'après son président, une violente caricature à la Daumier; mais il n'est pas admis à faire de l'esprit, il lui est permis sans plus de servir de cible aux flèches ironiques, et encore sans faire la grimace. Au contraire, le juge, dont rien ne contrarie la verve turbulente, babille allègrement, s'écoute parler, rit lui-même de ses risibles saillies et savoure avec conviction les enivrantes voluptés d'un triomphe un peu trop facile.

Eh bien! je connais une lâcheté plus affreuse que celle-là encore. C'est celle de la femme jeune et belle, qui, sûre d'être adorée, joue avec son amoureux comme le chat avec la souris, et lui dit hypocritement: Je le veux bien, plaisez-moi, persuadez-moi, je vous écoute, lorsqu'elle sait bien, l'impitoyable ! que cette froide mise en demeure suffit pour intimider absolument le pauvre homme étouffé par les battements de son cœur et pour geler sur ses lèvres les paroles enflammées et spirituelles. A cette dame-là aussi, à cette féroce héroïne des Proverbes et des romans vertueux à la parfumerie, sa victime dirait avec justice : Je voudrais bien vous voir à ma place ! Mais on a beau s'aviser des plus adroites ressources, il est malaisé d'avoir raison sous la griffe aiguë qui vous égratigne et vous déchire, en attendant l'argument suprême et le coup de dent final.

Cependant, mon cher Louis, nous avons vu un brave garçon nommé Paul Damian, qui, dans une telle situation désespérée, a trouvé le moyen de faire bonne figure ; mais il était armé et outillé pour cela. Simple rimeur de profession, Paul est gai, bon enfant, bien Français de race et Parisien que rien n'étonne ; il sait prendre l'Occasion aux cheveux, comme un perruquier résolu ; il a l'esprit agile, et connaît pas mal de mots, lisant assidûment Rabelais et Théophile Gautier. Il est riche, puisqu'il possède en bonnes terres deux mille quatre cents francs de rente ; en outre, il a les reins solides, la barbe noire, fine et drue, et des épaules à porter un bœuf ; avec cela c'est bien le diable si on reste en affront. C'était en août dernier, à Étretat, dans le petit salon d'un joli chalet, où, n'ayant pas d'occupation plus pressée, la persécutrice de Damian, madame Éveline Mérille, s'amusait à lui retourner le cœur, comme une omelette dans la poêle.

— « Vous m'avez affirmé, disait-elle, que vous saurez m'obéir, que rien ne vous coûtera pour me plaire et pour entendre tomber de mes lèvres le mot que vous attendez impatiemment. Obéissez-moi donc, car je suis en humeur de commander. Et d'abord, avant toute chose, adressez-moi une déclaration tout à fait immatérielle et éthérée, où pas un mot ne rappelle nos misères et le hideux éclaboussement de la fange terrestre.

— Madame, dit Paul Damian, tout n'est-il pas en vous pensée, lumière, esprit, et d'où pourrait-il venir, si ce n'est de l'âme, le subtil rayon fugitif qui court délicieusement sur vos lèvres ? Oui, ce qu'appelle mon chaste désir, c'est cette Ame, visible pour moi et pareille à une Béatrice couronnée d'étoiles, que j'admire foulant comme un tapis l'immuable azur, et dans le triomphe de la clarté sidérale parlant en mots ineffables un langage plus divin et plus extasié que la musique. Mais qu'est-il même besoin des mots célestes ! Même si je n'entends pas votre voix, et si, les yeux fermés, je n'admire plus la splendeur de votre sourire et la clarté qui émane de vos douces prunelles, de votre seule présence naît une joie si débordante et pure que je voudrais, pour la savourer, l'aube, le désert, la neige éclatante des cimes, et ces blanches solitudes que n'a pas même effleurées l'aile fulgurante de l'oiseau, remontant d'un vol ébloui vers les frissonnants éthers d'où les Anges vous contemplent avec ravissement !

— Bon ! dit Éveline, comme une fillette qui jetterait son jouet pour en prendre un autre, voilà qui va des mieux. A présent et, bien entendu, sans vous départir du respect que vous me devez et que vous exprimez si bien, faites-moi la cour d'une façon un peu plus humaine et cavalière.

— Madame, dit Paul Damian, nous sommes seuls dans une chambre close, dont les parfums nous conseillent ; enveloppés de désirs, car j'en ai pour deux ! ils flottent dans l'air qui nous caresse, et comment leur dire : Posez-vous ici, et non pas là. Ne pas nous aimer serait absurde. Votre bouche de pourpre fleurie appelle les baisers, qui s'éveillent et se révoltent, et ne veulent pas être chassés. Vos petits pieds et vos mains divines me rendent fou ; votre chevelure m'enivre, comme une vapeur d'or. Voir ces yeux, cette poitrine de lys et ne pas les effleurer de mes lèvres : il faudrait donc que je pusse empêcher mon sang de bouillonner et mon cœur de battre. Si je vous aimerai ? oui, toujours, si vous voulez, et jusqu'à la mort ; et, si vous le voulez, une heure et une seule minute, car une minute de votre amour vaut plus et mieux que cent mille éternités. Que je vous tienne adorée et tremblante sur ma poitrine, la nature enflammée le veut bien, le monde, qui ne se soucie pas de nous, le veut bien, et je sens courir l'âme de ma vie dans cette petite main aux ongles roses dont ma bouche est avide ! »

En parlant ainsi, Paul avait saisi la petite main. Il s'apprêtait à la couvrir de baisers, et aussi les bras nus. Mais se reculant avec une petite moue très nette, madame Mérille prit dans un vase japonais une rose coupée, et se mit à la respirer en souriant.

— « Assez, dit-elle. Nous parlerons d'amour un peu plus tard. Pour le moment, il me plaît que vous me contiez un conte pour rire, tel que les aimaient nos pères, où le grain de sel croustille sous la dent émoustillée, et que cependant une dame puisse entendre, sans cacher trop souvent son front derrière l'éventail. »

Paul Damian était un peu stupéfait, comme un enfant à qui on aurait repris son sucre d'orge, au moment précis où il allait le mordre à belles dents. Toutefois, il fit contre fortune bon cœur, et, sans reprocher à Èveline de s'éparpiller en des caprices un peu trop variés et divers, se hâta de lui obéir, avec la docilité d'un esclave fidèle.

— « Madame, lui dit-il, bien qu'il soit quinquagénaire, à très peu de chose près, mon voisin de campagne en Touraine, le marquis de Jozequel, est encore grand chasseur de bécasses et de fillettes. Un soir de l'été dernier, étant dans l'un de ses domaines, il vit étendue sur l'herbe, se reposant, ou dormant, ou faisant semblant, une belle Margot à la chair appétissante, dont la robe était fort débraillée. Le vieux coureur des bois se pencha, couvrit de gros baisers la bouche et la poitrine de sa petite vassale, n'y laissa pas une place qui ne fût toute rouge. Mais comme il s'attardait à ce jeu, il vit du coin de l'œil sa femme, la marquise Josette, qui arrivait avec le curé. — Oh! s'écria-t-il tout haut, comme se parlant à lui-même, mais de façon à être entendu, suis-je assez distrait; j'avais vraiment cru que c'était ma bonne femme! Et il s'éloigna en sifflant un air de *Tonton, tontaine*, pensant de la sorte avoir arrangé tout.

Mais quelques jours plus tard, lorsque, par son ordre, Jean, le mari de Margot, un gars superbe, vint apporter des fruits au château, la fille de chambre Lison lui indiqua le chemin d'un petit salon où il trouverait madame. Madame y était en effet, endormie et décolletée comme Margot, et dans son sommeil, souriant d'un si provocant sourire pourpré que Jean perdit la tête, et en même temps le souvenir de ce qu'il devait à son maître. Il se figurait que la marquise allait ouvrir les yeux, et le traiter de Turc à More, mais elle ne grouilla non plus qu'une souche; si bien que de plus en plus affriolé, ayant toute honte bue, ivre de blancheur et de roses, poussé au crime par le crime déjà commis, une fois, trois fois, beaucoup d'autres fois, il fit le diable comme un soudard dans une ville prise, de telle façon qu'à la fin madame Josette dut se décider à montrer ses chères prunelles, où roulaient des étincelles d'or. — Hé, dit-elle, j'avais l'intention de dire, moi aussi: Suis-je assez distraite! je croyais que c'était mon bon mari! Mais vous m'offensez d'un tel cœur, ami Jean, qu'en vérité, avec toute la bonne volonté du monde, il n'y a pas moyen de prendre l'un pour l'autre!

— Le conte n'est pas mauvais, » dit madame Mérille, qui, sans ajouter un mot de plus, se mit à écrire quelques billets pressés, en se servant d'un buvard posé sur ses genoux, car exécrant la littérature, comme tout ce qui tache les doigts, elle n'avait pas de table.

Puis, comme elle a l'habitude de cacheter ses lettres à son chiffre, avec de la cire blanche, elle pria Damian de lui tenir à cet effet un petit bougeoir allumé, et, tout en fermant les enveloppes, elle lui dit :

— « Peut-être suis-je trop exigeante ; mais quand nous choisissons un maître, nous lui voulons toutes sortes de belles qualités, et entre autres la bravoure ! Que vous sachiez mourir, comme tous les gens bien élevés, je n'en doute pas ; mais sauriez-vous supporter la douleur et, comme un guerrier indien, chanter au milieu des tortures ?.

— Madame, dit Paul Damian, d'une voix claire, rhythmée, exempte de trouble, je regrette de n'avoir ici à ma disposition aucun supplice portatif, et le respect m'empêche de me taillader et disséquer partiellement, de peur d'ensanglanter votre joli salon. Mais à celui qui sans en mourir a pu essuyer le feu de vos yeux, est-il nécessaire de faire subir d'autres épreuves ? »

Étonné d'un madrigal si parfaitement plat, et supposant avec raison qu'il devait cacher quelque arrière-pensée, madame Éveline Mérille réfléchissait et cherchait le mot de l'énigme, lorsque tout à coup, suffoquée par une insupportable odeur de chair brûlée, elle se retourna vivement. Elle vit alors qu'avec une maladresse enfantine, elle avait laissé tomber sur la main de Damian, goutte à goutte, la moitié de sa cire enflammée. Cette fois, elle fut touchée vraiment, en se souvenant que pendant ce temps-là Paul avait parlé avec une tranquillité absolue ; mais elle n'était pas de bonne foi, et elle voulut pousser l'entêtement jusqu'au bout.

— « Eh bien, dit-elle avec dépit, pour un simple homme, vous êtes brave comme une Porcia ! vous comprenez vite, vous savez obéir et vous avez suffisamment d'esprit ou à peu près, enfin tous les mérites ! Mais on ne saurait trop se défier des rimeurs, dans une époque franchement américaine. Et, ajouta-t-elle, croyant avoir trouvé l'argument embarrassant, sauriez-vous me prouver qu'au besoin vous êtes capable de prendre une rapide décision et de montrer du sens pratique ?

— Parfaitement, madame, » dit Paul Damian, qui alors la saisit entre ses bras robustes, et l'emporta, comme une proie, sur le divan rose en soie de Chine ! Elle eut beau se débattre et pousser quelques petits sanglots, son heure était venue, et tous les artifices du monde ne l'auraient pas tirée de là. Ainsi fut représentée à huis clos, une fois de plus, l'immortelle comédie intitulée : *Le Loup et l'Agneau*. Mais alors, ce fut l'Agneau qui mangea la Louve, sans autre forme de procès, et je vous prie de croire qu'il s'en donna à cœur joie. Il prit goulûment sa revanche des mauvaises raisons, de toutes les calembredaines, et d'autant mieux qu'avec plus de patience il avait attendu l'instant propice pour se venger. Dites, mon ami, fit-il pas mieux que de se plaindre !

L.

IDÉES POLITIQUES

Mon cher Louis, arrivant la semaine dernière, au jour tombant, dans la ville de C*** en Vendée, où je devais faire un court séjour, je vis toute la petite cité sens dessus dessous, le sous-préfet, le maire, les gendarmes sur pied; des femmes affairées poussaient des cris, les bourgeois péroraient avec animation, et de nombreux paysans, massés autour d'un cirque forain dressé sur la grande place, ne parlaient rien moins que d'y mettre le feu, et, en attendant, commençaient à le démolir. Heureusement, ils furent tenus en respect par des officiers du régiment de dragons en garnison à C***, parmi lesquels je reconnus tout de suite un de mes amis de Paris, le vicomte de Noffe. Lorsque la foule se dissipa enfin, non sans peine, sur la promesse formelle que justice serait faite, et lorsque les amis du vicomte eurent pris congé de lui, je l'abordai curieusement; et après les premiers compliments échangés, sans plus de préambule, je lui demandai de quoi il s'agissait.

— « Je crois, me dit Henri de Noffe, que la montagne aura accouché d'une belle et bonne souris; cependant les autorités, qui déjà ouvrent un large bec et ne se sentent pas de joie, croient avoir mis la main sur un complot légitimiste. Il y a eu des domiciles violés, des arrestations opérées, des saisies de papiers, de revolvers comme on en trouve chez tout le monde, d'innocents fusils de chasse, et déjà l'instruction se poursuit, et la Justice, qui ne perd jamais de temps, aiguise son glaive. Le plus curieux de l'affaire, c'est que la dénonciation a été faite par le directeur du Cirque, celui-là même que les paysans voulaient écharper tout à l'heure. C'est un nommé Philippo, que je croyais un brave homme, et que je connais beaucoup, car il s'était mis à ma disposition, et je venais souvent monter mes chevaux dans son manège.

— Mais, dis-je, quel diable d'intérêt peut avoir un directeur de cirque à empêcher l'avènement du comte de Chambord, ou de tout autre prétendant? Car je ne suppose pas qu'il ait été uniquement guidé par son patriotisme.

— C'est ce que nous ne tarderons pas à savoir, » me dit le vicomte, qui, aussitôt s'étant approché de la porte, parlementa et se fit reconnaître. Philippo, un homme grand, large d'épaules, avec une épaisse moustache noire, vint lui-même nous ouvrir, nous fit asseoir dans sa loge avec beaucoup de courtoisie, et quand mon ami lui eut posé la question qui nous intriguait, s'empressa de satisfaire notre curiosité.

— « Oui certes, dit-il, il y a complot; depuis un grand mois, j'épiais les meneurs, le marquis de Squéry et son beau-frère; je les ai pris enfin la main dans le sac, et assurément c'est moi qui ai tout dit. Vous trouvez que mon rôle n'est pas beau; mais il n'y a pas de vilain rôle quand on combat pour nos foyers et pour sa maison. L'intérêt que j'ai à tout cela? c'est celui d'un chien à qui on veut arracher l'os qu'il a dans la gueule, et qui le défend.

— Je ne vous comprends pas, dit Henri de Noffe.

— Eh quoi! monsieur le vicomte, dit Philippo, ne savez-vous pas bien que la nation française, essentiellement militaire et artiste, et disons mieux, *costumière*, a été, est et sera toujours éprise des uniformes, des pompons, des panaches, des broderies, des plumets, et de tout ce qui brille au grand soleil? Or, il n'y a plus que nous autres, les écuyers, les cavaliers, les sauteurs, les gymnastes; oui, grâce à la République, il n'y a plus que nous qui portions et sachions porter ces oripeaux divins. C'est pourquoi l'avenir nous appartient sans conteste.

— Eh bien? dit le vicomte.

— Eh bien! fit avec animation le vieil écuyer, supposez qu'un roi, qu'un empereur revienne, monsieur de Chambord ou un autre, n'est-il pas évident qu'il apparaîtrait entouré d'un état-major, de dignitaires, de chambellans écarlates, d'officiers brodés sur toutes les coutures, et alors, comme autrefois, nous redeviendrions la caricature et les vils parodistes de toutes ces magnificences, qui aujourd'hui nous appartiennent en propre et sont notre costume naturel! Comment pourrions-nous lutter avec des gens couverts de palmes, d'étoiles, de paillettes d'argent et d'or et de plaques de diamants? Voilà pourquoi je ne veux pas d'une restauration. Vous me direz que pour le moment il y a bien encore l'armée, et qu'un général sur son cheval de bataille est plus éblouissant que nous; mais considérez que de jour en jour l'armée française verse de plus en plus dans la mode prussienne; les uniformes s'éteignent, s'assombrissent, perdent peu à peu leur splendeur, et il n'est pas difficile de prévoir le moment où les militaires seront vêtus comme des huissiers; alors les galons et les plumets ne nous seront plus disputés par personne, et nous deviendrons par conséquent les maîtres du monde.

— Mais, monsieur, dis-je, en intervenant à mon tour dans la conversation, ne vous exagérez-vous pas l'importance de toute cette friperie?

— Au contraire, me répondit Philippo, je ne la célèbre pas assez! Le goût de la parure guerrière est tellement inné chez l'homme, que bien longtemps avant de songer à se vêtir, les races primitives s'embellissent avec des cailloux, des plumes d'oiseaux, des colliers faits avec des dents de loup et avec des coquillages. Il faut absolument que cet appétit soit satisfait; aussi voyez ce qui arrive dans les pays purement civils, dans l'Amérique, par exemple, que ses goûts d'égalité et ses religions bizarres poussent à un costume uniformément terne; c'est que les saltimbanques y sont adorés, couverts d'or, environnés d'une gloire triomphale. Représentés, eux, leurs chevaux et leurs écuyères, sur des affiches gigantesques magnifiquement tirées en couleur, ils tiennent autant de place sur les murailles que dans la vie, où ils éblouissent, vêtus d'écailles d'argent, ou armés comme des chevaliers de la Table-Ronde, sur des chevaux échevelés. Être à cheval et coiffé d'un casque, tout est là, et sous le second empire, bien qu'il eût à lutter d'éclat avec un tas de ducs et de princes rebrodés à neuf, le marchand de crayons Mangin, si beau sous son casque à plumes, eût peut-être conquis un sceptre, s'il eût été cavalier; mais il se promenait en calèche, comme monsieur Thiers, et c'est pourquoi ni monsieur Thiers ni lui n'ont pu régner sur la France.

— Mais, dis-je à Philippo, si le comte de Chambord venait à la tête d'une armée, jaillie tout à coup du sol français, je pense qu'il ne vous empêcherait pas de porter des galons, des habits de pourpre et d'azur, et de vous en donner à cœur-joie.

— Assurément, fit l'écuyer, mais il les permettrait aussi à son entourage, et c'est ce qui ne fait pas mon affaire, parce que je les veux pour moi tout seul! D'ailleurs, la restauration du trône, comme nul ne l'ignore, ne va pas sans la restauration de l'autel...

— Eh bien? dis-je.

— Eh bien! continua Philippo rouge de fureur, imaginez-vous que moi, l'homme des oripeaux et des paillettes, je me laisserai volontiers couper l'herbe sous le pied par des gens plus brillants qu'un champ d'épis et de coquelicots? Non, comme l'a dit un de nos hommes d'État les plus éminents, le cléricalisme, voilà l'ennemi, le mien surtout! Car les cardinaux me prendraient le vermillon, le sublime écarlate, et les prêtres qui aveugleraient tout avec leurs ors, leurs argents, leurs strass, leurs fleurs de soie, ne me laisseraient que les yeux pour pleurer! Que tout le monde soit condamné à l'habit noir, excepté moi, voilà mon rêve, dont la république fera une réalité, si elle dure! Déjà les comédiens sont vaincus. Aveuglés par le roi Zeus, qui prend la peine d'étendre lui-même une taie sur les yeux de ceux qu'il veut perdre, les derniers enfants de Thespis sont devenus de bons bourgeois économes et riches, et donnant un bon bœuf pour un œuf, moyennant le tout petit bout de ruban rouge qu'on leur permettra d'attacher à leur boutonnière, ils nous laissent le drap rouge, le satin rouge, la soie rouge, toutes les autres étoffes rouges, et les métaux arrachés au sein de la terre avare, et les plumes fastueusement envolées dans l'ouragan! Et au moment où je vais avoir sans partage le monopole de ces richesses réservées jadis à la gloire des Dieux, le comte de Chambord viendrait me les reprendre pour orner les figurants de son sacre! Ah! mais non! Pas de ça, Lisette.

— Mais, dit le vicomte de Noffe, livrer quelqu'un est toujours abominable, et dans tout ce que vous dites, il n'y avait pas une bonne raison pour dénoncer le complot, si complot il y a.

— Si fait, s'écria Philippo, j'ai dénoncé celui-là, et autant qu'il y en aura, je les dénoncerai tous! J'ai deux fils, monsieur, qui tous deux ont été militaires et sont braves; ce sont d'excellents écuyers, beaux comme Murat et Kléber, qui savent porter tous les costumes! Quant à mes deux filles, Louise et Adèle, ce sont des centauresses aux longues chevelures; elles peuvent apparaître magnifiquement en ces uniformes de colonelle dont se parait si bien la reine Victoria aux jours de sa jeunesse, ou si le temps est à quelque renaissance d'antiquité, faire briller sous le fulgurant soleil les cuirasses d'Hippolyte ou de Penthésilée! Vienne un de ces cataclysmes que tout le monde peut prévoir, puisque l'histoire se plaît à les prodiguer, et mes enfants, qui de tous les mortels seront les seuls cavaliers équipés, auront alors sur Gambetta, sur Clémenceau, sur Rochefort lui-même, l'immense avantage de haranguer la foule à cheval, sous un superbe costume guerrier; et dans ces conditions, pourquoi l'un d'eux ne s'emparerait-il pas du pouvoir suprême? »

Il ne faut pas s'appesantir sur les dénouements, qui sont toujours inutiles! Le bon Philippo semblait si convaincu que nous nous serions fait scrupule de détruire ses illusions; toutefois, avec infiniment de tact et de bon sens, le vicomte de Noffe sut lui persuader qu'il ne fallait sacrifier personne, surtout par des moyens tortueux, à l'avènement éventuel de sa dynastie, et nous le laissâmes bien décidé à atténuer tout à fait sa première déposition, de façon à faire mettre en liberté, s'il était possible, les prétendus conspirateurs légitimistes.

— « C'est égal, me dit Henri de Noffe, comme nous revenions à travers les calmes rues de C*** où déjà il faisait nuit noire, Philippo sans doute boit à même dans la coupe des rêves; mais, songez-y, il y a une force énorme dans ces amoureux de la pourpre et du galon, qui, pour ne pas être vêtus de drap noir, bouleverseraient le monde! Le premier Napoléon ne s'y trompait pas. S'il se fût trouvé en face d'un homme pareil, ou il l'aurait fusillé au pied d'un mur, ou il aurait fait de lui quelque chose de pompeux, comme un introducteur des ambassadeurs ou un marchand d'eau de Cologne.

— Hem! lui dis-je, vous avez raison, mon capitaine, mais les drames à costumes sont morts avec le comédien Mélingue, et en dépit des innombrables Farina, l'eau de Cologne est aujourd'hui tout à fait démodée! »

LI

MERCERIE

Mon cher Louis, cette semaine plus encore que de coutume, j'ai été occupé de la poésie et des poètes; ce sont les circonstances qui l'ont voulu. J'ai fait jadis à Monte-Carlo la connaissance d'un riche peaussier nommé Castelin, qui fait courir, construit des hôtels, achète des tableaux, et qui ne dédaigne pas de me visiter quelquefois, pour me mettre au courant du high life, et pour savoir comment s'expriment les gens inutiles. Lundi dernier, il est venu me voir, dans le but, m'a-t-il assuré, de me demander un conseil.

— « Cher monsieur, m'a-t-il dit, mon fils que voilà déjà grandelet, mon cher Edgar, a envie de se faire poète. Qu'en pensez-vous? Ne voyez-vous à cela aucun inconvénient?

— Pardonnez-moi, fis-je alors, mais la question que vous voulez bien m'adresser n'a pour moi aucun sens précis.

— Comment! reprit Castelin étonné. Je vous demande si mon fils aura raison de se faire poète!

— J'entends bien, lui dis-je. Mais, cher monsieur, le poète est une sorte d'animal défini, qui a ses caractères propres, et on ne se fait pas plus poète qu'on ne se fait colombe ou crocodile. Vous pouvez aussi bien me demander si monsieur Edgar devra choisir un nez aquilin ou un nez à la Roxelane, et l'un est aussi raisonnable que l'autre. Si ce jeune homme est poète, il faudra bien qu'il le soit, quand même tous les pères du monde voudraient l'en empêcher; et s'il ne l'est pas, il aurait beau hacher menu, comme une dame faisait de ses dentelles, *La Henriade* et *L'Art Poétique* et les avaler dans son potage, il ne sera jamais brûlé par la fièvre sacrée d'Eschyle. A ce que raconte la légende, un oncle de Henri Heine lui avait offert de lui donner un million, s'il voulait renoncer à être poète; le chantre d'*Atta Troll* ne voulut pas accepter, parce qu'il aurait volé l'argent; et cependant c'était une offre tentante, car avec un million il y avait de quoi acheter beaucoup de peaux d'ours pour les envoyer à mademoiselle Juliette à Paris, qui aurait posé dessus ses petits pieds blancs.

— Mais, me dit Castelin, que pensez-vous de la poésie, en tant que profession?

— Je pense qu'elle n'a aucun rapport, même éloigné, avec une profession, et qu'elle ne saurait être envisagée à ce point de vue.

— Nous sommes d'accord, fit le peaussier. Eh bien! pour suivre votre conseil, j'ordonnerai à Edgar de se faire recevoir avocat, afin qu'il ait un état dans le monde, et qu'il devienne un citoyen utile! »

Le lendemain de ce jour-là, j'étais allé chez l'éditeur Laloë, pour lui recommander les très intéressants poèmes de Pierre Naftel. On les a lus ces temps derniers, en partie du moins, dans les journaux et dans les Revues; c'est de la bonne poésie, nette, saine, spirituelle, bien française, sortie de la veine de Marot, et qui vous réconforte, comme un vin chaud et généreux.

— « Mais, me dit Laloë en mordant sa rude moustache grise avec ses airs militaires, vous savez bien que les vers ne se vendent pas!

— Pardon, lui dis-je, il m'est impossible d'être d'accord avec vous, et les vers me semblent être au contraire la seule marchandise qui se vend.

— Hein! fit l'éditeur stupéfait.

— Assurément, repris-je. Comme vous me l'accorderez sans peine, tout le monde sait à quoi sert le pain ; cependant nous voyons qu'un des plus célèbres boulangers parisiens fait chaque année pour cinq ou six cent mille francs d'annonces dans les journaux, parce que sans doute il ne pourrait pas sans cela vendre son pain. Les femmes savent très bien, elles savent trop bien ! à quoi servent les robes, la soie, les satins, les velours, les manteaux, les fourrures, les gants, les bas brodés ; cependant, pour vendre tout cela, les Magasins du Louvre, et les autres, font par an des annonces pour plus d'un million. Je sais comme vous que les vers sont aussi utiles que le pain et les jupes ; mais enfin tout le monde ne le sait pas. Il faut des annonces pour vendre les remèdes qui promettent la santé, la vie, la guérison de tous les maux ; il en faut pour vendre les pantalons anglais, les joyaux, les épiceries, les romans qui font passer le temps ; il en faut pour faire entrer le monde à la comédie, pour assurer le succès des soirées élégantes, pour marier des demoiselles bien nées et très jolies qui possèdent un million de dot, pour vendre les indispensables livres de science, et les Revues et les journaux, et même pour vendre les annonces ! Eh bien ! vous, Laloë, combien dépensez-vous d'annonces pour activer la vente des volumes de poèmes qui vous sont confiés ?

— Mais, s'écria Laloë, rien du tout, naturellement ! Comment voulez-vous que je dépense de l'argent pour une chose qui ne se vend pas ?

— Ainsi, dis-je encore, vous exigez un miracle plus inouï que tous ceux des mythologies, et remarquez-le bien, ce miracle se réalise ! Il faut qu'un monsieur habitant Montmartre, invente, imagine, suppose, devine, que vous, éditeur, rue de Richelieu, vous avez dû publier un volume de vers ! Il faut qu'ayant pris de l'argent, il vienne chez vous de propos délibéré pour acheter ce volume, qu'il le découvre où vous le cachez, c'est-à-dire sous les piles géantes du roman à sensation, et qu'il vous décide à le lui livrer.

Cependant, cette chose impossible s'accomplit, puisque vous n'oseriez pas affirmer que chez vous les volumes de vers *ne se vendent pas du tout;* et combien vendrait-on de pilules de fer et de pâtes pectorales, si on les offrait platoniquement, sans rien dire! Enfin, malgré vos répugnances, nierez-vous que vous tenez en ce moment un grand succès avec les *Chansons pour Jeanne,* de Paul Ivors, que toute la presse a louées, étudiées, discutées, et qui ont eu, entre autres, ce grand mérite de plaire aux femmes?

— Peuh! dit Laloë avec un grognement, je n'aime pas toutes ces machines-là. Parlez-moi du dernier roman de Crussaire, *L'Amant de sa belle-sœur!* A la bonne heure, voilà qui est corsé, et on en a pour son argent, de l'intérêt et des surprises. Au premier chapitre, cette cuisinière qui assassine le pompier, et qui emporte les morceaux du cadavre dans sa boîte aux ordures...

— Les *Chansons pour Jeanne?* demanda à ce moment une fillette qui venait d'entrer dans la boutique d'un air timide, et qui nous regardait de ses grands et innocents yeux bleus.

— Tout de suite, dit Laloë. Mademoiselle ne préférerait pas *L'Amant de sa belle-sœur*, par Crussaire? C'est un roman bien intéressant...

— Non, dit la fillette, je voudrais les *Chansons pour Jeanne.* »

Celle-là servie et partie, entra un officier en bourgeois, que l'éditeur semblait connaître.

— « Vous désirez, mon capitaine? Sans doute *L'Amant de sa belle-sœur?*

Non, les *Chansons pour Jeanne.* »

Laloë, en rechignant, fit donner l'exemplaire. Puis, lorsque l'officier fut parti à son tour :

— « Une crâne scène encore, me dit-il, c'est celle où les trois voleurs jettent Rodolphe dans l'égout, et où il y retrouve mademoiselle Angellier évanouie...

— Les *Chansons pour Jeanne?* demanda une dame à

cheveux blancs, qui venait de descendre d'un élégant équipage.

— Ah çà ! marmotta à mon oreille l'éditeur furieux, qu'est-ce qu'ils ont donc ? Ne dirait-on pas qu'ils s'entendent tous, pour acheter un livre qui ne se vend pas ! »

Puis s'adressant à un commis avec la mauvaise humeur d'un chien fouetté :

— « Joseph ! un — *Chansons pour Jeanne* à madame.

— Mais, monsieur, il n'y en a plus. Je viens de donner le dernier tout à l'heure.

— Eh ! c'est amusant, dit Laloë, lorsqu'il se fut excusé auprès de la dame et qu'il l'eut vue remonter en voiture, après lui avoir inutilement offert *L'Amant de sa belle-sœur*, il va falloir réimprimer cette romance-là ! Avoir encore affaire à ces beaux messieurs qui exigent la correction, l'orthographe, un tas de bêtises ! et qui, au lieu d'inventer des événements, s'occupent du style, de ce que *votre* Monsieur Flaubert appelait si bien : *l'écriture*. »

En effet, mon cher Louis, Laloë parlait d'or, et voilà le grand et véritable argument contre les poètes, c'est qu'ils s'occupent de *l'écriture*, veulent le mot propre, s'efforcent de construire des phrases bien attachées, et ne consentent pas volontiers à écrire le nom de Deburau ou celui de Baudelaire par EAU ni le nom de Gautier avec un TH. A ces causes, ils tourmentent les compositeurs, les metteurs en pages, tout le monde, et sont de vrais empêcheurs — de danser en zizgag ! Cependant, ma commission n'était pas faite, et je cherchais une transition adroite pour en venir à l'objet de ma visite, lorsque Laloë m'en évita la peine, en s'écriant brutalement :

— « Quant à votre Pierre Naftel, je ne veux pas en entendre parler ; toutes ces menuiseries, c'est des bâtons de chaise dans les jambes de mes romans. Vous lui direz qu'il revienne quand il sera académicien !

— J'avoue, dis-je, qu'il ne l'est pas encore ; mais il a un oncle qui l'est.

« — Mais alors, s'écria Laloë, c'est bien différent, et je prendrai ses vers tout de même, car son oncle pourrait sans doute nous obtenir un prix pour *L'Amant de sa belle-sœur!* Seulement dites-lui bien que les vers ne se vendent pas, que je l'imprime à ses frais, et que je lui donnerai seulement un tiers des bénéfices, parce que messieurs les poètes doivent m'indemniser un peu de mes peines, et du soin que je prends de remiser leurs guitares ! »

LII

ENTRE AMIS

Mon cher Louis, dimanche dernier, Victor Hugo invitait à dîner cent cinquante de ses amis, et si ce n'eût été la difficulté de trouver une salle assez vaste, il aurait pu en inviter bien d'autres; car à force de gloire, de génie, de temps, de labeur, d'amour versé avec prodigalité sur tout ce qui gémit et souffre, ce grand ennemi de la Haine et de la Misère est arrivé à ce résultat surhumain que tout le monde l'aime. Et ces âmes, ces pensées, ces esprits, tous ces Parisiens réunis là, non seulement étaient les amis de Victor Hugo, mais ils étaient et ils sont amis entre eux, à cause du Maître, car il a le don d'être la chaîne d'or qui rassemble et relie les êtres. Je suppose que demain, las de la vie politique, où l'aigle et le lion sont réduits au métier d'écureuil, le poète des *Contemplations* quitte Paris, et s'en retourne habiter sa belle maison de Guernesey, pour livrer son front à l'âpre brise et pour entendre chanter les douloureuses et réconfortantes voix de la mer; eh bien! tous ces hommes-là, les convives du 17 décembre, ne deviendraient pas étrangers les uns aux autres, et continueraient à s'entr'aimer pour l'amour de lui. Mais enfin, ils seraient séparés, entraînés par mille courants divers, emportés chacun par la volupté qui lui est propre. Aujourd'hui, ce sont des frères, et ils ne forment qu'une seule famille, parce que leur père est là, au milieu d'eux.

A cette belle réunion, mon cher Louis, l'esprit coulait, ruisselait, s'empourprait, pétillait comme les grands vins de France qui emplissaient les verres ; mais il y avait parmi nous quelque chose de mieux que l'esprit : il y avait l'universelle bonté et l'universelle bienveillance. Là où l'on voit l'œil impérieux et calme de Victor Hugo et sa douce chevelure blanche, il n'est permis, il n'est possible à personne d'être mauvais, et comme un *Mané, Thécel, Pharès* de paix et de miséricorde, on croit voir resplendir sur la muraille les mots sacrés : *Aimez-vous les uns les autres !* Ainsi, mon ami, notre fête a été entre toutes une fête excellente ; seulement il y est arrivé une chose bien bizarre en apparence, et qui, pourtant, si l'on veut réfléchir, devient toute naturelle : c'est qu'à ce banquet donné pour fêter la résurrection du *Roi s'Amuse*, dans les toasts et dans les discours, on a failli oublier... quoi ? je vous le donne en mille. — *Le Roi s'Amuse !*

Quoi ! ce poème si grand, si touchant, si terrible, où résonnent toutes les cordes de la lyre, où la douleur humaine arrive au plus haut point de déchirement sublime, où parmi le spectacle magnifique et fulgurant de l'Histoire, le bouffon de cour bafoué et vilipendé arrive à être aussi divin que le roi Œdipe et le roi Lear ; ce drame écrit dans le plus merveilleux langage qui fut jamais, et où les vers s'élancent dans la nuée avec des vols d'oiseaux de proie ; cette ode farouche à la Pitié qui nous a ravis enfants, qui, hommes, nous a communiqué ses chaudes ivresses, Triboulet mettant les mains sur son cœur sanglant et avec sa voix désespérée dominant les cris furieux du tonnerre, Blanche, la pure hostie, plus idéale que Juliette, allant se livrer au couteau pour sauver l'infidèle qui l'a trahie, Saint-Vallier grandiose comme un héros d'Eschyle, tout cela, cette merveille, ce miracle, cet ouragan déchaîné à travers la lyre, ce cri, ce chant, cette prière, cette tragédie épique, *Le Roi s'amuse,* on l'oubliait ! Eh bien ! oui, mon ami, parce que le drame avait en face de lui un rival trop puissant, trop varié, trop divers pour ne pas accaparer sur lui toute l'attention ; je veux dire : Victor Hugo lui-même, devenu si grand que sa personnalité géante domine sa plus belle œuvre et toute son œuvre, comme elle domine tout le reste. Il est la haute forêt, pleine d'ombre, de frondaisons, de vertes clairières, de monstres affreux, de fleurs charmantes, de collines où les ruisseaux d'argent murmurent sur les cailloux, d'antres où l'on entend le rire des Nymphes, de noirs bosquets où chantent les oiseaux ! Et devant ce monde effréné de vie, de résurrection, de clarté et de joie, nul ne songe à s'occuper de cette branche ou de cet arbre au front frémissant dans la nuée ; le spectacle, c'est la forêt, qui par mille endroits laisse voir le vaste azur, et dont la beauté, sans cesse changeante et renouvelée, est d'être éternelle.

Oui, mon cher Louis, pour ne songer qu'au poète de *La Légende des Siècles*, à celui qui sent souffler autour de son noble front les quatre vents de l'esprit, et dont la colère est un lion endormi à ses pieds, on avait un moment cessé de songer au superbe, à l'émouvant, à l'admirable *Roi s'Amuse*, et même, que les Muses immortelles nous pardonnent, la lyrique Erato, Melpomène qui tient dans sa main une épée sanglante, et Thalie qui marche avec de légers brodequins d'or ! on avait presque oublié de célébrer et de remercier les comédiens du *Roi s'Amuse*. Mais le poète Vacquerie, qui est l'esprit, le bon sens et la sagesse mêmes, a très bien réparé cette faute dans une improvisation émue et rapide, et Got lui a répondu en quelques paroles pleines de convenance, de modestie, de respect pour le Maître. Et tous les assistants ont applaudi au banquet le doyen de la Comédie-Française, comme ils applaudissent au théâtre Triboulet, ainsi que tous les autres personnages du drame, et certes, avec justice. Oui, *Le Roi s'Amuse* est très bien joué par tous ses interprètes, et comment pourrait-il en être autrement, dans cette maison de Molière, où tout le monde fait passionnément son devoir, où la perfection est adoptée comme règle, où des artistes éminents tiennent à honneur d'interpréter les petits rôles, et où l'administrateur, qui est un peintre et un lettré, sait organiser ces riches et ingénieuses mises en scène qui sont la fidèle image et la figure visible de la poésie ? Oui, toute la Comédie a su se mettre à la hauteur de sa noble tâche, et ce faisant, elle a bien agi, envers le poète sans doute et envers nous, mais surtout pour elle-même, surtout pour sa propre gloire !

Car, mon ami, imaginez *Le Roi s'Amuse* joué sur un infime théâtre de campagne, dans quelque grange, non plus avec un cadre splendide et par de grands comédiens comme ceux-là, mais par de pauvres acteurs errants, vêtus de loques, désaltérés à la source prochaine, n'ayant pour tout génie que la flamme de la jeunesse, la folie tragique et l'amour des beaux vers, plantant à la diable de méchants décors brossés par eux-mêmes, que resterait-il du drame illustre que vient de reprendre si brillamment la Comédie-Française? Eh bien ! mon cher Louis, il en resterait encore — tout ! Car le vers moderne, tel que l'a retrouvé et façonné Hugo, souple, hardi, énergique, sonore, ayant l'ampleur de l'hexamètre grec et le pas envolé du vers lyrique, a cela de particulier qu'il suffit de le dire humblement et fidèlement, en se fiant à la grande magicienne, à la fée toute-puissante pour qui nul miracle n'est impossible, à la saine et impeccable et merveilleuse Rime, qui, rien qu'en proférant le son arrêté sur ses lèvres jumelles, fait s'ouvrir toutes grandes les portes d'ivoire et d'or de l'Idéal !

Oui, pauvre comédien errant, ballotté par les chemins, qui voyages encore sur le chariot, (car le chemin de fer n'a pas été inventé pour tes pareils, supposant une mise de fonds que tu n'es pas capable de fournir !)

vagabond, misérable, affamé qui lèches le reflet des étoiles, être dénué de toute considération, aussi efflanqué et maigre qu'un poète, tu n'as qu'à invoquer la Rime souveraine, et tout ce qui te manque, elle te le donnera avec prodigalité, sans compter les diamants et les pierres précieuses qui incessamment tombent de sa bouche de pourpre ! Par elle et sous son inspiration, tu exprimeras la haine, l'amour, la joie, l'épouvante, la fureur, rien qu'à l'aide du Mot, honnêtement articulé et prononcé, comme le faisait la grande Alboni en chantant exactement la note écrite ! Et à la voix de la Rime, des décors se dresseront, vrais, superbes et splendides, plus beaux que s'ils avaient été brossés par Rubé et Chaperon, et magiquement, sur tes épaules déguenillées ruisselleront les velours, les damas, les satins, et tu seras le vieux comte aux cheveux de neige, et le spadassin, et le bouffon du roi de France, et le roi de France lui-même, et grâce à la Rime, le drame traduit par de pauvres gens apparaîtra dans toute sa gloire aux humbles laboureurs, qui payent leur place dans la grange avec une douzaine d'œufs ou avec une mesure de pommes vertes. Nous, plus heureux que ces spectateurs naïfs, nous entendons la poésie du maître récitée par de grands comédiens, qui ont pour eux le talent, la réflexion, la pensée, la science, l'étude approfondie de leur art, et nous leur devons ainsi un des plus nobles plaisirs que nous puissions goûter jamais ; qu'ils soient donc loués et célébrés comme ils méritent de l'être !

Quant au poète des *Orientales* et de tous les autres poèmes, il y a belle lurette qu'il a tiré son épingle du jeu, et tout cela ne l'intéresse que médiocrement. Droit, fier, vigoureux, plein de jours, il vit depuis bien des jours déjà dans la postérité future ; l'heure et l'éternité sont pour lui une même chose, et les générations des comédiens qui le joueront se succèderont, plus nombreuses que les gouttes d'eau qui, une à une, tombent de la roche. Qui de nous n'a vu de ses yeux, contemplé, qui ne connaît, pour l'avoir mille fois regardée, la statue qu'on lui dressera, et dans laquelle, le front tourné vers l'aurore, il sera représenté avec la sereine beauté de la vieillesse et avec le viril éclat de la force héroïque !

LIII

ÉPILOGUE

Ainsi, mon cher Louis, cette lettre est la dernière que je vous écris, et me voilà délivré de mon effroyable tâche, qui m'était si amère et si douce. Après vous être enfermé dans votre château et dans vos bois avec le ferme dessein de ne jamais revenir à Paris, voici que vous y revenez pour longtemps, pour toujours peut-être. Vous vouliez que votre charmant fils fût livré à lui-même afin de devenir un homme en toute liberté ; mais le voilà reçu docteur ; il épouse une femme qu'il aime, belle, jeune, robuste, orpheline, parfaitement pauvre, telle enfin que vous l'auriez souhaitée. Vous voulez assister à ses noces, et voir naître votre petit-fils ; quoi de plus légitime ? Et, certes, pour nous donner la grande joie de vous revoir, vous ne pouviez trouver une meilleure raison que celle-là ; mais qu'était-il besoin de raisons ! Comme le grand Baudelaire l'a dit, le droit le plus sacré de l'homme est de se contredire ; mais c'est encore un aphorisme timide, car ce droit de se contredire n'est pas seulement le plus sacré, il est aussi le seul et l'unique droit que l'homme possède en effet. Car s'il s'agissait toujours de même dans des circonstances identiques, il serait pareil aux animaux de la terre, aux poissons de la mer et des fleuves, aux oiseaux de l'air céleste ; et ce n'aurait pas été la peine de lui donner une âme immortelle. Qu'il puisse se conduire d'une façon en apparence illogique, c'est la seule chose qui prouve son libre arbitre et son origine divine.

O mon ami, que vous aviez raison de fuir Paris, et que vous avez raison d'y revenir ! C'est à ce point qu'il est impossible de décider avec justice et exactitude si c'est dans l'une ou l'autre occasion que vous avez manifesté le plus de bon sens. Livré aux démons de la pluie, qui vident sur lui leurs urnes salies, souillées et fangeuses, Paris est une ville abominable. On y patauge dans une boue épaisse, noire, hideusement vulgaire, qui d'un seul baiser use et dévore un pantalon, et l'orne de franges, comme une robe orientale. L'air est noir, le ciel est noir, et on se bouscule au milieu d'un tas, d'un tohu-bohu d'équipages, de fiacres, de tramways, d'omnibus, de chariots portant des pierres de taille ; et tout cela se culbute, se choque, s'éventre, comme pour faire une barricade gigantesque, plus haute que la tour de Babel. Traverser à cinq heures la rue de Rivoli, devant les Magasins du Louvre, est à coup sûr une entreprise plus périlleuse qu'une exploration dans l'Afrique centrale, au milieu des tribus anthropophages. Là le voyageur le plus hardi, l'aventurier le plus téméraire ne sait jamais s'il ne sera pas dans une minute réduit en charpie, ou aplati comme une feuille de papier. Supposez cependant qu'à force d'audace, d'intrépidité, de prudence agile, d'insolent bonheur, il arrive à se diriger parmi ces cataclysmes et ces avalanches, qu'y verra-t-il pour se distraire et réjouir ses yeux ? Des hommes las, fourbus, affairés, ivres d'ennui et d'horreur, qui tous cherchent cent mille francs, ou cent sous, ou dix sous, ou un million, pour faire face dans cinq minutes à une échéance immédiate, et qui ne les trouveront pas ; car pour les trouver, il faudrait qu'ils se les prissent, ou se les empruntassent ou se les volassent les uns aux autres, ce qui est impossible, puisqu'ils les cherchent tous ! Dans cette foule en démence il y a aussi des femmes, toutes vêtues de soie, de velours, de satin, de peluche, de surah, de robes magnifiques, parées comme des reines, toutes coiffées des mêmes tignasses et des mêmes perruques, peintes des mêmes couleurs, ayant sur leurs visages la même croûte de blanc et de rose, et pauvres comme Job, et espérant toutes ramasser dans les pas d'un cheval effaré les cent mille écus qu'elles doivent au couturier, au cordonnier et à la lingère ! De cette cohue d'êtres et de véhicules s'élève un murmure, un sanglot, un mugissement de tonnerre, dominés par la voix des marchands de canards à un sou, qui crient des événements fabuleux et terribles ; mais personne ne les écoute, personne ne s'arrête, parce qu'on sait qu'il n'arrive jamais d'événements, et personne ne donne le sou, parce que personne ne l'a. Non, tous ces damnés de la ville se débattent et se ruent à travers la boue et les voitures, dans l'étouffement, dans l'universel écrasement, cherchant, ceux-ci de l'argent pour acheter de l'amour, celles-là de l'amour pour acheter de l'argent, et, comme Ixion, étreignant une nuée, qui n'a pas même le mérite d'être propre, et d'où tombe une pluie boueuse qui fait des taches noires comme de l'encre !

Et vous, tandis que nous nous débattions au milieu de ce bruyant enfer, bien assis, les pieds sur les chenets, dans un fauteuil à oreilles, entouré de belles tapisseries, vous lisiez Rabelais et Dante ; et s'il vous plaisait de sortir, vous vous promeniez dans des chemins qui sentent bon, vous entendiez chanter les oiseaux, vous regardiez passer des paysannes nullement fardées de blanc et de rouge, dorées par le fauve soleil, et des paysans qui cherchent le million où il est, parmi les sillons creusés dans le sein de la terre féconde. Et qu'elle serait longue et enivrante, la liste des voluptés que vous savouriez avec une ironique joie ! Ne pas assister aux matinées où se débitent des poésies fabriquées dans les prisons, en même temps que les chaussons de lisière ; ne pas être convié à ces dîners en ville, où on essaye de manger des barbues déguisées en turbots, des roastbeefs violets comme l'iris qui tremble au bord des ruisseaux, de funestes foies gras chimériquement truffés de choses noires, et de boire des vins machinés par une chimie redoutable; ne pas endosser l'habit en cœur pour piétiner dans ces soirées funèbres, où chacun dit à l'oreille de son voisin : « Si nous nous en allions? » ne pas s'enfourner aux premières représentations, dans ces salles de théâtre dénuées d'air respirable, où on grille comme un beefsteak, où on étouffe, où on gèle, uniquement pour voir les têtes belles, mais connues, de Sarcey et de Lapommeraye; ne pas entendre des princesses, des duchesses, de très grandes dames, aux corsages blancs ou couleur de rose, sur lesquels fleurissent de grands bouquets de diamants, parler exactement comme les bonnes dans. *Le Roman chez la Portière*, d'Henri Monnier; enfin, mon ami, n'entendre et même ne voir aucun piano; ne pas relire Chamfort découpé en échos et nouvelles à la main; ne pas être bloqué derrière un roman-feuilleton qui piétine sur place, et se refuse à avancer d'un seul pas; ne pas se pâmer aux expositions partielles, devant des tableaux qui représentent un manche de couteau ou le spectre d'un morceau de fromage de Brie ; ne pas dévorer sous toutes les formes le néant, la négation, la fumée; respirer de l'air, manger de la vraie viande, lire de la vraie poésie, sans être dérangé par les importuns, voilà quels étaient vos plaisirs, et volontairement vous sacrifiez tout cela, et vous revenez vous plonger dans la fournaise et dans le gouffre, et dans la gueule du monstre, et vous voulez votre part de nos cruelles joies et de nos enivrantes misères!

Eh bien ! mon cher Louis, vous êtes dans le vrai, et après avoir très bien dit, vous avez absolument raison de vous dédire, car, au bout du compte, Paris seul existe et il n'y a pas autre chose que Paris. Certes, j'ai bien peu voyagé; mais chaque fois que j'ai été surpris loin d'ici par le retour de la saison où doit éclore le printemps, j'étais douloureusement stupéfait et déconcerté.

en ne voyant pas de fleurs, et je me disais avec une abominable angoisse : « Eh bien! où sont les fleurs! » Car, en effet, ailleurs qu'à Paris il y a des cieux, des champs, des plaines, des rivières d'argent, des forêts, des ruisseaux cachés sous les feuillages noirs, des clairières, des roches, des antres verdoyants, de délicieux coins de d'ombre ; mais il n'y a pas de fleurs ! C'est ici, c'est chez nous seulement qu'on sait fabriquer ce produit miraculeux, ces pierreries vivantes, faites de caresse et de lumière, et qu'il y en a pour de bon. Quand nous voyons apporter au Luxembourg, par milliers et par myriades, les pervenches, ou les myosotis, ou les rosiers, ou les géraniums, et qu'on en brode uniformément des kilomètres de gazon, il semble qu'on a coupé tout cela dans une étoffe sans fin, régulièrement tissée et inépuisable ! Rien ne ressemble moins à une fleur qu'une femme, en dépit des madrigaux fossiles et de l'ignoble romance ; cependant la fleur et la femme se connaissent, sont complices et amies, font commerce ensemble, et on peut passer de l'une à l'autre, au moyen d'une transition qui ne soit pas trop tirée par les cheveux. Eh bien! ailleurs il y a des reines, des princesses, des duchesses, des bourgeoises, des courtisanes, des filles du peuple, mais des femmes, cherchez ! Ils le savent, ceux qui ont fait le tour des villes et des capitales, une femme vraiment propre, peignée, lavée, baignée, lingée, habillée, vous la trouverez seulement à Paris, et non pas ailleurs ! Et là il n'y en a pas qu'une, il y en a des centaines de mille, prodigieusement vêtues, sachant être belles, jeunes parce qu'elles le sont, mais aussi parce qu'elles veulent l'être, et représentant plastiquement l'idéal de la pensée humaine. Je sais bien que glorieusement fidèle au souvenir de la chère absente, vous êtes affranchi de tout caprice et de tout désir ; mais c'est amusant tout de même de posséder un harem démesuré, peuplé de houris pudiques et savantes, même quand on le regarde avec tranquillité et qu'on n'en veut rien faire!

A Paris tout le monde a de l'esprit, et, comme Balzac l'a si bien observé, du génie ! Oui, du génie ; il en faut pour être portier et se faire donner des étrennes énormes par des victimes qu'on tyrannise ; il en faut à Gavroche pour arracher son pain aux sombres Dieux de l'impossible ; il en faut même au ministre pour avoir lieu et pour ne pas rendre son tablier avant de l'avoir mis ! Et certes les Parisiens sont plus spirituels que tout, puisqu'ils se comprennent à demi-mot et même sans mot, et avec un clin d'œil échangé. Enfin, admirez ce mystère plus étonnant que ceux des religions ! en province, un homme intelligent se tient au courant de tout, lit les journaux, les livres, les brochures scientifiques, et il ne sait absolument rien ! Prenez le même homme, et mettez-le à Paris dans une chambre bien close, où il ne lira rien, où nulle nouvelle ne lui parviendra, eh bien ! il saura tout, sans exception, parce qu'à Paris l'idée se respire, et entre par les fentes des fenêtres, en dépit des rideaux, des capitons et des bourrelets.

Sur la cuisine, il y aurait bien un peu à dire ; mais enfin les chemins de fer n'ont pas été inventés pour des prunes, et en somme c'est à Paris qu'on mange les turbots de Dieppe, les carpes du Rhin, les truites de Remiremont, les pâtés de canard d'Amiens, et les meilleures truffes. Enfin, le plus grand mérite de Paris, c'est que dans cette ville sacrée, même l'oisif, l'inutile, le songeur qui ne fait rien du tout, est encore trop occupé pour écrire une lettre ! Ainsi je ne vous écrirai plus ; mais j'espère que dans huit jours d'ici, à peine, assis dans une salle à manger bien chaude, et mangeant des mets accommodés avec un jus sérieux, nous boirons ensemble un vieux vin que j'ai derrière mes fagots, et qui mettra sa joie et son héroïque chaleur dans nos poitrines.

FEUILLES VOLANTES

1879-1880

FEUILLES VOLANTES

1879-1880

1

PENSÉES DE NEIGE

J'aime quelquefois, puisqu'il le faut ! le réalisme dans les romans et les contes ; mais je ne l'aime pas du tout dans la construction des traîneaux. Ces jours derniers, j'ai vu avec chagrin que les traîneaux qui sillonnent le Bois affectent des ressemblances d'animaux réels, tels que rennes ou cerfs, imités avec une fidèle platitude ; tandis qu'au contraire, le fait de voler comme une flèche sur les blancs tapis de neige éveille des sensations si idéales et surnaturelles, qu'un traîneau qui se respecte ne saurait trop représenter un animal purement chimérique, oriflan, tarasque, ou coquecigrue, tout en or, avec des ailes, des griffes, une gueule écarlate aux dents de crocodile et des yeux faits avec d'énormes cabochons, rubis ou saphirs.

D'ailleurs, un élégant traîneau se compose beaucoup moins encore de l'animal fabuleux qu'il représente que des jolies femmes qui sont dedans. Pour faire un tableau harmonieux au milieu de la divine, implacable et éblouissante neige, leur devoir est d'être charmantes ; qu'elles soient vêtues d'étoffes pompeuses et de fourrures inouïes, pour pouvoir lutter sans trop de désavantage avec la blancheur infinie et sereine ! L'une peut être blonde et l'autre brune, mais c'est là un effet bien vieux ; pour l'œil d'un coloriste il est infiniment préférable qu'il y ait une blonde et une rousse, ou mieux encore que toutes les deux soient blondes, avec des chevelures de différents ors.

Le costume, les étoffes, les chaussures, les lèvres rouges, les prunelles qui brillent, c'est aussi le grand intérêt du patinage ! La vraie question, ce n'est pas d'écrire sur la glace un nom de baptême quelconque, entouré d'un paraphe aussi compliqué et touffu que celui d'un notaire ; c'est d'enflammer le blanc paysage avec les velours et les satins, jaunes, pourpres, émeraude, bleu marin, couleur de rose, et de montrer dans des patins des bottes écarlates ! Toutes forcément déguisées en russes ou en hongroises, les femmes glissent, agiles, aériennes, sur la glace, tandis que tout à l'entour s'élèvent des montagnes de neige.

Ah ! je la reconnais, cette neige douce, épaisse, moelleuse, infinie, qui toujours s'élève et s'augmente de la neige qui, sans repos et paisiblement, tombe du ciel ! C'est ainsi qu'elle tombait, pendant l'Année Terrible, que le poète a chantée. En ce temps-là, le grand sculpteur Falguière, voulant montrer que l'âme humaine dompte et pétrit non seulement les événements, mais aussi la nature, prit des blocs de neige, les entassa, les modela de sa main puissante et en fit la figure auguste de la *Résistance*. Frêle, mais invincible, accotée contre un rocher, elle croisait ses bras sur son torse nu ; et, les pieds crispés sur une pierre, les cheveux jetés en arrière, elle montrait d'un air de défi son visage héroïque.

Moulin aussi avait modelé des tas de neige, dont il avait fait un buste colossal de la République. Aujourd'hui, les statuaires ne sont plus au bastion 85 ; ils travaillent tranquillement dans leurs ateliers, dont les poêles surchauffés atteignent à la coloration de la cerise mûre. Voyant cela, la Neige a pris le parti de faire des statues elle-même; et en effet, voyez, dans ces blanches montagnes croulantes se détachent des figures aimées et bien connues.

Voyez ce long visage aux yeux ironiques et pensifs, au nez mince, au menton aigu, à la fine bouche souriante; ces longues manches, ces mains spirituelles, ce torse agile orné de boutons énormes, ces jambes pendantes dans un large pantalon plus blanc que l'hermine et le cygne, n'est-ce pas Pierrot lui-même, sous les traits de mon ami Jean-Gaspard Deburau?

Délivré désormais de la Vie, pleine de taches et de souillures, où rien n'est jamais réellement propre, il rayonne de la blancheur immaculée, de la blancheur immortelle, dans la blanche apothéose; et il me dit, au moyen de sa pantomime si claire et si facile à comprendre : « Tâche de rester aussi pur qu'un Pierrot et d'éviter tout compromis avec les littératures classiques; à ce prix, tu mériteras de revivre dans les idéales blancheurs de la neige sans tache. »

Jean-Gaspard n'est pas le seul pierrot que je rencontre dans ces blancs paysages! Il y a aussi ces moineaux parisiens, si malins, qui savent tout, et qui fredonnent la dernière chanson de madame Judic, en ayant l'air d'insinuer négligemment que c'est là de la petite musique. Si artistes qu'ils soient, ils ont, pour le moment, renoncé à poser pour Giacomelli, et ils s'occupent du sérieux, de la nourriture. Observateurs comme de petits Gavarnis à plumes, ils ont constaté que l'État nourrit, au Jardin d'acclimatation et au Jardin des Plantes, une certaine quantité d'oiseaux officiels, et, bravement, ils s'en vont voler à ces aristocrates une bonne part de leur pitance. C'est, révérence parler, comme si un simple poète arrivait subrepticement à se faire jouer dans les théâtres subventionnés, si justement réservés aux académiciens.

Mais les pierrots ne se sont pas décidés pour ce moyen violent sans avoir demandé aide et secours à leurs confrères. C'est ainsi qu'ils n'ont pas même dédaigné mon petit jardin de la rue de l'Éperon, où j'ai eu soin de leur préparer, au beau milieu du tapis de neige, du pain émietté, servi sur des journaux politiques de différentes nuances. J'espérais ainsi connaître le fond de leur pensée ; mais mon attente a été déçue, car ils ont bien mangé le pain, mais ils ont entièrement dédaigné de s'instruire en lisant les feuilles publiques, et tout au plus ont-ils jeté un regard distrait sur le roman-feuilleton.

Les moineaux sont allés aussi au Luxembourg, sachant bien que le Charmeur, qui d'habitude vient passer avec eux de longues heures, trouverait moyen, malgré les intempéries, de leur offrir un goûter de sa façon. En effet, il le leur avait servi dans l'avenue des Platanes, sur une pierre bien nettoyée, et j'ai eu le plaisir de les voir prendre ce repas en sautant de joie et en battant des ailes. En même temps, je regardais la fontaine de Médicis, poudrée à blanc, et je voyais que le Cyclope, le noir géant Polyphème, qui, du haut de son rocher, menace Galatée et le bel Acis fils du dieu Faune, a l'air d'être tombé dans une gigantesque boîte de poudre de riz.

On se le rappelle, l'abominable Vandale qui, à l'Opéra, avait souillé d'encre le groupe de la Danse, avait continué au Luxembourg la même profanation. Je vois encore la pauvre Galatée ayant sur sa cuisse de marbre blanc de longues et ignobles traînées d'encre. Les chimistes à la nettoyer avaient perdu leur chimie ; l'encre avait bien disparu, mais il en était resté une trace grise, sale, obscure, encore plus affreuse que la tache elle-même. Mais enfin la Neige, la bienveillante Neige l'a cachée sous son aile blanche, et grâce à la Neige inviolée la jeune Néréide a retrouvé sa blancheur adorable.

Plus loin, à l'autre fontaine, où Carpeaux a représenté les parties du monde, la neige affine et embellit les cercles de la sphère céleste, et les tortues du bassin ne lancent plus que des jets de glace immobile. Chose étrange! sous la neige inégalement répartie, c'est l'Afrique noire qui est devenue blanche, et l'Europe, à côté d'elle, semble noire. Ainsi, comme il vaut mieux tenir que courir, les parties du monde se donnent le bal masqué dès à présent, pensant d'ailleurs peut-être que, lorsque le moment sera venu, il leur serait difficile d'aller au bal de l'Opéra sans se faire remarquer.

Je pousse jusqu'à la Closerie-des-Lilas, où fleurissent maintenant de blancs lilas de neige, et devant laquelle le maréchal Ney, sur son piédestal, agite son épée, devenue une épée de neige. En revenant par le boulevard Saint-Michel, mes yeux s'arrêtent, doucement attirés, sur la verrière d'un atelier, dont les vitres sont damassés de grandes fleurs de givre. Hélas! c'est là que vivait, que travaillait cette femme au talent viril, madame O'Connell, dont nous admirons à la Comédie-Française des portraits d'une si large facture et d'une si belle couleur.

Quand Rachel mourut, en un dessin à jamais précieux, madame O'Connell la représenta couchée, morte, amaigrie, couronnée du noir laurier, dans la froide et muette solitude. Elle croyait avoir résumé ainsi la fin tragique de l'artiste, qui, après les tumultes du triomphe, tombe dans l'oubli et dans le morne silence. Elle ne savait pas, elle devait apprendre douloureusement par elle-même, que l'artiste peut avoir une fin plus cruelle que celle-là. Aujourd'hui, rassemblant sa vacillante raison, tourmentée par les perpétuelles obsessions du Rêve, elle se sent plus seule que la morte; et dans la triste maison, et dans le sombre jardin où elle est reléguée, quand la neige tombe et s'amasse, c'est avec une robe usée, trop étroite, qu'elle affronte le vent et la bise. Cette femme illustre va être sauvée, soulagée, secourue : mais pourquoi faut-il qu'on lui ait laissé le temps de souffrir?

La nuit est venue. A l'entrée d'une sombre rue à jardins, des gamins se battent à coups de boules de neige, et l'un d'eux, élégant et svelte, me rappelle la tournure de Déjazet, lorsque jouant l'anecdote de Brienne et costumée en jeune Bonaparte, elle commandait si vaillamment ces combats de boules de neige avec l'audace d'un héros et l'œil malin de Frétillon.

Plus loin, dans la rue, une femme qui, peut-être à cause de l'obscurité, me paraît géante, porte sur son dos un fardeau énorme, et cependant marche sur la neige à grandes enjambées. C'est sans doute une blanchisseuse qui emporte du linge ; mais elle me fait songer à cette blanche Emma, princesse de la Gaule, comme dit Alfred de Vigny, qui, pour qu'on ne pût voir sur la neige d'autres pas que les siens, emportait sur ses épaules son amant Eginhard. Le secrétaire de Charlemagne dut être bien content à ce moment-là, s'il croyait éviter ainsi la colère du terrible empereur ; mais plus tard, lorsque le bon Turpin l'eût marié à sa princesse, il devait penser souvent, non sans une certaine mélancolie, que s'il n'avait pas été sage, rien n'aurait empêché cette victorieuse de le prendre sous son bras, comme un petit chien, et de lui prodiguer, à son gré, des caresses ou des chiquenaudes.

Le boulevard, les jardins, les petites rues nouvellement bâties, autour de moi tout est blanc, et la neige tombe doucement, lentement, pareille à elle-même, comme les minutes de la vie. La blanche nappe me fait l'effet d'une immense feuille de papier écolier sans fin et sans limite, et me représente tout le papier blanc que le poète sera forcé de noircir avant de s'en aller dans le paradis des poètes, où il n'y a ni plumes ni encre, et où l'harmonieuse Lyre des Orphées guide, à travers les blanches nuées, le chœur éblouissant des Étoiles.

2

PÉRIL EN LA DEMEURE

Comme on a pu le lire dans tous les journaux, il est question de supprimer le Musée du Luxembourg, d'abandonner à messieurs les sénateurs les salles qu'il occupe et de transporter tous les tableaux au pavillon de Marsan, ou au Palais de l'Industrie, ou, plus simplement... au Trocadéro! Comme il ne s'agit là que d'un projet et que rien n'est décidé encore, je crois pouvoir aborder cette question, sans toucher à la politique. Eh bien! je dis qu'il ne faut pas nous ôter les œuvres des maîtres contemporains et les emmener là-bas, dans une province reculée. Là où ils sont, ils servent au travail, à l'étude, à l'éducation des historiens, des poètes et des peintres. Mais voyez-vous un élève de Jules Lefebvre ou de Gustave Boulanger prendre son chevalet et sa boîte pour copier un tableau ou chercher un renseignement, un torse, une armure, un bout de draperie... au Trocadéro!

Il n'en reviendrait jamais, ou il en reviendrait avec les cheveux blancs; pendant ce temps-là, les impressionnistes, les tachistes, les *rienistes* auraient triomphé, et le monde serait envahi par des toiles qui ne représenteront rien du tout : un nuage, les cimes de trois arbres sans feuilles, un petit tas de poudre d'or sur un fond noir; n'importe quoi, pourvu que ce n'importe quoi exprime un coin du néant et un vague désordre d'idées!

D'ailleurs, il se présente une difficulté très grave :

c'est que les tableaux ne veulent pas s'en aller. Ils aiment à demeurer près du grand jardin de lilas et de roses, et surtout il leur plaît d'être regardés, admirés et compris par ce public très particulier du quartier de l'Odéon, qui n'a pas d'analogue au monde, car en ce pays bizarre on vit par la pensée et pour la pensée; et, hier encore, on y pouvait satisfaire sans dépenser d'argent, et même sans en avoir, les plus avides et les plus délicates exigences de l'esprit.

Voyez ce jeune homme au visage sévère, à l'œil d'aigle, à la bouche impérieuse et réfléchie : c'est un Daniel d'Arthez. Ses livres un jour remueront l'Europe et le monde. En attendant, il apprend, travaille, étudie, dévore l'histoire diplomatique, les traités, les archives, passe ses journées et ses soirées dans les bibliothèques, et ses nuits sous la lampe, dans une petite chambre de deux cents francs par an ; et il mange une nourriture de restaurant, dont les petits oiseaux ne se contenteraient pas! Celui-là, à la fine moustache, à la belle chevelure, au sourire caressant comme celui d'une femme, est un Lucien de Rubempré; la Muse le berce et lui parle à l'oreille : il sera poète.

Ce quartier, je vous l'ai dit, ne ressemble à aucun autre. On y voit passer des vieillards aux cheveux blancs, proprement mais pauvrement vêtus; volontiers on les prendrait pour de petits rentiers qui tuent le temps, si ce n'était la noblesse de leurs traits, l'intensité de leurs prunelles flamboyantes sous d'épais sourcils, et la rosette de la Légion d'honneur qui brille à la boutonnière de leur redingote. Ce sont les savants, les âpres chercheurs de vérités, les penseurs qui se sont jetés dans le rêve effrayant des mathématiques, les chimistes, les Prométhées, les voleurs du feu et de la lumière, les physiologistes, et les anthropologistes, qui surprennent les secrets de la vie et recomposent son histoire. Eh bien ! les tableaux aiment à être regardés par ces gens-là, qui, les uns avec l'intuition du poète, les autres avec le regard de la Science, comprennent le sens des mythes et des symboles, les harmonies de la couleur qui chante et l'eurhythmie de la beauté humaine. Ils ne veulent pas du tout s'en aller au Trocadéro pour être sottement dévisagés par des voyageurs cosmopolites en chapeaux mous, vêtus de complets quadrillés, portant des lorgnettes en bandoulière, et par des misses ayant des sandwichs dans leurs sacs et lisant les *Guides* polyglottes du voyageur. Ils sont et veulent rester Parisiens et prétendent ne pas passer à l'état de bêtes curieuses.

Ah! ne détruisez pas ce Quartier Latin des écoliers, des jeunes savants, des jeunes poètes, des artistes, qui existe encore, bien qu'il ait été envahi depuis quelques années par les fashionables amateurs et par les demoiselles à tignasses et à robes tapageuses! Je le répète, celui qui voulait s'instruire avait tout là sans argent, et pour compléter les leçons des écoles de la Sorbonne, du Collège de France, il trouvait, pour se retremper dans la nature, l'adorable jardin des Médicis, avec ses fleurs, ses ombrages, ses abris charmants; pour étudier le beau dans les chefs-d'œuvre de l'art, ce Musée du Luxembourg qu'on veut, sans façon, charger sur une charrette.

Les écoliers pouvaient lire pour rien les livres nouveaux; car il y avait pour cela une tolérance de tradition. Il était convenu implicitement qu'un exemplaire de chaque livre était sacrifié et pouvait être librement feuilleté sous l'Odéon par ces jeunes gens pauvres et anxieux, avides de tout connaître. Le soir, ils étaient reçus au théâtre en payant demi-place, et ainsi, pour des sous, ils entendaient *Phèdre, Le Cid, Polyeucte, Don Juan, Tartuffe, Le Misanthrope.* Hélas! depuis quelque temps, on s'applique à changer cela, et on aura bientôt retiré son âme et sa vie à ce vieux cher Quartier Latin!

Oui, tout cela s'en va, pièce à pièce. D'abord, sous prétexte que les habitants de la rue d'Assas éprouvent du matin au soir l'impérieux besoin de se rendre directement au boulevard Saint-Michel, on a coupé le jardin par des grilles, par de belles rues bêtes. On a détruit la Pépinière, ses bosquets sauvages, son rosier centenaire, son jardin fruitier, sa collection de vignes, unique au monde. On a haché l'allée de l'Observatoire et on y a installé des squares d'aquarelle, ornés de statues utilitaires, représentant la Civilisation ou l'Agriculture. Le vieux jardin n'est plus bon pour rêver et lire; on dirait qu'on l'a décoré ainsi pour y tenir une petite Bourse.

Le théâtre a retiré aux étudiants le privilège de la demi-place, ce dont ils se sont d'ailleurs consolés facilement, depuis que les directeurs de l'Odéon ont renoncé aux poètes pour ne plus jouer que des pièces à chiens et à trompes de chasse. — « Faites ce que vous voudrez, mais gagnez de l'argent! » disait cyniquement à un de ces industriels un ministre fantaisiste...

Cet homme frivole ne songeait pas à ceci, que tous ces étudiants privés d'*Horace*, de *Cinna*, de *Britannicus*, des *Plaideurs*; que tous ces convives chassés du festin de la poésie devenaient des convives acquis à la brasserie, à la taverne, au caboulot, aux marchands de bocks, de tartines et de soupe à l'oignon, au *Bas-Rhin*, au *Hébé*, à la *Taverne des Escholiers*; au *Bar*, au *d'Harcourt*; au *Médicis*, au *Luxembourg*, au *Muller*, à la *Source* et au *Tire-Cœur!*

Maintenant on veut leur ôter le Musée; c'est la fin. Ce fut déjà comme un deuil pour les jeunes générations lorsque, par une mesure qui du moins avait pour elle l'excuse de la nécessité et de la justice, on transporta au Louvre les chefs-d'œuvre célèbres des peintres morts déjà depuis un certain nombre d'années. *L'Apothéose d'Homère*, par Ingres, semblait ne pouvoir être mieux placée que dans le quartier où l'on croit encore à la poésie. Les jeunes gens venaient admirer avec respect, assis sur son trône d'ivoire, dans un temple ouvert sur l'azur, le chantre divin, le porte-lyre, entouré des poètes sortis de son flanc et adoré par Alexandre de Macédoine, à l'armure d'or, tandis qu'à ses pieds, ses deux filles pensives et farouches, Iliade, armée du glaive, drapée dans un fauve manteau couleur d'incendie, et Odyssée, vêtue de vert-de-mer, et tenant en main une rame, regardent fièrement l'immuable éternité.

Ils contemplaient, entre cent chefs-d'œuvre, la barque où le Dante et Virgile voguent sur le sombre flot infernal dont les pâles damnés fendent l'écume, et cette autre toile idéale de Delacroix, *Les Femmes d'Alger*, où la couleur est une floraison extasiée, et où les roses de la chair éclosent comme dans un jardin d'ivresse et de joie. Le *Chérubini* d'Ingres, par son audacieuse apothéose, leur montrait que, même dans la réalité et parmi les platitudes de la vie bourgeoise, la Muse peut se rendre visible pour l'artiste convaincu et sincère et que, dès ce monde, elle peut lui tendre de sa main divine la récompense attendue, chèrement désirée, gagnée par tant d'efforts, de luttes et de souffrances : le vert, le sacré, l'immortel, l'effrayant, le sombre laurier !

On a emporté au Louvre, qui est un beau musée, mais situé trop près des Magasins du Louvre et de leurs bouquets de roses et de violettes faits avec des foulards ; on a emporté, dis-je, ces toiles-là et bien d'autres, mais il en reste assez pour élever des générations d'artistes et pour réjouir d'honnêtes gens, épris de science et de vérité, qui ne passent jamais l'eau et qui ne font pas partie du Cercle des Mirlitons, ni d'aucun autre cercle. Le Musée du Luxembourg serait encore une collection de premier ordre, quand même il n'y resterait que des Regnault : *Le Maréchal Prim*, tête nue, passant sur son noir cheval, au milieu des acclamations de la foule aux mille têtes ; et l'*Exécution dans l'Alhambra des rois maures*, où l'impassible bourreau, dont le calme fataliste résume tout l'Orient, essuie son épée sanglante, tandis qu'à ses pieds, sur les marches, le supplicié décapité gît dans une mare de sang; et la délicieuse aquarelle de femme rose aux dentelles noires, qui a ses amants passionnés, comme une vraie femme.

Il était bon que les jeunes gens pussent voir chaque jour ces œuvres d'un jeune homme de génie, si ingénieux et hardi coloriste, qui avait broyé sur sa palette de la vie et de la lumière, et qui, frappé d'une balle au front, est mort comme un héros pour la patrie, lorsque que son œuvre était plein d'espérance et que les premières brises du matin jouaient encore dans sa noire chevelure.

Mais, d'ailleurs, au Luxembourg il ne reste pas que des Regnault. Il y a encore *L'Orgie romaine*, de Couture, avec ses philosophes silencieux, ses femmes nues, ses amphores renversées et ses guirlandes de fleurs jonchant les dalles. Il y a *L'Excommunication*, de Jean-Paul Laurens; de Meignan, *Le Départ des Normands pour la conquête de l'Angleterre; La Prise de Corinthe*, par Tony Robert-Fleury; *Les Nymphes*, de Henner; *Le Combat de coqs*, de Gérôme; la *Nature morte* de Vollon; *La Vérité*, de Lefebvre; *Le Marchand d'esclaves*, de Victor Giraud, qui, lui aussi, est mort tout jeune, pour avoir fait son devoir de citoyen, et beaucoup d'autres toiles illustres qu'il me semble indispensable de ne pas emporter au banal Trocadéro, ni même au pavillon de Marsan!

C'est surtout parmi les statues que le coup d'État projeté a jeté une douloureuse consternation. *Les Gracques*, de Guillaume, conspirent évidemment, et, cette fois, avec plus de raison que jamais. *La Baigneuse*, de Schœnewerke, ne sait plus où elle doit tremper son pied dans l'eau. Le *David*, de Mercié, songe sérieusement à se défendre avec le sabre de Goliath, et *L'Ariane*, d'Aimé Millet, pleure, désolée et stupéfaite. Abandonnée dans l'île de Naxos, elle a vu venir à elle Bacchos pareil aux femmes, avec ses attelages de panthères et ses

Bacchantes échevelées. Elle a été aimée là même où elle avait été méprisée et trahie. Mais elle sait bien qu'au Trocadéro ce serait sans ressources, et qu'il n'y viendrait que des Anglais en voyage, des tramways et des sergents de ville.

3

POMMES DE TERRE FRITES

A Paris où le climat, comme beaucoup d'autres choses, est devenu fantaisiste, ce qui affirme réellement le retour de l'hiver, ce n'est pas la glace, ni la neige, ni les fourrures, ni même le premier bal, car souvent ce premier bal jaillit comme un lys à propos de rien, et avant que le couturier ait eu le temps de machiner ses robes triomphales. Le vrai signe de l'hiver, c'est la poêle du marchand de marrons sur son brasier rouge, devant les boutiques des cabarets, vous envoyant au passage, dans l'air que glace la bise, sa bonne odeur de châtaigne grillée. Mais mille fois plus décisif encore est le chant des pommes de terre frites qui, dans une mer de graisse bouillante, crépitent et frémissent, se dorant peu à peu dans la fournaise, et nous rendent, sur leur robe éblouissante comme celle de Peau-d'Ane, toutes les ardeurs et toutes les fauves splendeurs du soleil envolé.

Rien n'est plus joli qu'une pomme de terre frite, colorée comme l'ambre et comme la topaze, mais vivante, appétissante, saupoudrée de bon sel, comme une fleur est poudrée de givre, et surtout rien n'est plus blond sur la terre ! Les Grecs, qui comparaient la majesté de la déesse Hèra à celle d'une oie grasse, n'ont eu que le tort de ne pas connaître le précieux légume, sans quoi ils n'auraient pas hésité à nous montrer Cypris, mère des sourires, blonde comme les pommes de terre frites !

Avant qu'un architecte criminel ait rendu le Pont-Neuf régulier et sinistre comme une tragédie classique, ce pont était un admirable reste du vieux Paris. Au lieu des trottoirs plats et bêtes qui ont l'air d'avoir été coupés dans une étoffe au mètre, il y avait des trottoirs pavés, irréguliers. Sur ces trottoirs, des vieux bizarres et des sorcières de Macbeth, mais gaies, tondaient les chiens et coupaient les chats, tandis que sur leurs sellettes, des cireurs dont la race a disparu, au milieu d'une foule turbulente, rendaient les bottes des passants plus brillantes que des miroirs. Les hémicycles, qui aujourd'hui ne servent qu'à encadrer des bancs où personne ne s'assied, si ce n'est l'ouragan et la tempête, étaient des boutiques ouvertes, où on vendait des bretelles, des chaussons de lisière, du nougat rouge, des choses diverses, mais parmi lesquelles surtout flamboyait la boutique de la friteuse.

Les pommes de terre frites, les beignets, vous jetaient leurs parfums aux narines, et l'écolier, l'enfant, la fillette, se régalaient en passant, avec une indicible joie ! Car la pomme de terre frite, si luxueuse, à la fois un gâteau, un plat chaud, un entremets, est le trésor du pauvre ; elle n'est pas seulement délicieuse, elle est sacrée, comme tout ce qui ne coûte qu'un sou.

C'est chez cette friteuse-là que Grassot enfant se créait un capital, car s'étant procuré, par ses intrigues, un vieux bouton en cuivre qu'il martelait et retouchait jusqu'à ce qu'il lui eût donné l'apparence d'une pièce de six liards, il achetait pour un sou de pommes de terre frites, et se faisait rendre deux liards. Mais, souvenir infiniment plus poétique, c'est là aussi qu'apparaît pour la première fois dans l'histoire Marie Duplessis, celle qui devait être la Dame aux Camélias. Roqueplan, dans son beau livre de *Parisine*, raconte merveilleusement cette historiette. Il vit la fille d'Ève, encore enfant et alors maigre comme un manche à balai, délicate, dit-il, et malpropre comme un colimaçon mal tenu, qui mordait dans une pomme verte. Elle y mordait, mais sans volupté, car l'objet de ses vœux, ce n'était pas ce fruit du paradis, c'étaient les pommes de terre qui achevaient de frire dans la graisse tumultueuse. Elle les regardait, de ses beaux yeux impérieux et avides, mais comme un pauvre regarde les louis d'or à l'étalage du changeur; en effet, entre elle et cet idéal il y avait un abîme, et elle n'avait aucun moyen de se procurer la croquante friandise. Roqueplan, qui avait le regard si rapide, lut tout cela dans ses prunelles, acheta un gros cornet de pommes de terre frites et le mit dans la main de la petite qui, sans murmurer un remercîment, rayonnante et la tignasse emmêlée, s'en alla avec une joie farouche. Donc c'est à l'auteur de *Parisine* qu'on a dû cette svelte courtisane, plus pareille à une grande dame qu'une goutte d'eau à une autre goutte d'eau, car, de ce moment-là, avec la nette intuition de la Parisienne, elle avait compris qu'une fille peut avoir pour ses beaux yeux tout ce qui a la couleur de l'or. Au temps de sa gloire, Marie Duplessis n'avait jamais faim; ce n'est pas parce qu'elle était phthisique, c'est parce qu'elle se rappelait ses premières pommes de terre frites, et elle désespérait de jamais pouvoir retrouver les bienheureuses et pénétrantes jouissances que lui avait données ce festin tombé du ciel.

Les friteuses de la rue n'ont plus la tournure de celles d'autrefois. Cependant, rue de l'Éperon, dans une espèce de placard peint en brun Van-Dyck, et creusé à côté de la boutique d'un boucher, on en trouve encore une qui appartient à la grande école. Sa tenue est irréprochable. Une robe en orléans gris, un fichu, un tablier blanc et des manches blanches comme la neige. Ses traits sont nobles comme ceux d'une matrone romaine. Avec de mates pâleurs d'ivoire, comme le visage d'une Yolande dans les cires de Cros, elle est coiffée d'un bonnet tuyauté, surmonté d'un mouchoir blanc attaché sous le menton, et sous lequel brillent, avec une nette propreté engageante, des bandeaux lissés, comme les portaient Taglioni et Fanny Ellsler.

C'est avec des gestes de prêtresse que, l'écumoire à la main, elle égoutte les pommes de terre puisées dans la graisse bouillante sur le rouge feu de coke. A l'heure du déjeuner, dans ce quartier de marchands de papiers, de fondeurs, de brocheurs, de stéréotypeurs, les ouvriers, les apprentis, les ouvrières, assiègent la petite boutique, les uns apportant leur assiette, les autres se contentant du cornet de papier qui, après le repas, leur fournit la lecture, et cette part de poésie sans laquelle aucune créature ne peut vivre.

Ce n'est pas figurativement, mais au pied de la lettre que j'ai pu nommer la pomme de terre frite un beignet. La pomme de terre soufflée, croustillante à l'extérieur, creuse au dedans, qui a fait la fortune de plusieurs cafés, a été trouvée par hasard, comme la plupart des grandes inventions. Il y avait, dans un restaurant célèbre, un riche habitué, un comte maniaque, ayant le droit de l'être pour ses millions, qui venait à heure fixe, mais voulait être servi immédiatement, sans attendre même une demi-minute. Il entrait dans la salle à midi précis, et il fallait qu'à midi on eût placé devant lui son filet entouré de pommes frites. Un jour, midi sonne, et le comte n'entre pas. Que faire? Voilà le restaurant sens dessus dessous. Le patron envoie prévenir l'entremétier, qui retire les pommes de terre du feu, les égoutte et attend, prêt à remettre la poêle sur le fourneau, dès qu'il sera averti par les garçons postés en sentinelle, ce qui fut fait. Mais, ô miracle! soumises à une seconde cuisson, les pommes de terre se gonflèrent, prirent cet aspect de soufflés qui est leur séduction suprême; la pomme de terre frite-beignet était trouvée!

Le repas le plus étonnant qui certainement ait eu lieu à Paris, m'a été raconté par Jules Janin, qui était un des huit convives; les autres étaient des grands seigneurs et de grands artistes. A l'ancien café Riche, où il y avait un friturier de premier ordre, fut donné ce repas exclusivement, uniquement, littéralement composé de pommes de terre frites. Elles étaient servies en petite quantité, brûlantes, sur un plat d'argent, si croquantes qu'elles semblaient sèches comme des morceaux de bois ; mais elles furent, sous la dent, tendres, délicates et savoureuses. Sans autre chose, accompagnées de rien du tout, formant à elles seules l'héroïque menu, pendant trois heures, les pommes de terre frites parurent et disparurent, les plats succédant aux plats, tandis que coulaient, savamment dégustés, les vins les plus illustres : Haut-Barsac, Clos-Vougeot, Romanée-Conti, Madère sec, Sicile blanc, Muscat de Gemenos, Sillery blanc, Bourgogne mousseux, Laffitte, Château-Margeaux. Au moment où on eût mangé les potages, (mais il n'y avait que des pommes de terre frites,) le Madère sec, le Loka, le vin d'Agrigente ; au moment où on eût mangé les huîtres et les poissons cuits à l'eau de sel, le vin de la Ciotat et le Frontignan blanc ; au milieu du premier service, le Sillery blanc, la Tisane à la glace, le Bourgogne mousseux, le vin des coteaux de Saumur, le Langon ; vers la fin du premier service, le Laffitte, le Saint-Émilion, le Haut-Barsac ; et enfin avec les rôtis, à l'entremets, à l'heure du fromage et des salades, et pour le dessert, (tous plus que jamais représentés par les sèches et croquantes pommes de terre frites,) le Clos-Vougeot, le Romanée, le Nuits, le Volnay, le Roussillon, le vieux Porto, le Morachet, la Blanquette de Limoux, le Val-de-Peñas, le vin de Paille, le vin cuit de Provence, le Muscat rouge de Toulon, les vins de Schiras, de Chypre, de Santorin, de Ténédos, de Chio, le Canaries, le Constance, et toujours, se succédant, les petits plats de pommes de terre frites, et à ce festin mémorable personne ne fit de tirades, chacun se contenta de dire un mot à son tour, nul convive ne raconta ses bonnes fortunes et ne dit de mal des femmes, et tout le monde eut vraiment de l'esprit, comme il convient dans une fête donnée en l'honneur des pommes de terre frites !

4

DOCUMENTS HUMAINS

En thèse générale, je suis pour ne rien tuer. Cependant, si cela était possible, il serait bon d'égorger quelques lieux communs ; car ce sont eux qui font un simple crétin de l'Homme, à qui Dieu avait donné un visage sublime, en lui ordonnant de regarder les cieux! Qu'est-ce, au juste, qu'un LIEU COMMUN? C'est une plate et vulgaire niaiserie exactement contraire à la vérité, mais que tout le monde répète, parce que tout le monde l'a entendu répéter par tout le monde. Je choisis au hasard : il n'y a qu'à mettre la main dans le sac! Un des lieux communs les plus répandus et les mieux accrédités consiste à dire que le costume moderne est hideux. Il est, au contraire, superbe. Un temps viendra où cette vérité éclatera avec évidence; mais ce sera seulement dans quelques milliers d'années, quand on découvrira les images de nos contemporains en organisant sur le sol que Paris occupe aujourd'hui des fouilles pareilles à celles qu'on vient d'exécuter dans les plaines de la Troade.

Oui, le costume moderne est essentiellement beau! Je ne parle pas de celui des femmes, parce qu'alors il me serait trop facile d'avoir raison. On peut remonter bien loin dans l'histoire sans trouver un vêtement comparable à celui que nos femmes portent aujourd'hui. Il est beau, surtout parce qu'il épouse et accuse les formes, et parce qu'il s'assoit et s'accorde à la magnifique structure du corps humain. On ne fera jamais rien de supérieur aux robes princesse, collantes du cou jusqu'aux pieds, dont le thème est ainsi irréprochable, mais où la fantaisie a jeté une incroyable richesse, broderies, étoffes brochées, gammes de tons obtenues par la diversité des étoffes d'une seule couleur, ornements où se multiplie l'inépuisable invention du décor. Fantasque, effrayant, charmant, à la fois voluptueux et chaste et plein d'étonnantes surprises, ce costume, qui surtout a la gloire d'être étrange, — qualité sans laquelle rien de moderne n'existe! — permet l'initiative et le cachet individuel. Il admet tout et sait tout employer, les toisons, les plumes, les fourrures, et jusqu'aux plumages bêtes. Aux fêtes de la reine d'Angleterre, une lady audacieuse et naturaliste portait dans les cheveux un perroquet, un vrai perroquet... et c'était superbe!

Mais c'est seulement le costume des hommes dont je veux parler ici, car il faut prendre le taureau par les cornes et mettre les pieds dans le plat, et il ne faut pas même hésiter devant la glorification du chapeau tuyau de poêle! Peut-être serait-on tout de suite de mon avis en ce qui concerne l'habit noir de soirée, qui, évidemment, possède un style et une grâce particuliers. Mais je passe tout de suite au vêtement de la rue et de la ville, au costume tout à fait moderne de ces cinq dernières années, veston et jaquette; c'est celui-là que je prétends louer avec une admiration sincère.

Comme le costume des femmes, il a l'immense avantage de dessiner et de montrer les formes, bien qu'il ne soit pas collant. Cet habit de tous les jours force à être élégant, à avoir du galbe. Il est très difficile à porter, — mérite rare entre tous! — et ne prête pas sa réelle distinction au premier venu. Pour le bien porter, il faut être gracieux, élégant de corps, bien fait, et cet habit leste et dégagé ne s'arrangera jamais avec un ventre : aussi ne doit-on pas avoir de ventre! Sa coupe est à la fois hardie et simple; quant à ses couleurs si souvent décriées, gris, brun, amadou, feuille-morte, ce sont les seules qui, chez nous, puissent s'harmoniser avec le ciel, avec les maisons et surtout avec le pavé. Mais la gloire suprême de notre veston, c'est qu'il se refuse à déguiser l'intrigant et le paltoquet et ne va bien qu'à d'honnêtes épaules.

Le dernier des cabotins, par exemple, peut avoir l'air d'un seigneur, en costume Louis XIII; mais en habit de ville, il a l'air de ce qu'il est. Avec cet habit net et correct, pas de feinte possible, et les marchands de n'importe quoi ne s'y trompent pas. Arrivent dans le même hôtel deux jeunes gens du même âge, ayant la même coupe de cheveux et de barbe, portant des vêtements identiques, sortis de chez le même tailleur, l'hôtelier n'aura pas besoin de réfléchir pour dire à l'un des deux : « Monseigneur veut-il me suivre? » et à l'autre : « Entrez, mon garçon! »

Les amateurs de couleur locale, qui ne voient pas le pittoresque à moins qu'il leur crève les yeux, se désolent surtout, parce que, le même costume ayant été adopté par tous les peuples du monde, il est, à ce qu'ils croient, difficile de savoir si on est à Londres, à Madrid ou à Paris; et ils prétendent qu'on peut même aller jusqu'à Lima sans être bien certain d'avoir dépassé Asnières. Ai-je besoin de dire que leur généreuse inquiétude est fondée, non seulement sur une observation superficielle, mais sur un manque absolu d'observation? Oui, il est très vrai que la jaquette et le veston ont conquis l'univers, comme firent jadis Bacchos et Alexandre; mais il n'est pas vrai du tout que ce vêtement ne varie pas d'un peuple à l'autre; car chaque peuple, qu'il le veuille ou non, lui impose ses idées, sa fantaisie particulière et sa manière d'être.

Comparez un Français et un Anglais en habit de ville; vous verrez entre eux des différences radicales, qui tiennent à l'essence même de l'individu, à son être moral et politique. Le peuple anglais est le plus libre de tous les peuples, mais il lui est très facile d'adopter une règle et de la suivre. Au contraire, le Français est souvent très peu libre, mais il n'est jamais soumis et il n'abdique pas son libre arbitre, même en faveur d'une règle qu'il a inventée lui-même. Ayant la conscience indéniable de sa dignité et ne désirant plaire qu'à lui-même, l'Anglais se rassemble, forme un tout, n'a nul besoin de se répandre au dehors. Le Français, à qui rien d'humain n'est étranger, est tout expansion, veut et sait charmer tout, et jette sans cesse au dehors son esprit et son âme : de là la manière très diverse dont l'Anglais et le Français portent le veston!

Le costume anglais est plus haut montant que le nôtre. Les parements, les revers, tout petits, sans velours ni soie, restent toujours pareils à l'habit. Le tout est un peu plus juste, un peu plus étriqué aussi que chez nous. Le col de la chemise, droit, est beaucoup plus bas que le nôtre, et ferme plus ; les poignets sont plus petits aussi. En somme, on voit moins de blanc que chez nous. Les Anglais ne mettent pas du tout de fantaisie dans le costume. Leurs habits sont toujours des *complets*, et faits d'une seule étoffe. Chez eux, quand il y a une mode, tout le monde l'adopte. Le costume est alors une affaire de caste, tandis que chez nous c'est une affaire d'individus. L'an dernier, à Londres, tous les élégants portaient des complets gris de fer très justes, avec des chapeaux tuyau de poêle, tous parfaitement semblables. C'était un uniforme. Au moment même où j'écris, il y a deux cravates, toutes les deux fort laides, auxquelles ne sauraient se soustraire les gentlemen anglais qui tiennent à la respectabilité ; l'une est violet-rouge (Magenta,) l'autre d'un bleu faux.

Le Français ne saurait être ainsi dompté et enrégimenté. Aussi, chez nous, le costume reste juste, mais tous les détails vont s'élargissant, la manche, le parement et même le pantalon, bien que nous ayons abandonné la mode du pied d'éléphant, — mode, d'ailleurs, contraire à l'idée moderne, puisqu'elle dénaturait la forme. Ce mouvement s'accentue à mesure qu'on avance vers le Midi. L'Italien, même s'habillant ici, ouvre et élargit tout, par un besoin naturel de splendeur et d'emphase. Les peuples d'origine latine se reconnaissent au nœud volumineux de la cravate. Jamais un Anglo-Saxon ne montre une cravate émergeant sur les habits.

En France, d'ailleurs, tout est au goût de chacun. Le veston, capricieux comme une femme, peut avoir trois boutons, ou deux, ou un seul bouton ; et même, si on le contrariait, il n'en aurait plus du tout. Dans la rue, le 1er janvier 1880, un Français très élégant offre à peu près l'aspect que voici : chapeau très bas à petits bords, (le rêve de Roqueplan !) ou bonnet de fourrure, car depuis quelques mois nous tendons à devenir plus russes que la Russie. Chemise avec un col tout droit et presque fermé. Grand pardessus noir, descendant jusqu'au milieu des jarrets, avec collet et parements de fourrure. Pantalon d'étoffe anglaise ; guêtres en drap jaune sur des souliers très pointus. Gants chamois clair, avec des broderies bleu foncé sur les coutures ; par-dessus le gant, mitaine avec un ruban au poignet. Comme canne, un jonc, surmonté d'une boule en acier ou en nickel.

On sait quelle variété peut offrir l'habit noir et combien l'habit noir d'un vieux professeur ressemble peu à celui d'un maître-d'hôtel ou d'un président de comice agricole ! Même parmi les habits noirs bien faits, acceptables, il y a des nuances infinies. Les gens du monde se reconnaissent entre eux, par une sorte de franc-maçonnerie, à certains détails de l'habit noir. Le revers monte sur le col, en faisant un tout petit triangle. Plus de fleurs à la boutonnière ; il est de bon goût de n'y rien mettre du tout. Le gilet est moins décolleté que ces années dernières ; il y a des gilets tellement montants qu'ils ne laissent plus voir à la chemise qu'un seul bouton, assez gros, fait d'une perle noire. Le nœud de la cravate blanche est devenu tout à fait horizontal, et la cravate est retenue, de chaque côté du nœud, par deux petites épingles apparentes, à têtes de perles. Le pantalon s'est élargi. Les souliers, en peau anglaise glacée, minces comme une feuille de papier, sont très découverts à la cheville, ornés d'un nœud de ruban imperceptible ou d'une toute petite boucle, et laissent voir des chaussettes de soie de couleur très sombre, brunes, marron, bleu foncé, ou noires avec des pois très petits de toutes les couleurs.

Cependant, il y a des gens qui s'habillent mal. Mais il y en a eu dans tous les pays et dans tous les temps, à Babylone du temps de Sémiramis, et à Rome, du temps de l'empereur Héliogabale. En général, défiez-vous des jugements absolus. Il est évident qu'en principe les meubles du premier empire sont fort laids et que les meubles Louis XV sont fort beaux ; toutefois, il y a eu de mauvais ébénistes sous Louis XV, et il y en a eu quelques-uns de très remarquables sous Napoléon. Les modes les plus élégantes n'empêchent pas Jocrisse d'avoir l'air jocrisse ; mais il est certain qu'un Français moderne peut être très bien habillé s'il y met un peu de génie ; et vienne un nouveau Balzac, il ne sera pas embarrassé pour costumer d'une manière charmante les acteurs de sa nouvelle *Comédie Humaine*. — Mais, dira le sceptique, il n'en viendra pas ! — Eh ! qu'en savez-vous ? Il y a encore sur la terre des de Marsay, des madame Marneffe, des Diane de Maufrigneuse, et Dieu n'a pas encore usé toute l'argile avec laquelle il pétrit, lorsqu'il le veut, les Aristophane et les Shakespeare.

5

CHOSES DIVERSES

Comme personne ne l'ignore, la Science vient d'inventer un papier qui absorbera les rayons du soleil et les emmagasinera. On rangera dans une armoire son papier imprégné et saturé de soleil; le soir venu, on le sortira, on le dépliera, et alors la maison s'emplira de l'éclatante clarté du jour. Ainsi Phœbos Apollon, le Porte-Lumière, le tueur de Python, l'Archer qui lance des flèches, le Dieu aux cheveux d'or, deviendra un objet de papeterie et se vendra à la main, par cahiers de vingt-quatre feuilles, comme le papier sur lequel nous écrivons ces frivoles Études. Attention! garde à vous, compositeurs de romances et de nocturnes! Il n'y aura plus de nuits, et les thèmes poétiques fournis par la nuit vont disparaître sans retour. Le roi Zeus, désirant prolonger son amoureuse nuit avec la belle Alcmène, pourra, s'il le veut, continuer à envoyer son messager Mercure corrompre la déesse Nuit; mais ce sera comme s'il avait chanté : *Femme sensible*, si n'importe qui s'avise de tirer de sa poche un morceau de papier solaire.

Ce papier, — soyons sincère, — n'est pas encore entré dans le commerce; mais le célèbre Edison vient d'inventer, à l'usage des ménages médiocrement riches, une lampe électrique des familles, qui éclairera aussi bien que la bougie Jablochkoff, et qui coûtera vingt-cinq sous. O blancs effets de lumière, à l'aide desquels la Féerie du Châtelet et de la Porte-Saint-Martin remplaçait les magiques surprises de la poésie, que vont devenir les auteurs dont vous faisiez la gloire, quand la cuisinière bourgeoise, en épluchant ses légumes, vous réalisera comme un phénomène quotidien, sans affecter pour cela aucune prétention à l'Académie?

Oui, la lampe Edison a lui, nouvel astre, et ses actions, émises à cinq cents francs, sont rapidement montées à vingt mille! C'est ainsi que les mythologies succèdent les unes aux autres; car assurément ceci est un miracle aussi merveilleux à lui seul que tous ceux dont les Religions nous enseignent la belle histoire. A l'avenir, les Camoëns ne seront plus réduits à écrire des vers à la clarté lancée par les yeux de leur chat, car, d'ici à cinq minutes, la lampe Edison va nous arriver d'Amérique; et, franchement, l'Amérique nous devait bien cela, après les abominables nouvelles dont elle nous envoie la primeur.

En effet, ses Observatoires, ses impeccables Observatoires, qui déjà nous avaient prédit tous les fléaux dont nous venons d'être accablés : le froid intense, les montagnes de neige, la Seine gelée, la brutale et féroce débâcle, nous promettent, pour la fin du présent mois de janvier, une seconde représentation et une éclatante reprise de ces divers phénomènes.

Il n'y a pas lieu de s'en étonner. Acculée, domptée, emmagasinée dans des morceaux de papier, poussée dans ses derniers retranchements, se voyant près d'être réduite en esclavage par les découvertes des chimistes et des physiciens, la Nature jouit de son reste et, par de suprêmes convulsions, s'efforce d'affirmer sa mourante indépendance. Dans le cas présent, elle suit la tradition consacrée dans les Cirques, où un tour n'est réputé réussi que s'il est réussi deux fois de suite; et elle se regarde comme engagée d'honneur à recommencer les exercices que nous venons d'admirer. Espérons en sa faveur qu'elle en viendra à bout aussi bien que la première fois ; mais il ne faut pas qu'elle se flatte de faire mieux.

Avec ses longues gelées, elle a créé la faim, la misère noire, la cessation des travaux ; elle a noyé un certain nombre de patineurs obstinés ; puis enfin est venu le tableau à effet, celui de la débâcle. Le pont des Invalides, en construction, a été emporté comme une plume, et les bateaux de bains, solidement amarrés, se sont mis à s'enfuir, aussi rapidement que la guerrière Atalante, poursuivie par Milanion. Les bateaux servant à des industries diverses ont été envahis par l'eau, noyés, et les mariniers qui les habitent ont dû déménager à la hâte leurs meubles et leurs effets. Les maisons du quai ont recueilli ces mobiliers sans domicile, et les cours y sont pleines de lits, de matelas, de tables, de malles, entassées comme après une guerre ou un incendie.

Même, l'eau de la Seine a un peu inondé les caves, et de sa verte langue elle a léché le pied des maisons ; mais elle s'est arrêtée, en somme, contenue par la puissante maçonnerie des quais. Si elle tient à se surpasser elle-même vers la fin de janvier, il faudra qu'elle vienne à bout de cet obstacle, qu'elle parcoure les quartiers et les rues de Paris, comme un flâneur à qui les heures appartiennent, et que, cette fois-là, elle pénètre partout. Toutefois, j'incline à penser qu'elle n'entrera pas au Jockey-Club, car, ainsi que nous le voyons par les récents ajournements, il est diablement difficile d'y entrer !

Et c'est là ce qui fait la force de ce club illustre. Il est le premier, le plus ancien, le plus vénérable de tous. L'honorabilité de ses membres est hors de toute atteinte, et il peut montrer avec orgueil le tableau où sont inscrits les noms des gentilshommes morts pour la France pendant la guerre de 1870. Le Jockey-Club, tenant à rester bien composé, a eu soin de proposer aux aspirants qui en sollicitent l'entrée des conditions impossibles à réaliser, notamment celle-ci : ils doivent avoir, possé-

der, nets et liquides, vingt-cinq mille francs de rente !
Or, qui ne le sait ? depuis que la fièvre de l'or, l'agitation financière, le tripot, les Compagnies à la vapeur, les émissions d'actions exaspérées, se disputent la fortune publique, il n'existe plus personne qui possède cette fortune-là.

Ceux qui sont dans les affaires ont deux, trois, dix millions, mais d'une manière vague et flottante. Ils les ont eus hier et ils les auront demain ; peut-être les ont-ils encore à l'heure qu'il est ; mais ils ne les gardent jamais avec assez de suite pour avoir le temps d'adresser une demande au Jockey-Club et d'en attendre le résultat. Quant au propriétaire foncier, qui se contente de son château et de ses terres, qui ne joue pas, qui ne trafique pas et possède réellement, en terres, bois et prés, vingt-cinq mille francs de rentes, dévoré par la grêle, par les réparations, par les inondations, par les pauvres qui, mourant de froid, lui volent ses arbres, et à qui il ne peut en vouloir, payé avec fantaisie, — au bout d'un peu de temps, au lieu de vingt-cinq mille francs de rente il n'en a plus que vingt, puis il n'en a plus que quinze, et ainsi de suite, jusqu'à ce qu'il ait cessé de troubler l'harmonie générale. Car, en France, il ne peut plus y avoir que des travailleurs, des meurt-de-faim et des millionnaires.

Cependant, si, par hasard, un aspirant au Jockey-Club a réuni toutes les conditions qu'on exige de lui, on vote alors, et... il n'y entre pas ! Rien de plus légitime ; car, s'il y entrait, le Jockey-Club ne serait plus rien. Si l'ambroisie est le mets suprême, c'est seulement parce que personne n'en peut manger, et la possession d'une femme ne commence à devenir désirable que du moment où il est certain qu'elle ne peut être obtenue. Interrogez tous les bibliophiles, ils vous avoueront qu'ils ne se soucient guère d'un livre rarissime et que pour eux le seul bien enviable c'est le livre qui n'existe pas.

On a beaucoup ri — et très injustement ! — du

Béotien, du promeneur à pied, du brave bourgeois qui caresse le rêve de monter *dans* l'obélisque, avec sa famille. Il est exactement dans la condition de tous les chercheurs d'idéal. La belle affaire que de monter dans un monument creux et pourvu d'un escalier, comme la colonne Vendôme ou les tours de Notre-Dame! La chose enviable, c'est d'entrer dans un monument non creusé et d'en gravir les marches absentes. Toute belle et honnête dame, sachant le métier d'amour, ne commence-t-elle pas par prouver à son adorateur, même si elle est une heureuse mère de famille, qu'elle est restée immaculée comme le plumage du cygne et que même la brise errante n'a jamais osé effleurer les boucles de sa chevelure? Car pour pouvoir se donner, le point important, c'est d'avoir d'abord établi qu'on ne se donne pas!

Vingt-cinq mille francs de rente! Décidément ce chiffre me fait rêver. En effet, une telle fortune, à Paris, permettrait de ne pas habiter plus haut que le sixième étage, de manger de la viande de seconde catégorie, et de prendre quelquefois l'omnibus! Vous toutes qui ne possédez pas ce Pactole, habiles et prudentes ménagères, hâtez-vous d'acheter du combustible, du bois, du charbon, du coke. Déjà les marchands de bois prennent des airs terriblement insolents et arborent, avec une majesté olympienne, des bonnets en vraie loutre et des pardessus à revers de velours, ornés de décorations diverses. Viennent les froids prédits par l'Observatoire américain, et il faudra leur adresser des pétitions écrites en bâtarde sur papier ministre, pour obtenir d'eux un petit fagot de deux sous, qu'ils vous vendront six sous! Et plus j'y réfléchis, plus il me semble impossible que ce froid meurtrier ne vienne pas, car il y a un acteur très important qui est intéressé à cette reprise, et qui, pour rentrer en scène, attend les vingt-quatre degrés au-dessous de zéro.

Cet acteur, c'est le Loup.

Depuis longtemps le Loup s'affligeait de sentir sa renommée considérablement diminuée. Il s'apercevait qu'il était devenu à la fin purement légendaire et n'était plus qu'un personnage des Fables et des Contes de Fées. Il aspirait à s'affirmer comme naturaliste, à rentrer dans la vie réelle et à manger des agneaux ailleurs que dans la fable intitulée : *Le Loup et l'Agneau.* Le mois dernier, tandis que la neige jetait ses blanches montagnes sur les vieilles épaules des montagnes noires, le Loup est entré dans les villages ; paraissant la nuit avec ses yeux de feu, il s'est glissé dans les étables, et il a emporté quelques agneaux. Il n'a pas encore touché aux petits enfants, précisément par crainte d'avoir l'air excessif et de tomber dans l'exagération ; mais c'est égal, gare au loup !

Un poète de mes amis prétend que tout cela est un cauchemar, un mauvais rêve, que le rideau va se lever pour le changement à vue et nous montrer de vertes campagnes souriantes, où des êtres beaux et intelligents s'enivreront du murmure des fontaines et du parfum des fleurs. Il me cite le désastre de chemin de fer où deux cents personnes ont péri, le monstre qui a voulu séduire une jeune fille près du cadavre de son père, le petit assassin de onze ans cynique et sans remords, les forêts entières qui brûlent tordues dans le vent comme des chevelures, la nature toute bouleversée, et il me dit que cette fantasmagorie ne peut être vraie. Je ne sais que répondre, ignorant ce qui est la vie et ce qui est le rêve, incertain s'il vaut mieux croire à l'eau gelée dans les cruches ou à la prochaine éclosion des roses, et si le torse de la Vénus de Milo existe plus sûrement que les bosses de Polichinelle !

6

AUTRES NIHILISTES

Si le grand peuple que nous sommes pouvait périr, il périrait par l'INDIFFÉRENCE.

La fièvre de l'amour, la fièvre du dévouement, la fièvre du devoir, la fièvre du génie, c'est la vie elle-même. Une fois que l'homme s'est guéri de toutes ces fièvres-là, il est bien près d'être aussi guéri de la vie. Or, nous connaissons des hommes qui ne se portent pas encore tout à fait comme les pierres du Pont-Neuf, mais dont, cependant, la guérison va bon train.

Dans la génération des jeunes gens qui ont vingt ans aujourd'hui, il existe, — très heureusement à l'état d'exception et de très singulière exception, — un clan d'êtres élégants, empaillés et tranquilles, dont la religion facile consiste à n'aimer rien, à ne vouloir rien, à ne s'intéresser à rien. Tout ce dont on peut leur parler, depuis les étoiles du ciel jusqu'à la belle fille qui passe, leur paraît être *du vieux jeu,* en d'autres termes, usé, aboli, périmé. Que l'un de leurs compagnons s'inquiète, par exemple, de sa mère ou de sa sœur malade : — « Oh ! disent-ils, il ne faudrait pas *nous la faire à la famille !* » Et, au bout du compte, il ne faut *la leur faire* à rien : ni à la patrie, ni à l'humanité, ni à la tristesse, ni à la joie, ni même au plaisir, car ils méprisent le plaisir, comme tout le reste.

Qu'aiment-ils donc ?

Ils aiment à ne pas être... ennuyés et à ne s'occuper

de rien. Ne leur parlez pas d'une découverte scientifique, ils auraient bientôt fait de murmurer d'une faible voix : « La Science, en voilà assez ! » En art aussi, ils ont assez de tout : Delacroix, il n'en faut plus ; Véronèse, il n'en faut plus ; Michel-Ange, il n'en faut plus. Parlez-leur d'un drame moyen âge, ou antique, ou moderne, ils répondent : « Pourquoi moyen âge ? pourquoi antique ? pourquoi moderne ? » et, de fait, il est impossible de répondre à ce *pourquoi*. — « Veux-tu boire un bock ? » demande un de ces abstentionnistes à son ami, et l'ami répond d'abord : « Je veux bien » ; puis, tout à coup, se ravisant, il dit, en levant son œil sans regard : « Pourquoi un bock ? »

Question qui ne saurait être résolue. Car la nécessité de boire un bock, ou d'accomplir toute autre action, est impossible à établir, du moment que la partie intéressée la conteste. Mais ils vont plus loin dans le *non-être*. L'un d'entre eux penche nonchalamment ses lèvres vers les lèvres d'une femme aussi peu amoureuse que possible ; mais au moment où les deux bouches vont se toucher, il se retire lentement, parce qu'il s'est dit en lui-même : « A quoi bon ? »

En effet, il y a des femmes, dans cette nation, qu'il faudrait appeler les nihilistes, si ce mot n'avait pas pris une signification politique particulière, et à propos desquels je proposerais de créer un indispensable barbarisme en inaugurant le mot : les *rien-du-toutistes!* ces femmes, il faut les voir dans les soupers, dans les cabarets, dans les bals où elles traînent, je ne dirai pas leur ennui, — le mot « ennui » serait trop faible, — mais leur manque absolu de joie. Elles s'en vont deux à deux, l'une grande, noire et terrible ; l'autre frivole, au nez retroussé. De temps en temps, à de rares intervalles, par un vieux reste d'habitude et de tradition, les jeunes gens les abordent et leur jettent un mot indifférent, auquel elles répondent par quelque chose d'encore plus indifférent.

Cependant, lorsque l'heure est suffisamment avancée, ils s'en vont souper ensemble, mais sans aucun entraînement, uniquement parce qu'ils sont au fond persuadés qu'ils appartiennent à la même espèce de mammifères. Une fois qu'ils sont réunis, si par hasard l'un des soupeurs, ne songeant ni à ce qu'il fait ni à autre chose, prend quelque liberté avec sa voisine, celle-ci le laisse faire, parce que cela lui est égal. Mais le cas est rare.

Ils ne causent pas. De quoi causeraient-ils ? Pour eux, la rose n'est qu'un végétal ; le printemps, qu'un assemblage de phénomènes atmosphériques. Ils peuvent dire au pied de la lettre, et beaucoup plus sincèrement encore que le prince Hamlet : « L'homme ne me délecte pas, monsieur, ni la femme non plus. » Aussi, pour obéir au besoin d'expansion que tout être possède en lui, se bornent-ils à hurler doucement des chansons de café-concert, entièrement dépourvues de sens commun et de beauté, et à imiter, avec le moins de fatigue qu'il leur est possible, des aboiements d'animaux et des cris d'oiseaux.

Ce petit monde ressemble à une tache d'huile, qui, si on la laissait faire, pourrait bien envahir tout. Mais, heureusement, je le répète, il n'existe encore qu'à l'état d'exception. Pendant que ces amants du *rien du tout* aspirent à quelque chose de plus simple que le néant, il existe des jeunes gens *du vieux jeu*, qui poètes, cherchent le secret de la langue divine ; peintres, se donnent à l'ivresse de la couleur et à la sévère contemplation de l'histoire ; soldats, frémissent d'orgueil en touchant la noble épée ; savants, interrogent la matière et déchirent les cieux avares ; amants, voient le ciel dans le reflet d'un regard ou dans le rayon rose qui voltige sur un sourire. Ceux-là, qui sont la vraie réserve de l'avenir, sentent en eux le vivant frisson de l'humanité éternelle, qui ne peut pas et ne veut pas mourir.

Quant à ceux qui ont donné leur démission de tout, et qui ne tressaillent pas lorsque vient la saison des nids, considérons qu'ils sont moins coupables qu'ils n'ont l'air de l'être et que le piège où ils sont tombés était grandement ouvert sous leurs pas, car ils sont entrés dans la vie à un moment difficile. En 1830, on avait cru à tout. Par un immense élan d'amour, l'homme avait embrassé tout le passé, voulant en ressusciter toutes les aspirations, tous les chefs-d'œuvre toutes les gloires. Trente ans après, quand ces jeunes gens naquirent, l'esprit d'examen avait passé de la science dans la vie et démoli tout. Ils entraient dans une maison où il n'y avait rien, et ne pouvaient guère s'asseoir sur des chaises absentes.

Car comment vivre sans un ensemble d'idées communes? Si le mot : *Pourquoi?* flamboie partout comme un panache, il est impossible même de respirer, et l'existence est impraticable si l'on n'admet un certain nombre d'axiomes. Rien de plus simple et de plus naturel que de manger un gigot cuit à point, en l'arrosant d'un bon vin de Mercurey; mais si on conteste par des arguments l'utilité de ce repas, il n'y a pas de raison pour ne pas se contenter de manger les glands ramassés sous les chênes et de boire l'eau des ruisseaux.

Personne n'a jamais eu l'idée de demander à Eschyle ou à Sophocle pourquoi ils chantaient les hauts faits, les malheurs et les crimes de la race d'Atrée; ni à Phidias, pourquoi il sculptait les images des Dieux; ni à Michel-Ange, à Véronèse ou à Benvenuto, pourquoi ils empruntaient leurs sujets à l'Ancien Testament, ou à l'histoire des Dieux hellènes. Tandis qu'aujourd'hui, si Delacroix peint Apollon perçant de ses flèches les monstres des marais; si Mercié modèle le *Gloria victis;* si Hugo dénombre l'armée de Xerxès, on leur demande pourquoi ils ont choisi ces thèmes-là, et non pas d'autres.

Quand nos pères étaient des jeunes gens, si quelqu'un leur avait demandé pourquoi ils aimaient les nobles chants, et les belles filles, et le bon vin, ils auraient répondu à ce quelqu'un-là en lui donnant amicalement l'adresse du docteur Blanche. Mais plus tard le *Pourquoi* est devenu un despote effréné, auquel on n'ose plus répondre tout bonnement : *Parce que!* Au premier acte du *Roi s'amuse*, Triboulet demande comiquement à monsieur de Cossé : « Où donc est la nécessité de ne pas vous couper la tête ? » Mais monsieur de Cossé se rebiffe, il ne consent pas à cette opération, il veut garder sa tête. Aujourd'hui, parmi les jeunes gens détachés de tout, même de la vie, l'argument de Triboulet resterait sans réplique, ou le futur décapité se contenterait de répondre avec ennui : « Au fait ! »

D'ailleurs, la maladie ne date pas d'hier et, il y a de longues années déjà, s'annonçait par des cas assez bizarres. Il y eut un très célèbre lord S..., riche comme six nababs, mais qui ne voyait jamais la nécessité de rien. Un jour, dans un cas impérieux de vie ou de mort, un de ses meilleurs amis va le trouver et demande à lui emprunter cent mille francs. — « Ah! mon cher, répond lord S..., rien ne me serait plus facile que de vous prêter cette somme, car j'ai de l'argent, j'en regorge, j'en ai à ne savoir qu'en faire, et, même, je ne sais qu'en faire. — Eh bien?... dit l'ami. — Eh bien! je ne vous le prêterai pas, car plus je m'interroge, plus je sens que cela ne me ferait aucun plaisir! » L'ami eut beau dire, il fallut en passer par là, et comme il se retirait, fort désappointé : — « Ah! plaignez-moi, dit lord S..., ma vie est vraiment triste. Vous voyez que je n'aime pas à obliger mes amis ; eh bien! pour tout le reste, c'est la même chose. Je ne me plais que parmi les meubles les plus vulgaires ; je ne me nourris volontiers que dans les restaurants de second ordre ; en fait de voitures, je ne suis à mon aise que dans les fiacres, et il ne m'a jamais été possible de désirer une femme dont le sourire coûtât plus d'un louis. Quant à la peinture, je l'exècre. De temps en temps j'achète un tableau, par dépravation, pour faire comme tout le monde ; mais je le mets bien vite au grenier, avec un soin fidèle. Aussi ne sais-je que faire de mon argent ! »

En effet, ce seigneur était à plaindre au même titre que les jeunes gens de l'école glaciale. L'autre nuit, ils étaient au bal de l'Opéra, sans savoir pourquoi ils étaient venus, et ils s'ennuyaient, parce qu'ils ne voyaient pas la nécessité de ne pas s'ennuyer. Voilà pourquoi s'est achevé chez nous en un triple bâillement le *Ah! Ah! Ah!* de *Tout à la joie!* qui avait éclaté là-bas comme un cri de folie amoureuse et comme une fanfare d'allégresse.

7

MASCARADES

Non seulement le bal de l'Opéra, avec ses tristesses et son manque d'épanouissement, a patiemment continué ses tranquilles folies; mais, comme chacun le sait, une femme du monde, brillante par le double rayonnement de la beauté et de la poésie, a donné chez elle un bal costumé, par un acte prodigieux de bravoure et de confiance dans son pouvoir sans bornes. Ainsi le Carnaval, qui ne semble plus pouvoir vivre, ne peut cependant pas mourir, et, de plus, il est certain qu'il ne mourra pas. En effet, le besoin de se travestir, de se déguiser, de se muer en quelque chose qui ne soit pas lui-même, est aussi naturel à l'homme que le besoin de respirer.

Ce besoin a trois raisons d'être, si puissantes et vivaces, qu'on ne saurait les extirper de la nature humaine. Il y a d'abord l'ironie, la raillerie, la parodie, la vengeance de l'opprimé, de l'esclave qui, ne pouvant lutter contre son tyran, l'imite, le singe, se fait semblable à lui pour rire de lui. C'est ce sentiment-là qui fait qu'on se déguise en roi, en garde champêtre ou en académicien. Puis il y a la soif d'idéal, le besoin d'échapper aux platitudes de la vie réelle. C'est pour obéir à cette séduction du rêve, que l'homme se réfugie dans les tendres et mélancoliques paysages de Watteau, dans le décor de la Comédie-Italienne, orné de marbres croulants et de ruisseaux d'eau vive, et endosse la casaque de Pierrot, blanche comme le plumage du cygne, ou la souquenille d'Arlequin, éclatante de lapis, de jaune et d'écarlate. Enfin il y a le désir ambitieux qui revêt mille formes, et au nom duquel, pour choisir un exemple simple, l'officier d'infanterie allant au bal, se costume en hussard de Chamboran, pour satisfaire une fois son appétit longtemps refréné de la soutache.

L'histoire du travestissement, ce serait tout une autre version de *La Comédie Humaine!* Le sauvage, humilié de n'être qu'un peu rouge et de n'avoir pas de plumes, tandis qu'il voit des oiseaux si empennés et si vermeils, se peint en rouge et plante des plumes dans sa chevelure. Voyez avec quel instinct charmant et avec quelle certitude les petites filles, pour jouer à la dame, se déguisent en grandes personnes, en changeant un rien à la disposition de leur robe ou de leur petite coiffure.

En revanche, comprenant aussi d'une façon instinctive le sens profond du mythe grec, et pensant avec lui que le dieu Amour est un enfant et ne peut être autre chose, les femmes ne savent-elles pas, aux heures délicieuses où l'amour commence à naître, retrouver par magie une jeunesse enfantine?

Rien de plus effrayant que la nécessité de se costumer pour aller à un bal du monde. Car, d'une part, les farces n'y sont guère admises, et d'autre part, tout homme qui a cherché à être joli, à se rapprocher induement du type connu du jeune premier de théâtre, a prouvé par cela même qu'il est un imbécile. Cependant si on possède une beauté d'olympien, claire, absolue, indiscutable, et surtout bien virile, il n'est pas absolument défendu de l'utiliser pour un costume qui la mette bien en relief. Dans ce cas-là, le mieux est d'avoir un beau costume authentique, rapporté de quelque pays sauvage et barbare, avec les armes, les pierreries et les joyaux qui le complètent, valant au bas mot cinquante mille francs, de le bien porter avec une parfaite aisance de le montrer cinq minutes dans le bal, et ensuite d'aller se coucher.

Plaignons l'homme qui a choisi un costume de caractère, le forçant à jouer un rôle et à imiter l'accent espagnol ou l'accent anglais. Car autant vaudrait signer tout de suite un engagement de comédien et vivre avec la sonnette du régisseur dans le dos! et quelle sujétion de filer une scène d'amour en baragouinant! En somme, il n'y a qu'à l'atelier, dans les bals de peintres qu'on se déguise bien ; car, avec son audace créatrice et son vif sentiment de l'harmonie, l'artiste emploie tout, depuis les loques les plus viles jusqu'aux plus riches étoffes, pour forcer la Couleur à chanter son enivrante symphonie. Voici un autre point de vue : Roqueplan, qui fut le dandy irréprochable, soutenait que tout honnête homme forcé de se déguiser doit, sans aucune tergiversation, adopter le *Turc des rues,* ne coûtant pas plus de vingt-cinq sous chez le costumier, l'ignoble Turc avec le pantalon de calicot, la veste embellie d'un soleil dans le dos et le turban à croissant, qu'on ôte et qu'on met comme une casquette. Certes, comme dédain du *joli* et de la fausse élégance sentimentale, cela est plus pur que tout ; mais qu'il faut de génie pour bien porter ce *Turc,* sans atténuer en rien sa banalité sublime!

En fait de costumes sérieux, comme je le disais, l'Orient seul fournit quelque chose ; mais, aujourd'hui, il a un grand défaut : c'est que nous le connaissons parfaitement. Sous le règne de la Pompadour, où il était seulement soupçonné et entrevu, quels adorables travestissements fournissait un Orient de fantaisie et de rêve, qui n'existait nulle part avec ses fanfreluches, ses soies brochées, ses mousselines, ses aigrettes, ses joyaux capricieux, si ce n'est dans la pensée de ceux qui l'inventaient!

Mais, à cette époque de dynasties féminines, toute la vie fut pour la femme un bal masqué et un déguisement. Comme avec les paniers, les *corps,* les hautes coiffures, toute scène d'amour poussé au vif était impossible, et comme, d'ailleurs, on connaissait le prix du temps! la dame qui attendait son ami avait déjà l'ineffable plaisir de se déguiser en femme simple, vêtue d'une robe facile à vivre et coiffée sans poudre! Plus tard, tant que le bal de l'Opéra exista réellement, les femmes, qui aiment tant à se montrer dans l'éclat de leur parure, et qui aiment aussi à quitter pour un moment cet étalage de gloire, y allèrent pour se donner à elles-mêmes le piquant ragoût d'être des femmes à qui on ose toucher, et qui, descendues de leur piédestal, marchent sur la terre avec leurs pieds légers, comme de tremblantes gazelles aux prunelles emplies de ciel.

Le poète, qui est tout ce qu'il veut être, et qui, par la puissance de l'imagination, se transporte là où il lui plaît d'aller, éprouve néanmoins de temps en temps le désir d'échapper *matériellement* à la vie grise et monotone. Lorsqu'à la première représentation d'*Hernani*, Théophile Gautier, cet exquis et parfait gentleman, arbora, encore enfant, le gilet, ou, pour mieux dire, le pourpoint rouge qui restera fameux à travers les âges, il était sans doute préoccupé de célébrer la poésie de son maître, éclatante comme le cri du clairon; mais croyez que l'amour du rouge y était pour quelque chose!

Plus tard, à Grenade, il ne put résister au plaisir de se faire confectionner par le señor Zapata un costume espagnol d'une fabuleuse richesse. L'artiste avait brodé dans le dos uni de la veste un pot de fleurs d'une si triomphante beauté que, pareil à Pygmalion amoureux de sa statue, il s'éprit lui-même de son chef-d'œuvre et ne se décidait pas à s'en essaisir. J'imagine qu'en se faisant faire cet habit trivial et fleuri, Théophile Gautier, qui peut-être ne le porta jamais, obéissait vaguement au désir d'être déguisé en poète qui n'a pas son habit noir.

Mais, à cette époque tranquille et plate, les bons

bourgeois eux-mêmes étaient tourmentés par l'amour du costume, et cet appétit de couleur et d'éclat ne contribua pas peu au succès de la garde nationale. Les paisibles boutiquiers aimaient surtout à être enrôlés dans les sapeurs et à s'accrocher aux oreilles, tous les mois, une longue et noire barbe postiche qui s'étalait majestueusement sur le tablier de peau blanche. C'est alors qu'on inaugura pour les bals de la cour les costumes de velours ou de soie, avec le tricorne, la culotte courte et l'épée, et les braves Parisiens n'étaient pas fâchés de se voir vêtus comme Lauzun et Richelieu, sans rompre toutefois avec le faux-col, le toupet et les favoris en côtelettes.

A ces bals, on invitait les artistes célèbres. Charlet, qui naturellement était invité comme les autres, se refusait obstinément à aller faire le beau aux fêtes des Tuileries. Cependant, ses parents, ses amis, les gens de son entourage, lui représentèrent qu'il se nuisait en restant à l'écart, et vaincu à la fin par leurs objurgations, il se résigna à tenter l'aventure, en compagnie de Bouchot, et d'un autre peintre romantique. Les trois amis louèrent chez Babin des costumes irréprochables, ceignirent l'épée et partirent pour se rendre chez le roi. Mais, en route, l'un d'eux fit observer qu'avant d'étouffer dans la cohue des salons ruisselants d'or, il serait peut-être à propos d'aller boire une bonne bouteille de Romanée et fumer tranquillement une pipe chez un marchand de vins de leurs amis. Ce qui fut dit fut fait ; ils s'installèrent chez le cabaretier, se mirent à déboutonner leurs vestes de satin et à desserrer leurs cravates blanches, puis, ayant allumé leurs pipes, vidèrent une bouteille, puis une, puis une, puis une.

C'étaient trois causeurs pleins d'esprit, de verve, de folie, sachant des historiettes amusantes et trouvant des mots imprévus. On s'échauffa en parlant peinture et en parlant femmes ; on échangea des confidences sur les travaux commencés, sur les tableaux projetés ;

bref, la rose Aurore surprit les peintres buvant du Romanée et fumant leurs pipes. Après avoir avalé quelques douzaines d'huîtres, mangé une soupe à l'oignon et un entrecôte à la Bordelaise, savamment préparé, ils rentrèrent bravement chez eux sous l'œil éclatant du Jour, très contents de leur nuit, et faisant par leur contenance honneur à la boisson.

Ils avaient trouvé la vraie manière d'aller au bal costumé.

8.

GIL PÉRÈS

On dit que Gil Pérès serait fou. C'est-à-dire, en langage vulgaire, plus fou ou plus manifestement fou que les autres hommes. La preuve qu'il ne l'est pas, c'est que son vif esprit fantaisiste et son instinct poétique n'ont pu être étouffés par vingt ans de Palais-Royal et que son amour du beau, si longtemps comprimé et refoulé, a fait explosion.

Le théâtre du Palais-Royal est l'endroit du monde où on joue les comédies les plus amusantes et les plus spirituelles. Dans ces pièces réjouissantes, on marche toujours sur la tête et jamais sur les pieds. Toutes les femmes sont des drôlesses, tous les maris ont le droit de s'appeler : maître Cornélius, les amants sont beaucoup plus grotesques et fabuleux que les maris, les domestiques mangent dans la main de leurs maîtres, et les bonnes n'ont plus de taille, tant on la leur a prise. C'est à se tordre de rire. Moi, quand je suis là, je fais comme Gil Pérès. J'y meurs de chagrin.

Je me sens non seulement interné, verrouillé, bouclé dans une salle dont le décor est horrible et arbore des *bleus* qui rendraient les anges épileptiques, mais je me sens aussi captif et prisonnier dans une farce. Farce cocasse et désopilante, j'en conviens, mais écrite, pensée, jouée par des bourgeois, qui se déroule dans des intérieurs bourgeois habités par les plus vils meubles en acajou, et qui me montre uniquement le jeu des passions bourgeoises, c'est-à-dire les lâchetés et les platitudes accumulées par des mortels pour obtenir de l'argent monnoyé et pour séduire les femmes de leurs semblables, sans qu'il leur en coûte rien.

Que ces gens-là aient une âme, ou le simulacre d'une âme, ou quelque chose qui rappelle une âme, c'est ce qu'on ne saurait soutenir avec quelque apparence de vérité. Mais ce qu'il y a de pis, c'est que leur patrie est un pays où il n'y a ni plaines ni montagnes, ni arbres ni blés, ni rivières, ni cieux, ni étoiles. Une ou deux maisons dans la rue Maubuée, coupées en appartements de neuf cents francs donnant sur la cour et habités par Beautendon, par Cordenbois et par Potfleury, voilà leur univers, et au delà, les colonnes d'Hercule, puis le silence, la nuit, le néant, rien du tout. — « Mais, me direz-vous, vous n'aimez donc pas la farce ! » Ah ! je l'adore, mais quand j'ouvre *Les Fourberies de Scapin*, ces seuls mots : *La scène est à Naples*, me donnent l'impression d'un ciel bleu, d'une ville ensoleillée, de tout un peuple rêveur et paresseux, ivre de folie et de lumière. — « Tu viens, Sylvestre, d'apprendre au port que mon père revient ? » Ainsi parle Octave dans la première réplique des *Fourberies* ; donc, en cette heureuse farce, il y a un port, une mer bleue, des flots murmurants, des navires, l'odeur du goudron, tout un peuple de passagers et de matelots !

Scapin réjouit ma vue par son costume couleur de neige et de pourpre. Enfin, il travaille pour rien, pour le plaisir, pour l'idéal, pour marier de beaux jeunes gens qui, une fois heureux, se soucient de lui comme de leurs premières pantoufles. Ainsi il vit et s'agite pour un but supérieur à la satisfaction de ses appétits matériels. L'idéal ! je vous demande pardon de ce gros mot, mais enfin on ne peut pas s'en passer plus que de pain. *L'Amant d'Amanda* et *La Canne à Canada* sont le Pindare des gens qui n'en connaissent pas d'autre, et c'est pour l'amour de l'idéal, réduit à son expression la plus simple, que les couturières de province contemplent avec une muette extase les uniformes éclatants des militaires.

— « Mais, continuera mon interlocuteur, est-ce que le dix-septième siècle vous paraît plus beau que le dix-neuvième, et Naples plus intéressant que Paris ? Ah ! Dieu m'en garde ! le Paris de la réalité ou le Paris de Balzac, la vie, la création, la lutte, la cité toujours en travail qui est l'âme et le flambeau du monde, les d'Arthez penchés sur leur livre, les Bianchon interrogeant le cadavre humain, Nucingen inventant des millions, de Marsay domptant les hommes par la science et par le charme, Rastignac et Rubempré conquérant la civilisation comme d'invincibles Attilas en gants blancs, les d'Espard et les Maufrigneuse laissant après elles un sillon de lumière, Coralie et Florine fouaillant, comme un docile troupeau, les banquiers et les gens d'esprit ; les titans : Vautrin, Asie, madame Marneffe, la cousine Bette, dominant la société par le vice et par le génie, oui, ce Paris-là m'intéresse, me séduit, me passionne, me prend par toutes les fibres de mon cœur. Mais, je le répète, j'étouffe, comme Gil Pérès dans le Paris restreint et conventionnel uniquement occupé par les dissentiments des quelques bourgeois de la rue Maubuée.

En général, les acteurs du Palais-Royal sont atteints par la résignation chronique, et au bout de quelque temps ne se rappellent plus qu'ils ont connu les vastes cieux où frissonnent des milliers d'étoiles. A force de ne voir que la loge de la concierge, le vilain escalier noir, et le foyer, et leur loge d'acteur, et la salle où les spectateurs sont empilés comme des harengs dans un tonneau, ils perdent le souvenir et la conscience des autres choses et trouvent naturel d'appartenir, dans les comédies, à cette nation d'anciens peaussiers et de quincailliers retirés qui, dans des chambres sans air et sans élégance, cherchent à se sganarellifier les uns les autres.

Mais il était facile de voir que Gil Pérès, lui, ne se résignait pas.

D'abord il n'avait pu engraisser. Il n'avait pas été, ainsi que ses camarades, atteint par cette obésité qui isole le comédien du reste du monde et l'enferme dans une sorte de carapace. Il était resté mince, svelte, maigre, élégant, impatient, et son regard avide, son nez tordu, sa bouche inquiète et frémissante, semblaient vouloir s'élancer, s'envoler n'importe où, quelque part, plus loin, ailleurs que dans la farce implacable et semblable à elle-même. On eût dit un oiseau réduit en esclavage et qui, après avoir longtemps marché, se souvient tout à coup qu'il peut fendre l'air d'une aile fulgurante et s'élancer au loin, comme une flèche irritée et joyeuse.

On a dit que Gil Pérès est fou. La vérité, c'est qu'il est guéri du Palais-Royal, qu'il a retrouvé ses sens, ses idées, ses notions acquises, que maintenant il reconnaît le son d'un clairon et d'une flûte et qu'il ne froisserait plus entre ses doigts un morceau de drap écarlate sans s'apercevoir qu'il est écarlate. Au contraire, je pense que ses camarades ne guériront pas, et qu'ils ont même perdu le désir de guérir. Geoffroy, qui est à coup sûr le meilleur des comédiens modernes, et dont la diction intense et juste mord sur la pensée de l'écrivain comme l'eau-forte sur le cuivre, Geoffroy s'est si bien identifié avec ce type de bourgeois bon enfant, égoïste, infatué, satisfait, libertin, faisant des Sganarelles et l'étant lui-même, dont il nous a donné mille et mille épreuves diverses, que désormais il est impossible, peut-être à lui aussi! de savoir où le comédien finit et où le type commence.

Ce bourgeois, il est destiné à l'être pendant trente ans encore, maître de lui et des destins, heureux de son gilet en velours frappé et fascinant le troupeau des Adolphines, des Claras, des Adèles, qui lui passent la main dans les cheveux. Je crois que Lhéritier est au

Palais-Royal depuis 1830 ; peut-être y est-il depuis mille ans. Il doit ignorer les transformations de Paris et la création de tous les nouveaux boulevards. Depuis des siècles il est portier, rentier, propriétaire ; il passe sa langue sur sa lèvre, et dans sa longue tirade, ébauchée vaguement, spirituellement bredouillée plutôt que dite, balbutiée tambour battant avec une volubilité enfantine, se pressent des souvenirs confus du temps de Louis-Philippe ou du temps d'Aménophis.

Hyacinthe, abrité sous son grand chapeau comme sous un noir parasol, a compris depuis longtemps qu'il a dans sa chair la griffe du Palais-Royal et que le Palais-Royal ne le lâchera jamais. Sa profession lui interdisant de laisser pousser sa barbe, il laisse pousser son nez, mélancoliquement, et le soir, d'une âme docile, il se coiffe du chapeau tuyau de poêle, endosse les vestons vertigineux et représente les beaux jeunes gens aimés des femmes.

Non certes, je ne méprise pas la farce du Palais-Royal ! Je connais ses chefs-d'œuvre. Moi-même j'y ai ri à me décrocher les mâchoires, et j'en ai eu bien souvent la nostalgie. Que de fois, en lisant un volume de vers bien ennuyeux, bêtement lyrique, avec trop de cascades ruisselantes, de fleurs et de petits oiseaux, que de fois, dis-je, j'ai désiré me trouver au Palais-Royal dans un étroit fauteuil et entendre Geoffroy racontant ses bonnes fortunes, Lhéritier parlant de madame de Monflanquin et de madame Chadernagor, Gil Pérès irrité, grinçant comme une chanterelle, et Lassouche, avec ses cheveux dans les yeux, accordant fiévreusement le piano ! En revanche, quand je suis en prison dans cet amusant théâtre, je pense aux prairies, aux fleurs, à la nature, à l'âme, à ses destinées, j'écoute avec désespoir les récriminations du ménage Rifolet et du ménage Cerfeuil, et il y a des moments où je donnerais ma vie pour entendre deux vers de Shakespeare.

Gil Pérès n'est pas fou. Mais quelle joie, quelle délirante joie il a dû éprouver en marchant dans des rues véritables, en respirant l'air comme les autres créatures, en s'asseyant sans le consentement du metteur en scène, et en mangeant des poulets qui ne sont pas en carton ! O délivrance ! évasion prodigieuse ! Il n'a plus entendu les calembours qu'il entendait depuis trente ans et que, par politesse, il feignait de ne pas connaître. Il a pu voir des demeures où le domestique n'entre jamais dans le salon à moins qu'on ne l'y appelle, et où nul amant ne se cache dans les armoires à robes et dans les cabinets noirs. Il a pu causer avec de jeunes et aimables femmes qu'on ne prend pas à pleines mains comme des sacs de pommes de terre, et qui ne se jettent pas au cou d'un comique à tignasse bizarre. Il lui a été permis d'échanger des idées et des impressions avec des êtres semblables à lui, dans un langage où les vocables ne sont pas détournés de leur sens, et où le mot *chat* signifie : un chat !

Mais je frémis d'y songer : si un de ces soirs, poussé par le démon ironique de la perversité, il entre pour un instant dans la salle du Palais-Royal, que pensera-t-il de ses anciens compagnons en les voyant s'agiter, se bousculer, échanger des horions et des coq-à-l'âne, roulés par je ne sais quel tourbillon dans une mêlée orageuse et stérile, et ne croira-t-il pas que leurs fronts comme celui du prince Hamlet, ont été souffletés par l'aile noire de la Folie ? En tout cas, rentré chez lui, il pourra lire ce qu'il voudra, *Salammbô* ou *La Légende des Siècles*, sans voir au bas de la page cette ligne obstinée : *les indications sont prises à la gauche du spectateur*, et il n'entendra plus la cloche du régisseur résonner dans sa tête, comme le grelot tintinnabulant d'un cheval effaré.

9

CONTES ET CONTEURS

— « Pardon, monsieur, je crois que nous commençons un quiproquo. Vous croyez parler à Durand, marchand de bois; mais je suis Durand, notaire! » Ainsi s'exprime, ou à peu près, un personnage de vaudeville, que j'ai toujours admiré, et qui, à l'heure présente, a toutes les raisons de me revenir en mémoire, car je crois que, nous aussi, nous commençons un quiproquo. Si nous faisons un peu la grimace quand le — *Naturalisme* (puisqu'il faut l'appeler par un nom qui n'est pas le sien!) abuse du mot : COCHON, appliqué à des individus faisant partie de la race humaine, ou du mot récemment remis en lumière par monsieur Margue, on nous dit : — « Quoi! vous n'admettez donc pas la Danse bondissante qui s'enfuit d'un pas léger dans l'herbe verte, la lèvre tachée d'une goutte de vin, la crotale d'or qui sonne, l'honnête liberté et le mot pour rire? Vous n'aimez donc pas Boccace, Rabelais, les vieux Conteurs, les Contes de la Reine de Navarre, les *Cent Nouvelles nouvelles* du roi Louis XI, les *Nouvelles Récréations et Joyeux Devis* de Bonaventure des Périers? »

En revanche, les gens qui pâment de joie en lisant des descriptions où frémissent les verdissements et les pourpres violettes des pourritures, oui, ceux-là même! poussent les hauts cris et se cachent pudiquement le visage pour un conte où il est question d'une guimpe entr'ouverte et d'une fille embrassée.

Je crois qu'il est temps de mettre un peu d'ordre dans tout cela.

J'apprécie et j'admire beaucoup le talent des — *naturalistes*, quand ils en ont, et il y a tels morceaux d'Émile Zola, absolument beaux et parfaits, que je mets au rang des purs chefs-d'œuvre. Telle, par exemple, l'idylle grandiose qui termine *La Faute de l'abbé Mouret*. Mais je trouve que les — *naturalistes*, dont la grande prétention est d'être modernes, font une grosse faute contre la modernité, lorsqu'ils emploient des mots grossiers, non admis dans la conversation usuelle. En effet, nous devons, pour être de notre temps, parler comme les gens à qui nous parlons, et Rabelais avait parfaitement raison d'appeler les choses par des noms qu'au seizième siècle les plus belles et sages princesses prononçaient couramment, sans y chercher malice. Molière était dans la juste mesure lorsqu'il désignait par l'adjectif net et cru, de deux syllabes, l'état où Sganarelle croyait que l'avait réduit madame Sganarelle.

Mais aujourd'hui, à tort ou à raison, la mode a changé; nous devons la suivre si nous voulons être modernes, et nous ne devons pas plus arborer les gros mots dont l'usage est aboli, que montrer une braguette à notre culotte et une dague à notre ceinture. Ainsi le mot : COCHON est un mot excellent et charmant pour désigner l'animal aux soies brillantes et au groin rose, éclectique dans le choix de sa nourriture, dont Charles Jacque a fait de si belles et vives effigies; mais il est impropre pour nommer la race qui fournit les Shakespeare et les Michel-Ange, et à qui Dieu a donné un visage sublime, en lui ordonnant de regarder les cieux. Quant au mot de monsieur Margue, Victor Hugo a écrit une de ses plus belles pages en racontant où et pourquoi Cambronne l'a dit; mais c'est une exception, qui est et devait être unique. Enfin, le mot : MUFLE peint à merveille le visage du taureau; mais on ne saurait l'infliger à des personnages raisonnables, sans évoquer l'idée d'un

Polyte à haute casquette, dompteur et pasteur de femmes, dénombrant et fouillant son troupeau bêlant à la porte de *La Reine Blanche!*

Ah! ne confondez pas les aimables libertés du Conte avec celles où se vautre voluptueusement le monstre — *Réalisme!* Né dans le flot pourpré du vin, comme la déesse du Désir dans le flot de la mer amoureuse, le Conte français, dont Balzac a continué la tradition dans ses trois dizains de *Contes drôlatiques colligez ez abbayes de Touraine et mis en lumière pour l'esbattement des pantagruélistes et non autres*, le Conte français, vif, alerte, envolé, n'est que gaieté et robuste allégresse, et s'il enivre, son ivresse n'est pas malfaisante, non plus que celle de nos généreux vins, qui réchauffent le cœur et inspirent la bravoure. La Joie! telle est son inspiration, son âme, sa loi, son excuse, sa raison d'être, et il a pour lui cette qualité suprême et surnaturelle, qui est le caractère distinctif des Dieux. Il a aussi le Rire, le Rire immense, contagieux et divin qui, pareil à la lumière même du soleil, ennoblit tout, et même sur les plus vils fumiers jette les éblouissements de ses blancs diamants, et ses ors fluides, et ses vertigineuses poussières de pierreries.

Notez bien que le Conte n'attaque rien, ne demande rien, ne réforme rien, n'enseigne rien, si ce n'est que contre l'amour, et la jeunesse, et les feux de la vingtième année, aucune force ne prévaut. Contre les lois dures, amères, tyranniques, aveugles, qui compriment les élans et la volonté de l'invincible Nature, il n'a qu'une revanche, qu'une vengeance, qu'une protestation : le réveil et le triomphe de la Nature même! Regardez ses héroïnes, fermes, drues, à l'épaisse chevelure, à la blanche poitrine, dont un beau rire découvre et montre toutes les dents blanches! Si leurs lèvres ont été un peu meurtries par les baisers, le plus fin cependant n'y verrait goutte, et leur seule faute, si faute il y a, est d'avoir taillé dans une étoffe qui, par bonheur, ne saurait être usée ni diminuée. Ainsi l'explique fort bien dans *Le Décaméron* (si merveilleusement traduit par Francisque Reynard,) madame Filippa, trouvée par son mari avec un sien amant et appelée en justice. — « Mais, dit-elle, avant que vous procédiez à prononcer aucun jugement, je vous prie de me faire une grâce, c'est de demander à mon mari si toutes les fois qu'il lui a plu et sans que j'aie jamais dit non, je ne lui ai pas fait tout entier abandon de moi-même. » A quoi Rinaldo, sans attendre que le Podestat le lui demandât, répondit aussitôt que, sans nul doute, la dame à chacune de ses requêtes lui avait pleinement concédé selon son désir. — « Donc, poursuivit vivement la dame, je demande, moi, messire le Podestat, puisqu'il a toujours eu de moi ce qu'il lui fallait ou ce qu'il voulait, ce que je devais ou ce que je dois faire de ce qu'il laisse. Dois-je le jeter aux chiens? Ne vaut-il pas mieux en gratifier un gentilhomme qui m'aime plus que lui-même, que de le laisser perdre ou gâter? »

Soyez francs, cette histoire de la pomme toujours mûrissante, et, depuis Ève, toujours fidèlement croquée, n'est tragique en effet que si nous voulons la prendre au tragique. Pour une infidélité, la Princesse Georges veut tuer son mari ; elle est, j'en conviens, dans son droit strict et épouvantable. Mais combien je lui préfère cette belle et honnête bourgeoise tourangelle de *L'Heptaméron* qui, voyant que son mari ne pouvait s'empêcher d'aller chez la métayère, voulut du moins qu'il y trouvât ses aises comme chez lui, et par cette grande charité conquit et ramena son infidèle. « La dame voulut voir le lit et la chambre où son mari couchoit, qu'elle trouva si froide, sale et mal en point, qu'elle en eut fort grand pitié. Parquoi incontinent envoya quérir un bon lit garnit de linceux, mante et courtepointe, selon que son mari l'aimoit, fit accoutrer et tapisser la chambre, lui donna de la vaisselle honnête pour le servir à boire et à manger, une pipe de bon vin, des dragées et des confitures; pria la métayère qu'elle ne lui renvoyât plus son mari si morfondu. » Certes, voilà une belle leçon de vengeance chrétienne, dont peuvent profiter toutes les bourgeoises, et aussi toutes les princesses.

Et tout cela est dit légèrement, vite, sans peser, sans rester, avec une grâce aimable et souriante. Au contraire, je reproche au — *Naturalisme* (et c'est pourquoi il ne sera jamais le parent du Conte français) de tout décrire, de tout détailler, d'appuyer sur tout, de tout consigner dans ses procès-verbaux. Il ne saurait effleurer la taille d'une dame ou baiser le bout de son gant, sans raconter tout ce qui se passe dans le ciel, dans les nuages, dans les panoramas de Paris, sur les cimes des édifices et sur les dômes des palais, dont l'or, incendié par le soleil couchant, entre en fusion. Dans ces cas-là, il voit tant de choses qu'il me rappelle la douzième des *Cent Nouvelles nouvelles*, où, monté dans un arbre, le laboureur qui cherche son veau voit à ses pieds un brave mari qui, élevant sa femme dans ses bras, s'amuse à l'admirer et à la regarder, comme il ferait d'une poupée. « Et, comme il estoit en ceste parfonde estude, il disoit maintenant : Je vois cecy! je vois cela! encores cecy! encores cela! et qui l'oyoit, il veoit tout le monde et beaucoup plus. Et, après une grande et longue pose, estant en ceste gracieuse contemplacion, dist de rechief : Saincte Marie, que je voy de choses! — Hélas! dist lors le laboureur sur l'arbre, bonnes gens, ne veez-vous point mon veau? »

Le Conte est gai, et le — *Naturalisme* a le même défaut que le lièvre, dont La Fontaine disait : Cet animal est triste. Il vient de paraître un livre plein de talent de Paul Alexis, qui contient quatre nouvelles. Ce sont des études sobres, sincères, fidèles, faites avec une entière bonne foi, et où l'auteur, qui voit avec un œil de peintre, raconte ce qu'il a vu en un style simple, vivant, énergique, exempt de vulgarité et d'emphase.

La première de ces nouvelles, *La Fin de Lucie Pellegrin*, est bien près d'être un chef-d'œuvre, et en serait un tout à fait, sans un dénouement que nous ne pouvons admettre; car, ainsi que l'a si bien dit Édouard Pailleron dans une préface récente, les Français ont horreur de l'horreur. Trois filles sont venues par dépravation, par désœuvrement, voir une femme jadis brillante, que la phthisie déchire et tue. On monte de l'absinthe, des liqueurs, la mourante se lève, cause, retrouve un moment de force factice dans ce lunch auquel prend part la portière, et, entendant les violons de l'Élysée-Montmartre, veut qu'on l'habille et qu'on la mène au bal.

A ce moment-là éclate le drame épouvantable. — « Comme ça, on liche à l'égoïste. C'est du propre! Si le garçon ne me l'avait pas dit... Moi, alors, je n'ai qu'à cracher des pièces de dix sous... » Qui parle ainsi? Un petit voyou en blouse noire, *très large de hanches*, la visière de la casquette baissée sournoisement. Après ce beau discours, il se jette sur Lucie Pellegrin, la mord, l'égratigne, lui tire les cheveux, la roue de coups et l'achève, tandis que les visiteuses s'enfuient épouvantées, en renversant le guéridon, qui inonde la chambre « de verre cassé, de liqueur, de tisane, d'huile de foie de morue ». La scène est belle, vraie, horrible, mais il faut y ajouter ceci, que le petit voyou *est une femme,* la nommée Chochotte! — Il me semble qu'il faudrait s'arrêter là où s'arrête la Nature; car au delà ce sont les hideux marais dont la fange est pleine de reptiles inconnus et de bêtes impures, et ne peut être purifiée que par les meurtrières flèches d'or de l'archer Apollon.

Après cela, comme il nous semble honnête et vertueux, ce bon mari de tout à l'heure, qui regarde et admire sa femme sur toutes les coutures, et comme on a envie de lui crier : « Ne te gêne pas, brave homme! » Ce sont les libertés du Conte, qui, nées dans la joie et dans le rire, n'ont jamais corrompu ni troublé personne.

Cependant il y a des gens plus blancs que la blanche hermine, dont la pudeur s'en offusque; mais c'est toujours l'histoire de Tartuffe avec son mouchoir de poche : « Couvrez ce sein que je ne saurais voir. » Si Dorine était méchante, elle aurait bien vite fait de lui répondre : — « Servez-vous plutôt du mouchoir pour cacher votre visage, dont la rougeur fleurie est beaucoup plus indécente que mon sein. » Et maintenant consolez-nous, ombrages, forêts, printemps, sources fraîches, baisers, murmures d'amour, cœur éclatant des roses!

10

LES THÉATRES DE PARIS

AU POINT DE VUE DU CONFORTABLE

Il y a quatre jours, nous arrivait cette horrible nouvelle, l'incendie du théâtre de Nice, allumé par une explosion de gaz, et dans la salle envahie par la sombre nuit, asphyxiant, étouffant ses victimes affolées et désespérées. Des deux côtés du rideau, l'épouvante, l'agonie, la mort tragique; spectateurs et comédiens sont emportés à la fois par l'aveugle fléau, et les femmes jeunes, belles, adorées, meurent sinistrement, sous leurs parures de diamants et de fleurs! Certes, nous les plaignons de toute notre âme, ces êtres vivants tout à l'heure, qui ne sont plus que des cadavres étendus dans la galerie de l'église de Saint-François-de-Paule; mais en même temps, par un retour égoïste, quelles amères réflexions cette catastrophe nous inspire à propos de nous-mêmes et de notre propre destinée!

A la façon dont sont construits, aménagés et gouvernés les théâtres de Paris, il n'en est pas un qui, si le feu s'y mettait, ne brûlerait comme une allumette. Ceux des spectateurs qui ne seraient pas brûlés ou étouffés sur place, auraient certainement les bras et les jambes brisés, dès qu'ils voudraient s'enfuir de ces cavernes où il n'y a ni portes, ni couloirs, ni dégagements suffisants. Une salle de spectacle conforme aux plus impérieuses nécessités devrait pouvoir être évacuée sans désordre en moins de cinq minutes ; mais, au contraire, toutes celles que nous possédons sont des labyrinthes fermés, dont les prisonniers rôtiraient et grilleraient, sans aucun secours possible. Assurément, il y a là une question qui intéresse la sécurité de la ville et la vie des citoyens. Si nous étions des gens pratiques, au lieu d'être des gens d'éloquence et de discours inutiles, c'est une des premières qu'on voudrait résoudre, et on l'aurait résolue cent fois pendant les heures qu'on a dépensées à répéter des lieux communs moulés dans les gaufriers antiques, tels, par exemple, que : *Dans cette enceinte*, et : *Hors de cette enceinte !*

Mais il est convenu que nous avons horreur des choses utiles, et aucune précaution n'a été prise pour que les Parisiens, en cas d'incendie dans un théâtre, ne soient pas tous grillés comme la chair des sacrifices. Et ce n'est rien dire ; je vais plus loin, et je soutiens, avec preuves à l'appui, qu'au contraire, l'avarice aidant, la vile et crapuleuse avarice, toutes les précautions ont été prises pour que, le cas échéant, aucun spectateur ne puisse en réchapper et avoir la vie sauve. Comme l'incendie est toujours possible dans un amas de toiles et de bois autour desquels courent les flammes du gaz, tout citoyen qui entre dans un théâtre, d'où il n'est pas possible de sortir, est, par ce fait même, condamné à une mort hideuse. A la vérité, il peut être gracié par les circonstances et par les hasards imprévus ; cependant, le plus sûr pour lui est de mettre ses affaires en ordre et de faire son testament. Mais je ne veux pas rester dans les généralités, et je cite des faits.

Je ne parlerai pas des causes possibles de sinistres, des décors et des costumes qui, grâce à des découvertes récentes, pourraient être rendus incombustibles, si les ordonnances concernant cette matière étaient obéies ; je veux insister seulement sur le sans-façon avec lequel la vie des spectateurs de nos théâtres a été sacrifiée d'un cœur léger. On a vu par l'exemple du théâtre Ventadour que le seul moyen excellent et pratique d'assurer la sortie des spectateurs du rez-de-chaussée est de laisser libre un passage qui divise en deux le parterre, et d'ouvrir au fond du parterre une large porte. Ce système ayant fait ses preuves, ayant été démontré impeccable, on aurait pu croire naïvement que tous les théâtres se seraient empressés de l'adopter; allons donc! penser cela, ce serait compter sans l'impitoyable, sans la sacro-sainte avarice. Il est vrai que de cette façon on supprimait tout danger, mais on y aurait perdu quelques places ; aussi les deux célèbres mots de Bilboquet: *Sauvons la caisse !* et : *Il s'agissait de cinquante centimes !* ont-ils trouvé là leur application immédiate. Crèvent les spectateurs, mais que les directeurs encaissent ! Telle est la moralité d'une combinaison qui met les spectateurs dans la situation de ces melons enfermés dans un ballon de verre !

Mais enfin, étant admis que le parterre et l'orchestre doivent être évacués par d'étroites et insuffisantes ouvertures latérales, auxquelles mène un passage dérisoirement étroit, il eût été du moins indispensable de laisser ce passage parfaitement libre. Non, non, quittez cette espérance, car de cette façon il y aurait eu encore, à la rigueur, un moyen de salut possible, et c'est ce que les directeurs n'ont pas voulu. Par l'invention infernale des *strapontins,* ils ont rendu le chemin impraticable, et comme cependant un homme fort et agile pourrait encore les enjamber, ils ont compliqué la difficulté par des tabourets mobiles placés dans l'intervalle des strapontins, et au milieu desquels il faudrait être clown et gymnaste pour ne pas se casser les jambes.

Par un raffinement de cruauté, ces strapontins et ces tabourets sont souvent donnés ou loués à des dames seules, qui ne peuvent sortir pendant l'entr'acte, et sur lesquelles il faut marcher pour gagner la porte. En temps ordinaire, c'est un massacre et une boucherie;

qu'on juge de ce qui arriverait en cas d'incendie, sur ces barricades faites de strapontins, de tabourets et de femmes en toilettes de bal !

Le Strapontin est plus fort que les Dieux. Des hommes éminents, hardis, audacieux, ont essayé de le combattre, et ils ont été brisés comme verre. Tel Charles Garnier, qui voulut exempter des strapontins la salle du nouvel Opéra, inventée, imaginée et construite par lui, et qui, après une lutte héroïque, fut au contraire enseveli lui-même sous la révolte, le déluge et l'avalanche des strapontins !

La salle de l'Opéra n'étant pas alors terminée et officiellement livrée par l'architecte, il semblait difficile d'y établir malgré lui des strapontins ; car, pour empêcher qu'on les établît, il n'avait pas même à s'y opposer ; il suffisait qu'il ne donnât pas les ordres nécessaires à leur fabrication. Cependant, par je ne sais quelle magie, ces strapontins furent obtenus, et le public de l'Opéra, en dépit de Charles Garnier, fut admis à se faire estropier, aussi bien que le public des autres théâtres. En général, il faut bien l'avouer, les tabourets sont relativement légers, et au besoin ou pourrait les mouvoir, si le manque de place ne s'y opposait absolument ; mais une mention spéciale doit être accordée à ceux de l'Odéon ! Ce sont des tabourets de forme Louis XVI, ronds, massifs, énormes, rembourrés, et couverts en velours d'Utrecht ; d'un poids prodigieux et que soulèverait difficilement la main d'Hercule. Avec les tibias et les fémurs qu'ont brisés ces tabourets, on ferait une jolie collection anatomique !

Montons, s'il vous plaît, au balcon. A une époque très peu éloignée de nous encore, il avait deux sorties, l'une située au point où il se raccorde avec la galerie de face ; l'autre ouverte près des loges d'avant-scène. De la sorte, on n'était pas trop étroitement prisonnier ; mais à l'envi, pour gagner deux ou trois places (toujours les cinquante centimes !), tous les directeurs ont supprimé la sortie ouverte près de l'avant-scène ; si bien que pour gagner la porte, le spectateur placé à l'extrémité du balcon doit passer devant tous les autres spectateurs, dans un espace abominablement étroit, où il écrase leurs genoux et les siens. Supposez le feu là dedans !

Et tout cela n'est rien encore ! Autrefois, malgré ces encombrements artificiels, la sortie était *virtuellement* possible, car toutes les salles de spectacle étaient situées au rez-de-chaussée, et elles étaient desservies par les escaliers indispensables. Aujourd'hui le prix des terrains, l'avarice, la spéculation effrontée les ont juchées au second, au troisième étage et, de même que la poésie dans les comédies initiales et cursives, les escaliers ont été coupés, comme faisant longueur. Là où il en faudrait deux ou trois, il n'y en a qu'un ; dans certains théâtres, toute communication est supprimée entre les deux côtés de la salle, et pour aller de l'un à l'autre, il faut descendre « en bas » et remonter. On voit comme tout cela est bien combiné au point de vue d'une combustion complète et obligatoire !

Un dernier mot sur la suppression de la sortie jadis ouverte au balcon, près de l'avant-scène. Si on en comprend à la rigueur la sauvagerie dans certains théâtres, on s'étonnait qu'une telle mesure eût pu être adoptée à la Comédie-Française, où toutes les questions d'argent sont traitées largement, et où on ne fait pas de vilenies pour des sous. Interrogé sur ce point, un vieux sociétaire, qui connaît le cœur humain, répondit naïvement : « En effet, cette séquestration du spectateur est féroce ; mais je crois bien qu'elle durera éternellement, parce que la suppression de la sortie nous a donné en plus deux loges qui rapportent vingt-cinq mille francs par an ! » Quant au spectateur, bête taillable et corvéable, il n'est pas question de son bien-être, non plus que du bien-être des harengs fumés empilés dans un tonneau. Qu'il étouffe dans une salle sans air ;

qu'il soit gelé ou transi, ou cuit à point par le calorifère trop chauffé, cela n'importe en aucune façon ; il est le serf qui n'a encore été affranchi par aucun ukase !

Si, en méditant l'étouffement des spectateurs, les directeurs ont été puissamment aidés par leurs architectes, combien plus encore ils ont trouvé dans les tapissiers des complices dociles ! Les banquettes (à « soi-disant » fauteuils !) sont serrées et rapprochées de telle façon qu'il est impossible d'en sortir, si ce n'est *à pression*, dans une lutte où le spectateur assis et le spectateur qui passe s'écrasent l'un contre l'autre, jusqu'à ce que celui des deux qui est construit d'une matière moins dure soit complètement aplati et réduit à sa plus simple expression. A l'Ambigu, jusqu'à la direction Chabrillat, un de nos très célèbres confrères avait ses deux — fauteuils ? — à l'orchestre, et il y venait, accompagné de sa femme, dont la beauté royale et superbe est justement admirée. Certes, il eût été impraticable aux spectateurs placés plus haut qu'elle sur le même banc, de gagner la sortie sans froisser cruellement cette grande Parisienne, et c'est ce qu'elle n'admettait pas. D'ailleurs personne ne l'essaya jamais, car ceux qui semblaient vouloir le tenter étaient promptement mis à la raison par un coup d'œil impérieux et décisif. Ils se résignaient donc, — même les vieux dramaturges et les critiques à cheveux blancs ! — à enjamber les banquettes voisines, en exécutant des tours de singes et de clowns, au risque de se casser les reins. Espérons que le tapissier prévoyant avait disposé ainsi ses rangs de fauteuils en vue d'un incendie possible, afin que, dans cette hypothèse, pas un Parisien n'en réchappât, et ne pût porter à ses concitoyens la nouvelle du désastre.

Il est vrai que les théâtres ne brûlent pas tous les jours ! Mais pour cela, les spectateurs n'ont pas la vie sauve, et, presque assurément, ils doivent mourir d'une fluxion de poitrine obtenue pendant les entr'actes. Car posons cette règle générale : Tout Parisien est fumeur et, pendant l'entr'acte, éprouve le besoin d'aller fumer une cigarette sur le boulevard.

Et celui qui, par exception, n'est pas fumeur, peut vouloir acheter pour la femme qu'il accompagne des fondants et des caramels, ou même peut vouloir respirer pendant cinq minutes autre chose que l'air vicié et empesté de la salle. Or, il est matériellement impossible à ce prisonnier d'obtenir que l'ouvreuse lui donne son pardessus. Et ici se pose un dilemme aussi tranchant que les deux lames d'une paire de ciseaux. Ou, d'une part, (et c'est le cas le plus probable,) le spectateur sortira sans pardessus, en habit noir, en gilet ouvert, et gagnera une bonne pneumonie; ou, d'autre part, il s'obstinera à vouloir son pardessus, bataillera sans succès avec l'ouvreuse pendant toute la durée de l'entr'acte, puis finalement aura une attaque de colère rouge et s'exposera à la mort par apoplexie.

Lorsqu'on discutait *dans le sein* des Chambres ce qu'on appelle « la question des théâtres », le spirituel Nestor Roqueplan, qui était Parisien et fumeur, se mettait à sourire, et murmurait : « En fait de théâtres, il n'y a qu'une seule question : celle du paletot. » Et il avait aussi coutume de dire : « Lorsque j'entre pour la première fois dans un théâtre dont je deviens le directeur, mon premier soin est de faire poser partout des porte-manteaux ; le premier soin des ouvreuses est de les arracher avec une obstination fidèle ; et autant j'en pose, autant elles en arrachent, jusqu'à ce que la victoire leur soit décidément restée, et qu'elles puissent, comme devant, mettre les paletots en tas et en tapons ! »

Oui, les rouler, en faire des tas informes et hideux, et les empiler les uns par-dessus les autres dans la poussière de quelque trou noir, tel est l'idéal que les ouvreuses réalisent avec une volupté féroce ; et il faut qu'il en soit ainsi ; autrement, les ouvreuses ne seraient plus, comme Sémiramis et comme Catherine II, les arbitres des destins des mortels ! Les spectateurs seraient libres d'aller, de venir, de respirer comme les honnêtes gens, et même ils seraient peut-être sauvés de la fluxion de poitrine, ce qui ne peut être admis ! Le jour de l'ouverture du nouvel Opéra, le spectacle avait commencé un peu tard, et le premier acte avait été long. Dès que le rideau tomba, les fumeurs, tirant des langues d'une aune, se précipitèrent vers l'employé placé à l'entrée de l'orchestre, et réclamèrent leurs pardessus. « Ah ! les paletots ! dit cet homme pareil au juste d'Horace, je ne sais pas ce qu'on en a fait ; je crois qu'on les a descendus en bas ! » Ces captifs avaient un peu envie d'étrangler leur geôlier ; ils furent désarmés par son bon sourire et par son air d'innocence, car l'artiste dont il s'agit ici obéissait, comme Dante et Michel-Ange, à une vocation : celle de ne pas rendre les paletots !

Ma conclusion sera simple. Il a été quelquefois pardonné à des faussaires, à des traîtres, à des meurtriers, à des régicides, et aux gens qui coupent les enfants par petits morceaux ; jamais à l'homme qui a été assez simple pour se livrer comme otage et pour entrer chez un directeur de théâtre, après lui avoir préalablement donné un louis d'or. S'il est brûlé, cassé, martyrisé, asphyxié, étouffé, tant pis pour lui, *Fallait pas qu'y aille*, ou, pour traduire en français cette phrase familière, il ne fallait pas qu'il y allât. Lorsque tendant une corde au-dessus de la place de la Bourse, de sa fenêtre à celle de son camarade Turbry, le corniste Vivier avait fait glisser sur cette corde une lanterne portant cette inscription : *N'allez pas au Vaudeville !* et qui précisément se balançait devant la façade du Vaudeville, le célèbre virtuose donnait à ses concitoyens un avis utile et profitable. Les tribunaux en jugèrent autrement, et le condamnèrent à des dommages-intérêts ; cela prouve que les amateurs de comédies n'ont que ce qu'ils méritent, et qu'ils faut les abandonner à leur malheureux sort !

11

CHANGEMENT A VUE

C'est bien vrai, c'est lui, le Printemps ! Il est venu, et d'un coup d'aile il a chassé dans la région des souvenirs incertains et des rêves absurdes les frimas, les neiges, les rivières gelées et ces jours d'horrible froidure où on voyait les loups entrer dans les villages, en regardant avec leurs yeux de feu. Un souffle, un parfum, une fièvre, quelque chose de fou, de tendre et de délicieux nous enveloppe. Comme pour l'entrée d'un roi, dans les rues et sur les édifices le soleil jette et déploie de grandes nappes d'or. Marchands de bois, de houilles, de coke, de briquettes percées de trous, satrapes et tyrans qui ne répondiez jamais aux lettres de commande, nous vous bravons, votre règne est passé : gardez vos briquettes, gardez votre coke, gardez vos bûches ! Employez-les à vous chauffer vous-mêmes si le cœur vous en dit, et même à vous cuire et rôtir à point, comme les oies du repas de Noël. Nous, nous ouvrons nos fenêtres, nous aspirons avec ravissement le doux air tiède, nous regardons bourgeonner les lilas, et aux rameaux des arbres poindre les premières feuilles vertes, encore toutes petites !

Le Printemps, déjà chanté par quelques poètes, antérieurement et postérieurement au roi Çudraka, est adorable partout ; mais nulle part il n'est si glorieux et si divin qu'à Paris. Ailleurs il y a bien quelques fleurs de-ci de-là, et notamment à Lyon, on en voit une centaine de pots au marché qui se tient sur la place Bellecour ; mais, en somme, et au pied de la lettre, Paris est le seul lieu du monde où il y ait réellement des fleurs. Les jardiniers-architectes du Luxembourg dessinent et peignent avec les roses, avec les tulipes, avec les violettes, comme s'ils taillaient dans une immense étoffe inépuisable et sans fin. O extase de la pourpre, du rose, du jaune et du bleu, couleur de l'or et couleur du ciel ! Enchantement des sereines verdures ! Voici venir le moment où sur nos marchés aux fleurs va s'épanouir une fête de couleurs, pareille à la palette géante d'un Diaz démesuré, et où dans les rues, sur les petites charrettes, on vendra aux passants pour quelques sous toute la parure éclatante et vivante de la Nature ivre de joie.

Il n'y a de fleurs qu'à Paris. Mais s'il y en avait ailleurs, qu'en pourrait-on faire ? Encore faut-il qu'un harmonieux rappel de tons leur donne un prix inestimable, et c'est ce qui arrive chez nous ; car les femmes parisiennes, changeantes et diverses comme les saisons, se transfigurent avec les premières roses, et refleurissent alors dans une nouvelle jeunesse printanière. Pour jusqu'à Novembre prochain, elles quittent leur visage d'hiver, artiste, compliqué, à tignasse ébouriffée et superbe, fait de cosmétiques et de poudre rosée ; elles se donnent maintenant l'ineffable plaisir de renoncer aux poudres de riz, de baigner, sans plus, leur front dans l'eau vive, et de lisser leur chevelure comme une aile d'oiseau ! A ce moment de renouveau, un Paris bête et *poncif*, comme les étrangers se le figurent sur la foi de Paul de Kock, songerait à s'exiler à la campagne ; mais le vrai Paris, plus malin, aime mieux devenir campagne lui-même, abrité par des milliers d'arbres qui bientôt vont se couvrir de feuilles frémissantes, sans renoncer à rester la ville des pompes triomphales et des nobles plaisirs.

Non, non, nous n'allons pas renvoyer les violons comme inutiles. Au contraire, nous les prierons de continuer, et nous dirons au flûtiste, comme le prince Hamlet à Guildenstern : « Voulez-vous jouer de cette flûte ? » Car, en effet, Paris profite de ce moment sans pareil pour donner ses plus beaux bals et ses plus belles fêtes, avec les portes des salons ouvertes sur le grand jardin sombre, où, entre deux quadrilles, il est si doux d'aller fumer sa cigarette. Et la blanche lune s'amuse alors à piquer ses feux extraordinaires sur les croix de diamants attachées sur le revers des habits noirs. Imaginez-vous quelque chose de plus idéal qu'une fête dans cet hôtel dont un des salons enferme une allée de fleurs plantées dans de la vraie terre, et de grands arbres vivants, de telle façon que le parc semble entrer lui-même dans le salon et vouloir s'amuser avec les personnes ? On y danse, et d'autres fois on joue une comédie de cinq minutes, en magnifiques vers bouffons, écrite par un très bon poète, comme d'Hervilly, par exemple, et costumée avec les plus merveilleux satins ; ou bien un très grand virtuose joue du piano pendant cinq minutes, pas plus, juste le temps d'ouvrir les âmes avec cette clef miraculeuse qui se nomme : la Musique !

Et c'est à ces bals du premier printemps qu'on voit comme les étoffes de Paris sont spirituelles ! Car ce qui pare alors les femmes à la démarche svelte et rapide, ce sont bien les mêmes étoffes qu'elles portaient en plein hiver ; mais les satins, les velours, les failles, sont devenus légers et riants, se sont subtilisés, ont pris quelque chose d'aérien et de fluide, car, eux aussi, ils subissent l'influence du printemps qui vient. Et les fleurs des dentelles, brodées à l'aiguille, veulent éclore, ouvrent leurs corolles, et les parures de diamants qui, l'hiver, étaient lourdes et massives, maintenant s'affinent, se courbent en minces fleurettes, se dressent en nœuds délicats, se tordent en minces brindilles. Ces tissus et ces fleurs sont civilisés, ils ont le sentiment artistique, et ils savent bien que les choses même sont tenues d'avoir du génie dans cette ville où, avant d'être écrites par les meilleurs Chamforts que nous ayons, toutes les Nouvelles à la Main sont d'abord faites par Gavroche.

Grâce au ciel, nous ne les verrons plus, ces horribles lilas de l'hiver, prétendus blancs, qui sont des lilas décolorés, des cadavres de lilas galvanisés, et dont on jetait aux pieds des divas de si grosses bottes, aux petites fleurs insipides et mortes ! Ils vont fleurir, les vrais lilas blancs et les vrais lilas lilas, lilas foncé, lilas tendre, lilas clair, lilas rougissant et bleuissant, lilas parcourant en leurs thyrses gracieux toute la gamme et toutes les notes du lilas !

Le lilas, cet arbre de la jeunesse, du printemps, de l'amour, de l'espérance, de la vie heureuse, est adoré par Paris avec un effroyable héroïsme. En construisant sur le quai d'Orsay, en face des grands peupliers, les hôtels qui seraient nommés palais dans tous les pays du monde, leurs propriétaires ont presque tous réservé devant la façade un morceau de terrain tout petit, qui, en général, représente un capital d'un demi-million, et sur ce terrain ils ont uniquement planté des lilas dont, ô délice ! je vois déjà les branches noires couvertes de petites feuilles. Or, la floraison du lilas dure ici trois semaines. Ces Parisiens dépensent donc vingt-cinq mille francs par an (sans compter les intérêts composés,) pour voir des lilas pendant trois semaines, et pour ne rien voir du tout pendant le reste de l'année. Et on demande à quoi nous dépensons notre argent, et pourquoi nous avons tous de la peine à joindre les deux bouts, tandis que les provinciaux ont en provision des sacs d'écus, comme des draps de toile, et trouvent tous le moyen de faire des économies !

Parmi ces habitants du quai d'Orsay, il y en a un qui ne l'habite pas, et qui n'habite même nulle part, car il vit, à la manière anglaise, sur un yacht fait de bois précieux, avec lequel il vogue ou se pose sur les océans et les fleuves de l'univers, en lisant Shakespeare et en traduisant le Ramayana, pour se distraire. Pourtant, ce n'est pas qu'il manque de domiciles. Il possède dans l'Oise un château qu'on compare au château de Mello ; à Christiania une autre demeure, où on se promène en calèche à quatre chevaux dans les serres, comme dans celles du comte de Devonshire ; sur la côte de Coromandel, un chattiram, à escalier de santal, ayant comme annexe, au bord du lac de Tinneveley, un théâtre construit par Charles Garnier au milieu des tulipiers jaunes, sur lequel il a fait jouer *Le Chariot de terre cuite*. Enfin, entre autres résidences, son hôtel du quai d'Orsay. Mais où qu'il soit, sur le Gange bleu ou dans les mers polaires, il part de façon à être ici au moment où s'ouvrent les premières feuilles des lilas, et il y reste pendant tout le temps où ses lilas de Paris sont en fleurs. C'est un vrai Parisien, et qui comprend le sens du mot : Printemps !

Parmi les gens assez sages pour ne pas voyager, et qui ne sont jamais allés à Asnières, il n'est cependant personne que le hasard des circonstances n'ait entraîné à passer quelques mois à Nice et à Monte-Carlo. Tant que dure l'hiver, c'est un enchantement et une véritable féerie de voir les gazons, les arbres verts, les champs de géraniums et de pâles violettes, et les haies des chemins pleines de roses, et on se demande comment et pourquoi on quitterait jamais ces paradis, et les palmiers et les aloës, et les citronniers couverts de blanches fleurs et de fruits verts.

Mais viennent les rayons dorés, les premiers souffles du printemps, le Parisien s'aperçoit avec une affreuse tristesse, avec une sombre épouvante, que toute cette verdure prestigieuse, qui en hiver lui avait paru verte, est en réalité foncée, noire, découpée dans du papier noir, tandis que le feuillage des oliviers est d'un bleu morne, comme les verdures décolorées peintes sur les anciens paravents.

Aussitôt il est saisi, navré, torturé par une invincible nostalgie de notre vraie, tendre, amoureuse et caressante verdure. Il a soif de Bellevue, de Cernay et de

Chaville. Il n'y a plus de jeu, ni de bouillabaisse, ni de belles étrangères qui tiennent. Il prend à peine le temps de boucler sa valise et saute dans un wagon. S'il n'y avait pas de chemins de fer, il reviendrait plutôt en diligence, ou en coucou, ou en patache, ou en carriole, ou en marchant le bâton blanc à la main, comme le Juif-Errant, ou dans un ballon, en fendant l'air d'un vol ardent, comme les hirondelles.

Je les aime, je les salue et je les bénis, ces souffles, ces naissantes ardeurs, ces premières brises qui vont faire fleurir les lilas dans mon petit jardin de la rue de l'Éperon, en même temps que les volumes de vers derrière les opulentes glaces d'Alphonse Lemerre, et sur les longues tables de chêne, dans la librairie de Georges Charpentier, ornée de décors néo-grecs. Je les bénis d'autant plus, qu'ils viennent de sauver la vie à un de mes jeunes amis. Ce garçon, effroyablement riche, et beau comme un conquérant des Indes, qui d'ailleurs n'exerce aucune profession, mais qui dompte les chevaux comme Hector, et qui aime la poésie, était devenu passionnément amoureux d'une princesse russe, jeune et veuve, qui habite Paris. Tous ces mois derniers, il la voyait triste, silencieuse, farouche. Dans son petit hôtel du parc Monceau, elle vivait froide, glacée, pelotonnée sur un divan recouvert de peaux d'ourses blanches. Plus mon ami lui exprimait son adoration avec des mots qui eussent animé des pierres, plus elle restait glacée, insensible; elle se bornait à regarder son jeune amant avec des yeux mornes, atones, où se lisait une froide férocité.

Ne pouvant attendrir cette cruelle maîtresse, il s'était décidé à mourir, et, naturellement, il avait voulu revoir une dernière fois celle pour qui il allait mourir. Mais, ô surprise! il la trouva belle, debout, parée, souriante, vêtue de rose, ayant mille tendresses dans ses yeux pleins de flammes. Elle tendit sa main au jeune homme, avec un geste charmant, qui disait : Je suis à vous! Et comme il voulait parler, demander à son amie pourquoi elle l'avait fait si longtemps et si cruellement souffrir, et quelle fièvre l'avait ainsi rendue mauvaise, elle répondit à sa pensée avant qu'il n'eût parlé, et lui dit, avec le sourire d'une ressuscitée qui baigne ses prunelles dans les roses de l'aurore :

— « Mon ami, c'était l'hiver ! »

12

LES HANLON LEES

Les gens les plus dignes d'intérêt que ce siècle ait produits sont assurément ces admirables mimes et gymnastes, les Hanlon Lees, qui, lorsque tous se courbent vers la terre, disant que ramper est bon, ne consentent pas, eux, à ramper, et s'envolent vers l'azur, vers l'infini, vers les étoiles! Ainsi ils nous consolent et nous rachètent de la vile résignation et de la platitude universelle. Ils ne parlent pas, non justes Dieux! par manque de pensées, mais ils savent qu'en dehors de la vie usuelle, la parole ne doit être employée qu'à exprimer les choses héroïques et divines. Mimes admirables, ai-je dit; oui, même après Deburau et même dans le pays qui a produit Deburau; car ils ont comme lui la mobilité du visage, l'idée rapide qui le transfigure, l'éclair du regard et du sourire, la voix muette qui sait tout dire, et de plus que lui, ils ont cette agilité qui leur permet de confondre dans un seul mouvement le désir et l'action, et qui les délivre de l'ignoble pesanteur. Comme celui de Jean-Gaspard, leur visage est comédien, mais il pourrait se passer de l'être; en effet, de même que Deburau donnait par sa grimace l'impression et l'illusion de l'agilité, ils pourraient, eux, donner l'illusion de la pensée par la rapidité et par la justesse rhythmique de leurs mouvements.

Je les aime avec la plus rigoureuse partialité, parce qu'ils sont tout à fait les alliés et les complices du poète, et parce qu'ils poursuivent le même but que le poète lui-même. A l'origine, l'être humain était triple ; il contenait en lui trois êtres : un homme, une bête et un dieu. A la sociabilité qui fait l'homme, il joignait l'instinct, la course rapide, la grâce naïve, l'innocence, les sens aigus et parfaits, le bondissement, la joie, la certitude de mouvements de l'animal, et aussi ce qui fait le dieu, la science des vérités surnaturelles et la nostalgie de l'azur. Mais il n'a pas tardé à tuer en lui la bête et le dieu, et il est resté l'homme social que nous connaissons, amoureux de la boue et de l'argent monnayé, à moitié sourd, à moitié aveugle, orné de pincenez, guillotiné par son faux-col, aimant la mélodie facile, oh ! si facile ! et la poésie du dix-septième siècle, l'Académie, la *Revue des Deux Mondes*, et si inférieur au premier sauvage venu qui, l'oreille collée contre terre, entend au loin le pas de son ennemi et presque l'herbe qui pousse ! Il a tué la bête, il a tué le dieu, et il en porte les cadavres dans sa poitrine ; voilà pourquoi il marche d'un pas lourd et stupide. En vain la Science, à côté de lui et pour lui, réalise des miracles, emmagasine la chaleur, l'électricité, la voix, la vie, et épèle le grand secret à travers les cieux déchirés ; personnellement l'homme social est incapable de savoir, en regardant le ciel, s'il fera beau ou s'il pleuvra, et de trouver dans un champ l'herbe qui peut guérir sa blessure, comme il est incapable de sauter une haie ou un ruisseau. Sa grandeur ne l'attache pas seulement au rivage ; elle l'attache partout, comme de la glu, quand il était né pour suivre le vent qui passe et la plume tourbillonnante qui s'envole !

Ressusciter dans l'être humain la bête et le dieu, telle est l'œuvre que poursuit le poète, resté instinctif dans un monde bourré de lieux communs, et dont la pensée plane ailée et libre au-dessus des sottises affairées ; elle est aussi l'œuvre que poursuit le mime et le gymnaste. Mais ce que le poète ne fait que figurativement, à l'aide de ses rhythmes envolés et bondissants, le mime, lui, le fait en réalité, au pied de la lettre ; c'est sa propre chair qu'il a affranchie de la maladresse, de la lourdeur péniblement apprises par l'homme social ; il a retrouvé la course effarée du jeune faon, les bonds gracieux du chat, les sauts effrayants du singe, l'élan fulgurant de la panthère, et en même temps cette fraternité avec l'air, avec l'espace, avec la matière invisible, qui fait l'oiseau et qui fait le dieu. Il n'est un étranger ni parmi les légers esprits qui se jouent autour de nous dans la lumière, ni parmi les biches et les gazelles qui boivent le flot glacé des fontaines. Pour être un étranger, il faudrait qu'il entrât dans une assemblée délibérante ou dans une réunion d'actionnaires. Enfin, il n'est pas inférieur à un sauvage ! Comme ces Australiens que nous admirons tant, il pourrait, à l'aide de deux cailloux aigus, escalader un eucalyptus énorme, s'appuyant sur le caillou qu'il vient d'enfoncer et qui ne tient pas, pour prendre un élan et enfoncer l'autre caillou ! Aussi bien qu'un thug, il peut se confondre avec la terre et avec la prairie, se déguiser en arbre, en serpent, en ruisseau, en haie vive ; la Nature, qui le connaît, se laisse imiter, embrasser, posséder par lui, et lui permet de s'approprier ses murmures, ses sursauts, son immobilité et son silence.

Entre l'adjectif *possible* et l'adjectif *impossible* le mime a fait son choix ; il a choisi l'adjectif *impossible*. C'est dans l'impossible qu'il habite ; ce qui est impossible, c'est ce qu'il fait. Il se cache où on ne peut pas se cacher, il passe à travers des ouvertures plus petites que son corps, il s'établit sur des supports trop faibles pour supporter son poids ; il exécute, sous le regard même qui l'épie, des mouvements absolument invisibles ; il se tient en équilibre sur un parapluie ; il se blottit, sans être gêné, dans une boîte à violon ; et surtout, et toujours, il s'enfuit, il s'évade, il s'élance, il s'envole ! Et qui le guide ? Le souvenir d'avoir été oiseau, le regret de ne plus l'être, la volonté de le redevenir. Aristophane, dans sa merveilleuse comédie, a rendu la souveraineté aux Oiseaux, qui finissent par la reprendre, par l'arracher aux Dieux, et c'est là qu'il a dit le fin mot du tout, car les êtres ailés finiront toujours par l'emporter, par avoir raison de tout, par dominer ceux qui ne savent pas monter plus haut que les cimes neigeuses du mont Olympe. Oiseau, c'est ton élan qui t'emporte en plein éther; mais là, tu écoutes la marche musicale des astres, et leurs évolutions sonores t'enseignent l'harmonie et la précision; voilà pourquoi tu es à la fois turbulent et ordonné.

L'harmonie et la précision! ce sont les maîtresses qualités du poète, ce sont aussi celles que je ne me lasse d'admirer chez ces impeccables Hanlon Lees. Tout d'abord, d'un geste net, d'un clin d'œil spirituel, ils indiquent ce qu'ils vont faire, parce que tout véritable artiste dédaigne et repousse la surprise, comme un moyen grossier d'étonnement, et il faut qu'il étonne le spectateur, après l'avoir prévenu contre sa propre bienveillance, et après avoir éveillé en lui l'instinct critique. Puis, la chose annoncée, ils l'exécutent avec une perfection irréprochable, et les effets, les mouvements s'engendrent réciproquement, se répondent, naissent les uns des autres; tels les rappels de couleur de Delacroix; tels ces fraternités, ces retours, ces insistances, ces répliques de sons et ces frissonnants baisers de rimes qui, dans les vers de Hugo, emplissent l'âme d'une joie délicieuse. Mais puisque les Hanlon aiment la grâce, les belles attitudes, l'eurhythmie des poses, comment sont-ils furieux comme des taureaux piqués de mille banderoles, fous comme des chevreaux qui broutent les fleurs, exaspérés comme des vers coupés, frémissants comme le vif-argent, délirants comme des voyageurs à qui on a mis de la poudre à gratter dans le dos?

Oui, comment expliquer leur turbulence? Ils se choquent, se heurtent, se brisent, se cognent, tombent les uns sur les autres, montent sur les glaces et en dégringolent, ruissellent du faîte des maisons, s'aplatissent comme des louis d'or, se relèvent dans un orage de gifles, dans un tourbillonnement de coups et de torgnioles, gravissent les escaliers comme des balles sifflantes, les redescendent comme une cascade, rampent, se décarcassent, se mêlent, se déchirent, se raccommodent, jaillissent et bariolent l'air ambiant, éperdus comme les rouges, vertes, bleues, jaunes, violettes verroteries d'un kaléidoscope, et fatiguant la lumière du gaz, qui à les regarder s'interloque et ouvre des prunelles stupéfaites? Elle est bien simple à expliquer, cette contradiction apparente; c'est que, par leur jeu double, ces Hanlon Lees ont à exprimer deux ordres d'idées diamétralement opposés.

Remarquez en effet comme la sereine douceur et la céleste innocence de leurs visages contrastent avec la violence de leurs sauts, de leurs torsions, de leurs luttes et de leurs gambades! Cela tient à ce que leurs visages racontent l'appétit de la vie idéale, tandis que leur féroce gymnastique, n'ayant d'autre but que l'agitation elle-même, représente exactement la vie terrestre avec ses casse-tête, ses remue-ménage, ses brouillamini et ses tragédies absurdes. A tout bien prendre, si quelqu'un méritait le nom de réaliste, ce seraient les Hanlon Lees tout seuls, car seuls ils ont reproduit la vie avec cette intensité dévorante et dépourvue de sens, sans laquelle elle ne se ressemble pas à elle-même. On le sait quand on est devenu vieux, entrer par la fenêtre ou tomber par la cheminée, recevoir des passants sur la tête, emplir son verre pour qu'un autre le vide, se livrer à un barbier qui vous coupe le nez, subir la pluie, l'orage, la guerre; suivre, fendre, déchirer, affronter une foule, être foule soi-même, ne pas savoir où on va et hurler de n'y pas aller, écouter un musicien effréné qui, tiraillé, battu, brisé, mis en pièces, continue à jouer son air sans s'apercevoir de rien; rouler, dégringoler, se montrer, se cacher, s'endormir et être réveillé en sursaut, verser en voiture, sauter en chemin de fer, vider et emplir des malles, faire des sauts périlleux pour retomber sur une chaise, et finalement n'avoir pas le temps de s'y asseoir, être frappé de plaies inattendues, orné de bosses inexplicables, pris entre les portes, empilé, écrasé, pillé, battu, embrassé, baisé, écartelé, secoué comme un pantin dont une main ironique agite les invisibles fils, voilà précisément la vie comme elle est. Et les Hanlon Lees la reproduisent sans atténuation, avec une scrupuleuse exactitude; mais leur bon regard ami et malicieux vous dit : « Oui, voilà comme elle est, mais aussi, tu vois, je m'exerce à m'envoler dans l'éther, plus loin que l'azur et les oiseaux, là où sont les astres! »

Il n'y a pas de femmes dans les pantomimes des Hanlon Lees; si l'on en voit une, elle est représentée par un homme travesti, comme du temps de Shakespeare, et elle apparaît comme une folle caricature de l'inconscience et de l'étourderie féminines. Même, de peur qu'on ne la prenne au sérieux, elle reçoit des claques et des horions, aussi bien que ses camarades; ses jupes impudiquement se retroussent dans la bagarre, elle est, comme Hector, traînée par sa chevelure, et c'est en quoi nos mimes, une fois de plus, montrent leur profonde pensée. En effet, là où est la femme, là aussi est l'amour; par sa divine et surnaturelle puissance, l'homme emparadisé échappe aux ennuis, aux tourments, aux vulgaires brutalités de sa vie affreuse, et par conséquent la comédie est finie, car ainsi que l'a dit le maître, « un homme et une femme qui se fondent en un ange, c'est le ciel ». Et je vais plus loin, je pense que, même s'il lui eût été possible de faire autrement, Shakespeare aurait encore eu raison de confier à de jeunes garçons le soin de réciter les rôles de ses héroïnes. Imogène ou Juliette peuvent être évoquées par la magie toute-puissante de la poésie, mais non par la présence réelle d'une femme. Car la beauté d'une femme est personnelle, absolue, incapable de toute transformation. Si la comédienne est belle, elle représentera, non pas Juliette, mais elle-même, et le spectateur aura envie, non de s'intéresser à ses amours avec Roméo, mais d'être aimé d'elle pour son propre compte, et de l'emporter dans ses bras. Ceci d'ailleurs ne vise nullement à supprimer les actrices contemporaines, qui jouent les comédies modernes; car, d'après l'intention expresse des auteurs qui travaillent pour elles, elles doivent surtout s'appliquer à imiter des Parisiennes bien habillées, à tignasses amusantes, vêtues de robes rose éteint, bleu mort ou vieil or fauve, aux lèvres pimentées, aux yeux voluptueusement naïfs, souples comme des lianes, sveltes, bien corsetées, bien gantées; et c'est à quoi elles réussissent parfaitement.

Ce n'est pas par hasard que le grand nom de Shakespeare est venu sous ma plume. Je pensais à cela : quels sublimes serviteurs ces Hanlon Lees seraient pour la reine Titania, et avec quelle exacte fantaisie ils représenteraient Puck et Fleur des Pois et monsieur Toile d'Araignée et monsieur Grain de Moutarde! Car s'ils le voulaient, rien au monde ne pourrait les empêcher de voltiger sur les cimes des herbes folles, de se balancer dans les lianes comme dans un hamac, et de se blottir tous à la fois, en se serrant un peu, dans la corolle d'un lys! La féerie! certes, là est leur domaine légitime et leur vraie patrie, mais ils y aborderont certainement, le jour où ils auront récolté à travers l'Europe suffisamment de guinées, doublons, roubles, dollars, et où ils pourront ouvrir un théâtre à eux, machiné de façon à pouvoir faire se succéder les montagnes, les prairies, les forêts, les fermes, les cuisines, les paysages, dans un harmonieux tohu-bohu terminé par des effets d'eau naturelle!

Je ne le cache pas, c'est avec une plate jalousie, c'est avec une sombre envie que je considère les Hanlon Lees, et le regret de n'être pas un d'entre eux excite en moi les plus mauvaises passions. Car si j'étais un Hanlon Lees, quand, par exemple, un poète classique, ayant forcé ma porte, entrerait dans mon cabinet pour me lire une tragédie, avec quelle ivresse je m'élancerais sur la corniche du plafond, où le birbe n'aurait aucun moyen de me faire entendre son exécrable poème, dans lequel pour la facilité de la rime, le roi se nomme Agatharchide, sa fille Gatharchide, son confident Tharchide, et son capitaine des gardes Chide! Et à supposer même, chose impossible! que l'auteur tragique à perruque verte fût lui-même un Hanlon Lees déguisé, et s'élançât à côté de moi sur la corniche, je bondirais alors au haut de la glace. Il m'y suivrait, la glace s'effondrerait sous notre mutuel effort, et je retomberais dans une malle, où mon persécuteur ne tarderait pas à me suivre. Au moment où il espérerait m'y continuer la lecture de son infâme tragédie, en s'éclairant au moyen d'une allumette chimique, je me serais déjà lancé comme une flèche dans la boîte de l'horloge. Il y serait aussitôt que moi, et reprendrait sa lecture, mais moi, d'un saut périlleux, je me serais jeté au haut de l'escalier; ses alexandrins m'y poursuivraient, je ne l'ignore pas, mais je me laisserais glisser, comme un reptile, entre ses jambes, et ce serait bien le diable si dans tant de vols, de marches, d'allées et venues et de contre-marches, les malencontreux alexandrins ne s'étaient pas cassé les pieds et les pattes!

Mais contiens-toi, mon cœur! Hélas! je ne suis pas un Hanlon Lees; je suis un simple poète lyrique, à peine bon à chanter les exploits des mimes, et à imiter leur vol par celui de mes rimes turbulentes et précises! Rentre en toi-même, misérable! tu n'as à ton service d'autres ailes que celles des mots, d'autre théâtre que la feuille de papier blanc; les seules taches jaunes et rouges dont tu puisses orner ton visage sont celles des épithètes; et sur ton chapeau indigent, les seuls panaches que tu puisses arborer sont les magnifiques adjectifs. J'avoue tout, j'avoue que j'ai péché par excès d'orgueil, en prétendant me comparer, même vaguement et d'une manière relative, aux meurtriers de l'air qu'ils déchirent, aux vainqueurs de l'azur dompté, aux escaladeurs des cimes et des nuées, et que je suis un simple assembleur de syllabes, assis à une table, trempant une plume dans l'encre pour écrire sur du papier, et si ce n'est par mes aspirations insensées, ne méritant en aucune façon d'être assimilé aux êtres surnaturels. Donc, ami lecteur, lecteur illustre et très précieux, oublie tout ce que je t'ai dit, car ces paroles dénuées de toute raison d'être ont exactement la valeur de la symphonie pour clarinettes qu'exécutent sur le bord du tréteau les lanciers polonais en shapska bleu de ciel, tandis que s'agite derrière la toile le pied impatient de la Comédie, dont on entend déjà tintinnabuler les clochettes cruelles !

TABLE

PARIS VÉCU

— 1882 —

		Pages.
I.	— Préface...	1
II.	— Les Femmes	10
III.	— L'Honneur	17
IV.	— L'Académie.	24
V.	— Bureaucratie	31
VI.	— Le Vin.	38
VII.	— Utopie	45
VIII.	— Jamais Shakespeare!.	52
IX.	— Simplification.	59
X.	— La Haine.	66
XI.	— Franc-Maçonnerie	73
XII.	— Les Symboles.	81
XIII.	— Au Tableau.	88
XIV.	— La Solution.	95
XV.	— Propos de Fou	102
XVI.	— Le Ministère Krsvltz	110
XVII.	— Les Esclaves	118
XVIII.	— Deux Infirmes.	126
XIX.	— Le Crime de Ville-d'Avray	133
XX.	— Les Diamants.	141
XXI.	— Marionnettes.	148
XXII.	— La Grève des Dieux.	155
XXIII.	— Chez Alphonse Daudet.	162
XXIV.	— Le Tambourineur	169
XXV.	— Exempt.	177
XXVI.	— La Noblesse.	184
XXVII.	— La Vérité.	192
XXVIII.	— Propos de Théâtre	199
XXIX.	— Torquemada	206
XXX.	— Choses mélancoliques.	213
XXXI.	— Le Silence.	220
XXXII.	— Le Lycée de Jeunes Filles	226
XXXIII.	— Points sur quelques I.	233
XXXIV.	— Apologie	239

		Pages.
XXXV.	— La Perfection	245
XXXVI.	— Innovation	251
XXXVII.	— Explications loyales	258
XXXVIII.	— Balivernes	264
XXXIX.	— Un procès injuste	271
XL.	— Eugène Dupin	277
XLI.	— Le Bonnisme	301
XLII.	— Cinquante Centimes	308
XLIII.	— Les Lettres	314
XLIV.	— L'Égalité	320
XLV.	— Fra-Diavolisme	326
XLVI.	— Interrègne	332
XLVII.	— Le Bonheur	338
XLVIII.	— Les Absents	344
XLIX.	— Escrime	350
L.	— Idées politiques	357
LI.	— Mercerie	363
LII.	— Entre Amis	369
LIII.	— Épilogue	375

FEUILLES VOLANTES

— 1879-1880 —

1.	Pensées de neige	383
2.	Péril en la demeure	389
3.	Pommes de terre frites	396
4.	Documents humains	401
5.	Choses diverses	407
6.	Autres Nihilistes	413
7.	Mascarades	419
8.	Gil Pérès	425
9.	Contes et Conteurs	431
10.	Les Théâtres de Paris au point de vue du confortable	438
11.	Changement à vue	446
12.	Les Hanlon Lees	453

Paris. — Typ. G. Chamerot, 19, rue des Saints-Pères. — 14379.

www.ingramcontent.com/pod-product-compliance
Lightning Source LLC
Chambersburg PA
CBHW070527230426
43665CB00014B/1593